权威 · 前沿 · 原创

皮书系列为

“十二五”“十三五”国家重点图书出版规划项目

东盟文化发展报告（2018）

ANNUAL REPORT ON ASEAN'S CULTURE DEVELOPMENT (2018)

主　编／刘志强　胡乾文
副主编／谈　笑　吴圣杨　李婉珺

社会科学文献出版社
SOCIAL SCIENCES ACADEMIC PRESS (CHINA)

图书在版编目（CIP）数据

东盟文化发展报告. 2018 / 刘志强，胡乾文主编
. --北京：社会科学文献出版社，2018. 8
（东盟文化蓝皮书）
ISBN 978-7-5201-3238-1

Ⅰ. ①东… Ⅱ. ①刘… ②胡… Ⅲ. ①文化发展-研究报告-东南亚国家联盟-2018 Ⅳ. ①G133

中国版本图书馆 CIP 数据核字（2018）第 179695 号

东盟文化蓝皮书
东盟文化发展报告（2018）

主　　编 / 刘志强　胡乾文
副 主 编 / 谈　笑　吴圣杨　李婉珺

出 版 人 / 谢寿光
项目统筹 / 周　丽　高　雁
责任编辑 / 高　雁　肖世伟

出　　版 / 社会科学文献出版社 · 经济与管理分社（010）59367226
地址：北京市北三环中路甲 29 号院华龙大厦　邮编：100029
网址：www. ssap. com. cn
发　　行 / 市场营销中心（010）59367081　59367018
印　　装 / 三河市龙林印务有限公司

规　　格 / 开 本：787mm × 1092mm　1/16
印 张：21　字 数：316 千字
版　　次 / 2018 年 8 月第 1 版　2018 年 8 月第 1 次印刷
书　　号 / ISBN 978-7-5201-3238-1
定　　价 / 98.00 元

皮书序列号 / PSN B-2018-732-1/1

广东外语外贸大学科研创新团队成果

编撰说明

《东盟文化发展报告》是广东外语外贸大学“中国－东盟人文研究科研创新团队”的阶段性成果之一。广州作为两千多年来从未中断通商的商业港口，与东南亚国家之间的经贸、文化往来早已为史书记载。多年来，广东一直是东盟与中国贸易最大的港口，同时又是“21 世纪海上丝绸之路”的门户，对于广东外语外贸大学而言，外语和经济是其两大优势学科，我们的外语学科特别是东盟国家语种专业如何适应“一带一路”新要求，摆脱过去因单一教授外语技能而忽视人文素养的培养模式，是摆在新一代年轻教员面前的课题。

中国与东盟构建命运共同体的关键还是在于“民心相通”，“民心相通”的前提是相互了解，而不了解东盟国家的文化发展，又谈何“民心相通”？

这是国内第一本公开出版发行的《东盟文化发展报告》，内容涉及除文莱以外东盟各国的年度文化发展报告以及文化遗产专题研究报告，文莱的部分，我们将在 2018 年的报告中补充完整。2017 年教育部成立了中外人文交流中心，说明国家比以前更为重视中外人文交流，我们希望此书的出版，能对中国了解东盟国家的文化有所助益。

广东外语外贸大学国内诸多师友、同行，特别是社会科学文献出版社对本书的编撰给予了大力支持，在此表示衷心的感谢！我们的编撰者全部精通对象国语言，运用的大多是第一手文献资料，囿于水平，本书难免挂一漏万，敬请各位读者和专家批评指正。

编者

2018 年 6 月

Compilation Instruction

Annual Report on ASEAN Culture Development is one of the phrasal achievements of the Guangdong University of Foreign Studies (GDUFS) China – ASEAN Innovative Humanistic Research Team project. As an entrepôt that has enjoyed uninterrupted prosperity for more than 2000 years, Guangzhou has a long and rich documented history of trade and cultural exchange with Southeast Asian states. The Province of Guangdong has long been the biggest trading partner of ASEAN and enjoys a geographic location as the gateway for *the 21th Century Maritime Silk Road.* Given the above conditions, GDUFS has made endeavors to playout our advantages in Foreign Language Studies and Economic Studies. How could our foreign language studies, especially the ASEAN language departments, transfer from the traditional language-skill-only oriented curriculum and pedagogy to comprehensive humanistic education so as to meet the new challenges placed by the "Belt and Road Initiative"? This is a question that faced by the younger generation of teaching staff.

The key of the construction of China – ASEAN Community of Shared Future is "people-to-people bond" . The precondition of "people-to-people bond" is mutual understanding. If we don't know the culture development of ASEAN countries, how dare we talk about "people-to-people bond"?

This is the first *Annual Report on ASEAN Culture Development* ever published in China. It includes annual reports of ASEAN countries and topics on cultural heritage. We will include Brunei Darussalam in next year's annual report. In 2017, The Ministry of Education has established the Centre of Humanistic Exchange for China and Foreign Countries, which shows China is emphasizing on humanistic exchange with foreign countries more than ever before. We hope the publishing of this book could bring some good for Chinese to get a better understanding of ASEAN country cultures.

GDUFS, our colleagues, teachers, friends and fellow researchers have offered us enormous help in the process of putting together this book. We would also like to extent our special thanks to Social Sciences Academic Press for their huge support! Our authors all specialize in Southeast Asian languages, and we mostly use first-hand documents and materials in our writings. By prioritizing the quality of our work, we would sincerely invite readers and experts to point out what we left to be desired.

GDUFS China – ASEAN Innovative Humanistic Research Team

June 2018

《东盟文化发展报告》
编　委　会

主　　编　刘志强　胡乾文

副 主 编　谈　笑　吴圣杨　李婉珺

主编、副主编及撰者简介

主　编

胡乾文　北京大学东语系越南语专业毕业，中华人民共和国前驻越南社会主义共和国、柬埔寨王国、孟加拉人民共和国特命全权大使。

刘志强　教授，广东外语外贸大学东方语言文化学院院长、东南亚研究所所长，博士、博士生导师。主要研究方向为越南文史、东南亚文史。

副主编

谈　笑　副教授，广东外语外贸大学东方语言文化学院副院长、东南亚研究所副所长，博士，主要研究方向为马来语言文学和东南亚国别与区域研究。

吴圣杨　教授，广东外语外贸大学东南亚研究所副所长，主要研究方向为泰国文化。

李婉珺　讲师，广东外语外贸大学东方语言文化学院马来语系系主任，博士，主要从事东南亚史研究，已发表和出版多篇论文和著作。

其他作者

侯燕妮　广东外语外贸大学东方语言文化学院马来语系教师，硕士，主要研究方向为马来西亚文化。

郑　虹　讲师，广东外语外贸大学东方语言文化学院越南语系教师，博士，主要研究方向为越南国情、文化。

蒙　霖　讲师，广东外语外贸大学东方语言文化学院越南语系教师，博士研究生，主要研究方向为越南语言文学。

唐旭阳　讲师，广东外语外贸大学东方语言文化学院泰语系教师，硕士，主要研究方向为泰语语言和泰国文化。

葛　瑞　讲师，广东外语外贸大学东方语言文化学院印尼语系教师，硕士，主要研究方向为印尼文化及国情。

吴　迪　广东外语外贸大学东方语言文化学院缅甸语系教师，硕士，主要研究方向为缅甸文化及中缅人文交流。

张卫国　广东外语外贸大学东方语言文化学院缅甸语系教师，硕士，主要研究方向为缅甸民俗文化。

赵彩军　广东外语外贸大学东方语言文化学院缅甸语系教师，硕士在读，主要研究方向为缅甸语言文化。

黎国权　广东外语外贸大学东方语言文化学院柬埔寨语系教师，硕士，主要研究方向为柬埔寨文化。

周惠雯　广东外语外贸大学东方语言文化学院柬埔寨语系教师，广东外语外贸大学在读研究生，主要研究方向为柬埔寨文化。

苏华才　广东外语外贸大学东方语言文化学院柬埔寨语系教师，硕士，研究方向为柬埔寨文学。

武　智　广东外语外贸大学东方语言文化学院老挝语系教师，硕士，主要研究方向为老挝语言文化。

谢苏丽　广东外语外贸大学中国－东盟人文交流研究创新团队成员，硕士，主要研究方向为菲律宾文化。

摘要

2017 年东盟国家文化的发展符合各自多元文化的国情，重视本国文化传统和推动本国文化遗产的保护仍是主流。佛教信仰占据主流的东盟国家如泰国、缅甸、老挝、柬埔寨，其 2017 年文化发展的特点是依然带有浓厚的宗教特点。以伊斯兰教为主要宗教的国家诸如马来西亚、印度尼西亚，其 2017 年文化发展的特点是依然具有伊斯兰文化色彩。长期以来，受到西方文化影响较大、天主教信仰占绝大多数人口的菲律宾，其 2017 年文化发展的特点则是更强调菲律宾的本土文化特色。新加坡文化的发展，多年来都凸显其多元文化的色彩，但由于华人占据多数，其中华人文化的特色又相对明显。至于作为社会主义国家的越南，其 2017 年的文化发展，既有鲜明的社会主义文化特点，又具有传承和发扬传统文化的色彩。在过去的一年里，东盟各国都积极在保护非物质文化遗产上做出努力，这是 2017 年东盟各国文化发展的共性。

关键词： 东盟　非物质文化遗产　多元文化

目　录

Ⅰ　总报告

Ⅱ　分报告

Ⅲ 专题报告

Ⅳ 重要文献

皮书数据库阅读**使用指南**

总 报 告

General Report

B.1

2017年东盟国家文化发展总论

刘志强

摘 要： 2017 年东盟国家文化的发展符合各自多元文化的国情，重视本国文化传统和推动本国文化遗产保护仍是主流。中国提出的“一带一路”倡议也或多或少地促进了中国与东盟各国之间的文化交流。

关键词： 东盟国家 多元文化 一带一路

一 文化发展符合东盟各自国家多元文化的国情

2017 年，东盟国家文化的发展均符合各自的国情。以越南为例，越南属于社会主义国家，其文化发展，从宏观上考察，主要呈现出社会主义文化发达、经济社会发展程度高、主体民族文化占主导地位三大特征。早在2016年，越共“十二大”政治报告即指出，革新开放30年的第一条宝贵经验是：要在坚定民族独立和社会主义目标的基础之上进行改革创新，运用和丰富马克思列宁主义和胡志明思想，继承和发扬民族传统，吸收人类文化精华和适合越南的国际经验。[①] 越共“十二大”政治报告指出了未来五年（2016~2020年）越南文化发展的方向，即发展全方位的越南文化，引导个人向“真、善、美”发展，濡染民族精神和人文、科学涵养，使文化发展成为社会发展坚实的精神基础，成为保卫越南和实现越南“民富、国强、民主、公平、文明”目标的重要内生力。[②]

作为主体民族占绝对数量的越南，人口9400万人，越族人口占到85.7%，其内部主体民族文化的统一性相对较高。2016年，越南GDP约为2046亿美元，人均GDP约为2215美元。这也决定了其在对内文化发展和对外文化拓展方面的受制约性。2017年越南文化发展的主要特征在于对内加强民族国家文化传承与促进国家凝聚力，对外加强对本国文化特色的宣传和推介，促进本国经济社会的开放发展。

而实行君主立宪制的马来西亚，经济较为发达，早在2013年，马来西亚的人均GDP就超过了1万美元。2016年，马来西亚总人口3166万人，其中马来人占总人口的61.54%，华人占21%，印度人占6.29%，合共占总人口的80%以上。这决定了马来西亚是一个“多元民族、多元文化”的国家，而马来西亚宪法规定伊斯兰教为官方宗教，这又决定了其伊斯兰文化占主导地位的文化特性。

关于马来西亚“国家文化”的概念，马来西亚文化、青年与体育部于1971年召开的“国家文化大会”通过的决议规定了三个基本原则。一是马来西亚国家文化应该以本国原住民（指马来人）之文化为核心。二是其他民族

① Báo cáo chính trị của Ban Chấp hành Trung ương Đảng khóa XI tại Đại hội đại biểu toàn quốc lần thứ XII của Đảng, *báo Nhân Dân*, 25/03/2016.

② 刘志强：《2017年越南文化发展报告》，见本书相关篇章。

文化中合适及合理的因素可以被吸纳进国家文化政策。三是伊斯兰教是构建国家文化的重要因素。这个政策的主要诉求是希望将马来文化塑造为国家的主流文化，并将非马来人融入马来人的文化体系中。马来西亚宪法规定，马来文化的核心即马来语、伊斯兰教和马来习俗，其中最重要的是马来语。多年以来，马来西亚政府一直强调马来文化是国家文化的主体。①

而马来西亚的经济社会实力，又成为其提出“2050 国家转型计划”（2050 National Transformation，简称 TN50）的基础，即谋求在未来 30 年内将马来西亚建设成“全球顶尖 20 先进国家”之一，并培养具有卓越思维的国民，提升国民收入和幸福感。关于文化建设问题，马来西亚总理纳吉布专门指出，马来西亚政府致力于通过打造高文化社会，发展高文化价值，并将之作为 2050 年国家转型计划的重要一环。2017 年，纳吉布在主持相关会议时提出马来西亚文化核心的七个要素，其中包括马来语、文化遗产与创意产业、国家艺术遗产、马来习俗遗产及机制、文化遗产研究、建设马来土著经济文化、2050 年国家转型计划中建设先进文化。这又决定了 2017 年甚至未来数年马来西亚文化发展的特征。②

2017 年泰国文化发展，同样具有浓厚的本国特色。作为拥有 6618 万人口、佛教作为国教、90% 以上的民众信仰佛教的国家，泰国一直坚持“国家、宗教、国王三位一体”的文化政策。2017 年一整年，泰国举行了各种形式的纪念普密蓬国王的活动，这成为 2017 年泰国文化的一个重要特点。泰国国王拉玛九世普密蓬·阿杜德于 2016 年去世，为了举行皇家火化仪式，政府用了 9 个多月时间来修建火化亭，耗资约 9000 万美元。全年有超过 400 万市民前往火化亭参观，泰国政府还为普密蓬举行了盛大的葬礼，2017 年 10 月 26 日葬礼当天，约有 20 万民众聚集在泰国大王宫附近，向国王道别。③ 2017 年，纪念泰国国王拉玛九世的一系列活动，充分体现了泰国的文化国情特点。

---

① 谈笑：《2017 年马来西亚文化发展报告》，见本书相关篇章。

② 谈笑：《2017 年马来西亚文化发展报告》，见本书相关篇章。

③ 唐旭阳：《2017 年泰国文化发展报告》，见本书相关篇章。

二　重视各自国家的文化传统

东盟各国均较为尊重各自国家的文化传统，在此基础上发展对外文化交流。

以新加坡为例，2017 年，新加坡总人口为 599 万人，其中华人占 74.3%，马来人占 13.4%，印度人和其他族群约占 12.3%。其主要宗教包括佛教、道教、伊斯兰教、基督教和印度教。新加坡文化职能部门——新加坡文化、社区及青年部充分尊重本国民族、宗教的多样性和差异性，让东西文化在新加坡得以不断交汇和融合。

新加坡充分重视华人文化，2017 年，新加坡华族文化中心正式揭幕，新加坡总理李显龙在揭幕式上表示："每个国家的人民，因为地理环境和历史文化的关系，都会形成自身独特的文化身份，新加坡人也不例外。"作为多元文化的新兴国家，新加坡在强调自身国家认同的基础上拓展与世界各国的文化关系。① 2017 年新加坡的对外文化交流仍突出与中国的往来为其重要特点。

印尼对本民族传统文化的重视也不亚于新加坡。根据 2016 年的统计数据，印度尼西亚人口为 2.61 亿人，由 300 多个部族组成，人口数量排名前五位的民族分别为爪哇族、巽他族、马都拉族、华族及米南加保族，分别占全国人口的 47%、14%、7%、4%及 3.4%。尽管印尼不是一个政教合一的伊斯兰国家，但它是世界上穆斯林人口最多的国家，约有 87.18%的人口信仰伊斯兰教，6.96%的人口信仰基督教，2.9%的人口信仰天主教，1.69%的人口信仰印度教，0.72%的人口信仰佛教，0.05%的人口信仰孔教。各种宗教在印尼和谐共荣，国家充分尊重人民的宗教信仰，印尼建国五项基本原则为信仰神道、人道主义、民族主义、民主和社会公正。对于"信仰神道"，这一原则解释为印尼人民有选择宗教信仰的权利。② 2017 年，印尼还

---

① 李婉珺：《2017 年新加坡文化发展报告》，见本书相关篇章。

② 葛瑞：《2017 年印度尼西亚发展报告》，见本书相关篇章。

举办了“重走民族历史”班基文化节等旨在尊重传统文化的相关活动。

与印尼一样，缅甸在2017年对传统文化也十分重视、不遗余力。作为拥有5000多万人口的佛教国家，尽管缅甸拥有135个民族，但全国85%的民众信仰佛教。在缅甸，尊重传统的最重要的表征之一，即是对传统文物和文化遗产的保护与修缮。2017年1月，缅甸国务资政昂山素季视察蒲甘地区受灾佛塔修复情况时表示：“要做好文物的修复工作，保护本国文化遗产就是保护国家的长期利益。”[①] 2017年2月，缅甸副总统亨利班提育对未来缅甸的文化发展提出要求：“保护国家、民族文化遗产，传承民族文化与风俗是每一个缅甸人的责任。缅甸拥有丰富的自然遗产与文化遗产，骠国古城已被正式列入《世界遗产名录》，曼德勒碑林佛塔（摩诃洛格玛雅盛）和妙齐提四语言碑铭（亚扎古曼碑铭）入选《世界记忆名录》，我们应为之感到自豪。”[②] 2017年，缅甸文化发展的最大特点仍然是传统文化的保护和传承。

2017年，尽管菲律宾依然重视利用文化的作用塑造和加强国家认同，同时反思殖民主义，但鼓励语言和文化的多样性发展，已成为其文化发展的重要特点之一。自20世纪90年代起，菲律宾政府就通过设立国家艺术月、国家文学月和国家电影节等活动促进菲律宾的国家认同和民族自豪感。以国家文学月为例，菲律宾政府在政策上鼓励使用不同的菲律宾语言书写菲律宾文学，使国家的历史和文化遗产得到传承和推广。2017年，菲律宾作家协会在马尼拉召开了全国作家大会，并颁发了菲律宾三大主要文学奖项。本届获奖的作家和作品鲜明体现了菲律宾文学语言和文化的多样性。在电影生产和创作方面，菲律宾政府也倡导多元化和地方化。[③]

三　重视文化遗产的保护和推介

尽管各国的经济社会发展各有层次，但对文化遗产的保护和推介，是多

---

① 吴迪：《2017年缅甸文化发展报告》，见本书相关篇章。

② 吴迪：《2017年缅甸文化发展报告》，见本书相关篇章。

③ 谢苏丽：《2017年菲律宾文化发展报告》，见本书相关篇章。

年来东盟各国的共识。以柬埔寨为例，这个拥有灿烂文明的国家，目前拥有1600万人口，尽管经历过诸多历史动荡，但对文化遗产的保护越来越不遗余力。截至2017年，已被联合国教科文组织（UNESCO）列为物质文化遗产的有吴哥地区（Angkor Area）、柏威夏寺（Preah Vihear Temple）、三波坡雷库寺地区（Sambor Prei Kuk）；列为非物质文化遗产的有柬埔寨皇家舞（Royal Ballet of Cambodia）、大皮影戏（Sbek Thom Shadow Play）、拔河游戏（Tugging Rituals And Games）、长臂琴（Chapei Dang Veng）。另外，还有一项教科文组织“文献遗产”（Documentary Heritage）——“古鲁大爷口述的《罗摩赞》”（Reamker Storytelling by Ta Krut），以及一项“世界记忆遗产”（Memory of the World）——堆斯灵种族屠杀博物馆资料（Tuol Sleng Genocide Museum Archives）。[①] 早在2014年，柬埔寨王国就制定了《国家文化政策》，其宗旨是保护和发展国家文化，服务社会经济。2017年柬埔寨的文化活动基本上是在此基础上组织和举办的。

菲律宾尽管是一个受西方文化影响较大的国家，但在保护文化遗产方面，也是可圈可点。菲律宾总统根据国家艺术文化部的建议，依据第10066号共和国法案第37条和2009年的国家文化遗产法案设立国家遗产保护项目，用来奖励对国家文化遗产保护有特殊成就和重要贡献的组织或个人。该奖项将根据遗产成果、保护的措施、产生的社会效益和可持续性、面临的挑战等标准进行评估。

尽管人口仅有600多万人，经济发展程度仍有待进一步提高，但作为传统佛教国家，老挝对文化遗产保护也是高度重视。2017年，老挝已成立将甘蒙省南莫石林向联合国教科文组织申遗委员会，2018年初老挝笙乐被联合国教科文组织列入《人类非物质文化遗产名录》，可谓老挝文化领域年度大事件之一。老挝传统“南旺舞”向联合国教科文组织申遗工作，也在积极筹备中。此外，老挝各地也纷纷开展对佛塔、佛寺等历史建筑的修缮

---

① 黎国权：《2017年柬埔寨文化发展报告》，见本书相关篇章。

工作。①

近年来，东盟国家对非物质文化遗产愈发重视，以印尼为例，自2008年至今，印尼先后有16项世界文化遗产被列入联合国教科文组织《世界文化遗产名录》，其中非物质文化遗产8项、世界文化遗产4项、世界自然遗产4项。在东南亚范围内，印度尼西亚是拥有世界遗产最多的国家，其非物质文化遗产保护事业呈起步早、项目多、国际化等特点，目前处于地区领先地位。② 此外，多年来缅甸对非物质文化遗产保护也逐渐重视，但申遗之路仍任重道远。③ 在中南半岛诸发展中国家中，越南、柬埔寨的非物质文化遗产的保护和推介工作不断得以推进。近年来，越南非物质文化遗产的对外宣传工作做得卓有成效；自2014年出台《国家文化政策》以来，柬埔寨逐渐健全了非遗法律体系。④

四　重视与中国开展对外文化交流

全球化时代，与世界上许多国家一样，2017年，东盟各国重视对外文化交流活动。以越南为例，2017年，越南不仅重视与传统国家之间的文化交流，而且不断努力向西方国家推介本民族的优秀文化。2017年11月，中国文化部部长雒树刚和越南文化体育旅游部部长阮玉善共同签署了关于文化产业合作的谅解备忘录，这标志着中越两国文化领域的合作迈上了一个新的台阶。同样是在2017年，中国国家主席习近平和越南国会主席阮氏金银出席了越中友谊宫建成庆祝仪式。友谊宫的主要功能是作为两国文化交流的活动场所，越中友谊宫的建成是两国文化交流的大事。除了加强与中国的文化交流，2017年，越南还特别重视和与其具有特殊文化关系的老挝、柬埔寨、法语国家联盟进行文化往来。同时，每年举办顺化国际文化节，利用这一平

---

① 武智：《2017年老挝文化发展报告》，见本书相关篇章。

② 李婉珺、葛瑞：《2017年印度尼西亚非物质文化遗产专题报告》，见本书相关篇章。

③ 张卫国：《缅甸非物质文化遗产专题报告》，见本书相关篇章。

④ 苏华才：《柬埔寨非物质文化遗产专题报告》，见本书相关篇章。

台推介本国优秀文化。①

2017 年，马来西亚与 27 个国家签署了文化交流协定，对外文化交往迅速发展。在响应“一带一路”倡议、加强与中国文化交流与合作上，马来西亚在东盟国家中尤为突出，在教育、旅游、影视诸多方面均与中国有相关合作项目。

较之马来西亚，2017 年泰国对加强与中国的文化交流也不遗余力。2017 年 11 月，中国文化部部长雒树刚会见了来华访问的泰国文化部部长威拉一行，雒树刚就新时代中泰文化关系发展提出五点建议，一是加强战略对接，欢迎泰方积极参与“一带一路”文化建设，促进民心相通；二是积极商签新一轮文化交流执行计划，推动双边文化关系机制化发展；三是以“欢乐春节”等品牌项目带动多领域文化合作，丰富中泰文化关系内涵；四是以曼谷中国文化中心为平台，促进中泰人文交流与合作；五是加强在澜沧江－湄公河等多边合作框架内的协作与配合，共同夯实地区繁荣稳定根基。威拉表示，泰国政府高度重视对华文化交流与合作，赞赏中国文化部对推动两国乃至地区人文交流与合作发挥的重要作用，表示支持中方“一带一路”文化建设、澜沧江－湄公河文化合作，愿与中方加强交流对接，深化务实合作，促进民心相通。②

中缅文化关系在 2017 年也获得了重要进展。2017 年 11 月，中国外交部部长王毅和缅甸宗教事务与文化部部长都拉吴昂哥在缅甸首都内比都共同为仰光中国文化中心揭牌，缅甸国务资政兼外交部长昂山素季出席见证。建设文化中心是健全文化交流机制的重要途径，文化中心的建设使中缅文化交流有了发展的空间与平台。③ 2017 年，柬埔寨与中国的文化交流突出地体现在《习近平治国理政》柬文版在柬埔寨出版发行等重要活动上，柬埔寨王家研究院孔子学院的相关文化教学活动也为 2017 年中柬文化交流增加了不

① 刘志强：《2017 年越南文化发展报告》，见本书相关篇章。

② 唐旭阳：《2017 年泰国文化发展报告》，见本书相关篇章。

③ 吴迪：《2017 年缅甸文化发展报告》，见本书相关篇章。

少光彩。[①] 2017 年中菲文化交流的亮点是 2017 年 11 月“菲华关系历史渊源与趋势：‘苏禄东王使华 600 周年’”国际学术研讨会在菲律宾雅典耀大学孔子学院举行。老挝在 2017 年也积极响应“一带一路”倡议，多方位开展与中国的文化交流。2017 年 11 月，中国国家主席习近平对老挝进行了国事访问，还在老挝传媒发表了《携手打造中老具有战略意义的命运共同体》的署名文章，极大地推动了中老文化交流的步伐。

2017 年，新加坡则举办了“欢乐春节”“中国重庆文化年”“天涯共此时”等诸多与中国进行文化交流的活动。2017 年 11 月，印尼负责承办了第三次中印尼副总理级人文交流会议。

2017 年东盟国家文化发展情况总体上受到各国国情的影响，其中政治体制起到决定性的作用，不同的政体，对各国的文化发展具有方向性的引导作用，经济社会发展的层次则在一定程度上决定其对本国文化保护、传承以及对外推介的能力和范围。但宗教的因素也不容忽视，在东盟国家中，除越南外，其他国家处在佛教、伊斯兰教和天主教信仰人数占绝对多数的文化环境中，这也是东盟国家文化发展的一个重要特点。

---

① 周惠雯：《2017 年柬埔寨王家研究院孔子学院发展报告》，见本书相关篇章。

分　报　告

Country Reports

B.2
2017年越南文化发展报告

刘志强

摘　要： 2017年至2018年初，越南结合其国内经济社会发展情况和对外交流与合作形势，在越共“十二大”政治报告既定的顶层设计中，主动推进其文化发展，对内以文化推进各民族团结与经济社会发展良性互动，对外与国家外交战略相互配合，取得了一定的成绩。

关键词： 越南　对外交流文化　外交战略

一　越南文化发展的基本国情、基础、方向和任务

越南属于一党执政的社会主义国家，2016年，全国人口达到9400万

人，在东盟国家中排名第三。近亿人口中，73.2%的人信奉民间信仰或无明确的宗教信仰，12.2%的人信奉佛教，8.3%的人信奉天主教，4.8%和1.4%的人分别信奉越南本土宗教高台教、和好教，0.1%的人信奉伊斯兰教等其他宗教。越南共有54个民族，其中主体民族越族人口占总人口的85.7%。越南的面积为33万平方公里，在东盟国家中排名第四。2016年，越南的GDP总量约为2046亿美元，人均GDP约为2215美元。① 经济上仍属以农业、服务业为主体的发展中国家。

2017年越南文化发展是在越共召开“十二大”、总结其改革开放30年（1986～2016）的实践和理论基础上推进的。越共在“十一大”政治报告中提及的政治、经济与社会发展现阶段基础和方向，对2017年越南文化的发展起着决定性和方向性的作用。越共“十二大”政治报告指出，革新开放30年的第一条宝贵经验是：要在坚定民族独立和社会主义目标的基础之上进行改革创新，运用和丰富马克思列宁主义和胡志明思想，继承和发扬民族传统，吸收人类文化精华和适合越南的国际经验。②

越共在“十二大”政治报告中明确提出了2016～2020年越南文化建设和发展的基础、发展方向和基本任务。越共“十二大”政治报告认为，越南党和国家自中央至地方均高度重视越南文化发展，在工业化、现代化建设过程中，文化建设的各种制度设计逐渐完善，文化活动日趋社会化，诸多民族文化得以传承，各类文化遗产得到保护，文化传媒也得以迅速发展。“全民团结建设文化生活”运动逐渐兴起，国家文化环境的营造得到进一步重视，文化管理逐渐加强，国际文化交流取得诸多成绩。同时，政治报告也指出目前越南文化发展存在诸多不足，如不能适应越南政治、经济和对外开放的要求，社会道德滑坡，城乡文化生活差距扩大，社会消极因素增多。在对外文化交流过程中，进口、宣传、吸收外来文化较为随意，未经筛选的外来

① *Báo Kinh Tế*, ngày 29 tháng 12 năm 2016.

② Báo cáo chính trị của Ban Chấp hành Trung ương Đảng khóa XI tại Đại hội đại biểu toàn quốc lần thứ XII của Đảng, *báo Nhân Dân*, 25/03/2016.

文化糟粕对越南人特别是青年人造成了较大的消极影响。文化管理和设计不能适应发展的节奏和需求等。① 这是2017年越南文化发展的基础。

越共“十二大”政治报告指出了未来五年越南文化发展的方向，即发展全方位的越南文化，引导个人向“真、善、美”发展，濡染民族精神和人文、科学涵养，使文化发展成为社会发展的坚实精神基础，成为保卫国家和实现越南“民富、国强、民主、公平、文明”目标的重要内生力。

越共“十二大”政治报告同时提出了未来五年越南文化发展的十大任务。

（1）文化育人。打造工业化、现代化和国际化时期越南人民的价值体系和价值标准。营造有利于培育具有良好人格、道德、智慧、创新能力、体魄，承担社会责任、公民义务和遵守法律的人的文化氛围和社会环境。让每一位越南人都深刻了解和尊崇越南本民族的历史与文化并引以为豪。崇尚积极、劝善、向上的文化，抵制消极、负面、落后的文化，出台遏制社会道德下滑的管理措施。

（2）建设适应面向社会主义市场经济发展和融入国际社会的良好文化环境。构建自中央至地方各级政府、各企业、工业区、各单位、家庭良好的文化环境，推进“家庭发展战略”。发扬优秀的传统价值观，建设富足、进步、幸福、文明的家庭。把每个学校建设、发展为文化教育的中心，培养、造就人。构建文明、进步的文化生活方式，特别是在婚礼、丧葬、节庆等方面。进一步提高各类文化活动和“全民团结建设文化生活”运动的质量和效果。逐步缩小城乡、区域之间“文化享受”的差距。发扬和利用宗教、信仰的文化价值和积极因素。

（3）建设政治和经济领域的文化。重视建设党的文化，重视建设国家机关和各人民团体的文化。把文化建设看作建设廉洁、稳固政治系统的重要因素。常态性地关注和重视经济领域的文化建设。建设遵守法律、重视信

① Báo cáo chính trị của Ban Chấp hành Trung ương Đảng khóa XI tại Đại hội đại biểu toàn quốc lần thứ XII của Đảng, *báo Nhân Dân*, 25/03/2016.

誉、良性竞争的企业文化和商人文化，旨在有利于国家的稳固，为建设和保卫祖国做出贡献。

（4）提高文化活动的质量和效果。充分发挥全社会的力量，保存和发挥民族传统文化的价值；鼓励创造新的文化价值，同时吸取人类文化精华以丰富越南民族的文化内涵。建设合理解决保存文化遗产和发挥文化遗产功用与发展经济社会矛盾的机制。发展文学、艺术事业，加强培养文艺队伍，为文艺工作者提供和创造创作的条件。不断改革文艺界活动的方式。

（5）做好报纸和出版的领导和管理工作。各宣传机关要把握好服务的宗旨、目的和对象，进一步提高思想性、人文性和科学性，提高社会责任意识、公民意识，为文化建设的人才培养做出贡献。进一步规划和管理报刊行业，以适应发展的要求，突出务实和效果。重视对各类网络媒体的监管，对网络媒体的思想和审美进行正确引导，尤其是对青少年进行正确引导。

（6）发展文化产业，同时完善文化服务和文化产品市场。建立各类激励机制，激励对文化产业中基础设施、设备和先进工艺的投资，提高文化产品质量和服务。为文化、文艺、体育、旅游部门和企业吸引社会资源。改革和完善相关法律法规，推出良性的文化产品和文化服务。促进文化产业发展，加强对越南文化的宣传和推广。进一步提高社会对知识产权等相关法律法规的保护意识。

（7）主动融入国际文化，吸收人类文化精华。主动与各国进行文化合作，开展多种形式的对外文化交流与合作，深化国际文化交流，巩固效果。选择性地吸收世界各国优秀文化精华，丰富本国民族文化。主动抓住发展机遇，保护和完善民族文化本色，限制、克服全球化给本国文化带来的消极和负面影响。

（8）继续改革党和国家对文化的管理，提高管理的质量和效果。在保证文化、文艺发展按照党的思想和政治方向基础上，赋予创作者自由和民主，需要结合社会责任和公民义务，避免忽视管理或限制民主和创作自由的现象。

（9）进一步加大国家对文化管理的改革力度，提高管理效率和效果，使其适应平稳发展的要求。加快党关于文化的观点、方向的制度化和具体化。合理规划文化发展工作，同时进一步完善各类涉及文化和著作权等相关的法律、机制和政策文件体系。

（10）实施文化干部队伍发展战略。重视规划干部队伍领导和管理文化工作，同时注重培养和配置学界、各类专家和基层领导干部。

国家对文化领域的投资需适应经济增长的速度，加强文化发展的社会化，促进多种形式的文化投资和文化赞助。①

越共“十二大”政治报告提出越南文化发展十大任务，基本上为越南文化的发展制定了政治框架。2017 年，越南文化的发展也是在这样一个框架下进行的。

二　越南国内文化发展表征

纵观 2017 年至 2018 年初越南国内文化的发展，有三点特别值得关注。一是社会文化对主流意识形态的把握。二是尊重越南历史上长期形成的传统文化和人文价值观的内涵和外延。三是突出家庭文化建设。具体的表征主要包括以下各个方面。

一是隆重纪念俄国十月革命。与中国不同，2017 年，越南隆重纪念俄国十月革命 100 周年。越共中央政治局和国会代表、国家主席、越南祖国统一阵线和河内市委领导均向位于河内市区的列宁雕像献了花圈。

2017 年 11 月 5 日，越南在河内国家会议中心举行了隆重纪念俄国十月革命 100 周年的会议。越共中央政治局、国会、国家主席、政府和越南祖国统一阵线和河内市委等机关的共 3500 名代表参加了纪念会议。越共中央总书记阮富仲做了主题发言。阮富仲强调，尽管时过境迁，但“十月革命”的精神和历史成就，就像苏联各族人民对人类做出的重大贡献一样，将永远

---

① Báo cáo chính trị của Ban Chấp hành Trung ương Đảng khóa XI tại Đại hội đại biểu toàn quốc lần thứ XII của Đảng, *báo Nhân Dân*, 25/03/2016.

牢记在全世界有良知的人民心中。对于越南而言，我们有充分的证据肯定，越南的各种胜利都与苏联人民至情至义的支持和帮助紧密相连。胡志明主席是最早接触和创造性地成功运用十月革命的精神于越南革命的越南人。阮富仲同时明确指出，正是由于马克思、列宁主义的指引和越共的正确领导，以及各族人民自立自强的意志、苏联和中国等社会主义国家和国际朋友的帮助，越南的革命才取得了今天的成就。① 2017 年，越南与俄罗斯的文化交流也获得进展，2017 年 10 月 6 日，俄罗斯文化节在越南河内隆重举行，俄罗斯文化部副部长、越南文化部副部长均出席了开幕仪式。②

两项民间艺术入选联合国教科文组织《人类非物质文化遗产代表作名录》。2017 年 11 月，联合国教科文组织公布了新入选《人类非物质文化遗产代表作名录》的项目，越南有两项，分别是越南富寿省的民间戏曲——春曲（Hat Xoan）和越南中部沿海民间唱曲艺术——拽曲（Bai Choi）。“春曲”是越南富寿省的一种民间戏曲，其表演艺术形式包括歌唱、舞蹈、打鼓和云板等。这一艺术的形成和发展是以祭祀越南传说中的祖先——雄王为基础和中心的。③

二是重视延续尊崇本国历史文化名人的传统。如越南在文化上高度重视被尊为“越南孔子”的朱文安（1292～1370）。2017 年 2 月 4 日，在越南海阳省志灵镇朱文安庙举行了“春季开笔礼”活动，越南文化体育旅游部副部长邓氏碧莲参加了开幕仪式。邓氏碧莲在开幕式致辞中对朱文安高度评价，认为朱文安曾任太子少保，还任国子监司业等职，且“桃李满天下”，其弟子不乏在朝中担任要职者，朱文安是越南的儒学家、教育家，同时也是

---

① Kỷ niệm trọng thể 100 năm Cách mạng Tháng Mười Nga，越南文化部网站，2017 年 11 月 5 日，http：//bvhttdl. gov. vn/hoat – ong – lanh – ao – bo/ – /asset_ publisher/GrYCMqxyx2pI/content/ky – niem – trong – the – 100 – nam – cach – mang – thang – muoi – nga。

② Khai mạc Những ngày Văn hóa Nga 2017 tại Việt Nam，越南文化体育旅游部网站，2017 年 10 月 6 日，http：//bvhttdl. gov. vn/hoat – ong – lanh – ao – bo/ – /asset_ publisher/GrYCMqxyx2pI/content/khai – mac – nhung – ngay – van – hoa – nga – 2017 – tai – viet – n – 1。

③ Hát Xoan trở thành Di sản văn hóa phi vật thể đại diện của nhân loại，越南文化部网站，2017 年 11 月 8 日，http：//bvhttdl. gov. vn/hoat – ong – lanh – ao – bo/ – /asset_ publisher/GrYCMqxyx2pI/content/hat – xoan – tro – thanh – di – san – van – hoa – phi – vat – the – ai – dien – cua – nhan – loai。

体现越南人民优秀人格的光荣榜样。[①] 尊重做出重要贡献的国家领导人，也是越南文化的传统之一。2017 年 2 月 2 日，越南文化体育旅游部部长阮玉善带领各部门领导看望了百岁高龄的前越共中央总书记杜梅。[②] 上行下效，此举之文化意义，不言而喻。

三是继续高度重视越南尊崇祖先的传统文化。越南高度重视传统文化的重要标志之一是国家领导人对雄王的祭拜。按照惯例，每年的阴历三月初十，越南国家领导人都会带队亲赴位于越南中部富寿省的雄王庙祭拜雄王。2017 年 4 月 6 日（阴历三月初十），越南国家主席陈大光亲自带队赴位于富寿省的国家特殊历史遗迹园——雄王庙进行公开祭拜。随团的有越共中央政治局委员、中央书记处书记、中央经济部部长阮文平，越南人民军总政治局主任梁强上将，越南文化体育旅游部部长阮玉善，越南祖国统一阵线中央委员会副主席黎播程以及各相关省市的主要领导。在祭拜仪式上，越南人民军仪仗队手持越南国旗和祭旗，首献花圈，上有题字“世代牢记雄王立国之恩”。越南富寿省人民委员会副主席何继刊（Ha Ke San）在祭拜致辞中说：“雄王祭祖，是越南民族的重要节日，已经成为国内外每一位越南人内心深处神圣的情感寄托，是越南无比独特和深刻的精神文化表征，同时也体现出越南大团结和“饮水思源”，感念祖宗的良好道德传统，同时会以‘同胞’之义在建设和保卫祖国的光荣道路上共同凝聚越南力量。”[③] 此外，越南对

① Thứ’ tru’ở’ng Đặng Thị Bích Liên dự lễ hội Khai bút đầu xuân tại Đền thờ’ Chu Văn An，越南文化体育旅游部网站，2017 年 2 月 4 日，http：//bvhttdl. gov. vn/hoat – ong – lanh – ao – bo/ – / asset_ publisher/GrYCMqxyx2pI/content/thu – truong – ang – thi – bich – lien – du – le – hoi – khai – but – au – xuan – tai – en – tho – chu – van – an。

② Bộ tru’ở’ng Nguyễn Ngọc Thiện chúc nguyên Tổng Bí thư’ Đỗ Mu’ờ’i tru’ờ’ng thọ 100 tuổi，越南文化体育旅游部网站，2017 年 2 月 2 日，http：//bvhttdl. gov. vn/hoat – ong – lanh – ao – bo/ – / asset_ publisher/GrYCMqxyx2pI/content/bo – truong – nguyen – ngoc – thien – chuc – nguyen – tong – bi – thu – o – muoi – truong – tho – 100 – tuoi。

③ Chủ tịch nu’ớ’c Trần Đại Quang dâng hu’o’ng tu’ở’ng nhớ’ các Vua Hùng，越南文化体育旅游部网站，2017 年 4 月 6 日，http：//bvhttdl. gov. vn/hoat – ong – lanh – ao – bo/ – /asset_ publisher/ GrYCMqxyx2pI/content/chu – tich – nuoc – tran – ai – quang – dang – huong – tuong – nho – cac – vua – hung。

传统中秋节也较为重视。2017 年 10 月 2 日，越南文化体育旅游部副部长王维边出席全国中秋晚会并做了主旨发言。① 中秋节在越南已深入人心。

四是图书文化、家庭文化建设取得较大发展。2017 年，越南图书文化工作紧密联系党和国家的大政方针、政策，并取得了较大发展。越南文化体育旅游部图书司主办了一系列活动，如“像胡志明伯伯终身学习主题活动日”“全国县、乡图书工作会议”“建设新农村图书馆学术研讨会”等。② 2017 年 11 月，越南还隆重举行了越南国家图书馆成立 100 周年纪念活动，越共中央委员、国家副主席邓氏玉盛，越南文化体育旅游部部长阮玉善等出席了纪念活动。根据越南国家图书馆馆长翘翠娥的介绍，越南国家图书馆的前身是成立于 1917 年 11 月 29 日的印度支那中央图书馆，在成立初期，图书馆按照法国图书馆的管理模式运行。经过百年的发展，越南国家图书馆已经在服务越南社会发展方面做出了越来越重要的贡献。③

2017 年，越南继续高度重视家庭文化发展。越南还把每年的 6 月 28 日定为“家庭日”。为营造家庭文化氛围，促进家庭文化发展，2017 年 6 月 24 日，越南在河内举办了“越南家庭节——幸福之歌”活动，此次活动由越南文化体育旅游部、越南总工会、国防部和部分省市文化厅（局）共同举办。越南文化体育旅游部副部长邓氏碧莲在开幕致辞中说，“此次活动旨在鼓励和推动每一个家庭重视越南的家庭传统，促进家庭文化建设经验的交

---

① Thứ trưởng Bộ VHTTDL Vương Duy Biên dự khai mạc Lễ hội Trung thu 2017，越南文化体育旅游部网站，2017 年 10 月 3 日，http：//bvhttdl. gov. vn/hoat – ong – lanh – ao – bo/ – /asset_publisher/GrYCMqxyx2pI/content/thu – truong – bo – vhttdl – vuong – duy – bien – du – khai – mac – le – hoi – trung – thu – 2017。

② Vụ Thư viện tổ chức Hội nghị Tổng kết công tác năm 2017，越南文化体育旅游部网站，2017 年 12 月 29 日，http：//bvhttdl. gov. vn/hoat – ong – lanh – ao – bo/ – /asset_ publisher/GrYCMqxyx2pI/content/vu – thu – vien – to – chuc – hoi – nghi – tong – ket – cong – tac – nam – 2017。

③ Thư viện Quốc gia Việt Nam long trọng kỷ niệm 100 năm ngày thành lập，越南文化体育与旅游部网站，2017 年 11 月 28 日，http：//bvhttdl. gov. vn/hoat – ong – lanh – ao – bo/ – /asset_publisher/GrYCMqxyx2pI/content/thu – vien – quoc – gia – viet – nam – long – trong – ky – niem – 100 – nam – ngay – thanh – lap。

流，使家庭的发展融入时代的发展。同时，通过这一活动，使全社会增强家庭责任意识，促进家庭富足、平等、进步和幸福”。[①] 2017 年 12 月 25 日，越南文化体育旅游部家庭司在年度工作总结会议上强调，2017 年，家庭司组织了“反对家庭暴力”“家庭生活道德和方式”等多种活动，同时与越南妇女联合会共同宣传越南传统的家庭道德，以促进越南社会家庭的和谐与发展。[②]

五是在高层次文艺人才培养方面取得成效。在这一领域，2017 年越南采取了一些有效的措施。如越南总理批准了两个文艺人才培养项目。一个是“至 2025 年的文艺人才培养项目”，另一个是“至 2030 年向国外输送培养文艺人才项目”。通过这两个人才培养项目，越南文艺人才的国际化水平也逐步得到改善。2017 年，越南文化体育旅游部通过国家基金项目向匈牙利、俄罗斯等国输送了 10 位越南学生，同时向柴可夫斯基音乐学院、圣彼得堡音乐学院、皇家墨尔本理工大学、俄罗斯国家电影学院等输送培养了 40 位越南文艺管理干部。[③]

六是文艺创作稳步发展。2017 年 11 月 30 日，越南文化体育旅游部在全国范围内评选了 300 多部文艺创作作品并进行集中展览，其中包括 54 幅摄影作品、30 幅绘画作品和 300 部小说作品。越南文化体育旅游部副部长王维边评价说，这些作品最具代表性地反映了越南的山水、风土

---

① Khai mạc “Ngày hội Gia đình Việt Nam” năm 2017，越南文化体育旅游部网站，2017 年 6 月 27 日，http：//bvhttdl. gov. vn/hoat – ong – lanh – ao – bo/ – /asset _ publisher/GrYCMqxyx2pI/content/ngay – hoi – gia – inh – viet – nam – nam – 2017 – yeu – thuong – va – chia – se – nhieu – hon。

② Vụ Gia đình tổng kết công tác năm 2017，越南文化体育旅游部网站，2017 年 12 月 26 日，http：//bvhttdl. gov. vn/hoat – ong – lanh – ao – bo/ – /asset_ publisher/GrYCMqxyx2pI/content/vu – gia – inh – tong – ket – cong – tac – nam – 2017。

③ Vụ Đào tạo cần quan tâm đến các cơ sở đào tạo của ngành，越南文化体育旅游部网站，2017 年 12 月 25 日，http：//bvhttdl. gov. vn/hoat – ong – lanh – ao – bo/ – /asset _ publisher/GrYCMqxyx2pI/content/vu – ao – tao – can – quan – tam – en – cac – co – so – ao – tao – cua – nganh。

和人情。①

七是电影文化领域有所进步。2017 年 11 月 24 ~ 28 日，越南文化部在越南中部城市岘港举办了第 29 届越南电影节。本届越南电影节以“建设现代和人文的越南电影产业”为主题，越南文化体育旅游部电影局局长芳兰和越南文化体育旅游部部长阮玉善分别出席了开幕式和闭幕式。本届越南电影节评选出越南最佳电影——《我未满 18 岁》，该电影由越南正芳电影股份有限公司出品，是越南 2017 年国产电影的代表作。② 与此同时，2017 年，越南电影产业初具规模。截至 2017 年 12 月 22 日，越南电影局共审查了 104 部越南电影和 265 部外国电影，其中有 30 部外国电影未能通过审查。截至 2017 年底，越南共有 740 个电影院、111000 个观影座位。年度票房总额约为 1.4 亿美元，电影观众达 4500 万人次。目前越南全国共有 9 家电影发行和推广企业，其中 3 家为越南与国外联营的发行和推广企业。③

八是选美文化、企业文化不断发展和规范。2017 年 10 月 21 日，由越南文化体育旅游部组织举办的“在国际化背景下发挥选美活动的积极作用，服务越南艺术、名胜古迹的宣传，促进旅游发展专题研讨会”在越南中部城市岘港举行，越南文化体育旅游部副部长王维边主持了此次会议。会议认为，越南选美文化活动的目的是选出德、智、体各方面优秀的代表，以发挥其最值得作为年轻越南女性榜样的效应。近年来，随

① Khai mạc Triển lãm các tác phẩm và công trình VHNT tiêu biểu đư'ợ'c sáng tác trong hai năm 2015 - 2016，越南文化体育旅游部网站，2017 年 11 月 30 日，http：//bvhttdl. gov. vn/hoat - ong - lanh - ao - bo/ - /asset_ publisher/GrYCMqxyx2pI/content/khai - mac - trien - lam - cac - tac - pham - va - cong - trinh - van - hoc - nghe - thuat - tieu - bieu - a - uoc - sang - tac - trong - hai - nam - 2015 - 2016。

② Bế mạc Liên hoan Phim Việt Nam lần thứ' XX，越南文化体育旅游部网站，2017 年 11 月 29 日，http：//bvhttdl. gov. vn/hoat - ong - lanh - ao - bo/ - /asset_ publisher/GrYCMqxyx2pI/content/be - mac - lien - hoan - phim - viet - nam - lan - thu - xx。

③ Cần đoàn kết, thống nhất xây dự'ng nền điện ảnh Việt Nam，越南文化体育与旅游部网站，2017 年 2 月 28 日，http：//bvhttdl. gov. vn/hoat - ong - lanh - ao - bo/ - /asset_ publisher/GrYCMqxyx2pI/content/ - oan - ket - thong - nhat - xay - dung - nen - ien - anh - viet - nam。

着越南融入国际社会步伐的加快，越南的选美文化活动还担负着推介国家形象和代表越南历史、文化、旅游等方面的不同使命。随着选美文化活动的多样化，各种违反规定的选美活动也不断出现，如胡志明市文化体育旅游局在2017年处理了多起违规组织的选美活动。由此，如何进一步规范越南的各类选美文化活动尤其重要。①2017年12月5日，由越南文化体育旅游部举办的“企业文化与经营道德论坛”在河内隆重举行，越南文化体育旅游部副部长郑氏水在开幕式上强调，越南党和国家高度重视越南企业文化建设，只有重视企业文化、遵守企业道德的企业才能在国内和国际市场中占有优势地位。②

九是坚持重视少数民族文化的传承。越南文化体育旅游部每年都在位于河内的越南各族人民文化旅游村举行“各民族大团结——越南文化遗产活动周”。2017年11月，来自全国各民族的200位代表和12个民族的演员在活动周进行了各类文化遗产的展示和表演，越南文化体育旅游部副部长黄永爱参加了相关会议和活动。③

三　越南对外文化交流特点

2017年至2018年初，越南对外文化发展有三个特点。一是保持与传统

① Hội thảo chuyên đề “Phát huy mặt tích cực của hoạt động thi người đẹp, người mẫu góp phần quảng bá nghệ thuật, danh lam thắng cảnh, phát triển du lịch，越南文化体育旅游部网站，2017年10月21日，http://bvhttdl.gov.vn/hoat-ong-lanh-ao-bo/-/asset_publisher/GrYCMqxyx2pI/content/thu-truong-vuong-duy-bien-chu-tri-hoi-thao-chuyen-e-phat-huy-mat-tich-cuc-cua-hoat-ong-thi-nguoi-ep-nguoi-mau-。

② Hội thảo “Văn hóa Doanh nghiệp và Đạo đức kinh doanh”，越南文化体育旅游部网站，2017年12月5日，http://bvhttdl.gov.vn/hoat-ong-lanh-ao-bo/-/asset_publisher/GrYCMqxyx2pI/content/hoi-thao-van-hoa-doanh-nghiep-va-ao-uc-kinh-doanh-。

③ Chuẩn bị cho Tuần “Đại đoàn kết các dân tộc - Di sản văn hóa Việt Nam” năm 2017，越南文化体育旅游部网站，2017年11月2日，http://bvhttdl.gov.vn/hoat-ong-lanh-ao-bo/-/asset_publisher/GrYCMqxyx2pI/content/hop-ban-ve-tuan-ai-oan-ket-cac-dan-toc-di-san-van-hoa-viet-nam-nam-2017。

重要国家如中国和越、老、柬以及东盟其他成员国之间的文化交流。二是积极拓展与欧美及其他大国或发达国家之间的文化交流。三是在对外文化交流过程中重视推介本国文化和塑造本国文化的国际形象。[①] 2017 年，越南文化体育旅游部一共接见了 11 位外国文化部的部长和副部长、15 位外国驻越南大使。同时，越南文化体育旅游部积极通过亚太经合组织（APEC）、东盟（ASEAN）、联合国教科文组织（UNESCO）、法语国家组织（OIF）等加强越南与世界的文化交流与合作，力图向世界推介越南文化。此外，越南文化体育旅游部还为世界各国 219 个文化团体共 1471 位文化人士到访越南提供了相关便利条件。具体体现主要包括如下几个方面。

一是越南和中国的文化交流迈上一个新的台阶。2017 年 11 月 12 日，越共中央总书记阮富仲和中共中央总书记、国家主席习近平在河内进行了会谈，并出席了中越两国各部委合作协议的签署仪式。中国文化部部长雒树刚和越南文化体育旅游部部长阮玉善共同签署了关于文化产业合作的谅解备忘录。这标志着中越两国文化领域的合作迈上一个新的台阶。[②]

2017 年 11 月 12 日，越中友谊宫建成庆祝仪式在河内举行，中共中央总书记、国家主席习近平和越南国会主席阮氏金银出席了庆祝仪式。越中友谊宫占地 3.3 公顷，其中建筑面积达 13900 平方米，总投资 8000 亿越南盾（折合人民币约 2.2 亿元），其中 2/3 的建设资金由中国无偿援助，并由中国企业施工建设，越中友谊宫的主要功能是作为两国文化交流的活动场所，

---

① Cục Hợp tác quốc tế tổng kết công tác năm 2017，越南文化体育旅游部网站，2017 年 12 月 25 日，http：//bvhttdl. gov. vn/hoat – ong – lanh – ao – bo/ – /asset_ publisher/GrYCMqxyx2pI/content/bo – truong – nguyen – ngoc – thien – can – phai – co – su – thong – nhat – giua – cac – co – quan – hop – tac – quoc – te – trong – bo – vhttdl。

② Việt Nam – Trung Quốc ký kết bản ghi nhớ về hợp tác công nghiệp văn hóa，越南文化体育旅游部网站，2017 年 11 月 13 日，http：//bvhttdl. gov. vn/hoat – ong – lanh – ao – bo/ – /asset_ publisher/GrYCMqxyx2pI/content/viet – nam – trung – quoc – ky – ket – ban – ghi – nho – ve – hop – tac – cong – nghiep – van – hoa。

越中友谊宫的建成是两国文化交流中的大事。[①] 2017 年 11 月 13 日，由于中国文化部、中国驻越大使馆和越南文化体育旅游部、越南驻中国大使馆联合组织的“美好中国——越南摄影家眼中的中国”摄影展在河内成功举办，中越两国最高领导人和两国诸多文化界人士参加了此次摄影展，该活动是根据两国政府有关文化交流与合作的协议举办的。2017 年 6 月，由中国文化部出资和提供便利条件，越南摄影家团队赴中国各地进行选景摄影，最后挑选出优秀作品进行展出，此次展览活动增进了两国人民的相互了解和友谊。[②]

二是越南与老挝的特殊文化关系得到进一步夯实。2017 年 7 月 18 日，为纪念越南和老挝建交 55 周年暨越南和老挝签署《越南老挝友谊与合作协议》40 周年，在老挝万象举行了隆重的纪念会议。老挝人民革命党中央委员会总书记、国家主席本扬·沃拉吉（Bounnhang Volachith）和越共中央政治局委员、越南国会常务副主席丛氏放均做了主旨发言。越南和老挝的友谊关系是基于两国长期的历史、地理关系形成的，本扬·沃拉吉认为，两国的团结友谊是世界上各国中罕见的，是伟大的、深厚的，同时也是老挝和越南两党两国的无价之宝。[③]

2017 年 7 月 17 日，在老挝首都万象隆重举行了“越南文化旅游节”活动。老挝人民革命党中央政治局委员、老挝建国阵线中央主席赛宋蓬·丰威

---

① Khánh thành Cung hữu nghị Việt – Trung，越南文化体育旅游部网站，2017 年 11 月 12 日，http：//bvhttdl. gov. vn/hoat – ong – lanh – ao – bo/ – /asset_ publisher/GrYCMqxyx2pI/content/tong – bi – thu – chu – tich – trung – quoc – du – le – khanh – thanh – cung – huu – nghi – viet – trung。

② Triển lãm Trung Quốc trong mắt các nghệ sỹ nhiếp ảnh Việt Nam：Thúc đẩy tình cảm hữu nghị giữa nhân dân hai nước，越南文化体育旅游部网站，2017 年 11 月 13 日，http：//bvhttdl. gov. vn/hoat – ong – lanh – ao – bo/ – /asset_ publisher/GrYCMqxyx2pI/content/trien – lam – trung – quoc – trong – mat – cac – nghe – sy – nhiep – anh – viet – nam – thuc – ay – tinh – cam – huu – nghi – giua – nhan – dan – hai – nuoc。

③ Mít tinh trọng thể kỷ niệm Năm đoàn kết，hữu nghị Việt – Lào 2017，越南文化体育旅游部网站，2017 年 7 月 18 日，http：//bvhttdl. gov. vn/hoat – ong – lanh – ao – bo/ – /asset_ publisher/GrYCMqxyx2pI/content/ – lao – mai – mai – khong – bao – gio – quen – su – hy – sinh – cua – can – bo – chien – sy – quan – tinh – nguyen – viet – nam – 。

汉（Saysomphone Phomvihane），越共中央政治局委员、越南国会常务副主席丛氏放出席了在老挝国家文化宫举行的开幕仪式。① 此次活动，把越老文化关系推到了一个新的高度。2017 年 12 月 20 日，同样是为纪念越南和老挝建交 55 周年暨越南和老挝签署《越南老挝友谊与合作协议》40 周年，越共中宣部组织了“了解越南——老挝特殊历史关系”全国知识竞赛，此次竞赛以纸质答题和网络答题两种形式进行，共吸引了越南 30 多万人参加。②2018 年 3 月 17 日，在越南中部直辖市岘港举行了老挝文化节，岘港各高校的老挝留学生积极组织各类体现老挝文化的文艺活动，老挝驻岘港总领事馆总领事 Phommaseng Khamsene 参加了活动，越南文化体育旅游部认为，此类活动的举办将进一步加深越老两国的特殊友谊。③ 由此可窥见两国文化关系之一斑。

三是进一步巩固与柬埔寨特殊传统文化关系。2017 年 10 月 2 ~6 日，为纪念中国与柬埔寨建交 50 周年，由柬埔寨文化艺术部和越南文化体育旅游部在柬埔寨首都金边共同组织举办了“越南文化周”活动，④ 2017 年 11 月 8 日，同样是为纪念越南与柬埔寨建交 50 周年，越南文化体育旅游部和柬埔寨文化艺术部在河内联合举办了“柬埔寨王国文化展”。此次展览规格较高，柬埔寨王国国务卿——柬埔寨文化艺术部的金萨利斯（Khim Sarith）、

---

① Khai mạc trọng thể Những ngày Văn hóa, Du lịch Việt Nam tại Lào，越南文化体育旅游部网站，2017 年 7 月 18 日，http：//bvhttdl. gov. vn/hoat – ong – lanh – ao – bo/ – /asset_ publisher/GrYCMqxyx2pI/content/khai – mac – trong – the – nhung – ngay – van – hoa – du – lich – viet – nam – tai – lao。

② Cục Hợp tác quốc tế tổng kết công tác năm 2017，越南文化体育旅游部网站，2017 年 12 月 20 日，http：//bvhttdl. gov. vn/hoat – ong – lanh – ao – bo/ – /asset_ publisher/GrYCMqxyx2pI/content/trao – giai – cuoc – thi – tim – hieu – lich – su – quan – he – ac – biet – viet – lao – 2017 – 。

③ Rộn ràng ngày hội văn hóa Lào，越南文化体育旅游部网站，2018 年 3 月 17 日，http：//bvhttdl. gov. vn/hop – tac – quoc – te/ – /asset_ publisher/GrYCMqxyx2pI/content/ron – rang – ngay – hoi – van – hoa – lao。

④ Tổng duyệt chương trình nghệ thuật tham gia Tuần Văn hóa Việt Nam tại Campuchia，越南文化体育旅游部网站，2017 年 10 月 2 日，http：//bvhttdl. gov. vn/hoat – ong – lanh – ao – bo/ – /asset_ publisher/GrYCMqxyx2pI/content/tong – duyet – chuong – trinh – nghe – thuat – tham – gia – tuan – van – hoa – viet – nam – tai – campuchia。

柬埔寨驻越南大使帕拉·努·洪（Prak Ngoun Hong）、越南文化体育旅游部副部长王维边均出席了展览。[①]

四是继续推进越南与东盟其他成员国的文化交流。在文化上，越南加入了东盟文化与信息委员会（ASEAN - COCI），因此其与东盟其他成员国的文化交往更为密切，除柬埔寨和老挝外，2017 年，越南还与新加坡和马来西亚就文化交流开展了交流探讨。2017 年 4 月 17 日，越南文化体育旅游部部长阮玉善接见了新加坡文化、社区及青年部部长傅海燕（Grace Fu），双方一致同意将进一步拓展两国间的文化交流与旅游合作。[②]

五是加强与日本、韩国的文化交往。在历史上，朝鲜（韩国）与越南建立了较为友好的关系。[③] 自 20 世纪 80 年代革新开放以来，越南与韩国的经济、文化关系日益密切。2017 年是中韩建交 25 周年，2017 年 10 月，越南文化旅游体育部部长阮玉善专门会见了韩国驻越大使李赫（Lee Hyuk），就进一步加强两国文化交流进行了正式的会谈并取得了良好的效果。[④]

日本与越南的正式官方经贸文化往来可以追溯至 16 世纪。尽管二战期间有过一段“插曲”，但两国关系在 20 世纪 70 年代就恢复了正常。阮晋勇时代，两国文化关系出现较大幅度的升温，近年来，也未见有所减退。2017 年 9 月 22 日，越南文化体育旅游部部长阮玉善接见了日本驻越大使杉良太

---

① Khai mạc Tuần văn hóa Campuchia tại Việt Nam，越南文化体育旅游部网站，2017 年 11 月 8 日，http：//bvhttdl. gov. vn/hoat - ong - lanh - ao - bo/ -/asset_ publisher/GrYCMqxyx2pI/content/khai - mac - tuan - van - hoa - campuchia - tai - viet - nam。

② Tiếp tục mở’ rộng quan hệ họ’p tác Văn hóa giữ’a Việt Nam - Singapore，越南文化体育旅游部网站，2017 年 4 月 17 日，http：//bvhttdl. gov. vn/hoat - ong - lanh - ao - bo/ -/asset_ publisher/GrYCMqxyx2pI/content/tiep - tuc - mo - rong - quan - he - hop - tac - van - hoa - giua - viet - nam - singapore。

③ 刘志强：《古代越朝历史文化关系钩沉》，包茂红、李一平、薄文泽主编《东南亚历史文化研究论集》，厦门大学出版社，2014，第 413 ~417 页。

④ Bộ tru’ở’ng Nguyễn Ngọc Thiện tiếp Đại sú’ Đặc mệnh toàn quyền Hàn Quốc tại Việt Nam，越南文化体育旅游部网站，2017 年 10 月 25 日，http：//bvhttdl. gov. vn/hoat - ong - lanh - ao - bo/ -/asset_ publisher/GrYCMqxyx2pI/content/bo - truong - nguyen - ngoc - thien - tiep - ai - su - ac - menh - toan - quyen - han - quoc - tai - viet - nam。

郎（Sugi Ryotaro）。在此次会见前，越南电视台还向全国播放了介绍日本国情的专题片。越日双方都乐见两国文化交往的良好发展势头。Sugi Ryotaro表示，日本将在2018年隆重举行日本－东盟文化交流活动；同时，2018年将是越南和日本两国建交45周年，两国将会举办各类文化交流活动。[①] 日本在越南经营文化外交卓有成效，2017年4月5日，“日本丰田集团赞助越南优秀音乐青年奖学金颁发仪式”在越南国家音乐学院举行，越南文化体育旅游部副部长邓氏碧莲参加了颁发仪式。丰田集团自2009年以来，每年都资助越南文化体育旅游部各直属音乐类院校的优秀青年学子。[②]

六是加强与其他亚欧大国的文化交流。2018年3月1～2日，越南文化体育旅游部获邀参加了在保加利亚首都索菲亚举行的亚欧文化部长会议。越南文化体育旅游部国际合作局副局长黎玉定代表越南文化部与会，并在全体会议上做了报告。黎玉定在全体会议的发言中与亚欧各国文化界分享了越南的对内、对外文化发展理念，同时介绍了《越南至2020年文化外交战略》《越南至2020年对外文化发展战略》《越南至2020年文化产业发展战略》等越南重要的文化发展战略规划，引起与会各国文化界的关注。[③] 2018年3月14～19日，为纪念越南和意大利建交45周年，在意大利驻越南大使馆的支持下，意大利与越南时装协会共同举办了“越南－意大利时装周”活动。早在2013年，越南就成立了“意大利－越南时装协会”，旨在

① Bộ tru'ở'ng Nguyễn Ngọc Thiện tiếp Đại sứ' đặc biệt Nhật－Việt，Việt－Nhật，越南文化体育旅游部网站，2017年9月22日，http：//bvhttdl. gov. vn/hoat－ong－lanh－ao－bo/－/asset_ publisher/GrYCMqxyx2pI/content/bo－truong－nguyen－ngoc－thien－tiep－ai－su－ac－biet－nhat－viet－viet－nhat。

② Thứ' tru'ở'ng Đặng Thị Bích Liên trao học bổng Toyota hỗ trợ' tài năng trẻ âm nhạc VN 2017，越南文化体育旅游部网站，2017年4月6日，http：//bvhttdl. gov. vn/hoat－ong－lanh－ao－bo/－/asset_ publisher/GrYCMqxyx2pI/content/thu－truong－ang－thi－bich－lien－trao－hoc－bong－toyota－ho－tro－tai－nang－tre－am－nhac－vn－2017。

③ Việt Nam tham dự Hội nghị Bộ tru'ở'ng Văn hóa Á－Âu（ASEM）lần thứ' 8 tại Sofia，Bungari，越南文化体育旅游部网站，2018年3月1日，http：//bvhttdl. gov. vn/hop－tac－quoc－te/－/asset_ publisher/GrYCMqxyx2pI/content/viet－nam－tham－du－hoi－nghi－bo－truong－van－hoa－a－au－asem－lan－thu－8－tai－sofia－bungari。

推动两国时装界的交流与合作。在交流与合作的过程中，一大批谙熟意大利时装艺术的越南本土艺术家涌现出来。①

2018 年 3 月 2 ~4 日，越南国家主席陈大光对印度进行了国事访问，两国签署了包括 29 个合作项目的联合声明。其中，两国就考古、文化遗产保护和博物馆建设等项目达成一致，以进一步深入发展双边历史文化关系。印度高度评价越南提出在印度建设越南文化中心的提议。根据协议，印度将为修复越南和莱塔（Thap Hoa Lai）和科隆 - 嘎莱占王塔（Thap Cham Po Klong Garai）提供信用贷款。②

七是继续加强与法语国家组织的联系。越南不断重视加强与法语国家组织的交流与合作。2018 年 3 月 16 日，越南文化体育旅游部副部长邓氏碧莲接见了法语国家组织总干事 Adama Ouan。邓氏碧莲表示，越南文化体育旅游部将进一步加强与法语国家组织的合作，同时希望法语国家组织为越南培养电影、美术、文学、音乐等领域的人才。法语国家组织总干事 Adama Ouan 表示，多年来，越南在法语国家组织中发挥了积极作用。2018 年，法语国家组织将在各文化领域与越南开展合作。③

八是继续以"顺化国际文化节"（Festival Hue）作为向全世界展示越南文化的重要平台。"顺化国际文化节"已经成为越南向世界展示越南文化特色的重要"名片"。顺化是越南的故都，同时拥有 5 处世界非物质文化遗产，其中包括顺化故都遗址（1993 年入选）、顺化宫廷音乐（2003 年入选）、阮朝

---

① Tổ chức Tuần lễ thời trang Việt Nam – Italia nhân dịp kỷ niệm 45 năm quan hệ ngoại giao，越南文化体育旅游部网站，2018 年 3 月 15 日，http：//bvhttdl. gov. vn/hop – tac – quoc – te/ – /asset_ publisher/GrYCMqxyx2pI/content/18 – nha – thiet – ke – tham – du – tuan – le – thoi – trang – viet – nam – italia。

② Việt Nam – Ấn Độ：Tăng cường hợp tác văn hoá，du lịch，越南文化体育旅游部网站，2018 年 3 月 4 日，http：//bvhttdl. gov. vn/hop – tac – quoc – te/ – /asset_ publisher/GrYCMqxyx2pI/content/viet – nam – an – o – tang – cuong – hop – tac – van – hoa – du – lich。

③ Bộ VHTTDL thúc đẩy quan hệ hợp tác với tổ chức quốc tế Pháp ngữ，越南文化体育旅游部网站，2018 年 3 月 19 日，http：//bvhttdl. gov. vn/hop – tac – quoc – te/ – /asset_ publisher/GrYCMqxyx2pI/content/ – a – dang – hoat – ong – van – hoa – ki – niem – ngay – quoc – te – phap – ngu – 2018 – tai – viet – nam。

木版遗产（2010 年入选）、阮朝朱版遗产（2014 年入选）、阮朝宫廷建筑诗文（2016 年入选）。2017 年，越南举办了第 9 届“顺化国际文化节”，取得了巨大成功。2018 年 4 月 27 日至 5 月 2 日，越南将继续由越南文化体育旅游部牵头，与法国等相关文化部门联合举办第 10 届“顺化国际文化节”。

四　一些值得关注的文化现象和越南未来文化发展趋势

一是在意识形态上坚决维护越南文化的民族性。2017 年 8 月 8 日，越南文化体育旅游部召开了 2662 号公文实施执行三年的总结会议。2662 号公文即越南文化体育旅游部旨在推动全国范围内不使用不符合越南“纯风美俗”精神要求的“外来”雕像、产品和祭物的文化清查工作文件。越南文化体育旅游部副部长邓氏碧莲要求各媒体、报纸、舆论和相关部门要积极配合此次清查活动。①

2017 年 10 月 17 日，越南文化体育旅游部副部长亲自赴越南宁平省华间故都遗址建筑群考察，明确华间故都遗址建筑群不再保留和使用“外来”的雕塑、产品和祭祀物品。越南政府于 2014 年 8 月 8 日颁布了 2662/BVHTTDL－MTNATL 公文（简称“2662 号公文”），根据该公文的规定，华间故都遗址建筑群是祭祀和供奉越南丁朝、黎朝皇帝寺庙所在地，一律不得使用不符合越南“纯风美俗”的“外来”雕塑、产品和祭祀物品。② 2017 年 12 月 20 日，越南文化体育旅游部召开了 2662 号公文下达以来的工作总结大会，经过三年的工作，越南清除了故都华间的 10 尊“外来”石刻狮子和祭

① Tăng cu'ò'ng tuyên truyền về việc không sủ' dụng linh vật không phù họ'p vó'i thuần phong mỹ tục，越南文化体育旅游部网站，2017 年 8 月 8 日，http：//bvhttdl. gov. vn/hoat－ong－lanh－ao－bo/－/asset_ publisher/GrYCMqxyx2pI/content/tiep－tuc－ay－manh－tuyen－truyen－noi－khong－voi－linh－vat－ngoai－lai。

② Thứ' tru'ỏ'ng Đặng Thị Bích Liên：Không còn dấu vết của linh vật ngoại lai，越南文化体育旅游部网站，2017 年 10 月 18 日，http：//bvhttdl. gov. vn/hoat－ong－lanh－ao－bo/－/asset_ publisher/GrYCMqxyx2pI/content/thu－truong－ang－thi－bich－lien－khong－con－dau－vet－cua－linh－vat－ngoai－lai。

拜物品；同时，雕刻工人和作坊制作和销售的“外来”物品数量明显减少，具有越南本土文化特征的祭祀和供拜物品逐渐找到销售市场。在首都河内，三年来，共发现有435尊石刻狮子和祭拜物品不符合越南“纯风美俗”相关文件的规定。在胡志明市、义安等全国其他地方发现类似现象，越南文化体育旅游部认为，越南“纯风美俗”工作任重道远。①

二是不断加强与联合国教科文组织的联系与合作，这是近年来越南非物质文化遗产不断获得国际认可的重要原因。联合国教科文组织在河内设立有办事处，这是向全世界推介越南文化的一个重要平台，越南文化部门也相当重视。2017年12月11日，越南文化体育旅游部副部长邓氏碧莲在河内接见了联合国教科文组织驻河内办事处总干事迈克尔·克罗夫特（Michael Croft）。克罗夫特表示，联合国教科文组织河内办事处将一如既往地支持越南的文化遗产保护工作，充分发挥文化遗产在促进越南经济社会发展中的积极作用，同时积极促进越南文化产业发展。②

三是越南的文化市场有待进一步整顿、管理和规范。2017年，越南文化体育旅游部共成立了128个巡视组，巡查了436家相关文化单位和个人，发现有81家单位违反相关文化法律法规，其中包括剽窃计算机软件、选送不具备资格条件的选手参与选美和模特比赛等，大批具有迷信内容的书籍、文化产品和赌博机被销毁，③ 越南文化市场的净化仍有很长

---

① So' kết ba năm thu'c hiện Công văn 2662 về việc không sủ' dụng biểu tu'ọ'ng, sản phẩm, linh vật không phù họ'p vó'i thuần phong mỹ tục，越南文化体育旅游部网站，2017年12月20日，http：//bvhttdl. gov. vn/hoat - ong - lanh - ao - bo/ - /asset_ publisher/GrYCMqxyx2pI/content/so - ket - ba - nam - thuc - hien - cong - van - 2662。

② Việt Nam - UNESCO sẽ họ'p tác nhiều họ'n trong bảo tồn văn hóa, phát triển bền vũ'ng，越南文化体育旅游部网站，2017年12月12日，http：//bvhttdl. gov. vn/hoat - ong - lanh - ao - bo/ - /asset_ publisher/GrYCMqxyx2pI/content/viet - nam - unesco - se - hop - tac - nhieu - hon - trong - bao - ton - van - hoa - phat - trien - ben - vung。

③ Năm 2017, số tiền xủ' phạt vi phạm trong lĩnh vực VHTTDL trên 12 tỷ đồng，越南文化体育旅游部网站，2017年12月27日，http：//bvhttdl. gov. vn/hoat - ong - lanh - ao - bo/ - /asset_ publisher/GrYCMqxyx2pI/content/nam - 2017 - so - ten - xu - phat - vi - pham - trong - linh - vuc - vhttdl - tren - 12 - ty - ong。

的路要走。

越共“十二大”政治报告为越南目前至 2020 年文化的发展指明了方向，同时也设计好了越南对内对外文化发展的政治框架。因此，越南文化在未来几年内会取得一定的发展，同时这也是与其经济社会发展速度相对应的。因此，步伐在前进，但是步子不会迈得太大。

B.3

2017年马来西亚文化发展报告

谈 笑

摘 要： 马来西亚是一个“多元民族、多元文化”的国家，“多元共生”是其固有的文化生态。2017 年，马来西亚政府继续实施以马来语、伊斯兰教和马来习俗为核心内容的“国家文化政策”，同时注重保持国家文化的多样性；加大文化遗产保护力度，重视对非物质文化遗产的传承和发扬；注重发展国家软实力，注重教育、旅游、文化创意产业等领域的发展；加强与国际组织如联合国教科文组织的合作，同时积极响应中国“一带一路”倡议，加强与中国的交流与合作。

关键词： 马来西亚 非物质文化遗产 多元共生

一 马来西亚文化综述

马来西亚并不是一个古已有之的传统民族国家，而是诞生于二战之后第三世界民族独立运动浪潮中的新兴国家。1957 年 8 月 31 日，马来亚联合邦宣告独立。1963 年 9 月 16 日，马来西亚正式成立。1965 年，新加坡脱离马来西亚独立。马来西亚现有 13 个州和 3 个联邦直辖区。马来西亚共有 30 多个民族，其中马来人、华人和印度人合占全国总人口的 80% 以上，因此被称为“三大民族”。马来西亚最早的文化源自当地的原住民部落文化，随后马来人在这里创造了马来文化。此外，印度文化、阿拉伯伊斯兰文化、中华文化和西方文化都对当地文化产生了深远影响。马来西亚各民族在文化和风俗习惯上差异较大，不同民族的生活习性和传统风俗依然保留着浓厚的本民族特色。马来西亚是一个作为多元民族国家，每个民族信奉不同的宗教，主要有伊斯兰教、佛教、道教、印度教和基督教。马来西亚宪法规定，伊斯兰教为马来西亚官方宗教，但各民族宗教信仰自由。1967 年，马来西亚议会通过《国语法令》，宣布马来语为国语，与此同时，各民族语言可自由运用和发展。此外，英语也是马来西亚通用语言之一。马来人是马来西亚的主体民族，因此马来西亚“国家文化”以马来文化为核心。其他被认为适合马来西亚的文化也可被接纳为“国家文化”。马来西亚人民尊重彼此的信仰、习俗和宗教节日，各民族传统的音乐、戏剧和舞蹈都能得以保留并发扬光大。

二 2017年马来西亚文化发展情况

2017 年，马来西亚仍由总理纳吉布领导的国民阵线执政，马来西亚政府在这一年提出了新的国家发展蓝图，那就是“2050 国家转型计划”（2050 National Transformation，简称 TN50），谋求在未来 30 年内将马来西亚建设成“全球顶尖 20 先进国家”之一，并培养具有卓越思维的国民，提升国民收入和幸福感。关于文化建设问题，纳吉布专门指出，马来西亚政府致力于通过打造高文化社会，发展高文化价值，并将之作为 2050 年国家转型计划的重要一环。[①] 总体来看，2017 年马来西亚文化发展的主要特点有以下四个。

（一）继续实行以马来文化为主体的国家文化政策，同时保持多元文化格局

多年来，马来西亚政府一直在通过打造“国家文化”来维护多元民族

① 《纳吉布：除了发展先进国，高文化价值是 TN50 要素》，〔马〕《联合日报》2017 年 4 月 16 日。

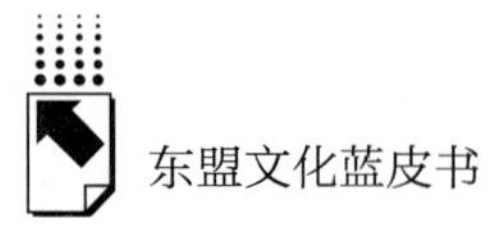

结构。创建马来西亚国家文化的努力旨在达到三个目标：通过文化加强国家团结，发扬并保持国家特征，提高生活素质，使之与社会经济发展相一致。政府努力塑造以马来文化为基础的国家文化，重视马来语的普及教育。关于马来西亚“国家文化”的概念，由马来西亚文化、青年与体育部于1971年8月16日召开的“国家文化大会”上通过的决议中规定了三个基本原则：

（1）马来西亚国家文化应该以本国原住民（马来人）之文化为核心。

（2）其他民族文化中合适及合理的因素可以被吸纳进国家文化政策。

（3）伊斯兰教是构建国家文化的重要因素。

这个政策的主要诉求是将马来文化塑造为国家的主流文化，并将非马来人融入马来人的文化体系。马来西亚宪法规定，马来文化的核心即马来语、伊斯兰教和马来习俗，其中最重要的是马来语。多年以来，马来西亚政府一直强调马来文化是国家文化的主体。2017年4月4日，由纳吉布总理主持，马来西亚文化学者、知识分子、政府及非政府文化组织代表和公立大学负责人参加的“2050国家转型计划中的文化建设”研讨会在马来西亚国立大学召开。在会上，马来西亚政府社会文化顾问莱斯·雅丁（Tan Sri Dr. Rais Yatim）提出：“马来西亚多元种族社会中的文化元素，尤其是土著居民马来人的文化元素，应当在2050国家转型计划中得以体现。”该大会通过了一项强调马来文化地位的议案并提交给马来西亚内阁。① 随后，4月14日在该大学召开了马来西亚“文化大会”，会上通过了坚持维护马来文化核心地位的决议，具体内容包括以下七个方面。

（1）马来语

——不承认不符合国家教育大纲的华文独立中学统一考试（UEC）；

——使爪威文（使用阿拉伯字母拼写的马来文）书写成为学校主要科

① 《文化元素应在TN50中加以凸显》（“Elemen budaya perlu diterapkan dalam TN50”），〔马〕《马来西亚前锋报》（*Utusan Malaysia*）2017年4月4日。

目之一；

——开展专门针对外国留学生及工作者的马来语考试。

（2）文化遗产与创意产业

——在创意产业中增加更多的文化项目和活动；

——重新启动并评估国家创意产业政策；

——设立扶持出版社、作家及文化产业的基金以鼓励文创事业发展。

（3）国家艺术遗产

——加大保护本地传统建筑艺术的力度；

——设立鼓励研究传统典籍学生的奖学金；

——将古代马来典籍数字化；

——建立传统建筑艺术数据库。

（4）马来习俗遗产及机制

——推崇马来君主体系；

——推崇马来习俗体系；

——在学校课程中凸显马来文学作品的重要性。

（5）文化遗产研究

——要求高等学府开设文化遗产课程；

——要求在大学行政事务中使用马来语；

——落实国家文化政策；

——在课程教学中使用马来语。

（6）建设马来土著经济文化

——将马来语作为经济活动用语；

——确保经济业主履行国家义务。

（7）在2050年国家转型计划中建设先进文化

——计划设立国家文化顾问委员会作为国家文化建设的顾问机构；

——将《马来纪年》与其他马来古代典籍列入高等学府的主修课程；

——使多元种族社会文化元素尤其是马来文化在2050年国家转型计划

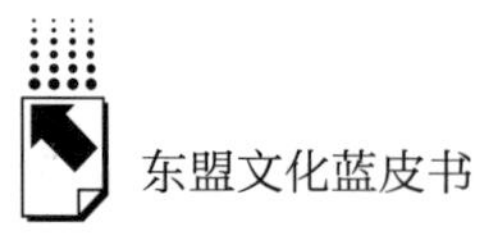

中得以体现。①

然而，40多年来，在马来西亚国内，关于“国家文化政策”的争议和博弈从未停止。如20世纪90年代，马来西亚总理马哈蒂尔就曾提出以“马来西亚民族”的策略取而代之。这个政策更是引起非马来人的不满，华人与印度人的社团组织都曾向政府提交备忘录，指责政府制定一个不民主的文化政策。2017年7月，马来西亚“华总”总会长方天兴向政府提交《文化建议书》并提出，马来西亚作为多元文化国家，文化政策不能属于单一群体，建议政府检讨及修订1971年的“国家文化政策”，并以“多元文化政策”取而代之。《文化建议书》由30多名学者历时一年完成，希望政府能正视单一文化问题，公平合理对待各民族文化。他说：“我国政策及行政上依然出现许多倾向单一种族、单一宗教、单一教育及单一文化的偏颇。我国的文化政策须由民主精神、建国基础及多元共生建设。”方天兴建议政府考虑把《文化建议书》中的内容和建议列为修正国家文化政策的内容和元素。② 方天兴的建议体现了马来西亚国内非马来族国民对国家文化建设的诉求，具有一定的代表性。对此，纳吉布没有正面回应，但他在多个场合表明了政府致力于维护文化多样性的立场。例如，2017年4月15日，纳吉布在马来西亚文化大会上表示：“强化马来语并不意味阻止人民掌握其他语言，而是要确保我国的所有民族都可以说好马来语。”③ 2018年3月3日，纳吉布总理在参加马来西亚全国华人新春大团拜活动时表示，在马来西亚民族团结进程中，保持相互尊重、互助友爱的态度非常重要。他高度赞赏“马来西亚开放日”活动对马来西亚独特的多元文化的促进作用：“马来西亚没有理由不成为一个统一团结的国家，因为多元化也是国家强盛的源泉。”④

① 《在TN50中提升马来语地位》（“Mengangkat bahasa Melayu dalam TN50”），〔马〕《马来西亚前锋报》（*Utusan Malaysia*）2017年4月15日。

② 《方天兴：应检讨“国家文化政策”，以多元取代》，〔马〕《南洋商报》2017年7月6日。

③ 《纳吉布：除了发展先进国，高文化价值是TN50要素》，〔马〕《联合日报》2017年4月16日。

④ 《总理：国语是民族团结的纽带》（“Bahasa kebangsaan, pengikat perpaduan kaum-Perdana Menteri”），〔马〕《马来西亚前锋报》（*Utusan Malaysia*）2018年3月3日。

2018 年 3 月 7 日，纳吉布在出席雪兰莪州叻思一所国民型华文小学新校舍落成仪式时表示："中央政府对各华文学校在国家教育体系中的地位表示尊重。政府承诺将满足国民对华校教育的需求。"①

（二）加大对文化遗产的保护力度，注重各民族文化艺术的传承

2017 年，马来西亚政府加大了对本国文化遗产的保护力度，鼓励和促进对国内各民族文化艺术的研究、继承和发扬，将优秀文化视为强化国民身份认同、加强民族团结、促进经济发展的重要动力。

伊斯兰教是马来西亚的官方宗教，虽然马来西亚政府是一个世俗化的政府，但十分重视伊斯兰教在国家文化中的重要地位。因此，2017 年国家对伊斯兰教的发展有一系列扶持政策。例如，在 2017 年政府财政预算中，专门拨款 5000 万令吉用于扶持全寄宿学校与国民宗教学校的发展，另外拨款 3000 万令吉用于协调"国家古兰经教育政策"。这项政策共惠及 819 所学校，其中包括 129 所全寄宿学校、99 所国民宗教中学和 591 所已注册的《古兰经》教育机构。纳吉布表示，"政府会努力发展伊斯兰教，推动伊斯兰教育机构达到全新的高度"。② 与此同时，马来西亚各族民众享有宗教信仰自由，多元化的宗教生活成为马来西亚文化的一大特色。例如，2017 年 12 月 25 日，马来西亚五大宗教理事会在吉隆坡发表圣诞和元旦祝词时，呼吁马来西亚保持丰富的文化和多元宗教，维护国家和谐。成立于 1983 年的马来西亚五大宗教理事会是一个非营利性的跨信仰宗教团体，它主要由马来西亚非穆斯林的宗教人士组成。五大宗教包括佛教、基督教、印度教、锡克教和道教。纳吉布也在其脸书上发文祝贺圣诞节："圣诞节是一个敞开我们心怀的节日。这是与挚爱一同庆祝的节日，与我们的家人、朋友和所有的马

① 《纳吉布：国阵政府尊重国民型小学的地位和对华校的教育需求》（"Kerajaan BN Hormat Kewujudan SJKC Dan Keperluan Pendidikan – Najib"），〔马〕马新社（Bernama），2018 年 3 月 7 日，http：//www. bernama. com/bm/news. php？ id = 1442178。

② 《强化伊斯兰教育体系》（"Pemerkasaan Institusi Pendidikan Islam"），马来西亚总理纳吉布博客，2017 年 4 月 25 日，https：//www. najibrazak. com/bm/blog/pemerkasaan – institusi – pendidikan – islam/。

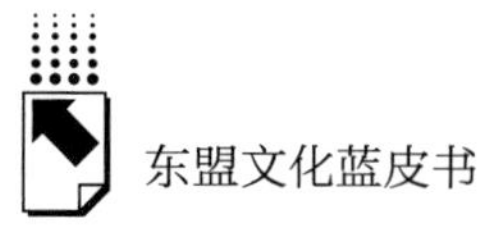

来西亚人。这是一个欢乐、奉献和团结的日子。”①

马来西亚旅游与文化部是负责执行国家文化政策与战略的主要政府机构，其职能是促进文化和旅游业的发展，同时规划、协调、评估其政策与计划。此外，其他部门，如联邦政府和州政府、各部与司局，私营和文化机构对文化和旅游的发展均起着非常重要的作用。旅游与文化部推出各种活动来保护、推广和发展传统文化和当代艺术，包括音乐、戏剧、民间体育项目和自卫术等。在文物保护、文化遗产传承和研究方面，2017 年 4 月 20 日，在吉隆坡召开了“吉隆坡历史叙说论坛”，就吉隆坡区域内的文物保护问题展开研讨。旅游与文化部秘书长贾法尔·丹比（Datuk Ab. Ghaffar A. Tambi）在论坛上表示，首都的所有历史遗存都应该善加保护。② 2017 年 5 月，马来西亚举办“国际博物馆日”系列活动，来自全国各地的 23 家主题各异的博物馆和 700 名工作者参加，同时进行各种表演和展示。此外，还举办了一系列关于文物保护的研讨会和推广活动。③ 2017 年 10 月，马来西亚旅游与文化部下属机构国家文物局启动了“海底遗产研究计划”，积极开展对马来西亚海域尤其是马六甲附近海底文物的保护和研究工作。此外，国家文物局还与马来西亚登嘉楼大学（UMT）建立了战略合作伙伴关系，对 2012 年在登嘉楼米洞岛发现的沉船进行发掘和研究。丹比表示，“这项工作是根据《2005 年国家遗产法令》开展的，国家已在保护海底文物遗产的活动中加强与相关各方的合作。在保护国家文化遗产的活动中，国家遗产法令和各州文物部门都要发挥积极作用。”④

在保护国家非物质文化遗产方面，2017 年马来西亚举办了多场旨在宣

① 《马来西亚五大宗教理事会吁维护国家和谐》，中国新闻网，2017 年 12 月 26 日，http://www.gx.chinanews.com/news/2017/1226/19604.html/。

② 《旅游与文化部承诺维护历史遗存》（“Kementerian Pelancongan dan Kebudayaan komited pulihara sejarah”），〔马〕《马来西亚前锋报》（*Utusan Malaysia*）2017 年 4 月 20 日。

③ 《博物馆是促进社会和谐的重镇》（“Muzium hab suburkan keharmonian masyarakat”），〔马〕《马来西亚前锋报》（*Utusan Malaysia*）2017 年 5 月 16 日。

④ 《国家文物局积极开展海底文物研究》（“Jabatan Warisan Negara pergiat penyelidikan warisan dasar laut”），〔马〕《马来西亚前锋报》（*Utusan Malaysia*）2017 年 10 月 25 日。

传、弘扬各民族传统艺术的活动。6 月，马来西亚在吉隆坡国家艺术中心启动“我的祖国”系列艺术活动，这个活动包括多项以传统艺术形式展现爱国情怀的比赛和展览。[①] 2017 年，马来西亚举办了一系列传统民族歌舞赛事。2 月，在马六甲“迷你马来西亚”和东盟文化公园举办了传统歌舞“东当沙央”（dondang sayang）全国比赛。[②] 9 月 30 日，在巴西古当（Pasir Gudang）举办了国际“扎宾”（zapin）舞蹈节，共有 400 名来自马来西亚、新加坡和印度尼西亚的舞蹈家参加了表演。[③] 11 月，在八打灵再也举办了全国小学生“伊娘”（inang）舞大赛。[④] 此外，为传承和弘扬马来传统自卫格斗术“希拉”（silat），有关方面甚至呼吁将这种马来民间武术纳入“2050 国家转型计划”。2017 年 4 月 30 日，在马六甲召开了马来西亚“希拉”协会最高会议。会议认为，“希拉”不仅仅是马来人引以为傲的文化遗产，更应该成为团结各民族的纽带。“希拉”地位的提高可以成为推动 TN50 实施的一种动力。如今这种马来群岛独有的自卫格斗术已经进入多项国家级甚至国际体育赛事，包括马来西亚运动会、东南亚运动会和世界“希拉”锦标赛等。[⑤]

在推动民族和地方民俗及文化艺术遗产保护方面，马来西亚也有不少举措。例如，马来西亚华人独创的鼓乐表演“廿四节令鼓”已在 2009 年被列为马来西亚非物质文化遗产。“廿四节令鼓”是对中华文明的继承和创造，如今已成为亚洲华人世界许多大型节庆、宴会中重要的表演节目。2017 年 1 月 8 日，一场集合了 388 名鼓手的大型“廿四节令鼓”表演在吉隆坡的循

---

① 《纳吉布：培养民众爱国精神》（“Bentuk jiwa insan cintakan negara-Najib”），〔马〕《马来西亚前锋报》（*Utusan Malaysia*）2017 年 6 月 16 日。

② 《举办文化活动，需从基层抓起》（“Acara kebudayaan perlu bermula di peringkat daerah”），〔马〕《马来西亚前锋报》（*Utusan Malaysia*）2017 年 2 月 16 日。

③ 《3 个国家 400 名扎宾舞蹈家齐聚柔佛》（“400 penari zapin tiga negara berhimpun di Johor”），〔马〕《马来西亚前锋报》（*Utusan Malaysia*）2017 年 9 月 30 日。

④ 《传播艺术文化遗产，从娃娃抓起》（“Semai seni budaya warisan dari awal”），〔马〕《马来西亚前锋报》（*Utusan Malaysia*）2017 年 11 月 4 日。

⑤ 《“希拉”可以成为 TN50 催化剂》（“Seni silat mampu jadi pemacu wadah agenda TN50”），〔马〕《马来西亚前锋报》（*Utusan Malaysia*）2017 年 5 月 1 日。

人小学上演，并创造了纪录。[①] 11 月，在吉隆坡举办了首届“原住民嘉年华”活动。为期三天的嘉年华展示了马来西亚 18 个原住民/少数民族的艺术、语言和宗教信仰，呈现了原住民在文化和经济领域所取得的发展成就。该活动展现了马来西亚民族文化的独特性和多样性，以及政府对原住民/少数民族的扶持和重视。[②] 12 月，在雪兰莪州举办了“官员和民众共同了解雪兰莪传统文化”的推广活动，雪兰莪州政府决心融合马来人、米南加保人、班贾尔人、巴韦安人等族群文化，打造自己独特的多民族文化。该州领导人表示，“要想成为一个先进的州，仅仅靠经济上的富裕是不够的，还需要文化作为支撑。传统文化需要实现多样化，与此同时，雪兰莪州也应尽力发扬这种文化，这样我们才能打下坚固的文化根基，并让全国人民了解它。”[③]

（三）发展教育、出版、创意和旅游产业，增强国家文化软实力

“软实力”是指在国际关系中一个国家所具有的除经济实力及军事实力外的第三种实力，主要是文化、价值观、意识形态及民意等方面的影响力。2017 年，马来西亚政府十分重视国家软实力的提升，尤其是增加了在教育、出版、旅游和创意产业等领域的投入，国家文化事业发展迈上了一个新台阶。

马来西亚有两个政府部门负责本国教育事务，分别为马来西亚教育部和马来西亚高等教育部。教育部负责处理国立中学、国立小学事务，而高等教育部则负责处理国立以及私立高等教育事务。马来西亚政府及其教育部提倡“强化马来语，提倡英语，并掌握母语”的教育制度，鼓励学生掌握两语，同时也鼓励各族学习自己的母语。纳吉布总理于 2016 年 10 月 21 日向国会提交 2017 年度财政预算案。在中小学教育方面，教育部获拨款 439 亿 8846 万 8100 马币，与 2016 年获得的 413 亿 59702800 马币相比，增加 26 亿 2876

① 《马来西亚 388 人敲响“廿四节令鼓”》，新华网，2017 年 1 月 8 日，http：//www. xinhuanet. com/world/2017 －01/08/c_ 1120268280. htm/。

② 《2017 年原住民嘉年华呈现三大要素》（“Karnival Orang Asli 2017 ketengahkan tiga elemen”），〔马〕《马来西亚前锋报》（*Utusan Malaysia*）2017 年 11 月 24 日。

③ 《雪兰莪需完善自身文化建设》（“Selangor perlu utuh dengan kebudayaan sendiri”），〔马〕《马来西亚前锋报》（*Utusan Malaysia*）2017 年 12 月 25 日。

万5300马币（6.36%），为25个部门中预算最多的部门，同时也是预算增加的六个部门之一。在2017年度财政预算规划中，马来西亚教育体系下的六类学校将获总额5亿马币的拨款，其中国民学校获得2亿5000万，华文小学、泰米尔文小学、教会学校、全寄宿学校与政府资助的宗教学校各获得5000万马币；国民型中学则再度未获任何拨款。

在高等教育方面，高等教育部获拨款121亿2264万马币，相较于2016年的133亿7831万7000马币，减少12亿马币（9.31%），为19个减少预算的部门之一。20所公立大学中，15所大学获得的拨款减少，尤其是国内最知名的5所研究型大学的预算皆被削减，尤以马来西亚国民大学（UKM）影响最大，拨款从2016年的5亿1232万马币减少至2017年的3亿5270万马币，降幅高达31.2%；5所获得拨款增加的公立大学中，以苏丹依德利斯教育大学（UPSI）的增幅最大，达8.85%。马来西亚公立大学在2015年获得99亿马币拨款，2016年减少至88亿马币，2017年再度被削减19%，减少至71亿马币。①

为协调和支持国内文化事业发展，马来西亚政府于2017年9月6日专门成立了“文化经济发展机构”（Cendana）。纳吉布表示，政府对此机构的前期拨款高达2000万马币。该机构旨在促进文化经济快速发展，为马来西亚注经济入新动力。该机构将致力于推动马来西亚创意产业和文化领域的发展，为各项文化艺术活动的开展提供决策建议和咨询。②

马来西亚华社也看到了文创产业的无限商机，马华公会领导人、马来西亚交通部长廖中莱指出，文化软实力具有经济价值，需要社团协助推广，尤其在目前崇尚物质主义的社会，提升文化素质和精神生活更为重要。为此，马来西亚华社文化艺术咨询委员会于2017年6月24~25日在吉隆坡马华大厦主办“文创产业研讨会”。马来西亚华社文化艺术咨询委员会主席周美芬在新闻发布会上说，文化艺术已成为许多国家的主要收入，马来西亚在艺

---

① 《大学拨款再被砍，唯玛拉大学激增》，〔马〕《星洲日报》2016年10月23日。

② 《文化经济发展机构成立》（“Cendana ditubuhkan”），〔马〕《马来西亚前锋报》（*Utusan Malaysia*）2017年9月6日。

术、文化、表演、展览等各方面多元且各有特色，也被看好是未来文创发展的温床。她说，研讨会的内容包括论坛、工作坊及演讲。主题包括“世界趋势：文化艺术管理市场及文化政策之现况与前景”“传统文化与现代产业”“传统文化与现代产业”“创意人的国际经验”“文化、创意与产业的前世今生”等。①

在出版业方面，2017 年，马来西亚政府制定了“国家图书政策”。7 月 11 日，在吉隆坡召开了由马来西亚国家图书委员会、马来西亚国家语文出版局、大马城市书苑和马来西亚国家图书馆等各界代表参加的国家图书政策圆桌会议。会议形成了关于革新国家图书政策的决议，加强马来语纸质书和电子书的出版，以确保马来语书籍能成为促进社会文化、思想发展的重要工具。② 10 月，马来西亚政府在法国巴黎向联合国教科文组织递交申请，为其首都吉隆坡争取“2020 年度世界图书之都”的称号。此前，阿拉伯联合酋长国的沙迦（Sharjah）被评选为“2019 年度世界图书之都”，另外泰国曼谷也曾获此殊荣。获选城市享有这一称号一年时间，以开展各种各样与文学、艺术和文化相关的宣传和阅读项目。③

2017 年，马来西亚的动漫产业也得到较大发展。随着动画片《乌宾和伊宾》（*Upin Ipin*）的热播，这对由马来西亚创造的双胞胎儿童动漫形象大获成功，还成为联合国儿童基金会（UNICEF）形象大使以及马来西亚旅游形象大使。马来西亚正计划将“乌宾和伊宾”推向世界，其制作者——马来西亚本土动漫制作公司 Les' Copaque 将在中国西安建立全球首个“乌宾和伊宾”主题公园。④ 2017 年 5 月，Les' Copaque 公司在莎阿南（Shah Alam）成立了 Les' Copaque 动漫学院（LCAA），旨在培养 3D 动画、动漫产业经营

---

① 《以文化艺术带动经济发展》，马华公会网站，2017 年 5 月 24 日，http://www.mca.org.my/1/Content/SinglePage? _ param1 = 19 - 022018 - 136663 - 02 - 201819&_ param2 = TS/。

② 《马德齐尔接受关于国家图书政策的决议》（“Mahdzir terima resolusi dasar buku negara”），〔马〕《马来西亚前锋报》（*Utusan Malaysia*）2017 年 7 月 12 日。

③ 《马来西亚争取让吉隆坡成为 2020 年世界图书之都》（“Malaysia mula lobi KL Kota Buku Dunia 2020”），〔马〕《马来西亚前锋报》（*Utusan Malaysia*）2017 年 10 月 27 日。

④ 《本土卡通要冲出海外，西安或建 Upin Ipin 乐园》，〔马〕《星洲日报》2017 年 2 月 4 日。

和多媒体技术人才，目标是在10年内将莎阿南打造成东南亚最大的动漫创意中心。①

2017年，马来西亚大力推进旅游业发展。在2018年3月的一次记者招待会上，马来西亚旅游与文化部秘书长拉西迪·哈斯布拉（Datuk Rashidi bin Hasbullah）指出，2017年约有2590万游客到访，旅游收入达821亿令吉。他说，未来两年无疑是马来西亚旅游业发展关键期，因即将迎来备受瞩目的“2020旅游年”，该部将致力于推广使马来西亚成为具有多样性旅游文化景点的首选旅游胜地。他希望旅游业者给予旅游与文化部支持，共同促进旅游业发展，并期待加强旅游产品、服务创新，提供高品质的旅游配套设施。② 2017年9月27日，马来西亚在吉隆坡国际旅游中心举办了“国际旅游日”庆祝活动。会上，马来西亚旅游与文化部副部长玛斯·尔米雅迪·萨姆苏丁（Datuk Mas Ermieyati Samsudin）表示，希望马来西亚2020年可以吸引3600万外国旅客，并创造多达408亿美元的经济收入。“在马来西亚，旅游业已被列入‘12个国家关键经济领域’之一。为此，旅游与文化部已制定‘马来西亚旅游转型计划’，以实现上述目标。”马来西亚预计在未来20年内在生态旅游、自然环境以及文化遗产保护等领域取得迅速发展。政府制定了从2016年到2025年长达10年的国家生态旅游发展计划，以最大限度地激发国家生态旅游和经济可持续发展的潜力。③ 2017年11月21日，2017年马来西亚旅游理事会金奖颁奖礼在吉隆坡举行，在会上，马来西亚旅游理事会（MTC）呼吁开展关于国家旅游业的“研究与发展”活动，以促进旅游业可持续发展，使旅游业成为国家的主要经济收入来源。④

① 《国产动漫产业的飞跃》（“Lonjak industri animasi negara”），〔马〕《马来西亚前锋报》（*Utusan Malaysia*）2017年12月19日。

② 《2590万人次游客访马，去年旅游收入821亿马币》，〔马〕《南洋商报》2018年3月18日。

③ 《马来西亚计划到2020年吸引3600万游客》（“Malaysia sasar kehadiran 36 juta pelancong menjelang 2020”），〔马〕《马来西亚前锋报》（*Utusan Malaysia*）2017年9月28日。

④ 《马来西亚旅游理事会应开展“研究与发展”活动》（“Majlis Pelancongan Malaysia perlu buat R&D”），〔马〕《马来西亚前锋报》（*Utusan Malaysia*）2017年11月22日。

（四）发展对外文化交往，积极响应中国“一带一路”倡议，加强与中国的交流和合作

2017 年马来西亚继续发展与世界各国的文化交流与合作，并且积极响应中国“一带一路”倡议，加大与中国文化交流合作的力度。马来西亚制订了“国际文化交流计划”，欢迎外国艺术团组访问马来西亚，也派遣艺术团组赴国外演出。马来西亚目前与 27 个国家签订了文化交流协定，对外文化交往迅速发展。

2017 年，马来西亚政府谋求在国际舞台上扮演更加重要的角色，其中一项工作就是加强与联合国教科文组织（UNESCO）的合作。2 月 14 日，马来西亚妇女、家庭与社会发展部部长罗哈尼·卡里姆（Rohani Karim）在法国巴黎会见新当选的联合国教科文组织总干事奥黛丽·阿祖莱（Audrey Azoulay）时承诺，马来西亚将对联合国教科文组织的工作继续给予充分支持，以实现其目标和承诺。①

马来西亚注重发展国际教育合作。2017 年 10 月 31 日，马来西亚教育部长马德齐尔·卡利德（Mahdzir Khalid）在巴黎出席联合国教科文组织大会时宣布，马来西亚将继续加入为期三年的国际学生评估项目（PISA）。该项目由经济合作与发展组织（OECD）组织实施，马来西亚于 2015 ~ 2017 年就加入该项目首轮。中国、印度尼西亚、菲律宾和新加坡等国家也参与了该项目。卡利德说：“国际学生评估项目有助于我国学生在科学、技术、工程和数学等领域取得成就，同时在师资方面有助于我国教师提升教学和科研能力，并且有助于提升我国学校的教育质量。”②

自中国提出“一带一路”倡议以来，马来西亚从政府到民间都积极响应，将它看作促进马来西亚发展的重要机遇。马来西亚是古代海上丝绸之路

---

① 《马来西亚承诺继续支持联合国教科文组织工作》（“Malaysia ikrar sokongan berterusan kepada UNESCO”），〔马〕《马来西亚前锋报》（*Utusan Malaysia*）2017 年 2 月 20 日。

② 《国际学生评估项目再续三年》（“PISA disambung tiga tahun lagi”），〔马〕《马来西亚前锋报》（*Utusan Malaysia*）2017 年 10 月 31 日。

上的重要国家，也是最早响应“一带一路”倡议的沿线国家，更是共建“一带一路”早期收获最丰硕的国家之一。2017 年，借助“一带一路”的东风，马来西亚加强了与中国在人文领域的交流和合作。

在教育合作方面，自 1996 年马中两国签署教育合作谅解备忘录以来，到中国留学的马来西亚学生呈日益增加的趋势，尤其 2012 年马中两国互相承认高等教育学位后，更是掀起了一股到中国留学的热潮。马来西亚总理署部长魏家祥透露，2017 年在中国的马来西亚留学生大约有 7000 人，他希望这些学生可以成为马中两国经济的推手。2017 年 4 月 12 ~ 14 日，马来西亚华校董事联合会总会在巴生中华独立中学举办第十三届中国高等教育展。该展会邀请到北京大学、清华大学等中国各省市和港澳地区的高等院校及厦门大学马来西亚分校前来参展，专业涵盖诸多学科。① 2018 年 3 月，马来西亚高等教育部全球服务中心（EMGS）、马来西亚留学服务中心（MOSSC）在中国哈尔滨、长春、大连等地主办了“2018 中国 - 马来西亚高等教育巡展”。此次巡展由来自马来西亚的博特拉大学等 10 余所知名高校举办。据主办方透露，年内还将在中国华北、西北、西南、华东、华南等多个地区举办巡展。② 2016 年，厦门大学马来西亚分校在雪兰莪州沙叻丁宜落成，成为第一所在海外正式办学的中国知名大学分校。在短短不到两年的时间里，该校已招收逾 2600 名来自 17 个国家和地区的学生，其中约 60% 为马来西亚本地学生。校长王瑞芳表示，希望将分校打造为多元种族与多元文化的国际性大学。③

在旅游及文化产业方面，马来西亚永大集团与中国鑫桥联合控股（香港）有限公司签署合作协议，寻求后者注入 8 亿令吉，协助开发大型山水实景剧《印象马六甲》和“印象城”项目。《印象马六甲》是首个跨出中

---

① 《黄惠康大使出席第 13 届中国高等教育展》，中华人民共和国驻马来西亚大使馆网站，2017 年 4 月 17 日，http：//my. china - embassy. org/chn/sgxw/t1454197. htm/。

② 《马来西亚高等教育巡展首站圆满结束》，人民网，2018 年 3 月 24 日，http：//news. sciencenet. cn/htmlnews/2018/3/406764. shtm/。

③ 《厦门大学马来西亚分校开创跨文化新路》，《中国日报》2018 年 1 月 5 日。

国的大型实景山水秀，由国际知名导演张艺谋构思和策划，预计于2018年初上演。演员都是马来西亚当地人，故事主轴是郑和下西洋停留马六甲、马六甲历史和当今马六甲多元民族和文化交融的展现。一年的票务收入估计可达1.4亿令吉。[①]

在影视业方面，2017年12月2日，中国－东盟中心与中国东盟协会、中国国家新闻出版广电总局共同主办的中国－东盟电影节在马来西亚首都吉隆坡隆重拉开帷幕，东盟十国政府官员、电影导演、演员和各界代表500余人出席。马来西亚通讯和多媒体部国际司司长表示，近年来东盟与中国通过联合拍片、广播电视交流等形式在电影文创行业开展了一系列交流合作，取得丰硕成果，有力增进了双方民众的友好感情。马来西亚当前正致力于打造重要的国际电影基地，期待进一步拓展与中国的合作，加强互学互鉴。[②]

在动漫产业方面，马来西亚本土动漫制作公司Les' Copaque计划在中国西安建立全球首个"乌宾和伊宾"主题公园。在建立主题乐园之前，为在中国提高"乌宾和伊宾"的知名度，Les' copaque公司将与百度和优酷达成协议，让《乌宾和伊宾》在中国网站上播放。该公司负责人表示，他们也将与阿里巴巴展开这方面的合作。[③]

在旅游推广方面，2017年11月25日，马华公会"一带一路"中心和湖南卫视携手合作，在彭亨州文冬举行了集经贸、旅游、文化于一体的"2017年马来西亚国际榴莲文化旅游节"。2017年11月初，在中国广西南宁举办的"马来西亚榴莲节"吸引了来自中国各地逾16万民众参与，达成约28亿令吉的意向交易额。"马来西亚国际榴莲文化旅游节"的举行，进一步向中国乃至世界民众宣传了马来西亚独具特色的榴莲文化和主题旅游，加深了中马两国人民之间的了解和友谊，也是"一带一路"民心相通的精彩演绎。[④]

---

① 《永大集团与7公司签5协议　印象马六甲料2018公演》，〔马〕《星洲日报》2016年10月26日。

② 《2017中国—东盟电影节在吉隆坡隆重拉开帷幕》，中国网，2017年12月4日，http：//www. china. com. cn/news/txt/2017－12/04/content_ 41964657. htm/。

③ 《本土卡通要冲出海外，西安或建Upin Ipin乐园》，〔马〕《星洲日报》2017年2月4日。

④ 《马珈代办出席2017年马来西亚国际榴莲文化旅游节》，中华人民共和国驻马来西亚大使馆网站，2017年11月27日，http：//my. china－embassy. org/chn/sgxw/t1514235. htm/。

三 总结及展望

2017年马来西亚文化发展情况总体来看呈现出欣欣向荣的局面。针对多元种族、多元文化、多元宗教的社会特征，马来西亚政府所奉行的文化政策的目的仍然是创造一个团结的国家并在国际上维护国家和民族的特征。虽然遭到来自国内其他族群尤其是华人的质疑和反对，但是为了强调马来文化在国家文化中的主体地位，以马来语、伊斯兰教和马来习俗为核心内容的“国家文化政策”仍然继续得以施行，并通过政府组织的国家“文化大会”，以决议的形式文本化，甚至将其纳入纳吉布政府制定的国家未来发展蓝图“2050国家转型计划”。与此同时，马来西亚政府深知多元性既是马来西亚社会的重要财富，也是保持社会和谐的重要因素，因此对国内各民族文化的传承和发展持支持的态度。国家领导人频密出席国内华人文化活动，显示了政府对华人文化的支持，政府拨款给华人文化节及其他民族的文化活动，政府通过相关部门也为各族的文化活动提供便利。

2017年，马来西亚政府对文化遗产的保护力度加大，对各民族非物质文化遗产的传承和发扬十分重视。各类文化活动热度不减，各种各样的文化艺术活动如展览、嘉年华、民族歌舞比赛接连不断。与此同时，马来西亚政府已经意识到建设国家文化软实力的重要性，对教育、出版、旅游、文创产业的投入明显增加。这些举措得到了广大国民尤其是年青一代的支持。这显示出马来西亚的文化教育在东南亚国家中已经达到较高的水平。在马来西亚，英语、马来语、汉语和泰米尔语四种语言的电影、电视、广播节目、音乐、书报杂志和漫画都有一定的市场。另外，阿拉伯文和爪威文的书报也有一些支持者。这是由马来西亚人民复杂的教育和文化背景造成的。尽管马来人、华人和印度人在政治、高层文化和宗教等方面尚有隔膜，但在大众文化方面能够融洽交流。

2017年，马来西亚政府谋求在国际文化舞台上扮演更加重要的角色，加强了与国际组织如联合国教科文组织的合作。同时，积极响应中国“一带一路”倡议，加强与中国在教育、旅游、影视、文化创意等领域的交流与合作。这一方面是因为近年来“中国因素”在马来西亚经济发展中扮演着越来越重要的角色，另一方面与马来西亚华社多年来在发展民族文化、加强对外交流方面的不懈努力密不可分。

纵观马来西亚独立后50多年来的社会文化发展轨迹，不难发现其始终受到两大因素的深刻影响，一是种族政治；二是现代化和全球化进程。马来西亚文化呈多元化，但并非大熔炉。各种文化始终处于共生共存的状态，各自保持着自身的传统和特色，同时又互有交流。在今后相当长的一个时期内，马来西亚文化依然会沿着这样的轨迹发展，继续向世界呈现一个多姿多彩的“亚洲文化”样本。

B.4
2017年新加坡文化发展报告

李婉珺

摘　要： 2017年新加坡文化在继承其历史传统基础上保持平稳发展。当前，新加坡文化、社区及青年部的工作重点是激发新加坡精神，增强居民对新加坡身份的认同感，试图通过各种形式提升社区凝聚力，促进各族文化和谐发展，助力新加坡国家文化的成型。在“一带一路”倡议背景下，中新文化交流正迎来新的历史契机，中国文化主管部门应在巩固现有成果、充分了解新方国情和当前政策重点的前提下，为双方教育界及文化界增加交往等创造有利条件，为将中新两国文化交流推向更高层次而努力。

关键词： 新加坡文化　身份认同　中新文化交流

一　新加坡文化职能部门简介

新加坡文化、社区及青年部（The Ministry of Culture，Community and Youth，缩写为MCCY，以下简称“文社青部”）组建于2012年11月，成立宗旨是鼓励新加坡人通过参加艺术和体育活动，从而增强对新加坡的身份认同感和归属感，提升社区凝聚力，帮助青年人融入社会，推广志愿者文化和慈善活动，最终建成一个新加坡人称之为“家”的品格高尚且充满关爱的社会。

文社青部自组建起便广泛活跃于艺术、文化遗产、体育、社区和青年领域。文社青部现任部长为傅海燕女士（Ms. Grace Fu），下设文社青部资政、国会秘书、常任秘书、署理秘书、署理秘书（文化事务）、署理秘书（社区、青年和体育事务）等职位。

根据文社青部官方网站的表述，该部当前的工作目标有三：第一，建构社会资本（Building Social Capital）；第二，激发新加坡精神（Inspiring the Singapore Spirit）；第三，携手共建家园新加坡（Together Making Singapore Home）。具体方式是："通过艺术、文化遗产、体育活动，营造社群和青年人可以充分参与的氛围，以满足国民过上充实生活的愿望，建成一个建基于相互欣赏和信任的高尚社会，对我们的家园新加坡形成强烈归属感。"①

可见，作为一个发达经济体，新加坡社会并不缺乏"有形"的物质资本来促进其文化发展，需要积累的是"无形"的社会资本，并以此来增强社会凝聚力，建构一个共同的身份认同，最终凝练出"新加坡精神"。因此文社青部的目的并不是为新加坡文化建设提供上述支持，而是创造机会和平台，通过组织对各族群开放的多种文化活动，尤其是艺术、文化遗产和体育活动，引导新加坡社会增加内部深度交往，尤其是鼓励青年人参与文化活动，以促进相互了解，进而相互欣赏和信任，积累社会资本。

文社青部信条的表述也充分体现了该部当前的工作目标："我们建立联系并相互合作来促成美好事情的发生！我们在各个层面上扮演领导角色以使之实现！"② 为达成这个目标，文社青部当前的工作主要涵盖以下六个领域：第一，艺术与文化遗产；第二，慈善组织、社会企业和互助机构；第三，社区；第四，国家身份认同；第五，体育；第六，青少年。

以下对文社青部在2017年前后在上述六个领域的主要举措进行回顾和评析。

1. 文社青部艺术及文化遗产保护措施

2017年文社青部并没有推出新的艺术与文化遗产保护重大举措，较为

① 新加坡文化、社区及青年部官方网站，https://www.mccy.gov.sg/en/About-us.aspx。

② 新加坡文化、社区及青年部官方网站，https://www.mccy.gov.sg/en/About-us.aspx。

集中地推出艺术及文化遗产保护措施是在2014年和2015年。当前，新加坡文社青部在艺术和文化遗产方面主要有两项工作：一是提供公共文化服务，如新加坡国立博物馆、亚洲文化博物馆、维多利亚剧院及演艺中心等；二是负责新加坡公共艺术基金（1000万新加坡币）等文化领域相关基金的运作和管理。

2014年4月19日，新加坡文化院（Culture Academy Singapore）成立。新加坡文化院由文社青部设立，目的是培养下一代文化领袖。目前新加坡文化院的工作主要涵盖三个领域：教育及能力发展、研究与奖学金和思想领导能力。

2015年7月4日，第39届世界文化遗产委员会会议在德国波恩召开，建于1859年的新加坡植物园成为新加坡首个被列入《世界文化遗产名录》的项目。该申请于2014年1月提交，由新加坡文社青部、外交部、国家文化遗产委员会、国家公园委员会等机构共同申报。

就日常公共文化服务而言，文社青部的工作重点主要集中在提高公众对文化艺术活动的参与度，而2015年新加坡植物园入选《世界文化遗产名录》，则使新加坡拥有了一张获得国际社会认可的名片。在下一阶段，该部如何通过一系列社会服务项目，如“关爱新加坡”等，来提升公众对文化事务的参与度，增强社区凝聚力，增强新加坡人的国家身份认同感，值得关注。

2.“关爱新加坡”（SG Cares）启动

“关爱新加坡”① 是新加坡文社青部2017年发起的一个社会服务项目，目标是把新加坡建成一个更有关爱精神和包容度的家园。当前主要包括完成善举、成为志愿者和参加团体项目。该项目属于文社青部慈善组织、社会企业和互助机构的工作内容，是该部2017年度工作的主要亮点。

“关爱新加坡”是“未来新加坡”（SG Future）项目的延续。在“未来

① “关爱新加坡”官方网站，https：//www. sg/singaporecares。

新加坡”进行期间，因不少民众都表达了他们想为有需要的个人和家庭提供帮助的愿望，为了使新加坡人能够拥有更好地满足社会需求的行善方式，“关爱新加坡”项目应运而生。

据该项目官方网站介绍，2018 年“关爱新加坡”将征集公司、社会服务机构、学校、基层组织等关于改善他人生活的可持续提案，“关爱新加坡”项目也邀请所有新加坡人以及生活在新加坡的所有朋友们共同行善，主动助人。

目前在“关爱新加坡”网站首页登记参与的人数是 161193 人。2018 年提案征集行动结束后，该项目影响力能否如计划的那样全面扩大到新加坡各阶层，有待观察。

3. 新加坡华族文化中心揭幕

2017 年 5 月 19 日，新加坡华族文化中心正式揭幕。该中心历经五年筹备，于 2016 年 12 月竣工，耗资 1.1 亿新加坡元。中心主席蔡天宝表示，2016 年 12 月竣工的文化中心，自 2017 年 1 月已呈献超过 50 场文化艺术活动，吸引近 3 万人次。中心的大礼堂，租用预定已排到年底，多功能大厅和小型音乐厅的租用情况也令人满意。

在揭幕仪式上，李显龙总理表示：“每个国家的人民，因为地理环境和历史文化的关系，都会形成自身独特的文化身份，新加坡人也不例外。作为新加坡华人，我们已经有了本身的独特面貌，这是历经几代人之后，在特定的社会环境中所逐渐形成的文化身份。”他还称赞了关心本地华族文化发展的人士和团体为这座文化新地标在过去五年所做出的努力，认为该中心代表了生活在这个岛屿上的人们多年来所坚持的一种文化情怀，也显示了新加坡的文化自信越来越强。①

新加坡华族文化中心由新加坡宗乡会馆联合总会发起兴建，得到政府和当地华人社会的大力支持。地点位于滨海金融中心，由政府拨地兴建，大部

① 《华族文化中心开幕，李总理：新加坡华人已形成自身文化身份》，http：//www.zaobao.com.sg/realtime/singapore/story20170519－762025。

分建筑费用由政府出资。筹建期间，当地华人筹募了超过2900万新元，凭借这笔捐款，中心还能在文化配对基金下得到政府另外1500万新元的拨款。

该中心揭幕后，在5月20～27日举办了为期八天的“华彩2017”文化艺术展演，还有讲座和工作坊。新加坡本地导演陈子谦与舞蹈艺术家范东凯担任“华彩2017”艺术总监。陈子谦策划了开幕演出《启航》与电影《回程667》，范东凯则邀来本地知名音乐制作人吴庆隆合作策划“Sing·浪”演唱会。[①]

早在2016年6月9日，《联合早报》就已经采访华族文化中心首任总裁朱天寿，他对该中心的定位进行了说明。新加坡华族文化中心是受政府资助的公益机构，目的在于汇集各方资源与力量，继承和发扬传统华族文化；与此同时，使本地多元种族紧密结合，和谐共处。中心还将向受英文教育的华族介绍传统华族文化，使他们对中华文化有进一步的认识。他强调，华族文化中心的任务是从旁推动与促进华族文化，扮演的是催化者与辅助者的角色，本身不会开班授课，也不会举行演出，避免重复其他民间文化艺术团体和学校提供的教学服务。[②]

在华族文化中心正式揭幕后不到一个月，文社青部部长傅海燕女士便出访中国文化部，在接受访问时，记者问到了华族文化中心的定位问题。她表示，在新加坡，华族人口占总人口的73%。在文化艺术等众多领域，华人都留下了清晰的足迹，做出了一定的贡献。比如，许多华裔画家会将中国元素融入新加坡本地艺术形式，也会将新加坡的南洋风情以自有方式纳入作品，由此创作出反映新加坡多元文化的当代艺术作品。当然，我们也会不遗余力推动其他民族文化发展。

华人在某些文化领域发展方面是主流，占主导地位。比如，孙中山南洋纪念馆（晚晴园）对于新加坡而言意义非凡。新加坡是辛亥革命的一个重

---

① 《新加坡华族文化中心将办展演，聚焦本地华族特色》，http：//www.chinaqw.com/zhwh/2017/04－25/138632.shtml。

② 《新加坡华族文化中心2016年落成，扮演催化者和辅助者角色》，http：//www.chinanews.com/hr/2014/06－09/6259486.shtml。

要发源地。该馆从人物介绍、历史背景等各方面，详细记录了孙中山先生在南洋的情况，记录了他与新加坡人民的特殊友谊。为办好纪念馆，我们与中国的武汉、广州等城市开展交流合作，让中新两国人民更清楚地了解这段历史。①

可见，新加坡华族文化中心的最大功能是让新加坡华族能够通过文化与艺术活动，加强对新加坡身份的认同感，将中国元素融入当代新加坡文化。

整体而言，2017 年新加坡文化建设保持平稳发展势头。新加坡文化、社区及青年部的工作重点与新加坡建国以来第三阶段的文化政策保持一致，将重心放在人民和社会方面，不再强调文化建设所带来的直接政治和经济回报，而是强调“新加坡文化”如何帮助多元的新加坡社会凝聚共识，使各民族和谐共处，提升认同。

二　2017年中新文化交流大事回顾

中华人民共和国和新加坡共和国于 1990 年 10 月 3 日建交，现除互设大使馆外，还在上海、厦门、广州、香港和成都设有总领事馆。

1996 年以前，两国之间的交往主要集中在政治和经贸领域，发展势头迅猛，除两国领导人频繁互访外，中国目前是新加坡第三大贸易伙伴（仅次于马来西亚和欧盟）和首选投资地。良好的政府间关系和频繁的经贸往来，为中新两国在人文领域的交流奠定了良好基础。1996 年，中新两国签署文化合作谅解备忘录，2006 年签署文化合作协定，2009 年 11 月签署《关于在新加坡共和国设立中国文化中心的谅解备忘录》。2010 年 11 月，习近平副主席和吴作栋国务资政共同出席了新加坡中国文化中心奠基仪式。2010 年 7 月，中新还签署了《中国国家广播电影电视总局与新加坡新闻通讯及艺术部关于合作拍摄电影的协议》，该协议已于 2011 年 2 月生效。

通过 20 余年的发展，中新两国之间的人文交流已经形成一些特色领域。

---

① 《期待中新文化艺术合作更深更广——访新加坡文化、社区及青年部部长傅海燕》，http：//www. cccsingapore. org/index. php？ s =/home/index/baodao_ neirong/id/64. html。

首先是人才培训，主要项目有中国官员赴新加坡经济管理和公共管理硕士班、中央党校中青年干部培训班赴新考察、两国外交部互惠培训等。其次是留学教育。1999 年，两国教育部签署教育交流与合作备忘录及中国学生赴新学习、优秀大学生交流和建立中新基金等协议。目前，中国在新加坡的各类留学人员达 4 万人，新加坡在华留学生约 3200 人。①

总体而言，中国和新加坡的文化关系在 2017 年前已经具备相当好的发展基础。

据文化部外联局消息，2017 年 6 月 16 日，文化部部长雒树刚在京会见来访的新加坡文化、社区及青年部部长傅海燕女士一行时表示，中新文化关系是两国关系的重要组成部分，近期中新文化关系发展迅速，成果丰硕。两国文化主管部门互访频繁，文化机构和艺术团组的交流明显加强，在区域文化合作框架内合作顺畅。

雒树刚提出五点建议，一是双方就新一轮文化交流执行计划做好规划；二是进一步发挥新加坡中国文化中心的作用；三是加强两国智库、学者之间的交流互动；四是加强两国在“一带一路”框架内的文化交流与合作；五是充分发挥新加坡作为中国与东盟关系协调国的作用，带动区域文化交流合作迈上新台阶。②

傅海燕部长完全同意雒树刚部长的五点建议，她在会见后接受采访时进一步表示：“文化交流对于两国关系意义重大。新中两国关系是多方位的、全面的、与时俱进的。要真正了解一个民族，必须先了解它的文化。只有通过交流，才能真正了解对方的心态和价值观。就像 2015 年新加坡中国文化中心的成立，让新加坡人民有了一个全面了解中国多民族文化的平台。我们需加快文化交流的步伐。”③

① 新加坡 - 中国经济文化发展中心，http：//www. sinbc. org/index. php？ m = content&c = index&a = lists&catid = 22。

② 中华人民共和国文化和旅游部网站，http：//www. mcprc. gov. cn/whzx/bnsj/dwwhllj/201707/t20170704_ 773230. htm。

③ 《期待中新文化艺术合作更深更广——访新加坡文化、社区及青年部部长傅海燕》，http：//www. cccsingapore. org/index. php？ s = /home/index/baodao_ neirong/id/64. html。

中新两国部长所提到的新加坡中国文化中心，正是中国在新加坡开设的重要的文化机构。互设文化交流机构是中新双边关系进一步深化的重要标志，旨在加强两国文化交流与合作，增进两国人民之间的相互了解和友谊。目前中国在新加坡开设的主要文化交流机构是新加坡中国文化中心，此外还有新加坡－中国经济文化发展中心，而新加坡目前未在中国设立文化中心，文化交流工作主要由新加坡驻中国各地使领馆承担。

以下以上述两个中心为例，回顾2017年中新文化交流情况。

1. 新加坡中国文化中心简介

新加坡中国文化中心自2015年11月开始运营。由习近平主席在新加坡进行国事访问期间与新加坡荣誉国务资政吴作栋一道揭牌。目前，新加坡中国文化中心主要通过举办大量活动来打造一批有特色的文化品牌，为新加坡公众了解中国、认识中国文化创造平台，搭建增强中新两国人民相互了解、沟通心灵的桥梁。目前，新加坡中国文化中心主任是马红英女士，为文化部副局级参赞，同时她也是广西壮族自治区文化厅巡视员。

新加坡中国文化中心位于新加坡皇后街217号，属新加坡文化区，毗邻新加坡南洋艺术学院、新加坡国家图书馆、新加坡美术馆等众多文化机构。中心由新加坡“规划之父”刘太格先生担纲设计，完美表达了对中国传统建筑色彩、比例和元素的现代诠释。中心共九层，有展厅、剧场、图书馆、形体教室、培训室、贵宾接待室和室外空间等。①

据介绍，新加坡中国文化中心的宗旨是优质、普及、友好、合作，职能包括文化活动、教学培训、思想交流、信息服务。

新加坡中华文化中心对其工作前景的展望是进一步促进两国文化的交流与合作，增进两国人民之间的理解与友谊，并将借助新加坡东西方文化交汇的区位优势，进一步促进多元文化的交流、融合、借鉴、发展。

应该说，就新加坡文化的历史脉络和中国建设“一带一路”的需要而

① 新加坡中国文化中心，http：//www. cccsingapore. org/index. php？ s =/home/index/jieshao. html。

言，这一展望的定位还是非常准确的，也是符合两国民心所向的。

2. 2017年新加坡中国文化中心品牌活动开展情况

目前新加坡中国文化中心品牌活动共有八项，2017 年，这些品牌活动悉数开展，社会效应良好，促进了新加坡各界对中国文化的了解。

（1）“欢乐春节”活动

“欢乐春节”是新加坡中国文化中心最主要的品牌活动，通过举办喜庆热闹、具有文化内涵的“主场活动”，传递注重亲情与家庭和睦等优秀中华价值观，同时积极参与本地活动，目的是借此平台与新加坡社团和文化机构常态互动，展示中国和平发展的积极形象和当代文化发展成就。

2017 年 1 月 5 日，由国家对外文化贸易基地（上海）与新加坡中国文化中心联合主办的 2017“欢乐春节”——中新文化贸易促进系列活动开幕式于新加坡中国文化中心举行。中新两国政府文化部门官员、中国驻新加坡大使馆官员、中新文化企业负责人、文化影视界代表、文化专家与学者、华人华侨组织代表等逾 200 人出席了开幕活动。

中国驻新加坡大使馆文化参赞肖江华在开幕致辞中表示，中新两国密切的文化交流是两国关系的重要支柱，有益于提升双边政治互信。每年春节期间都是中新文化交流的高峰期，“欢乐春节”活动是海外朋友了解中国、了解中华文化、了解中国发展变化的重要平台。

开幕式后，“中新文化产业交流会”“影视合作商洽会”“文化贸易商洽会”“中国风格·文创产品展”相继在中心进行，以“一带一路”为切入点，就推动文化贸易拓展、中新文化交流愿景等宏观话题进行讨论，同时也就如何拓展文化产品合作和加强中新影视、版权领域合作等实质性内容进行了深入探讨。通过交流与商洽，中新两国的文化界人士更加了解中国与新加坡在文化产业方面的进展及合作空间。①

“欢乐春节”活动已经成为中新两国文化主管部门领导人认可的成功范

---

① 《新加坡 2017“欢乐春节”拉开帷幕》，http：//www. cccsingapore. org/index. php？ s =/home/index/baodao_ neirong/id/34. html。

例。2017 年 6 月 15 日下午，中国国家艺术基金理事会理事长蔡武会见了来访的新加坡文化、社区及青年部部长傅海燕一行。蔡武指出，两国在历史、文化渊源方面有着紧密的联系，地缘相近、人缘相亲、文缘相通，文化交流与合作拥有天然的有利条件。

他认为，近期中新文化关系有以下突出特点：一是两国领导人对发展文化关系高度重视。二是两国文化主管部门互访频繁，加强了文化关系顶层设计。三是两国文化机构和艺术团组的交流明显加强，中新文化合作落到实处。中新文化机构合作举办的“欢乐春节”系列活动也得到了更大的发展。这些都体现出两国的文化交流已经向更加深入和务实的层面发展。四是两国在区域文化合作框架内合作顺畅。

蔡武表示，两国的民间文化交流也蓬勃发展，实现了官民并举、民心相通。中方重视两国文化机构间的合作，希望在中新文化交流执行计划框架下加强合作，在一致认可的领域加强交流；同时，希望新加坡政府、新加坡国家艺术理事会能为中国国家艺术基金资助项目赴新加坡巡演巡展搭建桥梁、提供平台，加强对中国艺术的推广。

傅海燕详细了解了中国国家艺术基金的运作模式、职责定位，以及各工作流程的具体操作与管理，并对基金工作给予高度评价，表示希望能与中国国家艺术基金加强文化领域交流，进一步创造合作机会。①

（2）“中国重庆文化年”活动

中新两国于 2015 年便已共同发表《中华人民共和国和新加坡共和国关于建立与时俱进的全方位合作伙伴关系的联合声明》。重庆市文化委员会以此为契机，与新加坡中国文化中心联合举办 2017“中国重庆文化年”，得到新加坡各界人士和文化艺术机构的高度关注和鼎力支持。“中国重庆文化年”作为“一带一路”倡议下增进民心相通的重要举措，有助于夯实两地合作和发展的社会和民意基础。

① 《蔡武理事长会见新加坡文化、社区及青年部部长傅海燕一行》，http：//www.cnaf.cn/gjysjjw/jjdtai/201706/8437a679cb3e43fbb389c9653d9fc374.shtml。

2017 年 1 月 24 日，“中国重庆文化年”启动仪式暨“欢乐春节”文艺演出在新加坡中国文化中心盛大举行。中国驻新加坡大使陈晓东及夫人张斌、文化参赞肖江华、新加坡中国文化中心主任马红英、重庆市文化委员会副巡视员李朝卫、新加坡南洋艺术学院董事会主席刘心玲、新加坡文化部文化遗产司助理司长王群慧、新加坡艺术总会会长陈声桂、新加坡美术总会会长梁振康，以及新加坡文化、教育、旅游、新闻等领域的近 300 位来宾参加了当天的活动。重庆市文化委员会副巡视员李朝卫表示，文化年将陆续推出包括本次文化艺术表演在内的重庆“民族服饰绣”、重庆交响乐团“江山多娇”音乐会、“二胡故事”讲座式音乐会、“汉字之美”诗书画印讲座、中医养身讲座、重庆电影节 + 旅游推展会等文化旅游项目，让狮城人民全面了解重庆的历史文化和发展成就，进一步拉近重庆与新加坡的距离。①

“中国重庆文化年”活动对新加坡公众了解以往相对陌生的中国西部起到了良好的带头作用，有利于向新加坡社会展示中国文化的多样性。文化年系列活动，保证了影响力的持续发挥，取得了较好的社会效应。

（3）天涯共此时——山水·心境：中国传统文化生活艺术演展活动

“天涯共此时”活动旨在通过与新加坡社团开展广泛合作，通过举办中秋音乐会，举办“琴、棋、书、画、诗、酒、花、茶”等主题活动，传承中秋节传统文化，共享快乐和谐美好生活。

2017 年 9 月 16 日，“天涯共此时——山水·心境：中国传统文化生活艺术演展活动”开幕式在新加坡中国文化中心拉开帷幕。本次活动也是新加坡中国文化中心 2017 年“天涯共此时”中秋系列活动的第一个项目。活动以中国自宋代以来形成的文人生活“四雅”即观画、闻香、品茗和插花为主要内容，综合了古今生活与艺术的意境之美，展示了全球化浪潮下历久弥新的中国优秀传统文化的传承与发展。

---

① 《金鸡报晓　魅力重庆　2017“中国重庆文化年”在新加坡正式启动》，http：//www.cccsingapore. org/index. php？ s =/home/index/baodao_ neirong/id/35. html。

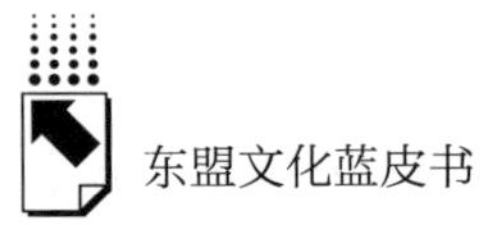

（4）“发现中国”讲座活动之“一带一路”论坛

2017 年 8 月 12 日，“一带一路”论坛在新加坡中国文化中心举行。论坛由新加坡浙商总会、新加坡中国文化中心、三江会馆、浙江大学新加坡校友会与北京大学新加坡校友会联合举办，特邀郑永年教授和胡逸山博士现场解读“一带一路”，两位嘉宾为本地公众带来不同视角的“一带一路”解读，论坛也为中新各界人士搭建了沟通的平台，使两国在“一带一路”倡议下实现更深层次的文化交流与全方位合作。

（5）中新儿童艺术节

中新儿童艺术节是为新加坡的青少年儿童和家庭量身打造的综合性文化活动。通过儿童剧目展演、展览、专题讲座、戏剧工作坊进校园、华语儿歌创作表演比赛等当地小朋友喜闻乐见的方式举办丰富多彩的文化活动，培养他们对中华文化的兴趣。

2017 年 7 月 10 日，中新青少年艺术节活动之一《三只小猪·变变变》走进新加坡小学校园，小学生们与演员积极互动，演出受到了热烈欢迎。演出结束后，为了表达感谢，孩子们还送上了他们亲手制作的手工艺品。①

儿童是中新关系的希望，为青少年儿童和家庭打造文化品牌，是非常有必要且有意义的文化工作。中新儿童艺术节目前频率维持在一年一次，笔者认为可以通过更多展示中国文化艺术的亲子互动活动，如书法、国画、民乐等，创造更多向新加坡青少年儿童和家庭介绍中国文化的机会。笔者注意到，中心目前正在通过开办古琴培训班的方式吸引新加坡民众学习中国传统艺术，日后可以考虑增加面向青少年和儿童的类似培训班或组织免费开放的活动，以扩大影响面。

（6）中华文化精品展

中华文化精品展是通过举办代表中国最高水平的美术、非遗、文创产品等展览，从国内文博会、非遗展、艺术节等国内重大文化活动中抽调精品来

---

① 中新儿童艺术节，http：//cccsingapore. org/index. php？ s =/home/index/pinpai_ neirong/id/7. html。

中心展示、展演，在突出中国文化精品的大主题下彰显每次活动的特点和魅力，使中华文化的传播呈多元化、多视角、多层次、多形式的体系格局。2017 年 12 月 16 日，“由心造境——陈鹏大写意花鸟精品展”在新加坡中国文化中心开幕，本次展览展出陈鹏新创作的大写意花鸟画作品 48 件。①

中华文化精品展目前基本还是依赖抽调国内精品到新加坡设展，门槛较高。希望日后能提供更多的机会使更多的国内艺术家、非遗继承人及文创工作者到新加坡布展，提升他们的参与热情。

（7）新加坡中国儿艺马兰花艺校

新加坡中国文化中心与中国儿童艺术剧院共同建立了新加坡中国儿艺马兰花艺校，对 5 岁至 12 岁的少年儿童进行艺术培训，班级设置分为初级班、中级班、高级班。该校以艺术培训普及、传播中华优秀文化为办学宗旨，以说中文、讲中国故事、演中国经典儿童剧为办学方向，通过戏剧表演课的学习，让孩子们能够提高形体、语言表现能力，对舞台表演有一定的认识，了解中华传统文化知识，感悟传统文化之美。

2017 年 11 月 19 日，新加坡中国儿艺马兰花艺校成功举办了首期毕业典礼暨汇报演出。中国驻新加坡大使馆文化参赞阙小华先生、中国驻新加坡大使馆潘泽君参赞、新加坡中国文化中心马红英主任、南洋三校董事会主席黄美云女士以及南洋艺术学院少儿艺术学校校长方圆女士等 300 余人出席并观看了此次演出。欢声笑语充满整个剧场，小学员们用精彩、专业的表演为他们的马兰花之旅交上了一份满意的答卷。②

新加坡中国儿艺马兰花艺校是新加坡中国文化中心比较有特色且已经成为常态化的重要文化品牌，取得了较好的社会效应。下一阶段可以通过丰富艺术培训内容、增加师资和教学资源资助、邀请知名人士及其子女参与培训等方式，将这一品牌做好做强。

---

① 中华文化精品展，http：//cccsingapore. org/index. php？ s =/home/index/pinpai_ neirong/id/4. html。

② 新加坡中国儿艺马兰花艺校，http：//cccsingapore. org/index. php？ s =/home/index/pinpai_ neirong/id/1. html。

3. 新加坡中国经济文化发展中心简介

新加坡中国经济文化发展中心是经新加坡政府正式批准成立的促进新中两国经贸交流合作并提供国际培训考察与旅游咨询服务的综合性机构。中心总部设在新加坡，立足东南亚，为更有效地促进各地域间经济文化的交流与合作搭建桥梁。

从组织架构来看，目前该中心由顾问委员会管理，下设事业部、市场部、运营部和综合部。市场部除在新加坡设立总部外，在吉隆坡、曼谷、马尼拉、雅加达、首尔、香港和苏州等地均设有联络代表处。

该中心的愿景为："以促进新中经贸、文化等领域的友好交流与互利合作为己任，成为您所在机构唯一的境外合作伙伴。"希望能够加强在经贸、人文、防务等领域的友好交流与互利合作，共同推动中新关系全面发展。[①] 目前该中心业务主要由事业部负责，包括四个领域：培训考察、国际旅游、教育交流和移民置业。培训考察服务提供的课程包括政府管理、企业治理、银行金融、医疗卫生、教育发展。其余三类则与其他同类中介公司类似，在此不再赘述。

该中心得到中国驻新加坡大使馆、新加坡移民局、新加坡旅游局、新加坡经济发展局、新加坡国际企业发展局、新加坡标准与生产力局等机构的全力支持。该中心以新加坡南洋理工大学、新加坡国立大学、中国国家外专局境外培训渠道为依托，为中国政府、企业以及金融、医疗及教育等领域的单位提供完善的境外服务方案。[②] 与新加坡中国文化中心直接由文化部负责管理不同，新加坡中国经济文化发展中心是独立法人，主要以商业模式提供服务。

三　结语

从新加坡的历史及其文化政策变迁可以看出，新加坡文化史是一部印度

---

① "价值观"，新加坡中国经济文化发展中心，http://www.sinbc.org/index.php? m = content&c = index&a = lists&catid = 18。

② "关于我们"，新加坡中国经济文化发展中心，http://www.sinbc.org/index.php? m = content&c = index&a = lists&catid = 17。

文化、马来文化、中国文化和英国文化在新加坡传播、融合、转型和重生的历史。当代新加坡文化，是以多元化为主要特征的，建构“新加坡文化”以促进新加坡各族群形成身份认同，是新加坡当前文化政策的重心。

2017 年，以新加坡中国文化中心为主要平台所取得的中新文化交流成绩，是相当喜人的，也是中国重视与新加坡开展文化交流的直接成果。2017 年 6 月傅海燕部长访华，确保了中新双方进行官方最高层次的及时沟通，以便巩固当前的人文交流成果，明确下一步的工作方向。在“一带一路”倡议的大背景下，中新文化交流正迎来新的历史机遇，如何在新时代将两国文化交流推上新的高度，是双方都需要思考的问题。

以下笔者仅就当前的思考提出几点建议。

新加坡政府当前文化政策的重心在于建构“新加坡身份”，增强族群认同，提升新加坡社会凝聚力，促进各族和谐共处，维护社会稳定。中国文化和新加坡华族文化之间存在不可否认的亲缘关系，但应充分尊重当前新加坡华族将中国元素融入本地文化的视角，合理、中立、客观地看待中国的中华文化和新加坡的华族文化在政治地位上的相对平等性，保护中新两国人民民族感情，避免产生误会。

增加与新加坡驻华机构的交往，促进两国人文交往。

2015 年至 2017 年，笔者曾先后三次以主讲嘉宾身份亲身参与新加坡驻广州总领事馆举办的多场文化交流活动，包括讲座、电影放映会、图片展等，切身感受到了新加坡驻广州总领事馆对推广新加坡文化的重视程度，希望向在粤新加坡人和广州市民介绍新加坡的历史和社会文化。

2017 年 8 月 11 日，笔者受邀参加新加坡驻广州总领事馆在广州举办的新坡独立 52 周年国庆日宴会活动，现场体验了新加坡特色的娘惹砖填色游戏，品尝到了新加坡美食，也在宴会现场了解到在粤新加坡企业已经在广州乃至中国市场广泛开展业务的信息。就笔者的经验而言，新加坡驻广州总领事馆近年一直坚持通过与广州图书馆、新资文化企业等机构合作，与广州各阶层展开文化交流，推广新加坡文化。这种民间交往的开展，有利于中新两国人民真正通过人际交流来了解彼此，缔结真挚的友谊，是促进中新两国文化交流不可或缺的重要内容。

如上文所述，雒树刚部长已经提出增加两国智库和学者之间的交流互动，说明我国已经意识到学者之间的交往对将中新文化交流推向更高层次是十分有必要的。

在双方协商框架内，为新加坡在华开设新加坡文化中心或其他文化机构提供便利。

新加坡中国文化中心的成功，一方面固然是中国文化部驻新加坡人员辛勤努力和付出的结果，另一方面也需要承认新加坡当局为中心发展提供的方便。我们需要注意到，新加坡作为一个国际化大都市，在中国文化中心建成前，已设有多国文化中心，如英国文化协会、法国文化中心、日本文化协会、新加坡德国中心等。中国文化中心的建设，可多参考新加坡现有外国文化中心的发展经验，切勿故步自封，闭门造车，这样方能在新加坡当地更好地发挥社会效应。

中国文化产业市场潜力巨大，促进中新在文化产业方面的合作，有利于两国相互学习，实现双赢。

新加坡政府自 1998 年起便将创意产业定位为 21 世纪的战略产业，推动“创意新加坡”计划、“创意产业发展战略”、“媒体 21”等项目，大力鼓励新加坡企业自主研发文化产品，发展创意产业，并将新加坡文化特色注入其中。2003 ~ 2008 年，新加坡政府向创意产业投入 2 亿新元。在未来几年中，新加坡将注重传媒、设计和艺术的创意产业开发。按照新加坡建国以来文化政策所设定的目标，发挥新加坡国际贸易中心和多元文化优势，输出和输入亚洲乃至世界其他国家的文化产品，成为国际化的文化产业平台。

中国可以借助新加坡在过去 20 年发展文化产业所累积的平台效应，引导国内文化产业企业学习新加坡经验，向新加坡文化企业开放国内市场，同时也鼓励中国企业通过新加坡这个平台走向世界。

总而言之，2017 年新加坡文化在继承其历史传统基础上保持平稳发展。当前新加坡文化部门的工作重点是强化居民对国家的认同感，增强社区凝聚力，促进各族文化和谐发展，促进新加坡国家文化的成型。在“一带一路”倡议背景下，中新文化交流正迎来新的历史契机，中国文化主管部门应在巩固现有成果、充分了解新加坡国情和当前政策重点的前提下，为双方教育界及文化界增加交往等创造有利条件，为将中新两国文化交流推向更高层次而努力。

B.5
2017年印度尼西亚文化发展报告

葛 瑞

摘 要： 印度尼西亚是一个拥有悠久历史和灿烂文化的多民族国家。本文分为三部分，第一部分介绍印度尼西亚文化的整体情况，第二部分对2017年文化发展特别是印尼政府在文化领域的工作成果进行分析，第三部分为年度文化发展总结及对印尼未来文化发展的展望。

关键词： 印度尼西亚 多元民族文化 文化发展

一 印度尼西亚文化综述

印度尼西亚共和国（Republik Indonesia）简称印度尼西亚或印尼，是一个拥有悠久历史和灿烂文化的多民族国家。

印度尼西亚位于亚洲东南部太平洋和印度洋之间，横跨赤道，地域辽阔，是东南亚地区面积最大的国家，也是世界上最大的群岛国家。国土总面积约520万平方千米，其中领土面积约190万平方公里，居世界第15位。地处亚欧大陆板块和太平洋板块接触带，是世界上地震和火山活动最频繁的地区之一。境内火山众多，有400多座火山，其中120多座为活火山。全境有1万多个大小大一的岛屿，分布较为分散，其中最主要的五大岛为爪哇岛、苏门答腊岛、加里曼丹岛、苏拉威西岛和伊里安岛。岛内地形以崎岖的山地和高原为主，沿海则为狭长的平原和沼泽。天然的海洋阻隔孕育了印尼的多元文化。全国大部分地区为热带雨林气候，南北两端部分地区为热带季风气候，全年温差较小，没有明显的四季变化，仅有旱季和雨季之分。适宜的气候为动植物生长提供了条件，准备了充足的物质基础，保障了文化的持续发展。

印度尼西亚约有人口 2.61 亿人[①]，是继中国、印度、美国之后的世界第四大人口国，也是东南亚第一人口大国。全国人口由 300 多个部族组成，人口数量排名前五位的民族为爪哇族、巽他族、马都拉族、华族及米南加保族，分别占全国人口的 47%、14%、7%、4% 及 3.4%。爪哇族人口众多，约一亿人左右，爪哇族特有的民族文化对印尼整体的民族文化产生了较大的影响。其"包容"、"协商"、"合作"、"忍让"、"中庸"、"安于现状"、"怀旧"、"部族优越感"和"等级观念"[②] 等都已成为印尼文化的一部分。

印尼虽是世界上穆斯林人口最多的国家，但并不是政教合一的伊斯兰教国家。印尼建国五项基本原则"潘查希拉"[③] 中，对"信仰神道"这一原则的解释为印尼人民有自由选择宗教信仰的权利。印尼官方认可的六大合法宗教，分别为伊斯兰教、基督教、天主教、印度教、佛教及孔教。约有 87.18% 的人口信仰伊斯兰教，6.96% 的人口信仰基督教，2.9% 的人口信仰天主教，1.69% 人口信仰印度教，0.72% 的人口信仰佛教，0.05% 的人口信仰孔教。[④] 印尼的伊斯兰教属逊尼派，其伊斯兰教士联合会倡导同情、包容、忍让的信仰观念，信众大多是温和包容的穆斯林。大部分人口信仰的伊斯兰教对印尼的政治、经济、文化、教育、风俗习惯有着深刻影响。印度教的信众大部分居住在巴厘岛，因而印尼的印度教亦指巴厘印度教。巴厘印度教有别于传统印度教，是印度教、佛教与巴厘岛本土文化杂糅而形成宗教信仰。佛教和孔教的信徒多为印尼华人，孔教是把中国的儒学印尼化的宗教，具有典型的中国文化特点。儒学经典"四书五经"被奉为宗教经典，有专门的

---

① 世界银行 2016 年数据，https://data.worldbank.org.cn/indicator/SP.POP.TOTL?locations=ID。

② 梁敏和：《印度尼西亚文化概论》，中国出版集团，2014，第 8 页。

③ Pancasila，即"信仰神道、人道主义、民族主义、民主和社会公正"。

④ 《居民地域信仰调查报告》(*Penduduk Menurut Wilayah dan Agama yang Dianut*)，印尼中央统计局 2010 年数据，http://sp2010.bps.go.id/index.php/site/tabel?tid=321&wid=0。

教职人员（学师、文师、教生），有一整套宗教仪式，有自己的宗教历法——孔圣诞历法。印尼孔教会认为凡是敬天、拜祖先、尊孔者都是孔教徒。

印尼传统节庆众多，官方认定的六大宗教的节庆日都是印尼的法定公共节假日，包括独立日、圣诞节、开斋节、静居日、卫塞节、宰牲节、登霄节、耶稣受难日、耶稣复活节、农历春节、伊斯兰教新年等。[①]

印尼只有一种官方语言，即印度尼西亚语（Bahasa Indonesia），简称印尼语。印度尼西亚语在古代马来语的基础上，融合了印尼方言、英语、荷兰语、阿拉伯语等语言发展而来。印尼现有652种方言，其中较多人使用的是爪哇语、马来语、巽他语、马都拉语、巴达克语、米南加保语、布吉语、亚齐语及巴厘语。[②] 目前，印尼语每年的词汇量增加迅速，是世界上发展最快的语言之一。

印尼人以米饭为主食。因大多数人信仰伊斯兰教，肉类以鸡肉、牛羊肉、鱼虾等海鲜为主。部分信仰其他宗教的地区，也以猪肉、鸡肉为主。巴厘岛因大多人信仰印度教而禁食牛肉。印尼盛产各种香料，印尼菜多以胡椒粉、肉豆蔻、丁香、香茅、咖喱、辣椒、虾酱、椰汁、青柠、棕树糖等为配料，口味辛辣，别具一格。印尼人还喜食油炸或烤制食品及各种零食，正餐分量较少，吃饭时喜欢搭配各种果汁饮料。特色菜品有豆酵饼、沙爹肉串、巴东牛肉、古德什锦饭、黄姜饭、炸香蕉等。值得一提的是，随着华人的到来，印尼饮食文化也受到中国饮食文化的影响。印尼语中有许多来自中国方言的饮食词语，如 tahu（豆腐）、kue（糕点）、mie（粉）、kwetiau（果条/河粉）、mihun（米粉）、bakpao（包子）、pangsit（馄饨）等。

印尼民族众多，传统民族服饰丰富多彩。主要传统服饰有用蜡染布（batik）制成的衣服、纱笼（sarung）、格巴雅（kebaya）等。衣服图案以花、鸟、鱼、虫、植物、自然风光等为主。印尼人平时着装偏简单轻便，但有重要活动时一般着蜡染布服饰出席。印尼国服在爪哇地区传统民族服装的

① 印尼国家法定假日官方网站数据，https：//publicholidays. co. id/id/。

② 2017年方言调查数据（Data Bahasa Daerah），印尼语言发展与规划局网站，2017年11月，http：//repositori. perpustakaan. kemdikbud. go. id/4780/。

基础上吸收其他民族服装特点定制而成，国家级重大活动中，国家领导人须着国服出席。

2017 年印尼国内生产总值（GDP）实现了 5.07% 的增长，高于 2016 年的 5.03%，其中国内家庭消费增长 4.75%，固定资产投资增长 6.5%，出口增长 9.09%。[①] 国际信用评级机构惠誉于 2017 年 12 月将印尼的主权信用评级从“BBB-”上调至“BBB”，并预计随着政府支出增加、信用成本降低和结构改革推进，国内投资将持续增加，加之全球贸易复苏，印尼经济有望保持强劲增长态势，2018 年和 2019 年经济增长率将可能分别达到 5.4% 和 5.5%。印尼央行预计 2018 年印尼经济增长率将在 5.1% ~ 5.5%。[②] 近年来较为快速和稳定的经济发展，为印尼文化产业的繁荣提供了物质基础。

二 2017年印度尼西亚文化发展状况

2014 年，平民总统佐科威多多通过普选上台，拉开了印尼共和国民主时代的新序幕。文化建设方面，佐科威在 2016 年 8 月与印尼文艺大家交流会后接受采访时表示，不应该只关注经济发展而忽略文化建设，应重新促进文化文学发展，在城市和乡村建立文化中心，考虑推行多元文化政策。[③] 纵观佐科威三年来的执政思想，既沿袭了苏加诺的民族建设三项原则（Trisakti），也体现出瓦希德的包容主义思想，总体以发扬民族特色文化、维护个人信仰自由、促进多元文化和谐发展为文化建设的指导方针。在这一方针的影响下，2017 年印尼文化发展成果主要体现在以下三个方面。

---

① 印尼中央统计局数据，https://www.bps.go.id/。

② 印尼中央银行 2017 年 12 月数据，https://www.bi.go.id/en/ruang-media/siaran-pers/Pages/sp_199517.aspx。

③ 《佐科威总统：将颁布多元文化政策》（“Presiden Jokowi: Akan Ada Kebijakan Makro Kebudayaan Indonesia”），《分秒新闻》2016 年 8 月 23 日，https://news.detik.com/berita/3281908/presiden-jokowi-akan-ada-kebijakan-makro-kebudayaan-indonesia。

（一）出台法律法规，保障文化及教育健康有序发展

2017 年，印尼政府先后颁布了第 53 号《关于组建国家网络安全局》总统令、印尼教育与文化部第 5 号法规《文化发展促进法》、第 87 号《关于加强教育品质》总统令三个与文化教育领域有关的法律法规。

1. 2017年第53号《关于组建国家网络安全局》总统令

2017 年 5 月 19 日，佐科威签署 2017 年第 53 号总统令，正式成立印尼国家网络安全局，以应对通过网络肆意传播宗教极端主义、虚假新闻及实施网络犯罪等问题。[①] 该法令规定，国家网络安全局负有利用和整合网络安全相关要素、高效维护网络安全的职责。这些职责具体表现为制定、执行、评估“与检测、维护、拦截、恢复、监控、电子商务保护与管制、加密、过滤、网络外交、网络危害管理中心、网络沟通中心、信息中心、漏洞修复、突发事件及（或）网络攻击等内容”相关的技术政策，细则中还包含取缔恐怖分子网络、管制网络负面不实舆论等职责。年底，佐科威签署的 2017 年第 133 号总统令对以上第 53 号总统令做出修正，改国家网络安全局由政法安全事务统筹部领导为由总统直接领导，直接对总统负责；将国家网络安全局局长的行政级别设置为与部长同级，统筹协调网络安全工作，工作范围涉及国家网络安全局、印尼国防部、国家情报局、国家反恐局及政法安全事务统筹部所属的国家禁毒局等部门。[②] 佐科威还强调国家网络安全局不仅保护国家机构的网络安全，而且关注印尼民众的网络环境安全。印尼的互联网用户已超过 1.5 亿，民众对网络的依赖程度越来越高，网络安全面临的挑战也越来越大。新总统令提高了国家网络安全局的行政地位并丰富了其职能。

一年之内两度颁发总统令，落实组建网络安全局细则，体现出印尼官方

---

① 2017 年第 53 号《关于组建国家网络安全局》总统令（Peraturan Presiden Republik Indonesia Nomor 53 Tahun 2017 Tentang Badan Siber Dan Sandi Andi Negara）。

② 2017 年第 133 号总统令《对 2017 年第 53 号总统令〈关于组建国家网络安全局〉的修正》（Peraturan Presiden Republik Indonesia Nomor 133 Tahun2017 Tentang Peraturan ATAS Peraturan Presiden Nomor53 Tahun 2017 Tentang Badan Siber Dan Sandi Negara）。

对网络安全的重视程度，以及对营造健康网络文化氛围，进而引导文化有序发展的切实需求。

2. 2017年第5号法令《文化发展促进法》

2017 年 5 月 29 日，2017 年第 5 号法令《文化发展促进法》实施，该法律涵盖了 2009 年第 32 号法令《环境保护与治理》的部分内容并加以完善，就促进文化发展相关工作做出了更详细的规定。

首先，《文化发展促进法》首先对相关概念给出明确定义。对“文化”这一概念，解释为“与民众创作、情感、意识有关的一切都属于文化范畴”。“印尼民族文化”即在印尼存在和发展的所有文化形式。“文化发展”解释为通过保护、培育等方式，在世界文明中努力发扬印尼文化。将“传统口头表达、文稿原件、风俗习惯、宗教仪式、传统认知、传统技术、艺术、语言、民俗游戏、传统运动项目”列为文化发展的十大对象；将“发扬传统民族文化价值、发展多元文化、加强民族特性、坚持民族团结与统一、提高人民受教育水平、提升民族形象、实现人人平等、提高人民福利、传承民族文化遗产、影响世界文明发展方向”列为文化发展的十大目标。

其次，《文化发展促进法》对各级相关政府机构的职责分工做出明确规定。全国促进文化发展的相关工作由印尼教育与文化部统筹，中央政府及（或）地方政府负责具体文化建设工作。中央政府机构职能为分析制定文化发展政策；规划、执行及监管文化发展情况；分析决策资金使用；分析、制定和确定文化发展的规章、准则、步骤、尺度等。地方政府机构职能为保障沟通渠道、执行文化发展的相关工作、保护文化多元化、管理文化发展相关信息等。①

《文化发展促进法》对文化发展对象、发展目标及负责机构的职责分工等内容做出了明确规定，为文化工作特别是传承民族文化遗产、发扬多元民族文化等提供了有效的制度保障。

---

① 印度尼西亚教育与文化部 2017 年第 5 号法规《文化发展促进法》（Undang-Undang Republik Indonesia Nomor 5 Tanhun 2017 Tentang Pemajuan Kebudayaan）。

3. 2017年第87号《关于加强教育品质》总统令

2017年9月6日，佐科威签署2017年第87号总统令，该法令取代2017年印尼教育与文化部第23号条例，旨在保障受教育者在接受各教育单位正规与非正规教育、正式教育与非正式教育的活动中获得个人身心素质的提升，为国家发展储备高素质人才。[①] 具体目标有三：第一，将受教育者培养成具有“潘查希拉”思想和享有品质教育的2045黄金一代[②]，以应对未来发展变化；第二，利用关注印尼多元文化的各教育单位，通过正式或非正式、正规或非正规的教育途径，为受教育者创建优质教育平台；第三，激发教育工作者、一切教育力量、受教育者、社会大众及家庭环境的潜力，增强教育竞争力。

虽然落实《关于加强教育品质》这一法令的具体政策尚未出台，但该法令的颁布体现出印尼政府明显提高了对教育的重视程度，已在考虑储备高素质人才，准备利用未来的人口红利实现国家的快速发展。

（二）申报世界级项目，保护多元民族文化遗产

印尼是目前已发现的早期古人类起源地之一，其悠久的历史文化可追溯到数十万年以前，文化遗产及非物质文化遗产都极其丰富。截至2017年，印尼拥有4项世界文化遗产，分别为巴厘文化景观[③]、婆罗浮屠寺庙群、普兰巴南寺庙群及桑义兰早期人类遗址；4项世界自然遗产，分别为洛伦茨国家公园、科莫多国家公园、苏门答腊热带雨林及马戎格库龙国家公园，其中苏门答腊热带雨林已被列入濒危名录；8项世界非物质文化遗产，分别为皮影木偶戏、印度尼西亚克里斯剑、印度尼西亚腊染布、印度尼西亚昂格隆、萨满舞、巴布亚编织袋诺肯、巴厘岛三种传统舞蹈及南苏拉威西造船术皮尼斯。

① 2017年第87号《关于加强教育品质》总统令（Peraturan Presiden Republik Indonesia Nomor 87 Tahun 2017 Tentang Penguatan Pendidikan Karakter）。

② 2045年为印度尼西亚共和国建国一百周年，届时印尼15~64岁的劳动人口将占到总人口的70%，迎来国家人口红利高峰。

③ 即展现“幸福三要素”哲学思想的苏巴克（Subak）灌溉系统。

目前，印尼文化遗产及非物质文化遗产保护工作由印尼教育与文化部下属文化司的文化遗产与文化外交处主管，工作重点之一为相关遗产的申报和保护。

文化遗产方面，2017 年印尼没有新的文化遗产被列入《世界文化遗产名录》。但拟申报雅加达旧城及沙哇伦多煤城为世界文化遗产。这两处遗产已于 2015 年被列入世界文化遗产备选项。根据联合国教科文组织的规定，入选为备选项一年后即可申请成为正式项目。雅加达古城前身为巴达维亚古城，是荷兰殖民时期的首都。沙哇伦多市位于西苏门答腊省，是东南亚地区最老的煤城之一。两个旧城都因保存了荷兰殖民时期独特的城市风貌而发展为热门旅游景点。

除此之外，文化遗产与文化外交处与桑义兰早期人类遗址保护局合作，首次向印尼民众开展普及桑义兰早期人类遗址相关历史知识的活动，先后在棉兰、北十巴鲁、占碑、巨港和楠榜五大城市举办桑义兰早期人类遗址展览，又将相关文化知识分成 20 篇文章，上传至印尼教育与文化部官方网站，加大普及力度。桑义兰早期人类遗址早在 1996 年就被联合国教科文组织评为世界文化遗产，为研究人类起源提供了重要依据，但在印尼的国民普及度一直不高。一系列普及活动有助于让印尼民众了解 15 万年前桑义兰地区爪哇直立猿人文化，为本国人民了解自己的历史和文化打开一扇窗。

非物质文化遗产方面，2017 年印尼南苏拉威西斯造船术皮尼斯被列入《世界非物质文化遗产目录》。印尼与马来西亚、文莱、泰国合作，联合申请班顿诗歌为 2018 年联合国非物质文化遗产项目。印尼武术“手札”拟申请为 2019 年联合国非物质文化遗产备选项目。① 另有 150 个项目被列为印尼国家非物质文化遗产。目前，印尼共有 594 项国家级非物质文化遗产。② 对

---

① 《支持造船术皮尼斯、班顿和印度尼西亚武术申请成为联合国世界非物质文化遗产》（“Pameran ‘Pendukungan Warisan Budaya Takbenda Road to UNESCO’ Pinisi, Pantun, dan Pencak Silat”），印度尼西亚教育与文化部网站，2017 年 5 月 14 日，https：//kebudayaan. kemdikbud. go. id/ditwdb/pameran – pendukungan – warisan – budaya – takbenda – road – unesco – pinisi – pantun – dan – pencak – silat/。

② 印尼非物质文化遗产官方网站数据，https：//warisanbudaya. kemdikbud. go. id/。

于已申请为世界非物质文化遗产的哇扬皮影戏，文化遗产与文化外交处仍密切关注其保护与发展，2017 年就为管理和保护西努沙登加拉地区的哇扬皮影戏问题举办意见征集会并组织表演，努力让当地人民增进对本民族文化的关注和了解，增强他们对保护西努沙登加拉地区文化的责任感，进一步帮助当地文化发展和进步。①

另外，文化遗产与文化外交处还成功向联合国教科文组织申请成立了东南亚人类进化繁衍研究中心②，准备开展相关研究。2017 年还先后在马格朗的婆罗浮屠、中爪哇的桑义兰早期人类遗址、雅加达老城区以及巴娃玛塔卢欧（Bawomataluo）遗迹等，以“文化遗产及可持续旅游”为主题庆祝世界遗产日，开展了一系列活动。

（三）举办文化活动，发展推广国家多元民族文化

2017 年，以印尼教育与文化部为首的相关政府部门，从举办国内文化活动及国际文化活动两方面入手，努力促进国内多元民族文化发展，同时积极对外推广印尼多元文化。

1. 举办国内文化活动，提升国民对多元民族文化的认知

2017 年印尼政府举办了多种国内文化活动，依照受众的不同，可分为以下两大类。

一是针对青少年的文化活动。印尼教育与文化部下属文化遗产与文化外交处在 2017 年提出了一个新的教育理念“培养文化外交特质，从娃娃抓起”，即让中小学生了解本民族的文化艺术，特别是传统文化遗产，由衷产

① 《西努沙登加拉哇扬皮影戏管理与演出问题意见征集会》（“Sarasehan Pengelolaan Wayang Sasak dan Pagelaran Wayang Sasak”），印度尼西亚教育与文化部网站，2017 年 6 月 7 日，https：//kebudayaan. kemdikbud. go. id/ditwdb/sarasehan – pengelolaan – wayang – sasak – dan – pagelaran – wayang – sasak/。

② 《联合国教科文组织批准东南亚人类进化繁衍研究中心成立》（“CHEADSEA resmi disahkan dalam General Conference UNESCO”），印度尼西亚教育与文化部网站，2017 年 11 月 15 日，https：//kebudayaan. kemdikbud. go. id/ditwdb/cheadsea – resmi – disahkan – dalam – general – conference – unesco/。

生文化自豪感与文化自信心，让每个孩子都能成为传播民族文化的使者，并为此举办了一系列面向中小学生的印尼文化遗产展览。例如，在中苏拉威西举行的第三届印尼文化周期间，举办“个性印度尼西亚的多元文化”主题展览等。

为响应国家颁布的《关于加强教育品质》法令，文化司拟出版针对四个阶段，即小学1～3年级、4～6年级、初中阶段、高中阶段学生的品德、文学丛书作为辅助课程的参考书籍。[①] 该丛书将从印尼文学作品中选取有助于培养孩子们形成民族主义思想、坚定信仰、独立自强、正直诚实、互帮互助的相关文章，教育他们成为勇敢、自立、有批判精神、合作互信、能够自主克服困难的人。

印尼人力发展与文化统筹部举办的“重走民族历史”活动于2017年在明古鲁启动。活动重新回顾了明古鲁在对抗荷兰殖民政府时期作为战斗前线的那段历史，目的在于让孩子们了解民族历史，在历史中成长，坚定维护民族与国家统一，坚持“潘查希拉”思想不动摇。[②]

此外，为吸引印尼儿童和青少年关注并参与印尼传统文化传承，创作优秀文化作品，促进相关领域文化发展，文化遗产与文化外交处还在一年一度的恩赐文化贡献奖评选中设置了针对8～18岁印尼儿童及青少年的杰出贡献奖。[③] 恩赐文化贡献奖及传统艺术大师奖自2012年起，每年都会评选出人数不定的为印尼传统文化做出卓越贡献的文化艺术大师。2017年，共有47

① 《组织编写会：从文化角度看〈关于加强教育品质〉法令》（“Rapat Penyusunan Kebijakan Pendidikan Karakter Berbasis Kebudayaan”），印度尼西亚教育与文化部网站，2017年5月4日，https://kebudayaan.kemdikbud.go.id/ditwdb/rapat-penyusunan-kebijakan-pendidikan-karakter-berbasis-kebudayaan/。

② 《2017年“重走民族历史”项目启动，印度尼西亚人力发展与文化统筹部部长嘱托学生勿忘历史》（“Buka Lasenas 2017, Menko PMK Ajak Pelajar Indonesia Ingat Sejarah”），印度尼西亚人力发展与文化统筹部网站，2017年5月15日，https://www.kemenkopmk.go.id/artikel/buka-lasenas-2017-menko-pmk-ajak-pelajar-indonesia-ingat-sejarah。

③ “恩赐文化贡献奖青少年组级别奖项”（Anugerah Kebudayaan 2017 Kategori Anak dan Remaja），印度尼西亚教育与文化部网站，2017年3月21日，https://kebudayaan.kemdikbud.go.id/anugerah-kebudayaan-2017-kategori-anak-dan-remaja/。

位文化艺术家获此殊荣。[①] 除此之外，为鼓励印尼文化从业者积极参与国际演出、文化节、比赛等文化活动，印尼教育与文化部也开通了补贴申请渠道，为有需要的相关人士提供资金支持。

二是针对广大民众的文化活动。2017 年 2 月 10 ~ 28 日，印尼教育与文化部文化司与雅加达独立清真寺（Masjid Istiqlal，“Istiqlal” 在阿拉伯语中为“独立”之意）管理机构、宗教部、雅加达特区教育与文化局、文化艺术工作者、建筑师、历史学家共同开展了为期 18 天的庆祝雅加达独立清真寺落成 39 周年活动。本次庆祝的主题为“独立清真寺为民族团结的象征”。活动内容包括打扫独立清真寺、举办清真寺历史展、举办以“赞颂独立”为主题的研讨会、进行伊斯兰音乐表演等。[②] 雅加达独立清真寺为印度尼西亚国家清真寺，也是东南亚最大的清真寺。全寺最多可同时容纳 20 万人做礼拜。[③] 1961 年为永久纪念印尼独立解放战争中牺牲的烈士而建，由时任总统苏加诺亲自奠基开工，印尼重大的伊斯兰教活动或仪式都在此举行。2017 年的庆祝活动为历史上第三次庆祝活动，前两次为 1991 年及 1995 年。[④]

2017 年 8 月，班基文化节在哇扬皮影戏博物馆成功举办。文化节以“让班基故事成为地域文化名片”为口号，通过研讨会、展览及表演等形式，推广班基故事文化。[⑤] 班基是故事的主人公，故事架构在真实历史之上，是一部描写班基经历种种坎坷，最终发现真相，与心爱之人喜结连理的

① 《47 位文化艺术家获恩赐文化及传统艺术大师奖》（“47 Budayawan Terima Anugerah Kebudayaan dan Penghargaan Maestro Seni Tradisi”），印度尼西亚教育与文化部网站，2017 年 9 月 28 日，https：//www. kemdikbud. go. id/main/blog/2017/09/47 – budayawan – terima – anugerah – kebudayaan – dan – penghargaan – maestro – seni – tradisi。

② 《庆祝独立清真寺诞辰》（“Merayakan Istiqlal”），印度尼西亚教育与文化部，2017 年 2 月 8 日，https：//kebudayaan. kemdikbud. go. id/ditwdb/merayakan – istiqlal/。

③ 雅加达独立清真寺（Masjid Istiqlal Jakarta）官方网站，https：//istiqlal. id/。

④ 《独立清真寺举行第三次诞辰活动》（“Masjid Istiqlal Gelar Milad Ketiga pada 22 Februar”）〔印尼〕《共和报》2017 年 2 月 9 日，http：//khazanah. republika. co. id/berita/dunia – islam/islam – nusantara/17/02/09/ol3ovr396 – masjid – istiqlal – gelar – milad – ketiga – pada – 22 – februari。

⑤ “班基文化节”（Festival Budaya Panji），印度尼西亚教育与文化部网站，2017 年 7 月 28 日，https：//kebudayaan. kemdikbud. go. id/ditwdb/festival – budaya – panji/。

爱情故事。班基故事是继两大印度史诗《罗摩衍那》及《摩诃婆罗多》之后在东南亚地区流传最广的一部爪哇古典文学著作，在印尼家喻户晓，在泰国、柬埔寨、老挝、菲律宾、马来西亚、越南和缅甸等国家也广为流传。故事在流传的过程中演变出多个版本及表现形式，不同的故事版本反映出了不同创作时代的社会生活。目前有超过200个版本收藏在荷兰，印尼国家图书馆存有80个版本。印尼和马来西亚都已将自己收藏的其中一个版本申请成为世界记忆文献遗产。① 班基故事版本合集也于2017年与婆罗浮屠档案、印度洋海啸档案一同被认定为世界记忆文献遗产。②

2. 举办国际文化活动，积极对外推广印尼多元文化

印尼政府通过在对象国成立印尼文化屋，参加东盟木偶节、东盟歌舞音乐节，举办加美兰国际音乐节、欧罗巴利亚－印度尼西亚艺术节，主办中国－印尼文化交流等形式，积极开展文化外交，对外推广印尼多元文化。

2017年，印尼教育与文化部拟将文化外交项目之一的印尼文化屋项目由原本的10个国家扩大至19个国家。这19个国家分别为东帝汶、美国、澳大利亚、荷兰、英国、日本、德国、法国、新加坡、土耳其、沙特阿拉伯、菲律宾、印度、马来西亚、埃及、巴布亚新几内亚、泰国、中国及缅甸。印尼文化屋有3大功能：第一，提供学习印尼文化的课程或机会；第二，通过举办印尼文化节展示印尼的多元文化；第三，维护和推广印尼多元文化。③

2017年5月，印尼派代表团参加泰国文化部举办的2017年东盟木偶节，参与了开幕式上八个国家各五分钟的开幕式表演，并在拉差达（Ratchada）现代艺术中心先后进行了两次各20分钟的专场表演。为了吸引

① 《读懂班基文化，源自东爪哇的文化》（“Memahami Budaya Panji，Budaya Asli Jawa Timu”），班基文化保护中心网站，2016年11月22日，http：//budayapanji. com/informasi/？p＝508。

② 《班基故事版本合集被正式认定为2017年世界记忆文献遗产》（“Naskah Panji Koleksi Perpustakaan Nasional Resmi Ditetapkan Sebagai Memory of The World 2017”），印度尼西亚国家图书馆网站，2017年12月13日，https：//www. perpusnas. go. id/news－detail. php？lang＝id&id＝171222084651Z1bBeN6UCO。

③ 《成立印尼文化屋》（“Pengembangan Rumah Budaya Indonesia”），印度尼西亚教育与文化部网站，2017年3月7日，https：//kebudayaan. kemdikbud. go. id/ditwdb/pengembangan－rumah－budaya－indonesia/。

年轻观众对传统艺术表演的关注，印尼代表团本次的表演将哇扬皮影戏与现代多媒体结合，在配乐中加入了中爪哇加美兰表演的根档（kendang）手鼓、哥匝毕（kecapi）琴、瑟录令（seruling）笛，以及电子键盘乐，进行了一次全新的尝试。①

2017 年 8 月，印尼教育与文化部派遣艺术文化使团参加了为庆祝东盟成立 50 周年举办的东盟歌舞音乐节。活动目的在于让民众增进对东盟组织的了解，提高努力发展进步的意识。本次歌舞音乐节有约 300 位艺术家登台，来自印度尼西亚、柬埔寨、泰国、菲律宾、老挝、缅甸和主办国越南 7 个国家的艺术家进行了至少 80 场特色文化演出。② 本次歌舞音乐节使东盟地区国家之间的关系更加紧密，也借此机会宣传了各自的特色民族文化，增进了对彼此的文化认知。

为了让加美兰音乐享誉世界，2017 年 9 月 5 ~ 15 日，印尼教育与文化部与印尼驻英国大使馆合作，在英国伦敦及苏格兰格拉斯哥举办了加美兰国际音乐节。英国伦敦的加美兰国际音乐节在伦敦大学亚非学院举办。本次加美兰国际音乐节包括学术研讨会、专题研讨会、互动体验、奖项评选、传统爪哇艺术表演等活动。研讨会主题为“探索加美兰音乐国际化”。音乐节期间设置了互动体验课程，让感兴趣的人们不仅可以欣赏还能亲身参与到表演中来。印尼教育与文化部还授予了三位英国人荣誉奖章，以鼓励他们为传播加美兰音乐所做出的贡献。③ 本次加美兰国际音乐节的举办，不仅扩大了加

① 《东盟木偶节上的印尼哇扬皮影戏》（“Wayang Indonesia Dalam Ajang Asean Puppet Festival 2017”），印度尼西亚教育与文化部网站，2017 年 5 月 2 日，https：//kebudayaan. kemdikbud. go. id/ditwdb/wayang - indonesia - dalam - ajang - asean - puppet - festival - 2017/。

② 《文化遗产与文化外交处派艺术团赴越南庆祝东盟成立 50 周年》（“Rayakan 50 Tahun Asean, Direktorat Warisan Dan Diplomasi Budaya Mengirimkan Tim Kesenian Ke Vietnam”），印度尼西亚教育与文化部网站，2017 年 8 月 22 日，https：//kebudayaan. kemdikbud. go. id/ditwdb/rayakan - 50 - tahun - asean - direktorat - warisan - dan - diplomasi - budaya - mengirimkan - tim - kesenian - ke - vietnam/。

③ 《2017 加美兰国际音乐节，推广加美兰到对岸国家》（“International Gamelan Festival 2017, Membumikan Gamelan Hingga Ke Negeri Sebrang”），印度尼西亚教育与文化部网站，2017 年 9 月 14 日，https：//kebudayaan. kemdikbud. go. id/international - gamelan - festival - 2017/。

美兰音乐在世界范围内的影响，也为2018年主题为“回家”的加美兰国际音乐节做了铺垫。

欧罗巴利亚－印度尼西亚艺术节于2017年10月10日至2018年1月21日在奥地利、英国、比利时、法国、德国、波兰和荷兰七个国家举行。首届欧罗巴利亚－印度尼西亚艺术节举办于1969年，每两年举办一次，迄今已举办25届。印尼首次担任欧罗巴利亚－印度尼西亚艺术节的主宾国，也是东南亚第一个被选为主宾国的国家和亚洲第四个举办该艺术节的国家。[①] 本次由印尼主办的欧罗巴利亚－印度尼西亚艺术节以“遗产、当代、创造和交流”为主题，展出了400多位艺术家的228件艺术作品，包括69场舞蹈和舞台表演、71场音乐表演、36部文学著作、38部电影及14场展览。其中的重点展示为印尼加美兰传统乐器、印尼文学作品展、历史文化展览以及印尼电影。历史文化展中，印尼通过“祖先展”部分展现了其丰富多彩的历史文化，通过“群岛展”部分展现了其作为千岛之国悠久的航海历史及海洋文化。[②]

印尼政府对此次欧罗巴利亚－印度尼西亚艺术节十分重视，不仅精心策划展示内容，而且印尼旅游部还在欧洲多个国家投放宣传广告，通过网络平台、社交媒体、应用软件等途径，在主要旅游市场推广印尼旅游目的地。印尼希望这次欧罗巴利亚－印度尼西亚艺术节不仅能够推广印尼丰富的多元文化艺术，也能吸引更多的欧洲游客赴印尼旅游。

2017年与中国相关的文化活动中，印尼负责承办中印尼副总理级人文交流机制第三次会议。11月25日，印尼人力发展与文化统筹部主办的以“海内存知己”为主题的中印尼副总理级人文交流机制联合专场演出在雅加

① “2017欧罗巴利亚－印度尼西亚艺术节”（Europalia Indonesia－2017），印度尼西亚驻比利时布鲁塞尔大使馆报网站，https://www.kemlu.go.id/brussels/id/Pages/Europalia－Indonesia－2017.aspx。

② 《百场印尼文化盛宴将在欧罗巴利亚－印度尼西亚艺术节呈现》（“Ratusan Agenda Budaya Indonesia Akan Ramaikan Festival Europalia 2017”），印度尼西亚教育与文化部网站，2017年9月1日，https://www.kemdikbud.go.id/main/blog/2017/09/ratusan－agenda－budaya－indonesia－akan－ramaikan－festival－europalia－2017。

达举行，拉开了中印尼副总理级人文交流机制第三次会议的帷幕。演出以巴厘特色欢迎舞开场，表演了在印尼和中国都家喻户晓的民谣《星星索》、萨满舞、印尼武术等节目，演出最后在昂格隆、加美兰及中国传统乐器的合奏中结束。[①] 中印尼副总理级人文交流机制始于 2015 年中印尼建交 65 周年之际，两国于当年签署了 7 个合作协议。2016 年第二次中印尼副总理级人文交流机制会议于中国贵阳市举办，签署了 4 项新的合作协议和 4 项第一次会议合作协议的补充协议。本次副总理级人文交流机制正式会议于 11 月 28 ~ 29 日在印尼梭罗市举行，主要讨论教育、技术等相关问题，并签署了《中印尼科技创新合作三年行动计划（2018 ~ 2020）》等 7 项合作协议，两国科技创新合作进一步深化。[②] 该机制成立 3 年来，两国人文交流的水平不断提升，在教育、科技、文化、卫生、体育等领域取得了丰硕的合作成果。

三　总结与展望

2017 年，印尼政府为印尼多元文化发展做出了不懈努力并取得了一定成果。一是出台《关于组建国家网络安全局》《文化发展促进法》《关于加强教育品质》等法律法规，保障国内文化健康有序发展。二是积极申请世界文化遗产或世界非物质文化遗产，重视民族传统文化的保护与发展。2017 年，皮尼斯被评为世界非物质文化遗产，班基故事版本合集、婆罗浮屠档案及印度洋海啸档案被认定为世界记忆文献遗产。三是举办多样的文化活动，发展推广多元民族文化。国际文化活动方面，举办了加美兰国际音乐节、欧罗巴利亚 - 印度尼西亚艺术节等大型国际活动，积极参加东盟木偶节、东盟

① 《印尼 - 中国联合文化演出》（“Indonesia – China pada ‘Joint Cultural Performance’”），印度尼西亚人力发展与文化统筹部网站，2017 年 11 月 25 日，https：//www. kemenkopmk. go. id/artikel/indonesia – china – pada – joint – cultural – performance。

② 《加强合作，印尼高官与中国高官相聚梭罗》（“Pererat kerja sama，pejabat tinggi Indonesia-China berkumpul di Solo”），《安塔拉新闻》2017 年 11 月 28 日，https：//www. antaranews. com/berita/667645/pererat – kerja – sama – pejabat – tinggi – indonesia – china – berkumpul – di – solo。

歌舞音乐节，注重与东盟及周边国家关系的维护，努力推动印尼多元民族文化走向世界。国内文化活动方面，印尼教育与文化部提出的“培养文化外交特质，从娃娃抓起”的理念，值得借鉴学习。但相较于文化遗产保护及国际文化活动，印尼对国内文化活动的重视稍显不足，《关于加强教育品质》总统令有待落实，还有更大可发挥的空间。

展望2018年，预计印尼政府将继续坚持保护文化遗产及非物质文化遗产，发展多元民族文化，积极开展对外文化交流，提升印尼的国际形象，使出现在世界人民眼前的印尼，不再仅仅贴着穆斯林人口最多国家这个单一标签。世界真正认识印尼、了解印尼，不仅能帮助印尼融入世界，而且能反向促进印尼自身多元民族文化的发展。

B.6
2017年泰国文化发展报告

唐旭阳

摘　要：　泰国是一个拥有悠久历史和灿烂文化的佛教国家。本文主要从泰国文化综述、2017年泰国文化发展特点及主要事件、泰国未来文化发展方向的总结与展望三方面进行阐述。总体而言，泰国是一个有着多元文化的国家，而“国家、国王、宗教三位一体”的文化模式是泰国最鲜明的文化特点。同时，进一步加强与亚洲地区文化合作，使泰国文化对接“泰国4.0”战略和“东部经济走廊”政策也是泰国文化发展的新趋势。

关键词：　泰国　“泰体”文化模式　多元化　文化发展

泰国有着丰富灿烂的文化，不管从社会民俗、节庆还是从建筑民居、宗教信仰等方面看，泰国的文化都有着鲜明特色。一个国家不同时代的背景和政策方针都影响着文化发展的总趋势和大方向。而一直以来，“国家、国王、宗教三位一体”的文化模式是泰国最鲜明且一直不变的文化特点。在漫长的文化发展历程中，泰国文化整体呈现多元化趋势，具有较强的包容性，不仅受到西方国家的影响，而且受到中日韩印及东盟国家的影响。

一　泰国文化综述

泰国原名暹罗，距今已有780年的历史。在泰国建立的比较重要的古国有孟人建立的堕罗钵底国（6～11 世纪）和古高棉人建立的扶南国（1～7 世纪）及真腊国（6～15 世纪）。11 世纪时，堕罗钵底国被真腊征服。之后，泰国地区的泰族开始强盛，于 1238 年建立了素可泰王朝，开始形成较为统一的国家。目前，泰国先后经历了素可泰王朝、大城王朝、吞武里王朝和曼谷王朝。目前泰国正处于曼谷王朝阶段，已有两百多年历史。

1. 人口与民族

泰国现有人口约 6618 万人（2017 年）①，在东南亚地区居第 4 位，排在印尼、越南和菲律宾之后。泰国全国分为北部、中部、南部、东部和东北部五个地区，行政区划分为中央政府、府、县、区、村，另外还有直辖市和一些自治市镇。② 泰国是一个多民族国家，全国有 30 多个民族，其中泰族约占 40%，老族占 35%，华族占 14%，马来族占 3.5%，高棉族占 2%。此外，还有山地民族，约 70 万人。③ 整体的民族特点是较为融和与包容，泰国政府对当地的少数民族采取既保护也有所限制的政策。

2. 宗教与节庆

泰国素有“黄袍佛国”“千佛之国”之美称。佛教为国教，90% 以上的民众信仰佛教，马来族信奉伊斯兰教，还有少数民众信仰基督教、天主教、印度教和锡克教。此外，泰国本土也有原始信仰和自然崇拜。在泰国的很多重要仪式中会看到佛教、婆罗门教及原始信仰的痕迹，可以说泰国将各种宗教很好地进行了本土化的融合。泰国众多的节日都与其宗教息息相关，特别是佛教，如万佛节、守夏节、开斋节等。除了民间的传统节日以外，泰国还有一些纪念日，如国王登基纪念日、拉玛五世逝世纪念日、宪法日、父亲节、母亲节等。除了上述节日外，泰国也庆祝元旦、春节、宋干节等对一些

---

① 泰国人口，https：//th. wikipedia. org/wiki/% E0% B8% 9B% E0% B8% A3% E0% B8% B0% E0% B8% 8A% E0% B8% B2% E0% B8% 81% E0% B8% A3% E0% B8% A8% E0% B8% B2% E0% B8% AA% E0% B8% 95% E0% B8% A3% E0% B9% 8C% E0% B9% 84% E0% B8% 97% E0% B8% A2。

② 田禾、周方冶编著《列国志·泰国》，社会科学文献出版社，2009，第 2 页。

③ 田禾、周方冶编著《列国志·泰国》，社会科学文献出版社，2009，第 39 页。

东方国家而言非常重要的节日。可以说，泰国是一个文化多元且有着较强文化包容性的国家。

3. 语言

泰国官方语言为泰语和英语。每个地区都有自己的方言，但以中部曼谷地区的方言为标准语。潮州话、海南话、广东话在泰籍华人中使用较为普遍。此外，还有马来语和高棉语。泰国其他主要语言有汉语和马来语。按照地理位置的不同，泰语有中部、北部、东北部和南部4种方言，其中泰国的东北部方言与老挝语十分相似。泰国政府十分重视泰语的推广和使用，并规定每年的7月29日为“爱泰语日”。

4. 饮食

由于受热带和亚热带气候影响，泰国人民以种植水稻和其他农作物为主。此外，沿海地区海产品也十分丰富。人们的主食为大米，北部和东北部的居民喜食糯米。特殊的气候条件，使泰国人民形成对酸味和辣味的依赖以及在饮料中必须加冰的习惯。泰国菜对配料尤为讲究，常用的配料有辣椒、青柠、蒜头、香茅草、黄姜、胡椒、薄荷叶、椰浆、咖喱、鱼露、虾酱等。具有代表性的泰式菜肴有冬阴功、椰汁鸡汤、咖喱蟹、凉拌木瓜丝等。因为有佛教背景，泰国人避免使用大块动物的肉。①

泰国文化中除了上述内容以外，还有孔剧、木偶戏、水崇拜、象崇拜、泰拳、传统服饰工艺、泰丝工艺、雕刻工艺、剃顶髻习俗、剃度仪式等。② 泰国复杂多样的文化模式，呈现出“民族、宗教、民俗、王室等多样性的特点”。其中，泰国文化受佛教文化影响深远，也具有充分的包容性，对于外来文化取其精华，有选择地进行吸纳和接受。所以，泰国文化一方面吸取了许多外来文化元素，另一方面也保留了自己的文化传统。文化区域内部交流、融合、互补，推动了泰国文化的整体发展。

① 朱振明：《当代泰国》，四川人民出版社，1993，第87页。

② 王红：《东南亚非物质文化遗产研究》，广西师范大学出版社，2016，第21页。

二 2017年泰国文化发展情况

泰国在文化政策上一直坚持以“国家、国王、宗教三位一体”的文化模式，同时也注意有保留地借鉴西方和外来先进文化，具有既开放又保守的特点。[①] 2017 年正值泰国巴育总理执政，泰国政府提出“泰国 4.0”战略和“东部经济走廊”政策，文化发展总体趋势是符合国家战略发展的大方向，注重发展泰国传统文化，保护泰国文化遗产，积极推动文化旅游业、教育业和影视业的发展，使传统文化与现代化相适应；同时，重视与其他国家，特别是中日印和东盟各国文化的交流互动。总体上看，2017 年泰国文化发展的主要特点有如下几点。

（一）坚持“国家、宗教、国王三位一体”的文化模式，举国哀悼普密蓬国王

2016 年 10 月 13 日，泰国国王拉玛九世普密蓬·阿杜德去世，享年 89 岁。普密蓬国王在位整整 70 年，是目前全世界在任时间最长的国家元首。在位期间，他为人民和国家做出了巨大贡献，足迹遍布泰国各个角落，他成立了各类基金会，推动农业、水利、扶贫等项目千余项，造福了当地人民。同时，他曾多次出面平复国家政变，其精神领袖的地位不可动摇。2016 年 10 月 14 日，泰国总理府发布公告：所有政府机构、学校等降半旗，为期 30 日；国丧期间，泰国所有政府公务员、政府行政机构人员穿黑服服孝，为期一年；所有单位停止公共娱乐活动，为期 30 日。除此以外，全国上下都举行了各种哀悼缅怀拉玛九世王逝世的活动。主要活动如下。

1. 精心打造泰王火化亭，泰王火化的文化效应得以彰显

为了举行皇家火化仪式，政府用了 9 个多月的时间来修建火化亭，耗费约 9000 万美元的金色尖顶火化亭于 9 月正式完工。整个火化亭由 9 个尖顶

---

① 祁广谋、钟智翔编著《东南亚概论》，世界图书出版公司，2013，第 119 页。

塔组成，主亭上端为7层飞檐，顶部插着九重华盖白幡伞，基底部呈正方形，内部便是安置火化台之处。另外，整个火化亭是以“国王即天神”的理念来设计的，金碧辉煌，雄伟壮观。[①] 10月11日，65个外国大使馆大使团应文化厅邀请参观了火化亭及周边。火化亭于11月对外开放，时间为11月2日到30日，并在火化亭周边举行纪念拉玛九世丰功伟绩的展览，在火化亭前搭建舞台，每周六和周日举行为纪念拉玛九世精心排练的泰国孔剧表演。开放当天，诗琳通公主前往火化亭，出席开幕仪式。[②] 据泰国文化厅统计，截至12月31日，据统计已有超过400万市民和游客前往火化亭参观。

2. 政府为普密蓬国王举行盛大葬礼

从10月26日，泰国开始进入拉玛九世国葬期，为期五天。26日当天，约有20万民众聚集在大王宫附近，向国王道别。普密蓬国王葬礼严格按照佛教和印度教的礼仪进行。各国政要及联合国等国际组织纷纷应邀出席国葬仪式，习近平主席特使国务院副总理张高丽出席普密蓬国王葬礼。葬礼期间，政府禁止举行任何庆祝和娱乐活动，并将10月26日定为国家法定节假日。

泰王火化仪式让全世界进一步了解了泰国宗教文化、独特的建筑艺术及泰国人民对普密蓬国王的特殊情感，普密蓬国王就如同他们的精神领袖和支柱，也反映出泰国王室在泰国仍有着举足轻重的地位。所以泰王葬礼所带来的文化效应是空前的，吸引了全世界关注泰国。

3. 全国举行各种形式的纪念普密蓬国王的活动

泰国艺术厅在2017年整年为纪念拉玛九世举行泰国音乐演奏和艺术表演。同时，为纪念普密蓬国王在位时的丰功伟绩，实施各类为人民百姓谋福祉的项目，泰国艺术厅专门举行画展，筛选了普密蓬国王在位期间考察的46项工程和项目（包括水利、农业及民生福祉方面的项目）的手工画。[③]

---

① 《精心打造的火化亭介绍》，〔泰〕《民情报》（*Matichon*）2017年10月22日。

② 《泰王火化亭正式对外开放》，〔泰〕《民情报》（*Matichon*）2017年10月27日。

③ 《泰国艺术厅举办拉玛九世国王生前亲自调研的46项工程绘画图片展》，〔泰〕《民情报》（*Matichon*）2017年4月5日。

4 月 20 ~25 日，在泰国举行泰国 - 东盟国家木偶艺术表演节，此活动既是为了纪念普密蓬国王以及感恩皇恩浩荡而举办，同时也是为庆祝东盟成立 25 周年而举办。其主题为“235 年皇恩庇佑下的曼谷王朝”。来自泰国、越南、缅甸、柬埔寨、老挝、菲律宾、印尼和新加坡 7 国的 50 个团体参加了此次演出。① 8 月 15 日，泰国文化部部长威拉·洛朴乍纳叻发布“九世王永远在我心中”的视频以及关于九世王逝世后全国上下一片悲痛，纷纷以各种形式哀悼的图片集册，该图册是巴育总理亲自提议并要求文化部征集各类感人照片编辑而成，共计 13 册。② 此外，2017 年泰国不管是政府还是民间都为国王举行了不同形式的哀悼活动，如纪念普密蓬国王大型图片展、缅怀伟大普密蓬国王售书仪式、举办研讨会和组织各类艺术表演以及为国王创作巨幅画像等。

在全国各府举行各种形式的纪念拉玛九世王的活动的同时，拉玛九世唯一的儿子拉玛十世玛哈·哇集拉隆功于 2017 年 11 月正式登基，开启泰国拉玛十世王时代。泰国政府也极力树立拉玛十世王的积极形象，推崇国王至高无上的精神领袖地位。新国王登基之后，泰国新时代也将开启，王权需要与精英和民众的民主诉求达成均衡以求得发展。从目前来看，泰国的局势较为稳定，“国家、宗教、国王三位一体”的文化模式在继续运行。

（二）加大对文化遗产的申请和保护力度，推进泰式特色文化建设

2017 年，对于泰国的民俗节日以及宗教节日，政府和民间也举行了一系列庆祝活动。但由于整年都处于国葬期，节日庆祝的隆重程度相对于往年有所下降，庆祝场面也较为平静。值得一提的是，泰国政府鼓励对宗教、艺术和文化方面的研究，将文化遗产和优秀文化用于发展当地经济。表彰了一批对泰国文化做出贡献的优秀艺术家和文人。对泰国各朝代的追溯和研究有

---

① 《泰国举办泰国 - 东盟国家木偶艺术表演节》，〔泰〕《民情报》（*Matichon*）2017 年 4 月 21 日。

② 《泰国文化部举行“九世王永远在我心中”视频展出——致敬最敬爱的拉玛九世》，〔泰〕《民情报》（*Matichon*）2017 年 8 月 15 日。

所加强，特别加强对阿瑜陀耶时期和吞武里时期历史的研究。此外，加大对包括本国语言、服饰、曲艺等在内的非物资文化遗产的保护和推广力度。

在加大对阿瑜陀耶和吞武里时期的文化保护和历史研究方面，9 月 22 日，泰国文化部部长威拉·洛朴乍纳叻表示，要进一步推进阿瑜陀耶府（大城府）的历史文化保护和发展，与政府和私企共同合作推动“永远的大城”项目。推动当地旅游经济的发展，保护重要历史遗迹和历史悠久的寺庙，在 2017 年的项目落实方面耗资 3.37 亿泰铢，并进一步推动大城府历史文化保护与改造第二期计划（2018 ~ 2027 年）的落实，包括修缮城墙、护城河与道路等。同时，加强与周边素攀府、叻丕府等地的联系，共同推动当地文化经济发展。[①] 9 月 15 日，泰国社会科学基金会联合广田汽车举办 2017 年度“2310 ~ 2560 年 250 年间大城王朝的毁灭与吞武里王朝的诞生”研讨会。研讨会主要强调虽然泰国的大城王朝有着 417 年辉煌鼎盛的历史，而吞武里王朝却只有短暂的 13 年，却是泰国挣脱缅甸的统治争取独立的象征性时代，也需要专家学者将这一段历史填补完整。这已经是第八次举行此类学术研讨会，以加强对吞武里王朝的历史研究。[②]

在节日的庆祝与传承方面，泰国政府与民间照常庆祝各种节日，值得一提的节日有 5 月 11 ~ 14 日泰国旅游局携手泰国益梭通府举行的盛大的火箭节（ประเพณีบุญบั้งไฟ），这也是当地十分著名而隆重的节日。活动内容包括当地特色文化艺术表演、土火箭制作、火箭升天表演、大型火箭花车游行等。共有 30 支代表队参赛。土火箭是当地农民以各自村为单位，用塑料管、竹子或木头等简易材料做成的，并在土火箭加上各式各样的装饰物，使其美观大方。火箭节是泰国一项古老传统的文化节日，为了求雨，向老天发射信号，下雨的时节到了，祈求风调雨顺，有个好收成，土火箭被点燃之后飞得越高，预示着当年的农作物会获得大丰收。这是泰国东北部最为隆重的民俗

① 《泰国文化部推进大城府历史文化发展及第二期项目改造建设》，〔泰〕《民情报》（*Matichon*）2017 年 9 月 20 日。

② 《2310 ~ 2560 年 250 年间大城王朝的毁灭与吞武里王朝的诞生研讨会顺利召开》，〔泰〕《民情报》（*Matichon*）2017 年 9 月 15 日。

节日之一。[①]

6月24～28为泰国著名的民俗节日面具节（Phi Ta Khon），在泰语中这个词的意思是戴着面具的鬼，因此这个节日又被称为鬼节，也被誉为“东方的万圣节”，是泰国最具特色的地方传统之一。2017年的面具节在黎府举行，黎府也是唯一一个保留该文化传统的府，因此泰国文化部鼓励泰国人民前往黎府旅游，去看当地的面具表演，了解当地独具特色的面具文化。值得一提的是，此次面具节还有来自印尼、菲律宾、韩国、马来西亚等7个国家的代表团参加巡游活动，可以说举办黎府国际鬼面节活动旨在促进泰国与亚洲各国的文化交流，使外界了解泰国文化的多元性。

10月16日，泰国文化部携手泰国国防部、旅游部、宗教部鼓励提倡每个府举行水灯节庆祝活动。2017年的水灯节以“平安水灯，传承文化”的理念为主题。三天的活动包括水灯展览、各类表演及水灯小姐比赛等。当然，2017年水灯节仍延续以往传承文化的主题，继承泰国的水文化，鼓励每个家庭自己制作水灯，并推崇使用绿色环保材料，以减少水灯制作垃圾，并且禁止燃放烟花爆竹。各府也响应文化部号召，举行相关主题的水灯节庆祝活动。[②] 据泰国川登喜皇家大学的数据统计，2017年水灯节漂水灯的人中，64%是与父母、亲人一起漂水灯祈福，只有30.15%是与情侣一起漂水灯。这说明泰国民众越来越注重与亲人家人的相处和陪伴。此外，2017年还有不少民众自发在水灯节之夜为泰国国王拉玛九世祈福，用漂向远方的水灯表达对拉玛九世王深深的怀念和感恩。

同时，泰国政府注重加大对有突出贡献的文化艺人、艺术家的表彰力度。泰国国家文化委员会于1月19日公布了2017年度荣获国家艺术家称号的17名知名艺术家，分别集中在三个领域：绘画领域5人，音乐领域3人，影视领域9人。荣获国家艺术家称号的老艺术家总人数上升到295人，目前

① 《泰国旅游局携手泰国益梭通府举行2017年度盛大的泰国火箭节》，〔泰〕《民情报》（*Matichon*）2017年5月12日。

② 《泰国文化部号召全国举行平安水灯节，传承水灯文化》，〔泰〕《民情报》（*Matichon*）2017年10月16日。

在世的共计167人。他们将得到每个月25000泰铢的补助津贴，享受公费医疗等福利。此外，还举行泰国优秀文化传承人颁奖典礼。① 在民族自身传统工艺保护和文化遗产的保护和申请方面，2017年7月3日，泰国文化部部长威拉·洛朴乍纳叻在促进保护文化遗产委员会召开后表示，将在会议上讨论起草2018～2021年泰国文化遗产保护计划，并建立监管委员会。同时，文化促进委员会认为应该将有价值的研究成果纳入文化遗产保护计划，由专门机构负责监管计划的制订和实施，以便让国家及地区的文化遗产得到有效的保护和继承。② 此外，泰国文化部决定将斯特（Sithep）古城列入世界文化遗产申请名单，因为斯特古城是12～18世纪泰国规模最大、历史最悠久的古城，并受到佛教、婆罗门教影响，总占地面积2800莱。而且，政府也准备将泰国的孔剧和泰式按摩申请为世界非物质文化遗产。预计在2018年将总共有29个泰国传统文化被列入《世界文化遗产名录》。

除了加快文物遗迹的挖掘和文化遗产的申请，泰国政府也加大了对流失海外的泰国本国文物的寻找力度。泰国文化部部长威拉·洛朴乍纳叻表示，经过泰方验证，美国国家博物馆的13件文物确定为泰国文物。其中，部分文物出土于泰国东北部武里南府及素辇府等地。目前正在跟美方讨论将本国文物送回国事宜，希望在2018年泰美建交200年之际，美国能按时归还所有泰国文物。③

对于本国地方民俗、服饰、语言等，泰国政府依然保持积极的保护态度。

在保护本国语言方面，6月26日为泰国伟大诗人、文学家孙通蒲纪念日，当天，泰国文化厅促进举行关于纪念伟大诗人孙通蒲文学作品精选演出，采取木偶表演的方式，将诗人孙通蒲重要的文学作品和诗歌精选进行表

① 《泰国文化部举行优秀文化传承人颁奖典礼》，〔泰〕《民情报》（*Matichon*）2017年11月29日。

② 《泰国文化部推动泰国文化遗产保护的计划》，〔泰〕《民情报》（*Matichon*）2017年7月3日。

③ 《17件美国国家博物馆的文物中有13件确定为泰国出土文物》，〔泰〕《民情报》（*Matichon*）2017年8月7日。

演，希望青少年能够对这位诗人及作品有所了解，热爱本国语言，热爱本国文学。[①] 7月29日为“泰语日”，是为了纪念1958年7月29日普密蓬国王拉玛九世参加在朱拉隆功大学文学院举办的关于泰语语言规范使用的学术研讨会而设立的节日，显示了国王对本国语言保护的重视程度和对泰语的热爱。7月25日，泰国政府举行“泰语日”颁奖典礼，23名对泰语有贡献的人物获得2017年度语言钻石奖杯；同时，颁奖典礼上，政府也表示要加大对优秀文学作品的评选力度，鼓励泰国人民正确使用泰语，热爱本国语言文字。[②]

在推动地方民俗、服饰方面，泰国政府也十分重视。7月16日，泰国文化促进厅联合清迈府举行“北部悠闲生活，享受泰式生活艺术节”，旨在推动清迈以及泰国北部17府特色文化，其中也涉及对兰那古国文化的保留和传承。该活动包括服饰展、布艺纺织展、美食展、北部泰式表演及纪念拉玛九世王为北部地区所做贡献的展览。[③] 8月23日，泰国举办“回归泰国地方特色艺术——Pakaoma面料设计的服饰作品比赛”，主要为年轻的设计师举行，设计者以泰国本土Pakaoma面料为原材料，设计特色服饰，最终泰国吞武里科技大学设计专业的学生设计的作品夺冠。Pakaoma是一种泰国传统的面料，以前用作男子的浴巾或腰带，目前主要在泰国东北部、北部流行。[④] 在推动泰国传统服饰方面，泰国还举行了“235年的曼谷王朝，泰装经典展活动”。该活动既是纪念伟大的曼谷王朝已进入拉玛十世时代，同时也是对曼谷王朝时期的泰装进行回顾，向经典致敬。此外，泰国在2017年也举行了一系列关于庆祝曼谷王朝成立235年的纪念活动，除了经典泰装展

① 《泰国文化促进厅举行活动纪念伟大诗人孙通蒲》，〔泰〕《民情报》（*Matichon*）2017年6月22日。

② 《泰国举行对语言突出贡献者颁奖典礼》，〔泰〕《民情报》（*Matichon*）2017年7月24日。

③ 《泰国文化促进厅联合清迈府举行“北部悠闲生活，享受泰式生活艺术节”》，〔泰〕《民情报》（*Matichon*）2017年7月16日。

④ 《泰国吞武里科技大学的设计专业的学生获得“Pakaoma面料设计的服饰作品比赛”冠军》，〔泰〕《民情报》（*Matichon*）2017年8月23日。

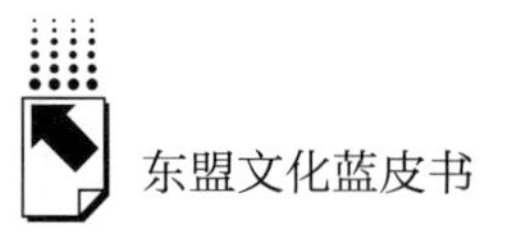

以外，还举行了东盟玩偶戏剧艺术表演展、大型画展等活动，在纪念拉玛九世王的同时，也纪念曼谷王朝走过的235年历程。

总体而言，泰国政府对泰国的民族传统、语言、民俗、宗教、文化遗产的支持和保护力度在逐步加大，不断推进泰式特色文化建设，增强本国人对本国文化的民族自豪感，激发其爱国主义情怀，让泰国人特别是年青一代真正了解本国的历史和传统文化。

（三）促进与东盟及亚太地区的文化交流与合作，提升文化的国际影响力

2017年泰国政府继续保持与亚太地区特别是东盟和中国的文化交流与合作，继续推进与周边佛教国家的宗教节日互动，以增进边境友好关系。在申遗和保护文化遗产方面，加大与各国之间的合作力度，邀请亚太地区专家学者参加研讨会，共同探讨文化遗产的保护和申请为世界文化遗产事宜，并加强澜沧江—湄公河流域六国文化合作。此外，继续推动泰国旅游文化产业与东盟其他国家及非东盟国家对接，提升旅游业的国际影响力。值得一提的是，2017年泰国注重与中国在留学教育、旅游业以及影视业方面的交流与合作，召开与举办赴中国留学推介会和教育展，加强中泰职业学校的人才交流与互换，重视汉语教学，积极推动泰国影视业打入中国市场，并取得成功。

9月24日，泰国副总理塔纳萨·巴迪玛巴功、文化部部长威拉·洛朴乍纳叻参加在中国宁波举行的澜沧江—湄公河流域六国文化论坛。中国、泰国、老挝、柬埔寨、越南、缅甸六国在中国签订“澜沧江—湄公河流域文化合作协议”，主旨是“共同分享河流、分享文化”，推动澜沧江—湄公河流域国家文化遗产保护与推广研讨会，提升“澜沧江—湄公河流域国家文化艺术节”的文化影响力。协议内容主要包括：（1）尊重各国的本土文化，加强相互交流；（2）共同保护澜沧江—湄公河流域文化，共同促进这一带文化的繁荣与发展；（3）加强文化双边及多边合作，实现资源共享；（4）共同发展文化产业以及促进文化遗产的保护；（5）加强文化方面的项

目活动管理和计划政策的落实。[①] 中国文化部部长雒树刚在发言中提出三点，一是实现澜湄文化合作与“一带一路”文化建设充分对接；二是实现澜湄文化合作与东盟文化合作全面对接；三是实现澜湄文化合作与各自双边文化合作有效对接。论坛结束后，六国嘉宾共同出席了“澜沧江—湄公河文化行”发车仪式。[②]

在艺术文化交流方面，5 月 7 日，在中国河北举行第四届中泰文化艺术节。泰国诗那卡琳威洛大学的学生前往河北与中国大学生共同演出，交流文化，增进中泰双方友谊。[③] 5 月 15 日，泰国文化部副部长葛塞鹏会见中国文化部前部长、现任中国国家艺术基金会主席蔡武代表团一行。蔡武主席介绍了中国国家艺术基金会支持各类国内外的艺术活动，帮助艺术家，会对各类文化项目和活动给予一定经费支持。目前受助的艺术家活动和各类文化项目金额总计 40 亿泰铢。共计有 10000 人次的艺术家申请该基金。蔡武此次访泰就是为了加强中泰艺术文化交流，鼓励泰国知名艺术家、文化艺人申请该基金。葛塞鹏对此表示欢迎和感谢。[④] 12 月 4 日，泰国文化部部长威拉・洛朴乍纳叻出席泰国 – 柬埔寨艺术和音乐表演会，共带来 11 个表演节目，以此加强泰国与柬埔寨的艺术文化交流。同时，威拉・洛朴乍纳叻强调泰柬在文化上自古以来有着不可分割的渊源，希望通过双方的文化交流能够进一步加强双方在经贸、旅游方面的合作。

此外，泰国政府也通过举办文化活动深化与周边国家外交关系，在加强双边互信方面，2017 年泰国政府也举行了一系列活动。2017 年正值泰印两国建交 70 周年，同时也是印度与东盟国家建交 25 周年纪念日。3 月 3 ~ 16

---

① 《泰国部长级会议通过支持澜沧江—湄公河流域六国文化合作决议》，〔泰〕《民情报》（*Matichon*）2017 年 9 月 19 日。

② 《澜沧江—湄公河文化论坛在宁波市举行》，http://www.xinhuanet.com/2017-09/24/c_1121715593.htm。

③ 《诗纳卡琳威洛大学学生前往河北参加第四届中泰文化艺术节》，〔泰〕《民情报》（*Matichon*）2017 年 5 月 4 日。

④ 《泰国文化部加强与中国的文化艺术合作》，〔泰〕《民情报》（*Matichon*）2017 年 5 月 15 日。

日，泰国在印度举办“泰国节”和“泰国文化在印度”活动，以增进印度人民对泰国文化的了解。[①] 12 月 22 日，为庆祝泰印建交 70 周年，诗琳通公主以及泰国文化厅厅长、印度驻泰国大使馆大使等官员一行参加了《印度佛教足迹传播到素万那普》展览。泰国艺术厅特意举办此次佛教展览，展出了来自印度的佛教文物、泰国受印度影响的佛教文物以及东南亚一带受印度影响的佛教文物，以深化泰国民众对印度及东南亚地区佛教文化的了解。展出的佛教文物共计 70 件。展览时间为 12 月 23 日至 2018 年 3 月 23 日。[②] 另外，为纪念泰日建交 130 周年，泰国文化部携手日本文化部、东京博物馆、日本国家博物馆，在泰国曼谷国家博物馆举办“讲述日本历史——生活与信仰”大型展览，共展出 130 件日本工艺品、佛教艺术品和饰物。这些文物都是由日本国家博物馆交换给泰国的，仅供展出，以纪念泰日建交 130 周年。展出时间为 2017 年 12 月 27 日至 2018 年 2 月 18 日。同样，2016 年泰国也将本国的 130 件佛教文物艺术品交换到日本博物馆，并在日本举行“泰国——辉煌佛教之城”展览。[③] 此外，泰国和日本还举行了一系列研讨会、大型文艺晚会、经贸高峰会等活动，以庆祝泰日建交 130 周年。

泰国对中国的重视也是不言而喻的，2017 年两国也有一系列文化往来与交流。11 月 16 日，文化部部长雒树刚会见了来华访问的泰国文化部部长威拉一行，双方就深化中泰文化交流与合作深入交换意见。就新时代中泰文化关系发展，雒树刚提出五点建议，一是加强战略对接，欢迎泰方积极参与“一带一路”文化建设，促进民心相通；二是积极商签新一轮文化交流执行计划，推动双边文化关系机制化发展；三是以“欢乐春节”等品牌项目带动多领域文化合作，丰富中泰文化关系内涵；四是以曼谷中国文化中心为平台，促进中泰人文交流与合作；五是加强在澜沧江—湄公河等多边合作框架

① 《泰国与印度举行两国建交 70 周年庆祝活动》，〔泰〕《民情报》（*Matichon*）2017 年 3 月 8 日。

② 《泰国艺术厅为庆祝泰印建交 70 周年举办大型佛教展览》，〔泰〕《民情报》（*Matichon*）2017 年 12 月 14 日。

③ 《130 件日本文物在泰国展出，庆祝泰日建交 130 周年》，〔泰〕《民情报》（*Matichon*）2017 年 12 月 26 日。

内的协作与配合，共同夯实地区繁荣稳定根基。威拉表示，泰国政府高度重视对华文化交流与合作，赞赏中国文化部为推动两国乃至地区人文交流与合作发挥的重要作用，表示支持中方“一带一路”文化建设、澜沧江—湄公河文化合作，愿与中方加强交流对接，深化务实合作，促进民心相通。[①] 11月24日，“一带一路”经贸文化融合发展峰会暨中泰建交42周年庆典系列活动在泰国曼谷国家行政会议中心隆重开幕。泰国前总理阿披实、亲王素博·巴莫先生、芭帕潘公主、中国交通部前副部长忻元校等出席峰会，阿披实做主旨发言。峰会期间，还开展了佛佑万邦祈福世界和平、项目对接、互动交流、商务考察、参观城市建设和旅游规划发展等系列活动，并宣布2018年11月第二届“一带一路”经贸文化融合发展国际峰会继续在泰国曼谷举行。[②] 泰国与中国广东地区自古地域相近，双方在文化方面的交流密切。11月4日由曼谷中国文化中心和广东省艺术品行业协会共同举办的“九重墨”艺术作品展开幕。该活动是为加强广东与泰国的文化交流而举办。除展览外，广东省艺术品行业协会结合中国文化中心的品牌项目——中国传统文化培训系列活动，组织了中国传统拓片培训以及中国木刻版画讲座，让泰国民众近距离感受中国文化。[③]

在加强与东盟及中国等地旅游、教育及影视文化产业的交流与合作方面，泰国政府也采取了一系列措施。9月4日，中泰职业技术学校进行人才交流、经验介绍，从而加强中泰职业技术学校的人才互换，互通有无，取长补短，达到资源优化配置的目的。[④] 12月5日，泰国政府与Iget海外留学教育机构举办关于泰国学生前往中国留学的推介会和教育展。据统计，2016年泰国学生前往中国留学的人数已增至23000人。该教育展旨在加强中泰双

① 《雒树刚部长会见泰国文化部部长威拉》，http://news.163.com/17/1120/14/D3MKUFL000018AOQ.html。

② 《中泰建交“一带一路”经贸文化融合发展峰会在泰国隆重开幕》，http://www.caijing.com.cn/20171207/4373257.shtml。

③ 《“以文化交流，促民心相通”，〈九重墨〉左正尧水墨艺术展亮相曼谷》，http://gd.qq.com/a/20171106/017960.htm。

④ 《中泰职业学校加强交流与互换》，〔泰〕《民情报》（*Matichon*）2017年9月4日。

方留学生人才交流和实现资源互补，让泰国人有直接的渠道更加方便地了解中国一流大学，向泰国学生推荐优秀的中国教育资源。该教育展受到泰国学生及家长的欢迎。

如今，全球掀起了学习中文的热潮，泰国政府也愈发重视汉语在泰国的教育与推广。2017 年 2 月 11 日，在泰国举行中国高校企业联盟成立仪式暨第九届“友谊杯”中文知识技能大赛，有 32 所中学、13 所大学学生参赛，共计 400 人。2017 年 5 月底，中国国家汉办赴泰国汉语教师志愿者前往泰国进行关于泰国文化培训，使国家汉办汉语教师志愿者能尊重当地文化，并且更好地用中文有效地在泰国进行教学和传播。此次中国国家汉办派遣的教师志愿者有 158 人，他们将前往职业学校进行为期 11 个月的汉语教学，时间为 2017 年 6 月到 2018 年 5 月。①

在旅游文化产业和影视文化产业方面，泰国政府进一步推进与东盟各国在旅游业方面的合作，促进泰国旅游业地位及国际形象进一步提升。此外，继续加大与中国在旅游业方面的合作，2016 年 10 月，马云赴泰国参加亚洲合作对话第二次领导人峰会，并得到巴育总理的接见。马云表示，阿里巴巴将会在旅游、支付、电商人才培训等方面和泰国进行全方位合作。2017 年，赴泰国旅游的中国游客已经可以在泰国的主要便利店如 7 - 11、全家以及主要旅游景区使用电子支付，支付宝和微信都成功打入泰国市场。2017 年 9 月 8 日至 10 日，泰国国家旅游局副局长林萍（Srisuda Wanapinyosak）女士携 15 家泰国旅游企业赴粤参加广东省大型旅游展会——2017 广东国际旅游产业博览会。本次展会由泰国担任主宾国，泰国国家旅游局宣传推广“2018 神奇泰国旅游年”，持续推进泰国品质游，促进中泰两国经济发展。同时，加深中国媒体对泰国政府持续推进品质游的相关政策的认识与理解。② 此外，泰国政府还注重进一步将泰国的影视业向中国市场发展。近年

① 《2017 年中国国家汉办赴泰国汉语教师志愿者接受泰国文化培训》，〔泰〕《民情报》（*Matichon*）2017 年 6 月 4 日。

② 《泰国国家旅游局携泰国旅游企业参加 2017 广东国际旅游产业博览会，持续推进品质旅游》，http：//life. dayoo. com/travel/201712/21/154535_ 52002604. htm。

来，泰国的一些电影、电视剧在中国热播，泰国明星也深受中国年青一代的追捧和喜爱。可以说泰国影视业成功地进入了中国市场，并且将泰国的饮食文化、宗教文化以及生活方式带入中国。同时，国产的部分电视剧、电影也逐步在泰国得到推广。6月19日，泰国副总理塔纳萨在国家影视传媒会议上指出，要进一步促进泰国电影在中国的传播，由于中国有着庞大的市场和消费群体，泰国的电影、电视剧或节目都受到中国人民喜爱，所以要进一步加强与中国在影视业方面的合作，同时也提出泰国电影进军印度市场的发展计划。①

亚太地区，特别是东盟与中国对于泰国而言是庞大的市场和机遇，东盟各国各有特色，泰国作为旅游国家，进一步加强与东盟特别是新加坡、马来西亚、印尼以及周边佛教国家在旅游文化产业方面的合作对泰国经济发展和文化的影响力是巨大的。而中国与泰国的关系一直以来都十分稳定和友好，中国对于泰国而言是具有无限发展空间和潜力的，所以泰国政府也注重鼓励汉语教学的推广，重视与中国在教育留学、旅游业以及影视业等方面的交流与合作，在未来的双边合作中，中泰之间，无论是政府间还是民间的文化交流都会更加频繁。

（四）贯彻泰国4.0战略和推进东部经济走廊（EEC）建设，传承拉玛九世提出的“充足经济”理念

巴育总理上台之后推出泰国4.0战略和“振兴东部经济走廊”政策。巴育在曼谷举行的“泰国机遇与挑战”研讨会上说，泰国将力争全面进入4.0时代；同时，为了让泰国更快进入4.0时代，泰国政府正优先推进东部经济走廊（EEC）建设，该经济走廊横跨北柳、春武里和罗勇三府，目标是成为东盟最先进的经济发展中心。② 这里就涉及通过发展文化软实力带动经济发展的问题。泰国文化部部长威拉·洛朴乍纳叻5月2日专门提出要增强

① 《泰国影视业将进一步打开中国市场，进军印度市场》，〔泰〕《民情报》（*Matichon*）2017年6月19日。

② 《泰国积极推进4.0战略》，http://finance.sina.com.cn/roll/2017-02-24/doc-ifyavwcv8788522.shtml。

泰国文化软实力，发掘泰国文化潜力，呼吁全国上下努力贯彻“泰国 4.0”战略。通过发展文化软实力带动政策的实施与经济外交等方面的发展也是十分关键的。此外，巴育总理希望泰国文化部发展泰国文化中心，这符合泰国 20 年战略政策和“泰国 4.0”战略。预计在 2019 年新的泰国文化中心将建成，届时推动各国的优秀文化，保护本土文化。泰国教育部也相应推出了泰国教育 4.0 战略，9 月 5 日，泰国教育部副部长专门针对教育 4.0 进行演讲。大力振兴教育，推广教育创新模式及与国际接轨。这些是泰国新的文化发展趋势和新政策。

除上述新政策以外，泰国政府继续贯彻和发扬拉玛九世王在 1997 年金融风暴之后正式提出的“充足经济”政策，该政策也被称为“富足经济”政策和“适度经济”政策。整个政策的纲领就是教人民知足，吃我们所拥有的，住我们所拥有的，不要攀比和好高骛远，懂得心满意足。“充足经济”重视社会经济发展中的中间道路原则。其观念源于佛教的“正命”理念，具有很强的哲学理念，已成为泰国国家发展原则之一。[①] 2017 年 8 月底，联合国教科文组织公开表示赞赏拉玛九世推崇的“充足经济”政策，认为这是一个卓有成效的经济政策，影响了泰国的经济和文化以及生活方式，值得推广。而且，泰国政府决定将 10 月 8 日这一天定为泰国“充足经济”纪念日。主要感恩泰王拉玛九世在位七十年为国民付出的心血，也将拉玛九世提出的“充足经济”理念加以传承和弘扬，为泰国进入 4.0 时代做准备。[②] 10 月初，文化部举行关于拉玛九世提出的“充足经济”研讨会，鼓励 77 个府将“充足经济”的政策和理念加以贯彻和继承。可以说“充足经济”政策在泰国已深入人心，并且影响着人们的消费观念和文化理念，它已成为泰国文化的一部分，并且不断得到发展和传承。[③]

---

① 周芳冶：《全球化进程中泰国的发展道路选择——“充足经济”哲学理论、实践与借鉴》，《东南亚研究》2008 年第 6 期。

② 《泰国规定 10 月 8 日为充足经济日，以纪念拉玛九世》，〔泰〕《民情报》（*Matichon*）2017 年 10 月 8 日。

③ 《泰国文化部部长布置 76 府 2018 年文化活动任务》，〔泰〕《民情报》（*Matichon*）2017 年 10 月 4 日。

三 总结及未来展望

2017 年泰国文化发展可圈可点之处颇多。首先，泰国政府继续坚持“国家、国王、宗教三位一体”的文化模式，推崇国王至高无上的领袖地位，拉玛九世逝世对于泰国来说无疑是全国上下最大的一件事。泰王火化亭火化仪式产生一系列文化效应，让世界了解了泰国的特殊文化和传统。在传统文化方面，泰国文化部部长威拉·洛朴乍纳叻透露，在未来要大力发展和振兴北部文化，包括加强对素可泰及周边北部区域的历史文化文物古迹的保护。振兴泰国北部古城、北部 14 府的艺术文化，在北部地区推广和实行“充足经济”政策等。[①] 此外，2017 年加大了对物质文化遗产的申请和保护力度，更加尊重历史及对历史的追根溯源；加大了对非物质文化遗产的保护力度，希望全社会都关注本国的优秀文化，树立对本国文化的民族自豪感。

从政府层面来看，2017 年泰国的文化方针政策与泰国宪法、“泰国 4.0”战略、“泰国 20 年”战略保持一致。目前，泰国政府正在积极推进“泰国 4.0”战略，该战略同“中国制造 2025”战略相契合，将有助于泰中成为战略伙伴。该发展战略中提到的“东部经济走廊”政策，也为泰国与中国合作提供了良好契机。“泰国 4.0”战略、“东部经济走廊”政策与“一带一路”倡议可以有效对接。同时，该政策还提到文化 4.0、教育 4.0 等举措，通过发展当地文化带动经济发展也是“泰国 4.0”战略的重要手段之一，而且重视文化软实力。泰国政府继续重视澜沧江—湄公河流域六国文化交流与合作，实现澜湄文化合作与东盟文化合作全面对接；继续发展旅游文化产业、教育文化产业以及影视文化产业，从而连接东盟和亚洲国家特别是与中国的合作，促进文化交流和合作，这都是泰国文化发展的新趋势和大方向。

未来泰国文化发展会继续保持与亚洲各国的文化交流，同时与时俱进地

---

① 《泰国文化部部长提出四点关于未来发展振兴北部文化的政策》，〔泰〕《民情报》（*Matichon*）2017 年 12 月 26 日。

发掘新的文化战略增长点，让泰国的文化发展既保持自己的泰式特色，又不断创新发展是泰国文化发展的整体思路，这也 2017 年泰国政府努力打造的新模式。可以说未来泰国文化发展会在尊重宪法、保护和发展本国传统优秀文化的基础上，借鉴国外优秀文化并加以吸收利用，更加注重文化的多元化与合作交流，通过文化交流合作促进本国经济和外交的发展。

B.7
2017年缅甸文化发展报告

吴 迪

摘 要： 2017年是缅甸民盟新政府执政的第二年。新政府进行了一系列改革，为缅甸文化的发展创造了更加开放的环境。缅甸新政府对内重视传统文化的传承与发扬，重点关注文化遗产保护，积极推进申遗工作，继续支持佛教事业的发展，鼓励发展少数民族文化艺术，还举办了许多新的文化活动；对外主动推进文化交流合作，发展多元文化，成绩显著。关注缅甸文化发展，从文化上了解缅甸、亲近缅甸，有利于加深我们对缅甸的理解，促进中缅文化交流。

关键词： 缅甸 传统文化 多元文化

一 2017年缅甸文化发展的基本国情、背景与发展方向

缅甸联邦共和国（the Republic of the Union of Myanmar）简称缅甸，位于亚洲东南部、中南半岛西部，面积676581平方千米，是中南半岛上面积最大的国家。全国人口约5150万人，其中27岁以下人口占50%，男女之比为93∶100。[①] 缅甸共有135个民族，主体民族缅族人口占总人口的65%。

---

① ၂၀၁၄ ခုနှစ် မြန်မာနိုင်ငံလူဦးရေနှင့် အိမ်အကြောင်းအရာသန်းခေါင်စာရင်း၊ ပြည်သူ့အင်အားဦးစီးဌာန လူဝင်မှုကြီးကြပ်ရေးနှင့်ပြည်သူ့အင်အားဝန်ကြီးဌာန၊ ၂၀၁၅ ခုနှစ်၊ မေလ။

缅甸是一个典型的佛教国家，体系上属于南传巴利语系佛教。全国85%以上的人信奉佛教，8%的人信仰伊斯兰教，5%的人信仰基督教，2%的人信仰泛灵论、印度教和其他宗教。在独特的自然、社会条件下，缅甸文化在骠、孟民族文化两大基石上发展起来，带有明显的民族性与热带地域文化特色，加上对外来文化兼容并蓄，最终形成了具有鲜明佛教特征与浓厚农耕文化特点的现代缅甸文化。①

2016年3月底，由昂山素季领导的缅甸全国民主联盟（民盟）上台执政，缅甸政治发展进入新的历史阶段。民盟政府按照其原则，将施政重心放在促进民族和解、维护国内和平、修改宪法、发展经济、解决民生问题等方面，并于2016年7月推出12项国家经济政策，颁布新《投资法》以吸引外资，优先发展基础设施，拓展外交。此外，还对政府部门进行了改组，其中，文化部与宗教事务部合并成立宗教事务与文化部，由曾任宗教事务部副部长的都拉吴昂哥担任部长，文化机构保留考古与国家博物馆司、艺术司、历史研究与国家图书馆司及两所国家文化与艺术大学。2016年5月，各部门陆续推出“百日计划”。宗教事务与文化部发布的“百日计划”② 包括对成功加入《世界记忆名录》的项目进行建碑立志、申请将莽应龙大钟钟铭列入《世界记忆名录》、改造维达卡殿堂、治理达贡迪利湖、申请为全国寺庙教育教师增加月津贴、修缮昂山将军博物馆、升级曼德勒文化博物馆、建设仰光艺术学校的基础设施、举办艺术研究研讨会、免费演出佛本生故事节目、出版少数民族传统乐器相关书籍等项目。

2017年2月22日，缅甸国家文化中央委员会第一届工作协商会在内比都举行。缅甸副总统亨利班提育担任委员会主席，宗教事务与文化部部长都拉吴昂哥任副主席。会上，亨利班提育对未来缅甸的文化发展提出了要求：“保护国家、民族文化遗产，传承民族文化与风俗是每一个缅甸人的责任。缅甸拥有丰富的自然遗产与文化遗产，骠国古城已被正式列入《世界遗产

① 姜永仁：《缅甸文化结构及其特点》，《东南亚纵横》2002年第21期，第77～81页。

② ဝိသာခါတန်ဆောင်း၊ ဒဂုံသီရိဘေးမဲ့ကန်ကြီးနှင့် အခြားသော ယဥ်ကျေးမှုဆိုင်ရာများကို ပြုပြင်မွမ်းမံမှုများ လုပ်ဆောင်လျက်ရှိသည့်ရက် ၁၀၀ သာသနာရေးနှင့်ယဥ်ကျေးမှုဝန်ကြီးဌာန ရက်ပေါင်း ၁၀၀ စီမံချက်၊ *မြန်မာ့အလင်း*၊ ၂၆–၅–၂၀၁၆။

名录》，曼德勒碑林佛塔（摩诃洛格玛雅盛）和妙齐提四语言碑铭（亚扎古曼碑铭）入选《世界记忆名录》项目，我们应为之感到自豪。下一步，我们要继续努力，做好蒲甘文化遗产区与妙乌文化遗产区申遗工作，以及将蒲甘瑞喜宫佛塔内的莽应龙大钟钟铭与若开邦的阿难陀旃陀罗碑文列入《世界记忆名录》的申请工作。此外，我们要加强对古文化遗产的研究，在保护好现有文化遗产的基础上，继续寻找、保护仍未得到重视及尚未被发现的文化遗产。这些工作不仅有助于国内物质文化遗产与非物质文化遗产的良好保存，也有利于更好地将祖先留给我们的文化与智慧传承给下一代。各职能部门要相互配合，做好文化遗产和各民族传统文化习俗的发掘、保护及研究工作，出台政策法规平衡好相关地区人民的利益，共同关注全国各地历史、文化相关产业的发展。”此外，会上还宣布了缅甸国家文化中央委员会的具体组织构成及相关职责，讨论了蒲甘地区地震之后的修复、《文化遗产区保护法（草案）》的修订、《缅甸博物馆法（草案）》的制定以及对文化遗产区内禁伐林区和保护林区的处理等事宜。①

在国家文化中央委员会的指导下，2017 年缅甸文化发展工作总体延续“百日计划”的发展方向，重视传统文化的传承与发扬，重点关注文化遗产保护，积极推进申遗工作，继续支持佛教事业发展，推动多种宗教和谐共处，鼓励少数民族文化艺术的发展与传承。与此同时，举办更多新的文化活动，积极发展对外文化交流合作，为缅甸多元文化的发展注入新鲜血液。

二　2017年缅甸国内文化发展表征

2016 年 8 月 24 日，缅甸中部地区发生了 6. 8 级地震，造成蒲甘地区数百座佛塔、佛像受损，其中包括阿难陀佛塔等著名佛教古迹。地震发生后，缅甸政府成立专门工作小组，在国际多国专家的协助下对受损佛塔进行修复。2017 年 3 月 31 日，缅甸宗教事务与文化部公布了蒲甘文化遗产区受灾

① ပုဂံယဉ်ကျေးမှုအမွေအနှစ်ဒေသနှင့် မြောက်ဦးယဉ်ကျေးမှုအမွေအနှစ်ဒေသများကိုလည်း ကမ္ဘာ့အမွေအနှစ် စာရင်းဝင်ရန် ဆောင်ရွက်၊ *ကြေးမုံ*၊ ၂၃-၂-၂၀၁၇။

佛塔修复进程。8 月 27 日，即蒲甘地震一周年之际，在蒲甘考古博物馆举行了重建及修复工作协调论坛，归纳一年来蒲甘文物修复工作所取得的成果，提出之后修复的意见，总结对地震等自然灾害采取预防的必要性。① 通过此次地震，缅甸政府更加认识到从各方面保护文化遗产的重要性，这也是缅甸政府在 2017 年加大对文化遗产保护力度的直接原因。

2017 年 1 月 24 日，缅甸国务资政昂山素季视察蒲甘地区受灾佛塔修复情况时表示："要做好文物的修复工作，保护本国文化遗产就是保护国家的长期利益。同时，在确定保护区范围时务必要注意信息公开，加强与当地居民的交流与沟通，给予当地居民以方便。"② 为了让文化遗产区居民更加明确保护国家文化遗产的意义，2017 年 3 月 3 日，缅甸宗教事务与文化部历史研究与国家图书馆司在蒲甘举行申遗宣讲活动，向蒲甘地区的居民全面深入地介绍了政府保护文化遗产的方针政策及具体措施。10 月 10 日，缅甸国家电视台（MRTV）对联合国教科文组织缅甸项目官员杜奈奈埃和杜翁玛苗进行访谈，两位官员对《世界文化遗产名录》和《世界记忆名录》的界定、分类、申请条件及缅甸的文化遗产现状进行了介绍。③ 此类活动与节目的宣传，激发缅甸民众与非政府组织、团体保护文化遗产的意识，使其了解申遗工作的重要性，并主动参与文化遗产保护工作。

自 2014 年骠国古城遗迹申遗成功后，缅甸就开始准备蒲甘文化遗产区的申遗材料。2017 年 5 月 5 日，缅甸宗教事务与文化部和曼德勒省政府的官员与联合国教科文组织仰光项目办公室主任闵郑金（Min Jeong Kim）女士会面，就蒲甘文化遗产区的申遗事项进行商讨。7 月 3 日至 7 日，缅甸宗

---

① ၂၀၁၆ခုနှစ်ပုဂံဒေသငလျင်ခတ်ခြင်းတစ်နှစ်ပြည့်အထိမ်းအမှတ်အဖြစ်နည်းပညာဆိုင်ရာလုပ်ငန်းညှိနှိုင်းဆောင်ရွက်ရေးဖိုရမ်(Technical Coordination Forum)ကျင်းပခြင်း၊ 缅甸宗教事务与文化部 Facebook 官方公共主页，2017 年 8 月 28 日，https：//www. facebook. com/culturegov/posts/793213387507212。

② ငလျင်ဒဏ်ကြောင့်ပျက်စီးခဲ့သည့် ပုဂံရှေးဟောင်းဘုရားနှင့် စေတီပုထိုးများအားနိုင်ငံတော်၏အတိုင်ပင်ခံပုဂ္ဂိုလ်ဒေါ်အောင်ဆန်းစုကြည်လှည့်လည်ကြည့်ရှုစစ်ဆေး၊ 缅甸宗教事务与文化部 Facebook 官方公共主页，2017 年 1 月 27 日，https：//www. facebook. com/culturegov/videos/683124195182799/。

③ ကမ္ဘာ့အမွေအနှစ်စာရင်းနှင့်ကမ္ဘာ့အမွေအနှစ်မှတ်တမ်းစံချိန်စံညွှန်းတွေက ဘယ်လိုရှိမလဲဆိုတာတွေနှင့် ပတ်သက်ပြီးဆွေးနွေးခြင်း၊ 缅甸宗教事务与文化部 Facebook 官方公共主页，2017 年 10 月 10 日，https：//www. facebook. com/culturegov/videos/811315669030317/。

教事务与文化部、酒店与旅游部、缅甸旅游协会、建筑协会等部门与机构的相关人员，联合国教科文组织仰光项目代表，与国内外相关领域的专家学者共同举办蒲甘文化遗产申遗研讨会，主要讨论蒲甘申遗材料的填写及长期规划的制定。会上还讨论了如何对蒲甘地区的自然灾害进行防御，以及如何防止旅游业的发展导致文化遗产受到破坏等问题。① 8 月 28 日，缅甸宗教事务与文化部再次与多国专家举行座谈，就蒲甘申遗材料的补充与修改进行讨论。9 月，缅甸政府向联合国教科文组织提交了《世界文化遗产名录》提名档案，并于 2018 年 1 月提交了蒲甘文化遗产区的正式申遗材料。

除蒲甘文化遗产区外，缅甸政府也在准备若开邦妙乌文化遗产区的申遗材料。2017 年 5 月 17 日，缅甸宗教事务与文化部、若开邦妙乌地区政府联合缅甸考古学、历史学专家学者及联合国教科文组织的专家顾问召开若开邦妙乌文化遗产区申遗研讨会。会上讨论了妙乌地区的长期发展计划、文化遗产的保护措施、当地居民的情况及当地的发展现状。如果缅甸政府能在 2018 年 10 月底前上交提名档案，妙乌文化遗产区将有望在 2020 年的联合国教科文组织世界遗产会议上被列入《世界遗产名录》。申遗如果成功，对该地区的发展将有较大促进，当地居民将会是最大获益者。② 为更好地服务申遗工作，2017 年 11 月 27 ~ 30 日，缅甸宗教事务与文化部与联合国教科文组织在缅甸若开邦妙乌地区举办文物评估培训班，来自多个国家与地区的专家学者为妙乌地区政府官员及妙乌青年协会成员等进行培训。

除两个文化遗产区的申遗准备工作之外，2017 年，缅甸政府还对 1998 年颁布的《文化遗产区保护法》进行了修订，并制定了《缅甸博物馆法（草案）》，持续推进文化遗产保护法律体系的完善。③ 2017 年 8 月 9 日，缅

① ပုဂံယဉ်ကျေးမှုအမွေအနှစ်ဒေသအား ကမ္ဘာ့အမွေအနှစ်စာရင်းတင်သွင်းရေးညှိနှိုင်းအစည်းအဝေးကျင်းပ၊ 缅甸宗教事务与文化部 Facebook 官方公共主页，2017 年 7 月 3 日，https：//www.facebook.com/culturegov/posts/766425566852661。

② မြောက်ဦးယဉ်ကျေးမှုအမွေအနှစ်ဒေသအား ကမ္ဘာ့အမွေအနှစ်စာရင်းဝင်ဖြစ်ရေးပထမကြိမ်အစည်းအဝေး ကျင်းပ၊ 缅甸宗教事务与文化部 Facebook 官方公共主页，2017 年 5 月 19 日，https：//www.facebook.com/culturegov/videos/741706629324555/。

③ 目前《文化遗产区保护法》修订案与《缅甸博物馆法》还未正式颁布，两部法律草案可在缅甸宗教事务与文化部网站下载，详见 http：//www.culture.gov.mm/News_mm/News_mm/Details.asp? id =394。——笔者注

甸宗教事务与文化部官员同联合国教科文组织国际法律事务顾问埃蒂安·克莱蒙特（Etienne Clement）进行会谈。缅甸于2013年签署《关于禁止和防止非法进出口文化财产和非法转让其所有权的方法的公约（简称“1970年公约”)》，并于2015年制定通过了《古物保护法》和《古建筑保护法》，但目前缅甸社会中侵占、倒卖、走私文物等违法行为依旧屡禁不止。埃蒂安·克莱蒙特建议缅甸尽快完善相关法律制度，向广大群众普及相关法律知识。会上还就蒲甘地区申遗材料中的补充内容进行了讨论。① 2017年8月15日，缅甸政府多个部门在内比都召开“1970年公约”落实会议，来自缅甸宗教事务与文化部、联邦议会法律与紧急事件研究调查委员会、国家检察院、警察总署、税务司等部门的高级官员参加了此次会议，就“1970年公约”的具体实施和计划安排、相关政策法规的制定及各部门的分工与合作进行了讨论。②

2017年12月26日，缅甸国家非物质文化遗产发展委员在内比都举行首届协商会议。缅甸于2014年5月7日加入联合国教科文组织《保护非物质文化遗产公约》，缅甸文化部门自10年前起就开始关注非物质文化遗产保护。会议强调，保护国家非物质文化遗产仅仅有文化部门的关注还不够，也需要国家其他部门、各地方政府、非政府组织、团体及个人的支持、帮助与配合。为了使缅甸的物质与非物质文化遗产得到充分保护，要积极推进物质与非物质文化遗产的申报工作，防止文物非法外流。为了国家文化的繁荣，全国人民必须团结协作，共同为国家物质与非物质文化遗产的保护贡献力量。艺术司、考古与国家博物馆司及历史研究与国家图书馆司司长分别介绍了各司搜集整理的非物质文化遗产清单，与会委员共同商讨将如何更有效

① သာသနာရေးနှင့်ယဉ်ကျေးမှုဝန်ကြီးဌာန ပြည်ထောင်စုဝန်ကြီးသူရဦးအောင်ကိုက UNESCO ၏ နိုင်ငံတကာဥပဒေရေးရာအကြံပေး Mr. Etienne Clement အား လက်ခံတွေ့ဆုံ၊ 缅甸宗教事务与文化部官网2017年8月9日，http://www.culture.gov.mm/News_mm/News_mm/Details.asp?id=422。

② ယူနက်စကို ၁၉၇၀ ယဉ်ကျေးမှုဝတ္ထုပစ္စည်းကို တရားမဝင် ကုန်ကူးခြင်းအား တိုက်ဖျက်ရေးကွန်ဗင်းရှင်ကိုထိရောက်စွာအကောင်အထည်ဖော်နိုင်ရေးအတွက်ဆက်စပ်ဥပဒေများအား ပေါင်းစပ်ညှိနှိုင်းရေးအဆင့်မြင့် အစည်းအဝေးဆွေးနွေးပွဲကျင်းပ၊ 缅甸宗教事务与文化部Facebook官方公共主页，2017年8月17日，https://www.facebook.com/culturegov/posts/788393911322493。

地对非物质文化遗产进行保护，制订下一步计划。①

2017 年，缅甸在文化遗产保护方面投入了大量的物力与财力，也取得了一些成绩。2017 年 10 月 27 日，联合国教科文组织发布消息，缅甸申报的蒲甘瑞喜宫佛塔莽应龙大钟钟铭项目顺利通过联合国教科文组织世界记忆工程国际咨询委员会的评审，入选《世界记忆名录》。莽应龙大钟建造于 1557 年，由缅甸东吁王朝第三代统治者莽应龙捐赠，大钟上用孟文、缅文和巴利文三种文字记载了莽应龙统治时期被征服的地区及在这些地区举行的宗教活动，是缅甸重要的历史资料。据悉，这是缅甸第三个入选《世界记忆名录》的项目（不包括德国、英国和缅甸共同申请入选的“缅甸阿郎帕耶王致英国乔治二世国王的黄金书信”）。②

2017 年，缅甸政府在加大对文化遗产保护力度的同时，也鼓励历史研究，重视传统文化、习俗、艺术的传承与发扬，继续发展佛教事业，积极推动国家博物馆、图书馆等公共文化服务设施的建设。

昂山素季在蒲甘视察时曾说过：“不了解历史就到达不了未来。”缅甸政府十分重视国内历史的研究，经常举行促进历史研究的活动。例如，宗教事务与文化部基本每月都会举行历史学研讨会，并邀请业内知名历史学专家、学者在会上宣读研究成果。2017 年 10 月，缅甸宗教事务与文化部考古与国家博物馆司举办古建筑修复培训班，聘请资深退休教授与外国专家举办讲座，旨在提高缅甸古建筑及文物修复从业者的专业技术，使其学会灵活运用现代科技促进修复工作的开展，同时也希望通过培训为古建筑修复工作培养更多杰出青年人才。10 月 23 日至 24 日，缅甸宗教事务与文化部历史研究与国家图书馆司在国家博物馆（仰光）举办“缅甸传统习俗发展（1948～1962）”大型研讨会，希望能通过此次研讨会扩大缅甸历史领域研

① မြန်မာနိုင်ငံအမျိုးသားဒြပ်မဲ့ယဉ်ကျေးမှုအမွေအနှစ်တိုးတက်မြှင့်တင်ရေးကော်မတီ ပထမအကြိမ်လုပ်ငန်းညှိနှိုင်းအစည်းအဝေးသို့ကျင်းပ၊ 缅甸宗教事务与文化部官网，2017 年 12 月 26 日，http：//www. culture. gov. mm/News_ mm/News_ mm/Details. asp?id＝425。

② ဘုရင့်နောင်မင်းတရားကြီး၏ခေါင်းလောင်းစာအားကမ္ဘာ့မှတ်တမ်းအမွေအနှစ်အဖြစ်သတ်မှတ်ခံရခြင်း၊ 缅甸宗教事务与文化部 Facebook 官方公共主页，2017 年 10 月 31 日，https：//www. facebook. com/culturegov/posts/821676257994258。

究，填补研究空白，促进学者间的相互交流。主办方选择了缅甸传统习俗发展史、文化发展史、文学史等领域的12篇优秀研究成果在会上宣读，并出版传播至全国，包括各少数地区。政府希望通过此类活动的开展进一步传承与保护传统文化，激励民族精神，增强民族凝聚力。① 除此之外，为了让民众能读懂碑铭，对碑铭研究产生兴趣，宗教事务与文化部考古与国家博物馆司每年都举办碑铭研究培训班。2017年举办的第五届缅甸碑铭、骠族碑铭、孟族碑铭培训班分为初级、中级、高级三个班，聘请了缅甸碑铭研究领域的知名专家学者进行授课。该培训班允许拥有硕士学位的毕业生、各界学者专家、文化部官员或有一定基础的外界人士参加。

在传承与发扬传统文化、习俗、艺术方面，2017年1月9日，第66届缅历研讨会在内比都举行，会上讨论制定符合缅甸习俗的缅历1379～1380年（公历2018～2019年）、缅历1380～1381年（公历2019～2020年），并就缅甸历法这一重要传统文化的保护与推广进行讨论。2017年3月20日至29日，缅甸格比亚璐舞蹈基础教学培训班（初级）在内比都举行。格比亚璐舞是一种只有六音鼓、铃、拍板伴奏的舞蹈，相当于缅甸舞蹈的基本动作，只有把这些基础的动作学好，才能发扬、传承好其他传统舞蹈。缅甸传统舞蹈和少数民族舞蹈的精髓大多在于头、腰、脚、手的动作，这些在格比亚璐舞里都有体现。来自德林达依省、勃固省、仰光省、克钦邦、孟邦、若开邦等地的100名小学老师参加了此次培训，这些老师肩负着传承缅甸艺术文化的任务。② 为迎接2017年7月19日缅甸烈士节（七十周年），昂山将军博物馆于7月10日至18日进行闭馆升级，准备特别展出。于19日至23日免费开放，供国内外游客参观。据缅甸官方统计，2016年共计5万名民

---

① သာသနာရေးနှင့်ယဉ်ကျေးမှုဝန်ကြီးဌာန၊ ပြည်ထောင်စုဝန်ကြီးသူရဦးအောင်ကိုသမိုင်းသုတေသနနှင့်အမျိုးသားစာကြည့်တိုက်ဦးစီးဌာနမှ ကြီးမှူးကျင်းပသော "မြန်မာ့ဓလေ့ဖြစ်ထွန်းမှုများ(၁၉၄၈ – ၁၉၆၂) သုတေသန၊ စာတမ်းဖတ်ပွဲ"ဖွင့်ပွဲအခမ်းအနားသို့ တက်ရောက်အဖွင့်မိန့်ခွန်းပြောကြား၊ 缅甸宗教事务与文化部 Facebook 官方公共主页，2017年10月23日，https：//www. facebook. com/culturegov/posts/818015271693690。

② မြန်မာအကအခြေခံကဗျာလွတ်အက(ပထမအဆင့်)ဆင့်ပွားနည်းပြသင်တန်းအမှတ်စဉ် ၁/၂၀၁၇ ဖွင့်ပွဲ အခမ်းအနားကျင်းပ၊ 缅甸宗教事务与文化部 Facebook 官方公共主页，2017年3月20日，https：//www. facebook. com/culturegov/posts/710216759140。

众参加了纪念仪式，2017 年，仅第一天就有 7 万多名民众参加，纪念活动也受到网络及报纸杂志媒体的大力宣传。[①]《缅甸新光报》《镜报》《缅甸时报》等媒体还刊登了昂山将军生前的讲话及与烈士节相关的历史知识。

在发展佛教事业方面，2017 年 6 月 21 日，缅甸政府缅历五月袈裟布施节筹备会议在内比都召开，缅甸副总统吴敏瑞，筹备委员会主席、宗教事务与文化部部长都拉吴昂哥及委员会各委员出席会议，重点商讨了布施节的安保、用餐等事宜。吴敏瑞强调，筹备委员会要统筹好各项工作事宜，为缅历五月袈裟布施节的成功举办做好充分准备。7 月 5 日，缅甸政府在内比都正式举办缅历五月袈裟布施节仪式，缅甸总统吴廷觉、总统夫人杜素素林、国务资政昂山素季、副总统吴敏瑞及其夫人、最高法院院长吴吞吞乌、敏昂莱上将及其妻子以及各部部长及官员参加仪式，进行袈裟及其他物品的布施。[②] 7 月 14 日，宗教事务与文化部也单独举行了缅历五月袈裟布施节。2017 年 9 月 13 日，亚洲佛教协会筹备协商会议在仰光举行，韩国佛教领袖为缅甸宗教事务与文化部部长都拉吴昂哥颁发了纪念奖章。第四届世界佛教论坛于 2004 年在缅甸仰光举办，来自 70 多个国家和地区的 1000 多名僧人、比丘尼、佩恩及国家领导人参加了该论坛。经该论坛讨论，决定组建世界佛教总会，但由于各种原因，最终没有落实。当下，亚洲各国佛教团体开始联合组建亚洲佛教协会，缅甸在亚洲佛教协会的组织筹备过程中起到了重要的引领作用，做出了巨大贡献。10 月 20 日，都拉吴昂哥部长将该纪念奖章移交给缅甸国家博物馆。[③]

在公共文化服务设施建设方面，2016 年底，内比都国家图书馆在缅甸

---

① နှစ်(၇၀ပြည့်) အာဇာနည်နေ့တွင် ဝန်ကြီးများရုံး၊ ဗိုလ်ချုပ်အောင်ဆန်းပြတိုက်နှင့် ဗိုလ်ချုပ်ကြေးရုပ်တုနေရာများတွင် ဂါရဝပြုလေ့လာသူများဖြင့်စည်ကား၊ *ကြေးမုံ*၊၊၁၉-၇-၂၀၁၆။

② ပြည်ထောင်စုသမ္မတမြန်မာနိုင်ငံတော်အစိုးရ၏ ၂၀၁၇ ခုနှစ် ဝါဆိုသင်္ကန်းဆက်ကပ်လှူဒါန်းပွဲ မင်္ဂလာ အခန်းအနားကျင်းပ၊缅甸宗教事务与文化部 Facebook 官方公共主页，2017 年 7 月 6 日，https：//www. facebook. com/culturegov/posts/767143923447492。

③ ကိုးရီးယားသမ္မတနိုင်ငံမှပေးအပ်ချီးမြှင့်သည့် မှတ်တမ်းတင်ဂုဏ်ပြုလွှာကို အမျိုးသားပြတိုက်(နေပြည်တော်)သို့ လွှဲပြောင်းပေးအပ်၊缅甸宗教事务与文化部 Facebook 官方公共主页，2017 年 10 月 20 日，https：//www. facebook. com/culturegov/videos/816616575166893/。

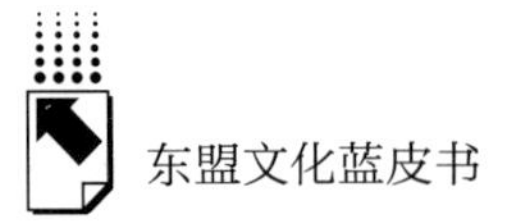

大学历史研究会的指导下成立保护中心，负责收集保存古代贝叶书、摺子书及手稿。2017 年 3 月 20 日，缅甸宗教事务与文化部举行古代贝叶书捐赠仪式，相关官员、捐赠者、受邀者等 100 多人参加了此次仪式。缅甸宗教事务与文化部部长都拉吴昂哥介绍了古代贝叶书、摺子书在缅甸历史上起到的重要作用，并代表政府对捐赠者表示感谢。① 在 5 月 18 日国际博物馆纪念日，缅甸国家博物馆（内比都）举行缅甸当代流派画展与研讨会，民众可免费参加。2017 年 1 月 16 日，缅甸宗教事务与文化部历史研究与国家图书馆司副司长杜绥绥敏率团赴泰国国家图书馆、国家档案馆考察交流。10 月 9 ~ 18 日，应中国驻缅甸大使馆的邀请，缅甸国家图书馆代表团前往中国调研，到访北京首都图书馆、中国国家图书馆、中国社会科学院图书馆、杭州图书馆、浙江省图书馆、云南省图书馆等七家图书馆。代表团成员表示，此次调研对今后缅甸图书馆的建设与发展有较大帮助。②

此外，缅甸政府还在 2017 年推出许多新的文化活动。2017 年正值东盟成立 50 周年、缅甸加入东盟 20 周年，为此，缅甸国内举行了各类庆祝活动。2017 年 8 月 1 日，以“图书馆、文化、社会生活与东盟五十年”为主题的纪念活动开幕式在缅甸国家图书馆（内比都）举行，缅甸政府官员、漫画家、儿童动画家及部分学校师生参加了开幕式。此次纪念活动包括东盟地区民间故事研究、东盟儿童图书馆研究、东盟地区音乐研究、东盟地区博物馆研究等各类研讨会，以及缅甸著名作家作品展、漫画展、儿童动画展，还专门设立了东盟文化展厅。缅甸政府重视东盟的作用，希望借助东盟社会文化共同体这一平台推动缅甸文化发展，促进缅甸与其他国家的文化交流。③

① “ရှေးဟောင်းပေစာများလှူဒါန်းပွဲအခမ်းအနား” ကျင်းပခြင်း၊缅甸宗教事务与文化部 Facebook 官方公共主页，2017 年 3 月 20 日，https：//www. facebook. com/culturegov/posts/714539218707963。

② ခြင်း၊缅甸宗教事务与文化部 Facebook 官方公共主页，2017 年 10 月 31 日，https：//www. facebook. com/culturegov/posts/821670841328133。

③ အာဆီယံနှစ်(၅၀)ပြည့်အထိမ်းအမှတ် “စာကြည့်တိုက်၊ ယဉ်ကျေးမှု၊ လူမှုဘဝနှင့် ရွှေရတုအာဆီယံ”ဖွင့်ပွဲအခမ်းအနားသို့သာသနာရေးနှင့်ယဉ်ကျေးမှုဝန်ကြီးဌာန၊ ပြည်ထောင်စုဝန်ကြီး သူရဦးအောင်ကို တက်ရောက်အမှာစကားပြောကြား၊缅甸宗教事务与文化部 Facebook 官方公共主页，2017 年 8 月 1 日，https：//www. facebook. com/culturegov/posts/781043155390902。

2017 年 8 月 7 日，首届缅甸 – 东盟国家传统舞蹈大赛在仰光国家剧院拉开帷幕，缅甸宗教事务与文化部、少数民族事务部、社会救济与安置部等部门部长及夫人、公务员事务协会主席、东盟各国大使及相关人员参加了开幕式。本次舞蹈大赛的参赛者为缅甸仰光、曼德勒国家文化与艺术大学及高等艺术学校的学生，为了此次比赛，这些学生专门学习了东盟各国的传统舞蹈。本次比赛的作品皆为东盟国家传统经典舞蹈，比赛评委由东盟各国使领馆工作人员担任。缅甸政府希望通过此类活动拓展缅甸青年视野，增进他们对东盟各国文化的了解，促进东盟青年间的交流，也希望借此提高缅甸舞蹈的国际化水平，增强缅甸文化软实力。①

2017 年 6 月，为了传播缅甸传统音乐文化，缅甸政府在密支那、内比都、曼德勒、仰光四个城市举办了“缅甸音乐节 2017”巡回演出，来自缅甸、中国、美国、泰国、马来西亚等国的艺术家共同合作表演。以缅甸传统乐器与西方现代乐器结合的方式，打造多元音乐文化，促进传统文化与现代文化融合。目前较受缅甸民众喜欢的音乐会以演唱会为主，演奏会举办得较少，缅甸政府表示以后将会注重这方面的发展。② 12 月，在仰光青年发展节最后一天的艺术演出中，青年艺术家们以音乐，歌舞，绘画等形式展现了缅甸青年人心目中的传统文化，受到广大群众的喜爱和欢迎。

三　2017年缅甸对外文化交流

民盟新政府执政后，缅甸外交较前一时期更为积极与活跃，在多边外交政策下，缅甸积极发展对外文化交流，促进多元文化融合。2017 年，缅甸积极参与东盟社会文化共同体建设，加强与其他东盟国家的交流与合

① အာဆီယံနိုင်ငံများ၏ ရိုးရာအကပြိုင်ပွဲကျင်းပ၊缅甸宗教事务与文化部 Facebook 官方公共主页，2017 年 8 月 7 日，https：//www. facebook. com/culturegov/posts/784165251745359。

② Myanmar Music Festival 2017，缅甸宗教事务与文化部 Facebook 官方公共主页，2017 年 6 月 19 日，https：//www. facebook. com/culturegov/videos/757791854382699/。

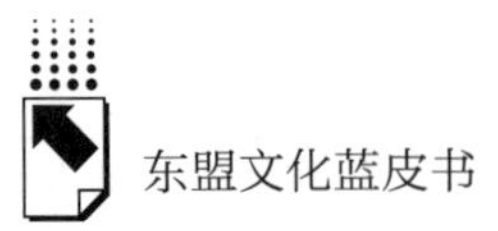

作。2017 年 5 月 24 日至 26 日，来自缅甸和越南的摄影师在仰光缅甸广场和国家大剧院举行“越南与缅甸：魅力与美丽”（Viet Nam Nd Myanmar：Charm and Beauty）摄影作品联展，民众可以免费观展。8 月 18 日，艺术司司长吴拉凯率领缅甸艺术团参加在越南举行的“东盟音乐歌舞 2017”（ASEAN Song，Dance & Music 2017）艺术节，来自柬埔寨、印度尼西亚、老挝、缅甸、菲律宾、泰国和越南七个东盟成员国的近 300 名艺术家参加了此次活动，缅甸歌手妮妮钦佐（Ni Ni Khin Zaw）在此次活动中荣获二等奖。

9 月 10 日至 15 日，缅甸宗教事务与文化部部长都拉吴昂哥率团赴菲律宾大雅台市参加第 18 届东盟社会文化共同体理事会议。此会议在东盟社会文化共同体框架内举行，与会人员为东盟各国文化部门官员。9 月 25 日，宗教事务与文化部在缅甸内比都举行说明会，对第 18 届东盟社会文化共同体理事会议的具体情况进行介绍，传达会议精神。会上，文化部部长都拉吴昂哥强调，缅甸各部门要继续团结协作，为实现东盟社会文化共同体 2025 蓝图而努力；国家文化与艺术大学（曼德勒）校长杜钦基彼传达了东盟社会基金会的会议决定，对东盟社会与文化共同体区划图做了说明，并介绍了其中所包含的工作，分析了相关部门的后续工作、需要发展的产业，以及东盟社会文化共同体框架与其他东盟共同体框架间的相互联系，同时也对第 31 届东盟首脑会议上东盟国家领导人准备签署的宣言、协议书及记录公告等做了解释说明。①

10 月 22 日至 28 日“东盟 +3（中国、日本、韩国）”文化遗产灾害风险预防研讨会在蒲甘举行。缅甸宗教事务与文化部部长都拉吴昂哥、曼德勒省行政长官佐敏貌博士及相关政府官员、国内外专家学者出席了研讨会开幕式。此次研讨会由东盟国家与中日韩三国相关领域专家及代表参加。“东盟 +3（中国、日本、韩国）”文化遗产灾害风险预防研讨

① (၁၈)ကြိမ်မြောက်(ASCC)ဝန်ကြီးအဆင့်အစည်းအဝေးနှင့်စပ်လျဉ်း၍ တွေ့ဆုံရှင်းလင်းပွဲကျင်းပပြုလုပ်၊缅甸宗教事务与文化部 Facebook 官方公共主页，2017 年 9 月 25 日，https：//www. facebook. com/culturegov/posts/805949992900218。

会是东盟社会文化共同体2025蓝图的重要组成部分，会议在东盟社会文化共同体机制下举行，主要目的是促进国家间文化交流合作、保护文化遗产、开展研究、团结协作、共同防御自然灾害给文物带来的影响。[①] 11月13日至21日，泰国法政大学与缅甸考古与国家博物馆司合作，对缅甸蒲甘古文化遗产区佛塔内的壁画进行3D激光扫描，以照片的方式将这些壁画存档。

民盟新政府执政后，除了重视与东盟国家之间的文化交流之外，也积极加强与其他国家的文化交流合作，推进文化合作协议的签订。2016年4月6日，缅甸与意大利签署文化与科技领域合作协议，双方计划就语言文学推广、人才交流、高校合作、图书馆博物馆建设、考古工作、文化遗产维护等方面展开合作，意大利也积极为缅甸的文物修复、申遗工作等提供资金与技术支持。[②] 2017年8月1日至23日，意大利都灵大学福尔维奥·范天奴（Fulvio Fantino）博士带队的科研团在缅甸考古技术学校对安全使用热释实验室进行培训，还讲授了关于放射性材料危险预防的相关实践课程，帮助缅甸改进考古研究技术。[③]

2017年7月6日，挪威外交部部长博尔格·布兰德（Børge Brende）在访缅期间，将一尊19世纪缅甸贡榜时期的古佛像转交给缅甸政府。这尊佛像在2011年被非法走私到挪威，后被挪威海关缉获。转交仪式在缅甸国家博物馆（内比都）举行，缅甸宗教事务与文化部部长都拉吴昂哥代表缅甸政府对挪威政府及联合国教科文组织表示感谢，他认为挪威政府此举对缅甸

---

① ASEAN +3 နိုင်ငံများရှိ ယဉ်ကျေးမှုဆိုင်ရာအမွေအနှစ်ဒေသများအတွက်သဘာဝဘေးအန္တရာယ်စီမံခန့်ခွဲမှုဆိုင်ရာအလုပ်ရုံဆွေးနွေးပွဲအခမ်းအနားသို့သာသနာရေးနှင့်ယဉ်ကျေးမှုဝန်ကြီးဌာန၊ ပြည်ထောင်စုဝန်ကြီး သူရဦးအောင်ကိုတက်ရောက်အမှာစကားပြောကြားခြင်း၊缅甸宗教事务与文化部 Facebook 官方公共主页，2017年10月26日，https://www.facebook.com/culturegov/posts/819672748194609。

② ပြည်ထောင်စုသမ္မတမြန်မာနိုင်ငံတော်အစိုးရနှင့် အီတလီသမ္မတ နိုင်ငံအစိုးရတို့အကြား ယဉ်ကျေးမှု၊ သိပ္ပံနှင့် နည်းပညာ ပူးပေါင်းဆောင်ရွက်ရေး သဘောတူစာချုပ် လက်မှတ်ရေးထိုးပွဲ အခမ်းအနားကျင်းပ၊缅甸宗教事务与文化部官网，2016年4月6日，http://www.culture.gov.mm/News_mm/News_mm/Details.asp?id=366。

③ Thermoluminescence Training ဓာတ်ခွဲခန်းနှင့် ရေဒီယိုသတ္တိကြွပစ္စည်းများအားအန္တရာယ်ကင်းရှင်းစွာစနစ်တကျ ကိုင်တွယ်အသုံးပြုနည်းလက်တွေ့သင်တန်းဖွင့်လှစ်၊缅甸宗教事务与文化部 Facebook 官方公共主页，2017年10月26日，https://www.facebook.com/culturegov/posts/784130645082153.

与挪威文化交流合作意义重大，促进了两国的友好关系。[①]

2017 年 7 月 11 日，日本和平钟保护协会向缅甸捐赠联合国和平钟模型，缅甸宗教事务与文化部部长都拉吴昂哥在捐赠仪式上表示，这不仅能推动缅日两国友好关系的发展，对两国和平事业的发展也有重要意义。12 月 8 日，宗教事务与文化部部长都拉吴昂哥将和平钟模型转交给联邦议会人民院议长吴温敏，转交仪式在内比都联邦议会会客厅举行。[②]

2017 年 9 月 7 日，印度总统莫迪访问缅甸期间在蒲甘参观了印度专家学者参与修复的阿难陀佛塔，并参加了缅甸宗教事务与文化部和印度考古研究协会联合建造的合作纪念牌揭牌仪式。莫迪在访缅期间还在仰光参观了仰光大金塔，并与缅甸国务资政昂山素季一同到访了昂山将军博物馆。

2017 年 9 月 28 日至 10 月 12 日，缅甸国家博物馆（仰光）举行了“捷克城堡展”。仰光省行政长官吴漂敏登、捷克共和国驻缅甸大使雅罗斯拉夫·多雷克（Jaroslav Dolecek）、捷克国家博物馆馆长迈克尔·卢克斯（Michal Lukes）、缅甸国家文化与艺术大学（仰光）校长、缅甸各部门官员及工作人员等近 130 人出席开展仪式。目前，捷克共有 12 座城堡被列入《世界文化遗产名录》，此次展览展出了其中的 6 座，以及 100 幅 12 ~ 16 世纪世界知名城堡的画作。此次展览的目的是促进两国文化、历史方面的相互交流，加强两国考古工作的合作，增进缅甸民众对捷克文化的了解。捷克方面表示，未来将创造更多机会让缅甸民众欣赏到捷克的自然与文化之美。[③]

---

① နော်ဝေနိုင်ငံသို့ရောက်ရှိနေသည့်မြန်မာ့ရှေးဟောင်းဗုဒ္ဓဆင်းတုတော်အား နော်ဝေနိုင်ငံနိုင်ငံခြားရေးဝန်ကြီးမှ ပြည်ထောင်စုသမ္မတမြန်မာနိုင်ငံတော်သို့ပြန်လည်လွှဲပြောင်းပေးအပ်ခြင်း။ 缅甸宗教事务与文化部 Facebook 官方公共主页，2017 年 7 月 6 日，https：//www. facebook. com/culturegov/posts/767535563408328。

② ဂျပန်နိုင်ငံ Fund for Restoration and Maintenance of the Peace Bell မှ လှူဒါန်းသည့်ကုလသမဂ္ဂငြိမ်းချမ်းရေးခေါင်းလောင်းပုံစံငယ်တစ်လုံးကိုပြည်သူ့လွှတ်တော်သို့လွှဲပြောင်းလှူဒါန်းသည့်အခမ်းအနားကျင်းပ။ 缅甸宗教事务与文化部 Facebook 官方公共主页，2017 年 12 月 8 日，https：//www. facebook. com/culturegov/posts/839293539565863。

③ အမျိုးသားပြတိုက်(ရန်ကုန်)တွင် ချက်ရဲပြတိုက်ကြီးများပြပွဲကျင်းပ။ 缅甸宗教事务与文化部 Facebook 官方公共主页，2017 年 9 月 28 日，https：//www. facebook. com/culturegov/posts/806337566194794。

中缅作为友好邻邦，两国的文化交流源远流长。缅甸民盟新政府高层曾多次在公开场合表达对中国“一带一路”倡议的支持以及对中缅文化合作的重视。2017 年，中缅文化交流频繁深入，在文化交流机制建设、文化遗产保护及佛教文化交流等方面成绩瞩目。

中缅于 2014 年签署了《中缅两国政府互设文化中心备忘录》《中缅两国政府促进文化遗产领域交流与合作协议》，于 2015 年签署了《中华人民共和国政府和缅甸联邦共和国政府关于互设文化中心的协定》。2017 年 11 月 19 日，中国外交部部长王毅和缅甸宗教事务与文化部部长都拉吴昂哥在缅甸首都内比都共同为仰光中国文化中心揭牌，缅甸国务资政兼外交部部长昂山素季出席见证。① 建设文化中心是健全文化交流机制的重要途径，仰光中国文化中心的建设让中缅文化交流有了发展的空间与平台。

在协助缅甸保护文化遗产方面，2016 年 8 月缅甸发生地震后，中国国家文物局迅速派遣专家团到蒲甘进行考察，提出佛塔修复初步方案。后又派遣第二批专家团，对佛塔进行深入勘察。中国驻缅大使馆与云南省瑞丽市政府向缅甸宗教事务与文化部捐款 1 亿缅币（约合人民币 50 万元），用于蒲甘文化遗产区受损佛塔的修复。② 2017 年 2 月 15 ~ 16 日，缅甸举行了蒲甘震后文物修复国际会议，来自中国、缅甸、澳大利亚、德国、印度、意大利、日本、韩国、泰国和联合国教科文组织的专家参加了会议，中国政府再次向缅甸宗教事务与文化部提供 100 万美元现汇，用于援助蒲甘佛塔修复工作。缅甸宗教事务与文化部部长都拉吴昂哥在致辞中对中国政府提供的资金与技术支持表示特别感谢。③ 2017 年 4 月底至 5 月中旬，东南大学城市与建

① 云南参建的仰光中国文化中心揭牌，云南省文化厅网站，2017 年 11 月 20 日，http：//www. whyn. gov. cn/list/view/1/6430。

② မြေငလျင်ဒဏ်ကြောင့် ပျက်စီးခဲ့ရသည့် ပုဂံယဉ်ကျေးမှု အမွေအနှစ်ဒေသရှိရှေးဟောင်းစေတီပုထိုးသာသနိက အဆောက်အအုံများပြန်လည်ပြုပြင်မွမ်းမံရန်တရုတ်နိုင်ငံပြည်သူ့သမ္မတနိုင်ငံသံရုံးနှင့်ယူနန်ပြည် နယ်ရွှေလီမြို့နီစီပယ်အုပ်ချုပ်ရေးဌာနအလှူရေးဌာနမှ အလှူငွေမြန်မာငွေကျပ်သန်း ၁၀၀ တိတိကို သာသနာရေးနှင့် ယဉ်ကျေးမှုဝန်ကြီးဌာနသို့ ပေးအပ်လှူဒါန်း၊ သာသနာရေးနှင့်ယဉ်ကျေးမှုဝန်ကြီးဌာန။ http：//www. culture. gov. mm/News_ mm/News_ mm/Details. asp? id =380。

③ ငလျင်အလွန်ပုဂံရှေးဟောင်းစေတီပုထိုးများ ပြန်လည်ပြုပြင်မွမ်းမံခြင်းနှင့်ထိန်းသိမ်းကာကွယ်စောင့်ရှောက်ခြင်းဆိုင်ရာနိုင်ငံတကာဆွေးနွေးပွဲကျင်းပ၊缅甸宗教事务与文化部官网，2017 年 2 月 15 日，http：//www. culture. gov. mm/News_ mm/News_ mm/Details. asp? id =398。

筑遗产保护研究团队（18 人）在缅甸宗教事务与文化部的邀请下赴缅甸若开邦，为妙乌古城正式申报世界文化遗产提供技术支持和准备。该研究团队在调研期间用固定翼无人机、多旋翼无人机、彩色 3D 扫描仪、红外线热成像仪等设备对古塔建筑群进行精细测绘，获得了大量的基础资料，为妙乌古城申遗的技术准备工作打下了坚实的基础。该团队还在缅甸当地考古部门的配合下，发放了近千份问卷，调查了古城核心地区内近 3000 户家庭，为保护规划建立了城市基础数据库。① 此外，2017 年，中缅双方还签署了《中华人民共和国政府和缅甸联邦共和国政府关于防止盗窃、盗掘和非法进出境文化财产的协定》和《中华人民共和国国家文物局和缅甸联邦共和国宗教事务与文化部关于开展缅甸蒲甘古迹震后的修复保护合作的谅解备忘录》，为两国文物保护合作与交流建立了良好的合作机制。

在佛教文化交流方面，2017 年 4 月 9 日至 11 日，中国佛教协会会长学诚法师率领佛教代表团对缅甸进行了友好访问。代表团与缅甸高僧委员会代表进行会面，共同举行了“祈祷世界和平法会”，为中缅两国人民的和平幸福诵经。缅甸高僧委员会主席鸠摩罗碧万萨长老表示：“中缅两国人民因有佛教这一共同信仰，友谊更加深厚。佛教文化交流在两国文化交流中占有非常重要的地位，共同的文化与信仰使两国人民更能和平共处。”中国佛教界对蒲甘地震后的受损佛塔一直予以高度关注，代表团在访问蒲甘的过程中向缅方捐赠 20 万元人民币，以帮助其修缮在地震中受损严重的两座佛塔。4 月 11 日，学诚法师将捐赠款交给了缅甸宗教事务与文化部部长都拉吴昂哥。吴昂哥称，缅甸总统将于 2018 年 3 月为学诚法师颁发“胜大正法放光幢”宗教荣誉勋章，以表彰其为宣传佛教教义做出的巨大贡献。缅甸政府宗教荣誉勋章是由缅甸总统亲自签署颁发的国家最高勋章之一，在缅甸国内有重要影响力。② 12 月 18 日，中国西藏文化交流团与缅甸高僧委员会代表进行了

---

① 《东南大学研究团队应邀参加缅甸申遗工作》，东南大学官网，2017 年 6 月 5 日，http：//www. seu. edu. cn/2017/0605/c17409a190855/page. htm。

② 《中国佛教协会代表团访问缅甸开启中缅佛教交流新篇章》，国际在线，2017 年 4 月 13 日，http：//news. cri. cn/20170413/134de999 - cd18 - df8e - 31ad - 3d6f35756e96. html。

会面，双方就两国宗教文化合作事宜进行了交流。中国藏学研究中心历史研究所所长张云在交流会上表示，中缅两国长期友好，两国人民在宗教文化上交流密切，期待此次交流能为中缅文化交流尤其是中缅宗教文化交流做出贡献，并欢迎缅甸高僧前往中国各地寺庙参观礼佛。缅甸高僧团委员会委员巴丹那桑谛玛毕文萨长老对中国西藏文化交流团的到访表示欢迎，并向大家介绍了中缅两国佛教交流、缅甸佛教信众、高僧委员会工作等情况。交流会上，双方还就宗教信仰自由、政教分离、宗教管理、宗教文物保护、佛教经书整理和佛学人才培养等方面进行了深入交流。19 日，交流团与缅甸宗教事务与文化部部长都拉吴昂哥进行了会面。[①]

四　2017年缅甸文化发展中值得关注的现象及未来发展趋势

近年来，随着缅甸互联网缅甸互联网行业的飞速发展，缅甸网络文化与文化资源数字化也开始发展起来。2017 年 3 月 17 日，缅甸电子资源（Digital Resources）推介会在国家图书馆（内比都）举行，来自缅甸学术教育电子资源图书馆（eTekkatho Digital Library）的杜梅德凯宁在会上介绍了缅甸学术教育线上及线下的相关电子资源。[②] 缅甸宣传部也推出了缅甸电子报刊（Myanmar Digital News）资源浏览器，并提供系统客户端供下载，以方便民众随时随地阅览官方报纸。2017 年 9 月 4 日，为了方便广大读者，缅甸宗教事务与文化部对官方网站进行升级，同时支持 Zawgyi 和 Unicode 两种字体显示，并表示将继续推出英文版。目前在缅甸最受欢迎且市场份额最大的互联网媒体仍然是 Facebook，据《环球时报》记者调查，“很多缅甸用

① သာသနာရေးနှင့်ယဉ်ကျေးမှုဝန်ကြီးဌာန၊ ပြည်ထောင်စုဝန်ကြီးသူရဦးအောင်ကိုက တရုတ်ပြည်သူ့သမ္မနိုင်ငံ၊ History Institute of China Tibetology Research Center မှ ပါမောက္ခချုပ် Mr. Zhang Yun ဦးဆောင်သော China Tibetan ယဉ်ကျေးမှုဖလှယ်ရေးကိုယ်စားလှယ်အဖွဲ့အား လက်ခံတွေ့ဆုံ၊ 缅甸宗教事务与文化部 Facebook 官方公共主页，2017 年 12 月 19 日，https：//www. facebook. com/culturegov/posts/844709852357565。

② ဌာနဆိုင်ရာလုပ်ငန်းအထောက်အကူပြု Digital Resource များအား မိတ်ဆက်ခြင်းအခမ်းအနားကျင်းပခြင်း၊ 缅甸宗教事务与文化部官网，2017 年 3 月 21 日，https：//www. facebook. com/culturegov/posts/710236275804924。

户甚至分不清‘Facebook’和‘互联网’的区别，在缅甸工作的记者们都有一种体会，查找信息最快的方式是在 Facebook 上搜索，从缅甸政府信息发布到商家促销广告，社交媒体都是它们的第一选择”。[①] 这些现象为我们研究缅甸文化发展、促进与缅甸的文化交流提供了新的路径与思路。

2017 年 12 月 23 日至 25 日，在仰光政府的特别批准下，在仰光街头公开举行圣诞节庆祝活动，仰光省行政长官吴漂敏登、宗教事务与文化部部长都拉吴昂哥、仰光市长吴茂茂索出席了庆祝活动，并向市民致以节日的问候与祝福。在过去的 50 年中，缅甸信仰基督教的民众只能在教堂内举行庆祝活动。仰光省行政长官向民众许诺，在未来几年将继续在仰光庆祝圣诞节。2017 年 12 月 27 日是昂山素季的母亲杜庆芝女士逝世 29 周年纪念日，当天上午，昂山素季按照佛教传统举行布施仪式；下午，印度教、基督教、伊斯兰教等其他宗教的代表也分别为杜庆芝祈福。这些都标志着缅甸积极推动各宗教和谐相处。

2017 年 12 月 8 日，缅甸文化中央委员会第二届工作协商会在内比都举行。会上对文化中央委员会 2017 年工作进行了总结，也对未来的工作制订了计划。下一步，委员会计划继续完善蒲甘文化遗产和妙乌文化遗产区的申遗材料，加大对非物质文化遗产的关注，继续完善相关政策法规，保障文化遗产区居民的权益。在研究、保护已知文化遗产的同时，积极找寻找尚未被发掘的文化遗产。委员会相关各部门之间要团结协助，保护好国家、民族文化遗产，传承民族文化与风俗。会上还就文化遗产的寻找、保护及长期维护工作进行了讨论。[②] 由此可见，接下来的一段时期，缅甸政府在文化上依旧会围绕文化遗产保护事业开展工作。

---

① 《去缅甸收购媒体面临许多挑战》，《环球时报》2018 年 3 月 14 日，第 13 版。

② မြန်မာနိုင်ငံအမျိုးသားယဉ်ကျေးမှုဗဟိုကော်မတီဥက္ကဋ္ဌဒုတိယသမ္မတဦးဟင်နရီဗန်ထီးယူ မြန်မာနိုင်ငံအမျိုးသားယဉ်ကျေးမှုဗဟိုကော်မတီ၏ ဒုတိယအကြိမ်လုပ်ငန်းညှိနှိုင်းအစည်းအဝေး(၂/၂၀၁၇)သို့ တက်ရောက်အမှာစကားပြောကြား 缅甸宗教事务与文化部 Facebook 官方公共主页，2017 年 12 月 8 日，https：//www. facebook. com/culturegov/posts/839522556209628。

B.8
2017年柬埔寨文化发展报告

黎国权

摘　要： 柬埔寨是一个历史悠久、文化资源丰富的国家，以高棉民族文化为主体。2017 年，柬埔寨政府通过继续举办常规的文化活动、文艺赛事和节日庆典，保护和弘扬民族文化；积极与国际社会和国际组织合作，加强对文化遗产的保护和发展；加强引导和规范，建立健全法律机制，促进文化产业发展；“走出去”和“引进来”相结合，提升本国文化的知名度，促进与国外的交流与合作，尤其是加强与中国的文化合作。

关键词： 柬埔寨　民族文化　文化产业

一　柬埔寨简介与文化概况

柬埔寨的全称是“柬埔寨王国”（Kingdom of Cambodia），位于亚洲中南半岛南端，与泰国、老挝和越南接壤，南临暹罗湾，在东南亚地区处于较为中心的位置。国土总面积 181035 平方公里，海岸线长 440 千米，全国总人口将近 1600 万人。全国划分为 1 个直辖市——首都金边市和 24 个省。

柬埔寨是一个以高棉族为主体的多民族国家，高棉族人口约占全国总人口的 86%，其他为京族、华族（华人）、占族、普农族等。柬埔寨宪法规定佛教为国教，80% 以上的国民信奉南传上座部佛教（小乘佛教）；占族人多信奉伊斯兰教；少部分民众信奉基督新教和天主教；民间泛灵信仰在广大农村地区尤为盛行。

柬埔寨是东南亚地区历史最悠久的国家之一，中国古代文献可以佐证其至少有近两千年历史。柬埔寨悠久的历史积淀孕育了丰富的文化资源。到目前为止，已被列入联合国教科文组织（UNESCO）《世界遗产名录》的物质文化遗产有吴哥地区（Angkor Area，1992 年 12 月 14 日）、柏威夏寺（Preah Vihear Temple，2008 年 7 月 7 日）、三波坡雷库寺地区（Sambor Prei Kuk，2017 年 7 月 8 日）；非物质文化遗产有皇家舞（Royal Ballet of Cambodia，2003 年 11 月 7 日）、大皮影戏（Sbek Thom Shadow Play，2005 年 11 月 25 日）、拔河游戏（Tugging Rituals And Games，2015 年 12 月 2 日）、长臂琴（Chapei Dang Veng，2016 年 11 月 30 日）。另外，还有一项联合国教科文组织“文献遗产”（Documentary Heritage）——“古鲁大爷口述的《罗摩赞》”[①]（Reamker Storytelling by Ta Krut，2014 年 5 月 15 日）[②]，以及一项“世界记忆遗产”（Memory of the World）——堆斯灵种族屠杀博物馆资料（Tuol Sleng Genocide Museum Archives，2009 年 7 月 31 日）[③]。

二　2017年柬埔寨文化发展情况

自 1998 年柬埔寨第二届国会大选以来，以首相洪森为领袖的人民党长期执掌政权，柬埔寨的政治较为稳定，经济快速发展。文化方面，政府内阁委员会于 2014 年 7 月 18 日全员一致通过了由柬埔寨文化艺术部制定的《国家文化政策》，其宗旨是保护和发展国家文化，服务社会经济，内容包括发展文化的意图和目的、保护和管理文化遗产的策略、利用文化潜力发展经济

---

① “罗摩赞”（Reamker）按柬埔寨语读音译为“林给的故事”，即来源于印度、柬埔寨本土化的罗摩故事。

② 《“罗摩赞”录音列入〈世界遗产名录〉》，〔柬〕《金边邮报》（*Phnom Penh Post*）2015 年 5 月 19 日，https://www.phnompenhpost.com/lifestyle/recordings-reamker-earn-world-heritage-listing。

③ 《柬埔寨的“世界记忆遗产”项目》，联合国教科文组织驻金边办公室网站，http://www.unesco.org/new/en/phnompenh/communication-and-information/documentary-and-audiovisual-heritage/memory-of-the-world-mow-programme-in-cambodia/。

的策略、提升和促进文化产业的策略、支持文化产业合作的策略、支持开创文化产业市场的策略、教育和培训策略、与各方合作的策略，以及建立机制、制定法律框架、给予金融支持、培训人力资源和开展项目等行动规划。① 总的来看，柬埔寨的文化发展基本围绕上述政策展开，2017 年主要呈现出以下几个特点。

（一）举办常规文化活动、文艺赛事和节日仪式，重视保护和弘扬民族传统文化

近些年来，柬埔寨每年都会举办几项固定的文化活动和文艺赛事，每逢特殊的节日或纪念日，也会举办一些庆典活动。这些活动往往都围绕传统文化展开，或在活动仪式上进行传统艺术表演，通常有皮影戏、考尔剧、长臂琴、宾柏乐、皇家舞、斗狮拳等。

1. 常规文化活动

（1）“三月三”国家文化节。2017 年 3 月 3 日，主题为“青年为国家文化”的第十九届国家文化节开幕。在这之前，柬埔寨文化艺术部举办了许多相关的配套活动，以宣传国家文化节。1 月 15 日，举办了以“青年为社会平安”为主题的公益视频竞赛，旨在在青年尤其是学生群体中倡导维护社会治安和交通安全等理念，此次活动共吸引 28 部短片参赛。3 月 2 日，文化艺术部发布该项竞赛结果，选出其中 5 部作品接受网民投票，以庆祝“三月三”国家文化节。② 2 月 16 ~ 28 日，第三届全国青年艺术节开幕，该活动主题与国家文化节相同，来自全国 25 个省市和 11 所高校的 36 部作品参加了此次艺术节，优胜节目将参加国家文化节开幕式表演。③

---

① 《国家文化政策》，柬埔寨文化艺术部官方脸书，2014 年 9 月 30 日，https：//www. facebook. com/KhmerCulture Ministry/posts/710557722360045。

② 《为庆祝 2017 年第十九届“三月三”国家文化节，以“青年为社会平安”为主题的公益电影竞赛结果发布》，柬埔寨文化艺术部官方脸书，2017 年 3 月 2 日，https：//www. facebook. com/KhmerCultureMinistry/posts/1275468145868997：0。

③ 《主题为“青年为国家文化”的第三届青年艺术节开幕》，柬埔寨酸角树新闻网，2017 年 2 月 16 日。

洪森首相非常重视“三月三”国家文化节，每年都会出席并主持开幕式。他早已于1月30日签署发布《关于举办2017年第十九届“三月三”国家文化节的指示》。该文件指出：举办“国家文化节”旨在弘扬先贤创造的丰富的文化成果，激发民众尤其是青年热爱民族文化、热爱祖国、义务守护文化遗产的精神；指导民众热爱并积极传习艺术文化专业知识，保护民族文化，维护国家的团结、统一、和谐；提升对民族文化真实价值的认识，利用文化软实力发展经济；加大对文化遗产资料的研习和整理力度；提高文化潜力，努力在发展经济和减少贫苦的过程中产出高质量的新文化作品。同时，为了确保“国家文化节”胜利举办，该文件还规定了政府各部门的职责与义务，如文化艺术部、新闻部、教育青年和体育部、旅游部、外交与国际合作部、宗教事务部、仙女国家机构（Apsara Authority，保护和管理吴哥景区的国家行政机构）、柏威夏寺国家机构、金边市政府和各省政府、内政部和国防部等都要各司其职。[①] 2017年国家文化节开幕后，文化艺术部官员先后在特本克蒙省、磅同省、马德望省、金边市、拜林省、柴桢省、贡布省、菩萨省、白马省等开展国家文化节活动，宣传“青年为国家文化”这一活动主题。

（2）电影节。2017年1月3～7日，柬埔寨首届主题为“通向长片的短片电影”的“国家短片电影节”开幕。该电影节由文化艺术部电影艺术与文化传播司主办，旨在促进柬埔寨电影产业发展、繁荣电影市场。此届电影节共有24部电影参赛，其中18部入围，最终有5部获奖。[②] 3月4～9日，第七届柬埔寨国际电影节举行，与柬埔寨颇有渊源的好莱坞影星安吉丽娜·朱莉（Angelina Jolie）担任荣誉主席。本届电影节展映了本地

---

① 《关于举办2017年第十九届三月三“国家文化节”的指示》，柬埔寨教育、青年和体育部官网，http://www.moeys.gov.kh/kh/laws-and-legislations/circular/c01-2017.html#.WwAOtlOFMWJ。

② 《文化艺术部国务秘书索姆·索坤：举办首届短片电影节 意在促进柬埔寨电影产业的繁荣》，〔柬〕Fresh News，2017年1月4日，http://freshnewsasia.com:81/index.php/en/localnews/43450-2017-01-04-08-31-21.html。

一批优秀的电影作品，也放映了2017年度“奥斯卡”获奖影片等外国影片。[①] 12月6～10日，柬埔寨第五届国家电影节在四臂湾会议厅和各大电影院开幕，这届电影节主题为“电影与可持续发展”，共有14部影片参映。[②]

2. 常规文艺赛事

（1）“高棉文化遗产大赛”。2017年1月10日，第八届“‘洪森&文拉妮杯’高棉文化遗产大赛”落幕，该赛事于2016年3月15日开幕，时长近十个月，最终评出了一二三等奖和荣誉奖。尽管每届比赛项目都有出入，但都与柬埔寨传统文化和艺术息息相关，如第七届比赛项目是传统乐、伊给乐和巴萨乐，[③] 而这届是诗歌、传统乐和马何里乐（Mahori Ensemble）。[④]

（2）小说与叙事诗创作大赛。2月23日，2016年度第十八届“‘班登杯’小说与叙事诗创作大赛”颁奖仪式在国家图书馆举行，文化艺术部部长彭·萨格娜出席并主持仪式。这次赛事以“青年为国家文化”为主题，旨在激发民众才能，提高柬埔寨文学水平。本届共吸引27部小说和10篇叙事诗参赛，最终4部小说和1篇叙事诗获奖。[⑤] 这项比赛从1999年开始，每年一届，设定的主题均与文化相关。第十九届“‘杭·吞哈杯’小说和叙事诗创作大赛”也在2017年内举行，本次比赛不限定写作主题，共有20部小说和10首诗歌参赛。10月12日公布结果，共有6部小说和2首诗歌获奖。[⑥]

① 《第七届柬埔寨国际电影节》，亚洲电影在线（Cinema Online Asia），2017年3月6日，http：//www. cinema. com. kh/articles/news_ details. aspx？ search =2017. n_ khm7thci ffkicksoff _ 34309。

② 《第五届国家电影节优秀影片将获3000万瑞尔奖励》，〔柬〕Sabay News，2017年12月7日，http：//news. sabay. com. kh/article/995831。

③ 《洪森鼓励私企加入文化开发项目》，法国国际广播电台，http：//km. rfi. fr/hun - sen - address - advertisement - for - cultural - program。

④ 柬埔寨文化艺术部官方脸书，2017年1月10日，https：//www. facebook. com/KhmerCulture Ministry/posts/122533 5974215548。

⑤ 《五部新作品获“班登杯”创作奖》，〔柬〕风电台（VAYO FM），2017年2月23日，http：//vayofm. com/news/detail/75907 -264149007. html。

⑥ 《2017年度“小说和叙事诗创作大赛”获胜者公布》，新柬埔寨日报网（KAMPUCHEA THMEY），2017年10月12日，http：//kampucheathmey. com/2016/archives/754776。

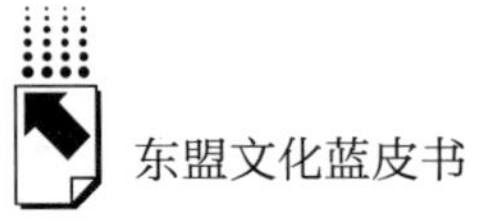

3. 节日庆典和仪式

国际性节日方面，为庆祝第106个国际妇女节，3月6日，柬埔寨文化艺术部为鼓舞女性，举办了一场以“妇女为和平与繁荣”为主题的考尔剧表演。①

国内节日庆典方面，从2013年开始，每到柬埔寨新年就在暹粒省举办“吴哥宋干”庆祝活动。2017年4月15日，洪森首相偕其夫人文拉妮在暹粒省吴哥寺前主持拔河友谊赛。当天，还在大吴哥城举行了“高棉宝藏”吴哥宋干游行活动，约有849名艺术家和青年参加。②

仪式方面，为庆祝三波坡雷库寺被列入联合国教科文组织《世界非物质文化遗产名录》和纪念先贤，8月6~7日，磅同省三波坡雷库寺景区举行祈福仪式，并伴有高棉音乐演奏、长臂琴、传统舞蹈、武术表演、民间游戏等活动。③ 12月2~3日，洪森首相偕夫人在吴哥广场主持佛教祈福仪式，现场有5000多位僧侣诵经，祈祷柬埔寨国泰民安、国家持续发展。同时，还举办了文艺演出活动，以及第22届吴哥国际半程马拉松比赛。④ 12月14日下午，柬埔寨青年联合会和仙女国家机构等相关部门在吴哥寺前广场举行“吴哥入遗25周年”庆祝活动，柬埔寨副首相棉森婉和文化艺术部部长彭·萨格娜出席仪式，旨在让后人珍爱并保护好文化遗产，铭记先辈们为创造辉煌文明所做的贡献，感念国家领导人为保护本国世界文化遗产不断奋斗的恩德。⑤

---

① 柬埔寨文化艺术部脸书，2017年3月7日，https：//www.facebook.com/KhmerCultureMinistry/videos/1280202615 395550/。

② 《2017年“吴哥宋干”游行活动在战象台举行》，柬埔寨内阁办公厅官网，2017年4月15日，http：//pressocm.gov.kh/archives/2983。

③ 《纪念先贤祈愿仪式在三坡波雷库寺举行》，〔柬〕“新”新闻网（Thmey Thmey），2017年8月7日，https：//thmey thmey.com/? page = detail&id = 55233。

④ 《吴哥大型佛教祈福仪式圆满落幕》，〔柬〕《柬华日报》2017年12月3日，http：//jianhuadaily.com/20171203/3917。

⑤ 《今天是吴哥被列为世界遗产25周年纪念日》，柬埔寨仙女国家机构网站，2017年12月14日，http：//apsaraauthority.gov.kh/? page = detail&ctype = article&id = 2263&lg = kh。

（二）积极与国际社会和组织合作，加强对文化遗产的保护和发展，取得巨大进展

因为自身资金、技术和能力的缺乏，通常要在外国的援助下，柬埔寨才能做好本国的文化遗产保护工作。2017 年，柬埔寨与国际社会和组织合作顺利，在保护和发展文化遗产方面取得了很大进展。

1. 物质文化遗产方面

吴哥古迹是柬埔寨境内最大的物质文化遗产保护区，该地区古寺庙群建筑的维护修缮得到了中国、法国、日本、美国、澳大利亚、印度等 40 多个国家和国际组织的支持、参与和援助。其中，影响力最大的机构是由法国、日本、柬埔寨和联合国教科文于 1993 年 12 月共同成立的“吴哥历史遗址保护与开发国际协调委员会”（ICC – Angkor，International Coordinating Committee for the Safeguarding and Development of the Historic Site of Angkor），其主要作用是协调各机构保护和开发吴哥地区。[①] 1 月 24 ~ 25 日，该委员会第 27 次技术会议暨第 23 次全体会议在仙女国家机构召开。这次会议展示了当前吴哥遗迹保护与修复工作项目，总结了已获得的成果，以及审议了该组织过去所提的建议。[②] 6 月 21 ~ 22 日，该委员会召开第 28 次会议，审议第 27 次会议的建议实施情况和遗址保护工作报告、监督吴哥景区票务服务、了解古代金属窑研究工作和近期激光雷达技术大致成果。[③]

在柬埔寨的积极游说和多方帮助下，4 月 20 日，英国伦敦乔纳森塔克安东尼亚托泽亚洲艺术品（Jonathan Tucker Antonia Tozer Asian Art）文物经销商同意将流散海外的吴哥时期十件原佩戴在雕塑身上的黄金首饰免费归还

---

① ICC – Angkor，“Who Are We?”，吴哥历史遗址保护与开发国际协调委员会（ICC – Angkor）官网，http：//icc – angkor. org/。

② 《ICC – Angkor 会议今天开启》，〔柬〕Grand News，2017 年 1 月 24 日，http：//grandnewsasia. com/detail/17580/。

③ 《ICC – Angkor 将在 6 月 21 ~ 22 日召开第 28 次会议》，柬埔寨内阁办公厅官网，2017 年 6 月 20 日，http：//pressocm. gov. kh/archives/6672。

柬埔寨。[①] 12 月 2 日，这十件饰品经游行庆祝后，进驻国家博物馆存放展示。

7 月 8 日，柬埔寨三波坡雷库寺（Sambor Prei Kuk）在第41 届联合国教科文组织世界遗产委员会会议（“世界遗产大会”）上被列入《世界文化遗产名录》。三波坡雷库寺庙群古迹位于今磅同省，原为真腊王国首都伊奢那城所在地。这些寺庙大多建造于公元6 ~7 世纪，今存百余座。7 月 12 日，庆祝三波坡雷库寺成为“世界文化遗产”的活动在金边奥林匹克综合运动场举行，洪森首相偕其夫人出席庆典活动。

10 月 30 日，柬埔寨文化艺术部召集各省市文化厅官员举办“殖民时期建筑管理”论坛，对柬埔寨境内所有法国殖民时期建筑保护和国家文化遗产评定草案进行审议。但是，文化艺术部未对遗产建筑的定义、年代和数目做出界定，而目前柬埔寨境内的殖民建筑多达数千处。[②]

2. 非物质文化遗产方面

2 月 22 日，经柬埔寨谷特牧艺术家协会主席彭·龚皮根据故事改编的大皮影戏在国家图书馆首演，文化艺术部部长彭·萨格娜出席并主持首演式。柬埔寨大皮影戏一直只演绎《罗摩赞》故事，原本需要四五个晚上才能演完，改编后的大皮影戏只有四个半小时，这得到了柬埔寨文化艺术部、教育青年和体育部、联合国教科文组织的支持。[③]

12 月 4 ~8 日，为紧跟实施《联合国教科文组织非物质文化遗产保护公约》，柬埔寨文化艺术部派代表参加在韩国济州岛召开的联合国教科文组织“非物质文化遗产保护政府间委员会”第 12 次会议。柬埔寨于 2006 年加入该公约，这预示其在保护世界非物质文化遗产方面更加积极。[④]

---

① 《关于吴哥时期黄金首饰回归的通告》，柬埔寨文化艺术部官方脸书，2017 年 4 月 21 日，https：//www. facebook. com/KhmerCultureMinistry/posts/1328630337219444。

② 《文化部开始保护法国殖民时期建筑》，〔柬〕《金边邮报》2017 年 11 月 2 日。

③ 《谷特牧艺术家协会拟在全国表演大皮影戏〈罗摩赞的故事〉》，〔柬〕“新”新闻网（Thmey Thmey），2017 年 2 月 13 日，https：//www. thmeythmey. com/index. php？ page = detail&id = 49473&paginate = 9。

④ 《联合国教科文组织“非物质文化遗产保护政府间委员会”会议》，柬埔寨文化艺术部脸书，2017 年 12 月 4 日，https：//www. facebook. com/KhmerCultureMinistry/posts/1544353848980424。

3. 取得的成绩方面

11 月 27 ~30 日，在法国巴黎召开的《关于发生武装冲突时保护文化财产的公约》（1954 年“海牙公约”）1999 年第 2 号议定书缔约国第 7 次会议上，柬埔寨被选为 1999 年第 2 号议定书政府间委员会成员国（2017 ~2021 年）。[①] 因为柬埔寨政府 30 年来对文化和遗产极力保护，发展和提升宗教、传统、习俗等，12 月 9 日，欧盟旅游与贸易委员会授予洪森首相“全球旅游和可持续发展亲善大使”称号，授予金边“世界文化旅游之都”称号。基于先天条件，加上浓厚的宗教文化，以及佛庙文化遗产，金边成为多元宗教旅游都市。[②]

（三）加强引导和规范，建立健全法律机制，促进文化产业发展

柬埔寨重视保护和发展国家文化，服务社会经济。尽管还是中等偏下收入国家，但柬埔寨越来越强调制度建设，重视知识产权保护，引导和规范文化产业市场，加大资金投入，以促进文化事业的发展。

1. 加强影视版权保护

1 月 24 日，柬埔寨文化艺术部以侵犯文学作品《东姆和迪欧》创作者的道德权利为由，紧急通告 PNN 电视台停止播放电视剧《两个世界的爱恋》。[③] 2 月 8 日，文化艺术部官员、PNN 电视台代表和该剧编导开会协商处理措施。[④] 2 月9 日，Global PNN Holdings Inc（PNN 电视台）和制片人发表对文化艺术部的感谢信，称其虽在制作和播放此剧时侵权却获得宽

① 《庆祝柬埔寨继续成为“海牙公约”政府间委员会成员国》，〔柬〕Grand News，2017 年 12 月 1 日，https：//grandnewsasia. com/detail/70817/。

② 《喜讯连连　洪森总理荣获全球旅游和可持续发展亲善大使　金边荣获“世界文化旅游之都”称号》，〔柬〕《柬华日报》12 月 9 日，http：//jianhuadaily. com/20171209/4613。

③ 柬埔寨文化艺术部官方脸书，2017 年 1 月 24 日，https：//www. facebook. com/KhmerCultureMinistry/posts/1238319 372917208。

④ 柬埔寨文化艺术部官方脸书，2017 年 2 月 8 日，https：//www. facebook. com/KhmerCultureMinistry/posts/12527181 81477327。

宥处理。①

4 月 27 日，柬埔寨文化艺术部与世界知识产权协会举办关于著作版权与侵权的论坛，参加者有作家、制作人、经营者等相关人士约百位。② 5 月 9 日，文化艺术部发布及时叫停在 Facebook 和 Youtube 网站上上传电影和未经文化艺术部允准传播公共电影的通知。③

5 月 9 日，柬埔寨文化艺术部与新闻部召开研讨会，讨论电视台自己制作、营销和宣传影视作品的形式和程序的联合草案。④ 7 月 5 ~6 日，文化艺术部电影艺术与文化传播司和社会事务部公共服务司联合举办关于加强文化艺术部电影司官员的公共服务能力的论坛。⑤ 10 月 25 日，召开关于促进实施柬埔寨艺术和电影产业发展五项措施的论坛，参与者来自新闻部、财经部、柬埔寨电视协会、电影协会、作家协会和艺术家协会，共 100 多人。⑥

2. 规范奖惩制度，保护合法权益

1 月 16 日，柬埔寨文化艺术部艺术家奖惩委员会召开审查并讨论制定艺术家奖惩条例的会议。⑦ 9 月 24 日，荣获日本福冈艺术文化奖的光奈长老载誉归来，受到高规格接待，车队沿街游行庆祝。之后，光奈长老受邀出席正在四臂湾会议中心举行的全国长臂琴和单弦琴音乐会。⑧ 9 月 29 日，洪森

---

① 柬埔寨文化艺术部官方脸书，2017 年 2 月 10 日，https：//www. facebook. com/KhmerCultureMinistry/posts/1254372 674645211。

② 柬埔寨文化艺术部官方脸书，2017 年 4 月 28 日，https：//www. facebook. com/KhmerCultureMinistry/posts/1334874 836594994。

③ 柬埔寨文化艺术部官方脸书，2017 年 5 月 9 日，https：//www. facebook. com/KhmerCultureMinistry/posts/13461990 82129236：0。

④ 柬埔寨文化艺术部官方脸书，2017 年 5 月 9 日，https：//www. facebook. com/KhmerCultureMinistry/posts/13462310 35459374。

⑤ 柬埔寨文化艺术部官方脸书，2017 年 7 月 5 日，https：//www. facebook. com/KhmerCultureMinistry/posts/14053686 16212282。

⑥ 柬埔寨文化艺术部官方脸书，2017 年 10 月 26 日，https：//www. facebook. com/KhmerCultureMinistry/posts/15051 35229568953。

⑦ 柬埔寨文化艺术部官方脸书，2017 年 1 月 17 日，https：//www. facebook. com/KhmerCultureMinistry/posts/123132 8503616295。

⑧《青桑林阁下迎接并列队游行祝贺光奈长老》，柬埔寨人民党官网，2017 年 9 月 25 日，https：//www. cpp. org. kh/details/39835。

首相授予光奈长老勋章仪式在文化艺术部办公室举行，众多艺术家参加并与洪森首相座谈。洪森号召大家保护传统高棉艺术、重视老艺术家，建议多向游客们宣传和表演高棉传统艺术，建议创作者不要篡改经典故事，他承诺每年都会和艺术家们进行一次座谈。①

3 月 25 日，柬埔寨文化艺术部成立法律援助小组，以提高法律实施效力、向文化艺术部的公务员和艺术家们提供法律咨询、向权益受损的贫困公务员和艺术家提供免费的辩护律师、维护文化艺术部公务员和艺术家们的合法权益。② 7 月 19 日，为保护著作者的权利并合法经营版权，柬埔寨文化艺术部召开专题研讨会，促使相关方面尽快建立共同权利管理组织，履行世界贸易组织关于知识产权保护的义务，激发创作者的热情，提高经济和社会发展水平。③

3. 加大资金投入，促进文化产业发展

11 月 23 日，文化艺术部与联合国教科文组织驻柬机构合作召开第二届艺术论坛，以“文化艺术领域的协作”为主题，国内外社会组织、相关部门和企业代表应邀参会，纷纷为柬埔寨文化产业发展建言献策。④ 11 月 29 日，柬埔寨文化艺术部设立基金委员会，用于抢救濒临消失的艺术，重点关注伊给舞、巴萨剧、考尔剧和其他传统艺术。这些资金来自王国政府、国内外组织和个人。这有助于激励艺术创作者、参与者和研究者。此外，文化艺术部还牵头成立部际委员会，审查并建立艺术救助制度。⑤

---

① 《洪森首相向日本福冈艺术文化奖获得者光奈长老授勋》，柬埔寨内阁办公厅网站，2017 年 9 月 30 日，http：//pressocm. gov. kh/archives/13694。

② 《文化艺术部成立由泰·诺罗尚雅先生领衔的法律援助组》，〔柬〕“新”新闻网（Thmey Thmey），2017 年 3 月 26 日，https：//thmeythmey. com/index. php? page = detail&id = 50859。

③ 《文化部部长力促尽早成立共同权利管理组织》，〔柬〕“新”新闻网（Thmey Thmey），2017 年 7 月 19 日，https：//thmeythmey. com/index. php? page = detail&id = 54633&paginate =5。

④ 《文化艺术部部长彭·萨格娜主持召开第二届艺术论坛——“文化艺术领域的协作”》，〔柬〕Fresh New，2017 年 11 月 23 日，http：//www. freshnewsasia. com/index. php/en/localnews/71382 -2017 -11 -23 -08 -03 -54. html。

⑤ 《文化部建立基金会扶持濒临消失的传统艺术》，〔柬〕《和平岛报》2017 年 11 月 29 日，https：//kohsantepheap daily. com. kh/article/561953. html。

（四）走出去，提升文化知名度；引进来，促进交流与合作

柬埔寨的社会开放程度高，文化发展呈现出现代多元化趋势。柬埔寨文化一方面积极“走出去”，参加国际文化艺术节或国际会议等；另一方面将国外文化“引进来”，多元文化和谐相处或彼此合作。

1. “走出去”方面

2月10日，柬埔寨文化艺术部部长彭·萨格娜与柬埔寨青年联合会主席洪马尼率艺术团参加新加坡街头妆艺大游行（Chingay Parade）。柬埔寨艺术团进行了混杂有大皮影戏、仙女舞和斗狮拳等艺术形式的表演。[①] 6月8~11日，彭·萨格娜率文化艺术部和仙女国家机构代表团参加第六届中国成都“国际非物质文化遗产节”，其间与中国文化部部长雒树刚会晤，双方“商谈积极落实两国文化交流执行计划，共同加强中柬在多边合作机制下的协作与配合，夯实地区繁荣稳定根基”。[②] 11月27~29日，柬埔寨文化艺术部国务秘书索姆·索坤应邀参加在中国香港举行的第十届“亚洲文化合作论坛”（10th Asian Cultural Co-operation Forum），该论坛主题为“动态世界中的文化传承：连接多元”（“Cultural Sustainability in Dynamic World: Connecting Diversity”），有来自17个国家的文化部部长、使节、相关社会组织等参加。其间，索姆·索坤与中国文化部部长雒树刚、香港特区行政长官林郑月娥以及其他国家领导人进行了会谈。[③]

2. “引进来”方面

1月30日，金边德国文化中心（Meta House）[④] 举行十周年庆典，柬埔

① 《柬埔寨艺术团在新加坡妆艺大游行中令人瞩目》，〔柬〕KBN新闻网，2017年2月11日，https://kbn.news/archives/56905。

② 《雒树刚会见柬埔寨、赞比亚部长》，中华人民共和国文化和旅游部网站，2017年6月2日，http://www.mct.gov.cn/whzx/whyw/201706/t20170612_826609.htm。

③ 柬埔寨文化艺术部官方脸书，2017年11月29日，https://www.facebook.com/Khmer Culture Ministry/posts/153926 6692822473。

④ 柬埔寨德国文化中心是柬埔寨唯一一家关注教育的非营利性艺术与传媒中心，由德国导演梅斯特哈姆（Nico Mesterharm）及其柬埔寨团队成员在柏林自由大学国际学院的协助下于2007年1月成立，网址为http://www.meta-house.com/。

寨文化艺术部长彭·萨格娜出席活动。[①] 2月18日，以“红色高棉”时代为背景、由同名书籍改编、安吉丽娜·朱莉执导的电影《他们先杀死了我父亲》（*First They Killed My Father*）在暹粒大吴哥景区首映，柬埔寨国王西哈莫尼和太后莫尼列出席首映礼。

2月27日，2016年度环球小姐代表团来柬，随后在部分省市的公众场所和学校开展“环境、旅游和文化”慈善教育活动，并于3月4日在钻石岛中央举办音乐会，为昆特·帕花儿童医院筹款。[②] 11月17日，2017年度环球小姐大赛总决赛在金边举行，柬埔寨副首相棉森婉和新闻部、文化艺术部等部门高官出席。[③]

6月7日晚，泰国电影在柬埔寨举行宣传活动，柬埔寨文化艺术部国务秘书索姆·索坤、泰国驻柬大使和众多柬泰影星参加活动。[④] 8月26日下午，在柬埔寨和菲律宾建交60周年之际，两国联合文艺演出和图片展开幕。[⑤] 10月4日，为庆祝柬埔寨与越南建交50周年，越南文化周拉开帷幕。[⑥]

11月8日，由日本国际交流基金亚洲中心金边办公室和柬埔寨文化艺术部电影艺术与文化传播办公厅联合举办的第三届日本电影节在金边四臂湾会议厅开幕，两家电影院四天内各展映了12部影片，[⑦] 活动期间（11月10日）还举办了日本电影创作者电影创作经验分享论坛。

---

① 柬埔寨文化艺术部官方脸书，2017年1月31日，https：//www. facebook. com/KhmerCulture Ministry/posts/1244064 629009349。

② 柬埔寨文化艺术部官方脸书，2017年2月27日，https：//www. facebook. com/KhmerCulture Ministry/posts/1272484 059500739。

③ “2017年度环球小姐选美”专页，〔柬〕Sabay News，http：//news. sabay. com. kh/article/tag/miss－global－2017。

④ 柬埔寨文化艺术部官方脸书，2017年6月8日，https：//www. facebook. com/KhmerCulture Ministry/posts/13782582 75589983。

⑤ 柬埔寨文化艺术部官方脸书，2017年8月27日，https：//www. facebook. com/KhmerCulture Ministry/posts/1454410 994641377。

⑥ 柬埔寨文化艺术部官方脸书，2017年10月5日，https：//www. facebook. com/KhmerCulture Ministry/posts/1486912 784724531。

⑦ 《日本著名影片开始免费放映　意使两国民众关系更好》，〔柬〕Fresh News，2017年11月9日，http：//fresh newsasia. com：81/index. php/en/localnews/69784－2017－11－09－06－34－50. html。

三 2017年度中柬文化交流合作

近年来，在“一带一路”建设背景下，中国与柬埔寨的合作在各个领域全面开花，中国已成为柬埔寨最大的投资国、援助国和游客来源国。2017年中柬两国文化交流合作既在原有模式上夯实基础，也有向纵深发展，具体表现在以下几个方面。

体育文化工程方面，由中国政府援建的柬埔寨新国家体育场4月4日在金边东北部举行动工仪式。体育场建成后将成为2023年东南亚运动会和其他国际体育赛事的主要场馆。洪森首相表示，新体育场将大大促进柬埔寨体育、文化、教育和社会事业的发展。①

译介出版方面，4月11日，由中国国务院新闻办公室、中国驻柬埔寨大使馆和柬埔寨首相府共同主办的《习近平谈治国理政》柬文版首发式在柬埔寨首相府和平大厦隆重举行，柬埔寨首相洪森等政府高级官员及各界代表近千人参加。洪森首相发表讲话，高度评价习近平主席的理政思想，要求柬埔寨政府官员、学者和学生们认真研读，汲取经验，将其运用到推动柬埔寨经济社会发展各项工作中。②

文化产业合作方面，4月11日，“一带一路”文化合作项目暨中柬文化创意园战略合作协议签字仪式在暹粒举行，柬埔寨文化部与云南文化产业投资控股集团有限责任公司（简称“云南文投集团”）签署战略合作备忘录，以建立中柬文化创意园。③ 建设内容包括“吴哥的微笑”大剧院（Smile of Angkor Theater）、周达观博物馆、中柬文化培训交流中心、吴哥文化创意产品加工展示中心等。云南文投集团2010年5月在暹粒投资打造了大型旅游

---

① 《中国援建的柬埔寨新国家体育场动工》，新华网，2017年4月4日，http://www.xinhuanet.com/world/2017-04/04/c_1120749379.htm。

② 《2017年中柬交流合作十大亮点》，〔柬〕《柬华日报》2018年1月8日，http://jianhuadaily.com/20180108/7159。

③ 柬埔寨文化艺术部官方脸书，2017年4月11日，https://www.facebook.com/KhmerCultureMinistry/posts/1318633741552437。

演艺项目《吴哥的微笑》，并于当年11月28日开业。[①] 10月25日，由中柬两国企业[②]共同打造的大型史诗舞台情景剧《吴哥王朝》，在暹粒吴哥大剧院举行媒体见面会和首演仪式，12月8日正式上映。加华集团董事长兼柬华理事总会会长方侨生称，该大剧院是以剧目演艺为核心的旅游文化综合体，提升了暹粒城市形象，是柬埔寨新的地标旅游项目。[③]

教育方面，8月14日，中国政府奖学金留学录取通知书颁发仪式在金边举行，熊波大使与柬埔寨教育青年体育部大臣韩春纳洛出席。2017年，柬方共有181名学生获得中国政府奖学金，2017/2018学年中国向柬埔寨提供的政府奖学金名额达到334个，创历史新高。[④]

人文交流方面，9月23日，第十五届亚洲艺术节在中国浙江宁波举行，柬埔寨文化艺术部国务秘书索姆·索坤与会，率Pharez杂技团参加表演。亚洲艺术节是亚洲政府间文化合作的重要平台，也是集中展示亚洲文化艺术发展成果的重要舞台。[⑤] 9月24日，作为第十五届亚洲艺术节主体活动之一的澜沧江—湄公河文化论坛举行。柬埔寨、老挝、缅甸、泰国和越南文化部部长或代表和中国文化部部长共同出席，就次区域文化交流与合作进行顶层设计与规划。论坛还通过了《澜湄文化合作宁波宣言》。[⑥] 在同一天，为了促进澜湄区域人文交流，由13辆车组成的“澜沧江—湄公河文化行”车队从中国浙江宁波出发，车队抵达柬埔寨后，于10月19日在金边中国文化中

---

① 《促中华文化走出去　人大代表倡建中柬文化创意园》，中国新闻网，2017年3月6日，http：//www. china news. com/cul/2017/03－06/8166897. shtml。

② 由四川德阳市杂技团有限责任公司与德阳市国投公司共同组建的德阳美忆文化旅游发展投资有限公司，与柬埔寨加华综合企业集团合资组建的柬埔寨加恒国际文化旅游投资有限公司共同打造了大型史诗舞台情景剧《吴哥王朝》。

③ 《“吴哥大剧院”落成并举行〈吴哥王朝〉首演》，中国新闻网，2017年10月25日，http：//www. china news. com/cul/2017/10－25/8360590. shtml。

④ 《2017年中柬交流合作十大亮点》，〔柬〕《柬华日报》2018年1月8日，http：//jianhuadaily. com/20180108/7159。

⑤ 《第十五届亚洲艺术节开幕》，中华人民共和国文化和旅游部网站，2017年9月25日，http：//www. mct. gov. cn/whzx/whyw/201709/t20170925_ 826780. htm。

⑥ 《澜沧江—湄公河文化论坛举行　澜湄合作快车行稳致远》，中国新闻网，2017年9月24日，http：//www. chinanews. com/gn/2017/09－24/8339102. shtml。

心举行了“路演”。[①]

影视交流方面，12 月 1 日，由中国广西人民广播电台和柬埔寨国家电视台联合主办的“中国剧场”推介会在金边举行。2014 年 10 月，柬埔寨国家电视台与广西人民广播电台合作，正式推出“中国剧场”栏目，三年来引进了多部中国优秀剧目，《三国演义》等电视剧在柬埔寨掀起收视热潮。[②] 12 月 10 日，柬埔寨全国华文学校第 17 届“大使奖”现场作文比赛在端华学校礼堂举行。2017 年，有 21 所华文学校 739 名学生参赛，分为小学组、中学组和专修组。自 2001 年以来，在中国驻柬埔寨大使馆的支持下，柬华理事总会连续举办了 17 次比赛，参赛学生逐年增加。[③] 12 月 11 日，由中国驻柬埔寨大使馆、中柬友谊广播电台和柬埔寨文化艺术部、柬埔寨新闻部、柬埔寨青年联合会联合主办的“露天电影院 · 第二届中柬优秀电影巡映”活动开幕。本次活动深入七省基层，走进农村、军营和经济特区，放映中柬影片各 3 部。[④]

四　总结及展望

总体上来看，2017 年柬埔寨文化发展呈现出蓬勃之势。柬埔寨每年都会举办与传统文化相关的活动，如国家文化节、艺术节、文学创作大赛和众多节日庆典等活动，传统民族文化借此机会得到宣传和弘扬，二者良性互动发展。

2017 年，柬埔寨继续积极与国际社会和组织合作，在保护和发展文化

---

① 《“澜沧江—湄公河文化行”车队抵柬埔寨“路演”》，中国新闻网，2017 年 10 月 19 日，http：//www. china news. com/gj/2017/10 - 19/8356472. shtml。

② 《“中国剧场”推介会在金边举行》，新华网，2017 年 12 月 2 日，http：//www. xinhuanet. com/overseas/2017 - 12/02/c_ 1122047190. htm。

③ 《柬埔寨华校“大使奖”作文比赛在金边举行》，新华网，2017 年 12 月 11 日，http：//www. xinhuanet. com/2017 - 12/11/c_ 1122091826. htm。

④ 《第二届中柬优秀电影巡映在金边启动》，中新网，2017 年 12 月 12 日，http：//m. xinhuanet. com/ent/2017 - 12/12/c_ 1122094894. htm。

遗产方面取得了很大进展，随着三波坡雷库寺列入联合国教科文组织《世界文化遗产名录》，目前柬埔寨的“世界文化遗产”多达7处。自身资金、技术和能力的缺乏，预示着柬埔寨长期内还需要外国援助，这样才能做好本国的文化遗产保护工作。

随着国内经济不断发展，柬埔寨越来越重视法制建设，强调保护知识产权，引导和规范文化产业市场，加大资金投入，以提升和促进文化产业的发展，服务社会经济。在这一过程中，为了使文化更健康地发展，需要不断加强影视版权保护，规范奖惩制度，保护创作者的合法权益。

在对外文化交流合作方面，柬埔寨以开放的态度予以配合、接纳，积极与本地区的国家和世界大国开展交流合作，一方面学习吸收外来文化的先进经验，另一方面在自我内部进行适当调适，以期传统性和现代性和谐统一。

2017年中柬文化交流在坚实的基础上往纵深发展，在体育文化工程、译介出版、文化产业合作、教育和人文交流等方面全面开花。在“一带一路”倡议背景下，这种合作交流会不断加强。

B.9
2017年菲律宾文化发展报告

谢苏丽

摘　要：　作为多族群的后殖民社会，当今菲律宾的文化发展体现了菲律宾社会对自身文化身份、社会结构和历史遗产的认识、反思以及期望。本文在梳理菲律宾文化历史传统的基础上，回顾了2017年菲律宾政府和民间的重大文化政策和活动，分析了2017年菲律宾文化发展的三大主题，分别是“塑造国家认同”、“反思殖民主义”以及“鼓励语言和文化多样性”。此外，本文还从中国视角出发，专门论述了2017年菲律宾对华文化交流的进展和成就。在此基础上，本文总结了2017年菲律宾文化发展的基本特点和未来发展方向。

关键词：　菲律宾　国家认同　后殖民　文化多样性　中菲关系

菲律宾位于亚洲东南部，北隔巴士海峡与中国台湾省遥遥相对，南和西南隔苏拉威西海、巴拉巴克海峡与印度尼西亚、马来西亚相望，西濒南中国海，东临太平洋。共有大小岛屿7000多个，其中吕宋岛、棉兰老岛、萨马岛等11个主要岛屿占全国总面积的96%。[①] 马来族人口占全国人口的85%以上。菲律宾有70多种语言。国语是以他加禄语为基础的菲律宾语，英语

① http://www.fmprc.gov.cn/web/gjhdq_676201/gj_676203/yz_676205/1206_676452/1206x0_676454/，中华人民共和国外交部官网，2018年2月访问。

为官方语言。由于其所处的地理位置及其历史，菲律宾社会在东南亚文化的大背景下具有多样性、复杂性、混合性、整体性等特征。

综合来看，当代菲律宾社会主要存在4种文化类型：山地区文化、华人等外来族群文化、摩洛文化和低地区文化。低地区文化是基督教-天主教文化主导的主体民族文化，也是当代菲律宾国家认同的基础。经历了历史上长期的宗教斗争与迫害，现行菲律宾宪法确立了宗教信仰自由、宗教平等和政教分离的基本原则，因此主要文化类型之间并不完全独立。宿务岛的本地居民主要信奉天主教，但他们信仰的方式带有浓浓的南亚传统风格。在政治、经济上仍然严重依赖于美国，美式教育的推广、普及使菲律宾人在民族、国家认同上产生模糊和迷惘。

自20世纪90年代起，菲律宾政府通过设立国家艺术月、国家文学月和电影节等活动增强菲律宾人民的国家认同感和民族自豪感。2017年，国家艺术文化部（NCCA）采取更强有力的文化政策，首次召开文化统计会议。[①] 社会文化在国家和区域发展中发挥着重要作用，特别是在经济和社会领域。可靠的文化统计数据能更好地衡量国家文化政策的效果，从而进一步影响菲律宾政府未来的整体发展计划。国家艺术月于1991年创立，每年2月举行，由菲律宾最高艺术文化机构国家艺术文化部主办，当地政府、事业单位和私人机构协办，主要包括建筑、电影、舞蹈、文学、音乐、戏剧和视觉艺术7项国家专业委员会项目，旨在引导全民族对创造性、艺术性、想象性的重视和对文化遗产的保护，鼓励人民参与全国多元文化建设，进而增强民族自豪感和认同感。菲律宾的代表性艺术，正如詹明信对第三世界文化的概括所言，带有强烈的“民族寓言”的性质。[②] 艺术家的个体艺术创造和表达，在很大程度上反映了整个民族的生存状态和发展困境。面对后殖民语境和民族国家建设的历史任务，2017年菲律宾文化和艺术发展和管理的主题和动向

① NCCA moves for stronger cultural policies，spearheads cultural statistics conference，菲律宾国家艺术文化部官网，2017年10月2日。

② Fredric Jameson，“Third-World Literature in the Era of Multinational Capitalism，” *Social Text*，No. 15（Autumn，1986），pp. 65-88.

有四：（1）塑造国家认同；（2）反思殖民主义；（3）鼓励语言和文化的多元性；（4）菲律宾和中国的文化交流迈上新台阶。

一　塑造国家认同

在一个宗教信仰多元的社会，宗教矛盾也在所难免。一方面，天主教信徒占总人口的85%左右，对社会政治影响力极大。[①] 2017 年杜特尔特颁布124 号总统公告，宣布每年 1 月为全国圣经月。[②] 政府发言人表示，这一举措依据 1987 年宪法关于政府应支持加强道德精神教育和发展菲律宾人民道德品质的要求，是道德教育而非宗教教育，因此不违背政教分离原则。另一方面，出于社会管理的需要，菲律宾政府也试图对天主教徒的生活方式做出调适。菲律宾大部分人信仰天主教，天主教提倡不避孕，其导致的社会问题是大量家庭所生的小孩数量超过家庭的预期孩子数量，过度生育也导致每天都有孕妇或产妇死亡。2012 年实施的生殖健康法案，因部分反对团体向最高法院申诉而受阻，2017 年 1 月 9 日杜特尔特总统签署 12 号行政命令，规定为了实现父母责任和生殖健康目标，对每个使用计划生育工具的家庭提供资金支持与帮助。[③]

自 20 世纪 90 年代起，菲律宾政府通过设立国家艺术月、国家文学月和电影节等活动促进菲律宾的国家认同感和民族自豪感。2017 年国家艺术月的主题为“Malikhain，Mapagbago，Filipino”，意为发扬艺术的创造力，不断创新，增强国家意识和自豪感。其核心内容是菲律宾整体文化意识。[④] 艺术月为期一个月，提前一年筛选参展项目，广泛涉及各个城市，闭幕式有年度杰出艺术家颁奖仪式。2017 年 10 月召开的“马尼拉艺术”（Manilart）博览会，主题为“东盟文化强国菲律宾”，地点是菲律宾南部的棉兰老岛，着

---

① 参见吴杰伟《菲律宾天主教对政治的介入》，《东南亚研究》2005 年第 6 期，第 16 ~ 19 页。

② Proclamation No. 124，s. 2017，《菲律宾共和国官方公报》2017 年 1 月 5 日。

③ Executive Order No. 12，s. 2017，《菲律宾共和国官方公报》2017 年 1 月 9 日。

④ 《菲律宾国家艺术文化部国家艺术月》，菲律宾国家艺术文化部官网，2017 年 2 月 4 日。

重为棉兰老岛的艺术家和作品提供展示平台。作为不同岛屿文化传播的平台，展示菲律宾的多样艺术，不仅视觉上引人入胜，也会碰撞出精神的火花。不过，不无讽刺的是，就在 2017 年 1 月，菲律宾政府军与“摩洛伊斯兰自由斗士”发生了武装冲突，而这一组织的基地恰恰位于棉兰老岛。这表明，推动多元文化之间的理解和对话仍是菲律宾社会的紧迫课题。

可以看出，这次艺术博览会旨在推动地方文化和国家建设的融合与共进。博览会推出的库布来·米兰（Kublai Millan）是棉兰老岛出色艺术家代表之一，他专注和平和国家建设，以介绍棉兰老岛文化为毕生追求，并带领其走向世界舞台。米兰在达沃的超大型公共雕塑展览，体现了棉兰老岛文化根植于自然并与之和谐相处，他呼吁艺术家们应该扎根本土文化并丰富其文化内涵，这是未来的发展趋势，因为这有助于培育本土文化认同和国家自豪感。而另一位艺术家罗穆洛·加利卡诺（Romulo Galicano）的油画《现代大屠杀》也在博览会上展出，这件作品描绘了菲律宾历史上的悲剧“马京达瑙大屠杀”,[①] 旨在用重述历史创伤的方式，唤醒和传承菲律宾民族和社会的集体记忆，塑造民众对国家的政治和文化认同。同月，棉兰老岛和沙巴联合视觉艺术 Silingan Seni[②] 项目旨在促进两地之间的艺术家互动。[③]

电影也代表着菲律宾的民族和国家记忆。2017 年是菲律宾电影诞生 100 周年，菲律宾也是亚洲最早生产电影的国家之一，从低制作成本的电影起步，发展迅速，在全球市场拥有一席之地。20 世纪三四十年代美国占领时期，菲律宾电影模仿好莱坞电影工业大量生产类型片，迅速繁荣，在亚洲取得领先地位。菲律宾政府很早就意识到电影的文化交流和传承历史记忆的功能，为了鼓励提高国产影片质量，设立了各类奖项和机构。文化部下属的国

① 2009 年 11 月 23 日，在菲南部马京达瑙省安帕图安镇，包括省长候选人曼古达达图家人、律师及 32 名记者在内共 58 人遭到选战对手安帕图安家族的私人武装劫持并被集体屠杀。案发后，涉案的老安帕图安及其儿子相继落网，共有 197 人遭到控告，但至今无一人被定罪，所有被告均宣称无罪。该案主谋、前马京达瑙省省长老安帕图安于 2015 年 7 月病死。

② Silingan 是一个米沙鄢词，意为“邻近的”；Seni 则是一个马来词，意为“艺术”。

③ Silingan Seni，“A Cross Border Art Initiative of Mindanaoan and Sabahan Visual Artists，”菲律宾国家艺术文化部官网，2017 年 10 月 14 日。

家电影组织负责主流电影的拍摄、宣传、修复和存档。政府自身也会投资拍摄电影，如内政部拍摄了关于地方文化的电影等。菲律宾最重要的电影行业组织是创始于 1981 年的菲律宾电影学院（Film Academy of the Philippines），下设各类行业性协会和社团，旨在推动和促进菲律宾电影的整体发展，其在国内的地位类似美国电影艺术与科学学院，负责评选和颁发有菲律宾奥斯卡奖之称的“卢娜奖”。菲律宾总统府办公室下设菲律宾电影发展协会（FDCP），政府通过电影来快速影响大众生活，同时以影像记录历史，为后代留下宝贵财富。2018 年 2 月 25 ~ 28 日，为期 4 天的第十届“X 地方电影节”重返马尼拉，主题为“同一个国家、同一个电影梦、同一个未来”。主要以电影大屏幕、论坛、工作坊等形式来提升地方电影水平，显示其在菲律宾电影整体中不可或缺的重要作用。①

在绘画和雕塑领域，2017 年第 57 届威尼斯双年展开幕，菲律宾展厅的主题是“比较的幽灵”（The Spectre of Comparison），这一主题由著名雕塑家约瑟琳娜·克鲁兹（Joselina Cruz）提出，名字来源于菲律宾民族主义革命家何塞·黎刹（Jose Rizal）的小说《别碰我》（*Noli Me Tángere*），后由著名理论家和东南亚研究者本尼迪克特·安德森加以阐发。展厅展出了 Manuel Ocampo 和 Lani Maestro 两位艺术家的绘画作品和装置艺术作品，旨在以比较的方式，展现菲律宾艺术家对本国和西方的不同感情，表现宗教和腐败等问题带来的社会压力，探讨菲律宾的民族主义情绪，推动对话。② 展览通过图片的拼贴，穿梭于不同的时空，让本土传统和全球景观并置，展现本土和西方的双重视野如何在菲律宾侨民身上汇聚和碰撞，突出了西方价值观的洗礼对菲律宾自我认知和认同的巨大冲击以及由此产生的“眩晕”，引发对菲律宾民族身份特别是对全球化过程中菲律宾海外移民的身份认同的思考。③

---

① CRX，“Cinema Rehiyon Returns to Manila，” 菲律宾国家艺术文化部官网，2018 年 2 月 13 日。

② http：//artasiapacific. com/News/JoselinaCruzToCuratePhilippinePavilionAt2017VeniceBiennale，2018 年 3 月 18 日访问。

③ http：//cnnphilippines. com/life/culture/arts/2017/05/16/biennale – 2017. html，2018 年 3 月 18 日访问。

在艺术推广和共享方面，菲律宾总统府通讯业务办公室（PCOO）与谷歌合作，2017 年 7 月 5 日，总统府博物馆和图书馆在谷歌“艺术与文化”上举办展览。① 谷歌“艺术与文化”是一个在线平台，公众可以通过它虚拟浏览与谷歌合作的博物馆、画廊和艺术展品，为观众提供了 360 度的博物馆内景。总统府通讯业务办公室负责人说：杜特尔特总统政府创新连接方式，利用先进的媒体平台向全国以及全球展示菲律宾的风采。通过谷歌“艺术与文化”应用程序，在线观众可以阅读关于马拉卡恩宫的历史，浏览总统府博物馆和私人机构收集的艺术品、家具和其他物品以及书籍杂志，向民众展示了马拉卡恩宫不仅是一个权威的场所，更是一个国家整体历史故事的藏宝库，在这里，历届国家领导人和政府为争取国民更美好的生活而奋斗。

二　反思殖民主义

在长达数百年的殖民史中，菲律宾社会有着悠久的反殖民传统，这也体现在文化意识和文艺作品中。19 世纪初，菲律宾画家卢纳（Juan Novicio Luna）的社会历史题材画 *Spoliarium* 在 1884 年马德里博览会上摘得金奖，成为第一批具有国际影响力的菲律宾艺术家之一。画作描述斗兽场上已经和即将战死的罗马角斗士被拖入斗兽场的地下室，隐喻着西班牙国王对当地人的压迫。虽然卢纳荣获金奖，但因为身为菲律宾人，最终并未获得该奖项的最高奖。

自近代以来，菲律宾群岛先后受到西班牙、美国和日本的殖民统治，直至今日，美国在菲律宾仍保留有多个军事基地，将菲律宾视为自己在亚洲的势力范围。数百年的殖民史使本土文化受到不同程度的压制，外来宗主国文化迅速扩张，菲律宾文化整体呈现出一种不平衡的多元化。以塑造居民生活空间的建筑为例，菲律宾建筑不仅有本土传统棚屋，还有天主教的宗教建筑和美国兴建的欧洲古典风格市政建筑，因此菲律宾建筑大师莱昂德罗・洛克

① “Presidential Museum Launched on Google Arts & Culture,” 菲律宾总统府通讯业务办公室，2017 年 7 月 5 日。

欣（Leandro Locsin）说菲律宾的建筑是变化发展的，在采用现代技术的同时，也留下了不同历史时期的文化烙印。

2015 年，总统令 No. 968 s. [①] 将每年 4 月定为菲律宾国家文学月，2017 年国家文学月的主题是“文学变革的力量”[②]，开幕式是纪念反殖民主义的爱国诗人、被誉为“菲律宾诗王”的弗朗西斯科·巴尔塔萨尔（Francisco Baltazar，1789－1862）的系列活动，巴尔塔萨尔的代表作《弗罗兰第与罗拉》是在殖民当局的牢狱中创作的著名寓言长诗，用骑士诗歌的形式歌颂了反抗异族侵略、爱情与自由，被誉为菲律宾近代文学的首部杰作。开幕式活动以文学阅读和批评的方式展开对殖民历史的铭记和反思，对思考菲律宾的殖民历史，以及今天美国对菲律宾的政治、经济和军事控制仍有现实意义。

在建筑领域，2017 年 11 月，国家艺术文化部、外交部等部门遴选出美国辛辛那提大学终身教授、菲律宾建筑家 Edson Cabalfin 设计的主题为“有两个肚脐的城市”的作品，代表菲律宾参加 2018 年威尼斯建筑双年展。[③]这是菲律宾第二次官方参加威尼斯建筑双年展，同时是第一次设立菲律宾建筑独立展馆。参展作品以一个城市、两个中心点为主题，受菲律宾国宝级作家尼克·乔昆（Nick Joaquin）的经典小说《有两个肚脐的女人》启发，强调影响城市的两种力量：殖民主义和新自由主义，体现了后殖民社会对旧有殖民遗产和新型经济剥削的焦虑。[④] 委员会表示，该项目从批判的角度来呈现建筑主题，进而通过建筑和遗产展示城市风貌，传达了菲律宾建筑设计与环境社会的矛盾。亚洲艺术收藏委员会委员左贝尔（Fernando Zobel）表示：“该项目探讨了全球化现代化进程中如何保持菲律宾自己特有的文化特点，

---

① Proclamation No. 968, s. 2015,《菲律宾共和国官方公报》2015 年 2 月 10 日。

② “Buwan ng Panitikan ng Filipinas Highlights the Transformative Power of Literature,” 菲律宾国家艺术文化部官网，2017 年 3 月 15 日。

③ “PAVB Announces PHL Representative to Venice Architecture Biennale 2018,” 菲律宾国家艺术文化部官网，2017 年 11 月 30 日。

④ https://news.mb.com.ph/2017/10/01/the-city-who-had-two-navels-chosen-as-ph-representative，2018 年 2 月 1 日访问。

我也相信未来会有具备菲律宾独特性的东西影响全球。”

在电影方面，2017 年东盟电影节菲律宾参展影片《艾路特丽雅之梦》主要讲述一个偏远岛屿上的女孩成为“邮寄新娘”，替家庭偿债远嫁他乡的故事。90 分钟的影片用一个长镜头完成，集中表现了女孩在登机前的挣扎和抉择过程，表达了女性独立意识的觉醒和后殖民社会心态的矛盾冲突。菲律宾人传统上非常重视家人和朋友的意见，因此婚恋选择受亲友影响很大，而影片中女主角周围的人以她嫁给外国人为荣，但是随着现代会社会不断发展，年轻人追求更多的恋爱自由，是听从家庭决定还是跟随自己内心？这成为两难的选择。

三　鼓励语言和文化多样性

反思殖民主义的另一面，是重新肯定本土文学，追求语言和文化的多元化。以宿务为例，宿务当局大力发展地方文化，宿务博物馆举办了巴利托舞表演及巴利托舞的视频讲座，针对儿童和青年的创作组织宿务民间故事会（Istoryahi Ko），也有针对宿务诗歌、小说和戏剧的对谈活动。

由于长期的殖民统治，菲律宾的本土文化受到较大破坏。菲律宾群岛的早期居民有字母表或音节，他加禄语称为 baybayin，是类似于梵文的铭文。原始居民借助 baybayin 创作了歌曲、谜语和谚语，以及抒情诗、短篇诗、史诗等文学形式。然而，这些早期文学大部分是通过口头传唱和咒语传播的，① 几个世纪后，西班牙编年史家和传教士禁毁了能找到的任何书面文献，从而使写作系统（如他加禄语音节）无法操作。同时，西班牙人将 baybayin 转录成罗马字母，这使菲律宾本土文学受到重挫。西班牙的殖民策略是通过用各地民族语言编写耶稣受难诗等宗教读物来劝说和吸引当地居民入教。虽然耶稣不像传统口述史诗中的英雄，但耶稣永生的宗教观念很快在

① 文学之父奇里诺和科林指出，在他加禄语中有 16 种不同场合的歌曲形式，如 uyayi 或 hele 是孩子入睡的摇篮曲，soliranin 是旅行者的歌曲，maluway 是集体劳动的歌曲等。

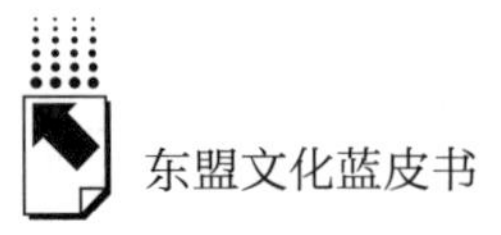

全国传播开来。

在本土文学衰落的同时，美国在占领期逐步确立了英语的主导地位，推动了菲律宾英语文学的发展。1901 年，美国殖民政府推广“普遍性、实用性和民主性”的理念，推广公共教育，以英语为教学语言，使英语越出学术界，在社会上广泛运用，如书籍、杂志、报纸等。今天，大约 80% 的菲律宾人可以理解和使用英语。①

近年来，以国家文学月为代表，菲律宾政府在政策上鼓励使用不同的菲律宾语言书写菲律宾文学，使国家的历史和文化遗产得到传承和推广。为庆祝 2017 年菲律宾国家文学月，② 菲律宾理工大学创意写作中心（PUP - CCW）在 4 月 19 日至 21 日举办为期三天的系列讲座，探讨多种创新小说类型。著名作家、爱荷华作家工作室研究员艾洛斯·阿塔利亚（Eros Atalia）和青年作家泽诺③（Zeno）就青年小说发表演讲，菲律宾语和英语小说家热内为耶夫·安塞约（Genevieve Ansejo）博士探讨情色文学，闭幕活动由帕兰卡奖（Palanca）得主、菲律宾大学尤金·埃瓦斯科（Eugene Evasco）教授和马尼拉亚典耀大学克里斯汀·贝伦（Christine Belen）教授做关于儿童文学的主题讲座。

4 月 29 日，菲律宾作协在马尼拉召开了全国作家大会，并颁发了创立于 1988 年的三大主要文学奖项。2017 年的获奖作家和作品鲜明体现了菲律宾文学语言和文化的多元性：终身成就奖获奖者是 Romulo Baquiran（菲律宾诗歌）、Luis Gatmaitan（菲律宾儿童小说）、Marne Kilates（英文诗歌）、Liza Magtoto（菲律宾戏剧）、Jameson Ong（中文诗歌）、Carla Pacis（儿童英文故事）、Vicente Rafael（英语批评）、Criselda Yabes（英语散文和小说）和 Melchor Yburan（宿务诗歌）；获得文学教育成就奖的是菲律宾维萨亚斯

① “Philippine Literature in English,” 菲律宾国家艺术文化部官网，2015 年 4 月 14 日。

② “Buwan ng Panitikan ng Filipinas Highlights the Transformative Power of Literature,” 菲律宾国家艺术文化部官网，2017 年 3 月 15 日。

③ 泽诺的小说《超人》（*Uberman*）获得了“马德里噶尔 - 冈萨雷斯处女作奖”（Madrigal-Gonzales Best First Book Award）。

大学（Visayas）人类学荣誉教授、《班乃岛部族史诗》（*Panay Bukidnon*）（菲律宾大学出版社出版）的译者 Alicia Magos；获得杰出文学组织奖的是菲华文学社团“千岛诗社”。①

在电影生产和创作方面，菲律宾政府也倡导多元化和地方化。国家艺术月下设的电影节致力于为提高民族方言电影水平搭建平台，其主要模式是通过大屏幕电影、论坛、工作坊等活动来推广地方民族方言电影。电影节的活动遍布全国许多城市，在美国苹果公司的赞助下举办微电影比赛，旨在挑选和培养电影在民间的后备力量。电影放映降低门槛，走出电影院，观众可以将坐垫铺在草坪上，观看来自吕宋岛、米沙鄢群岛和棉兰老岛的获奖地方影片。

在文化遗产保护方面，菲律宾总统根据国家艺术文化部的建议，依据第 10066 号共和国法案第 37 条或 2009 年的国家文化遗产法案设立国家遗产保护项目，用来奖励对国家文化遗产保护有特殊成就和重要贡献的组织或个人。该奖项将根据遗产成果、保护措施、产生的社会效益和可持续性、面临的挑战等方面标准进行评估。② 申请项目主要分为六大类：（1）再利用变更功能的一般历史建筑奖，目的是保护有价值建筑的完整性和原始设计；（2）保护保持原功能的重要历史建筑奖，包括桥梁、政府建筑、传统民居、灯塔、小港口等；（3）保护可移动的文化遗产奖，包括绘画、雕塑、书籍和手稿、科学对象和乐器等；（4）保护非物质文化遗产奖，包括口头传统艺术、民俗、语言和其他表达方式、表演艺术、宗教仪式、烹饪传统和节日活动等；（5）遗产保护教育与宣传奖；（6）遗产计划支持奖，用于表彰组织、地方政府单位或企业在支持遗产项目方面的积极参与和贡献。

2017 年 11 月 12 日，杜特尔特总统主持东南亚国家联盟（东盟）成立

---

① http：//ncca. gov. ph/buwan - ng - panitikan - ng - filipinas - 2017/，2018 年 3 月 20 日访问。

② “菲律宾遗产奖”（Philippine Heritage Awards），菲律宾国家艺术文化部官网，2018 年 2 月 26 日访问。

五十周年特别联欢晚会。[①] 东盟领导人和对话合作伙伴及其配偶穿着精心设计的菲律宾民族服装。由国家顶级时装设计师安德拉达（Albert Andrada）为男性领导人设计刺绣巴龙，每个巴龙都以不同的菲律宾人的品质命名，如勇敢（magiting）、热情（magiliw）、高尚（marangal）、友善（mapayapa）、礼貌（magalang）等。领导人配偶的服装由著名的菲律宾设计师 Rajo Laurel、Albert Andrada 和 Randy Ortiz 负责，采用高品质的泰国丝绸，设计主题灵感来源于菲律宾主要岛屿米沙鄢群岛和棉兰老岛的风格。晚会上表演的五种不同的舞蹈形式芭蕾舞、民族舞、交谊舞、踢踏舞和现代舞，标志着各地区五十年来的多样性和合作伙伴关系。

在绘画领域，西班牙传教士将西方绘画理念和技术介绍给菲律宾工匠，油画和水彩画逐渐发展起来，最初是以圣像画为主的宗教题材画，用于教堂装饰，后来世俗题材画逐渐增多，包括静物画、风景画、民族服饰画和历史题材画等。在吸纳西方技法的同时，现当代菲律宾绘画格外重视本土形式和本土理念，尝试恢复古代绘画的传统，如摆脱既定理念和对日常生活场景和周围环境的客观描绘。同时，除了强调不同语言、地域之间文化的差异外，菲律宾也重视性别差异，推动女性参与文化建设。在 2017 年全国女性月中，国家艺术文化部特别推介宣传了十位有代表性的女性作家、导演、音乐家和舞蹈家等，意在突出女性对艺术和社会的重要贡献。

四　菲律宾和中国文化交流迈上新台阶

中国和菲律宾之间的文化交往历史悠久，中国福建等地下南洋的华侨构成菲律宾社会的重要社会群体，也发展出独特的文化。通过贸易等形式，中国文化观念也迅速融入菲律宾的多元传统。西班牙殖民时期，菲律宾工匠在绘画和雕刻西班牙教士带来的圣像图样时，就开始使用中国绘画

---

① “ASEAN Gala Celebration to Showcase the Best of PH Arts and Culture,” 菲律宾总统府通讯业务办公室网站，2017 年 11 月 10 日。

技法。

近年来，随着中菲外交关系的大气候明显改善，社会合作和交流日益密切。菲律宾总统杜特尔特2016年上台后，调整阿基诺三世政府的外交政策，搁置南海争议，签署了一系列经贸和文化合作协定，菲律宾与中国的关系与合作持续升温。继2016年首次访华后，杜特尔特于2017年出席在中国举办的“一带一路”国际合作论坛，并与习近平主席和李克强总理会晤。李克强总理于2017年11月15～16日出访菲律宾，会见杜特尔特，称中菲关系就如马尼拉的天气一样温暖。[①] 这是十年来中国总理首次访问菲律宾。在经济领域，菲律宾国家经济发展署总干事佩尼亚于11月21日表示，近年来菲中贸易持续增长，中国目前稳居菲律宾最大贸易伙伴地位。从2010年至2017年，菲中贸易保持20.7%的年平均增速。这使中国在2016年超越日本跃升为菲律宾第一大贸易伙伴。

在政经关系大幅改善的背景下，中菲民间文化交流也更加密切和深入。2017年4月，广西民族大学和菲律宾大学合作举办“中国与菲律宾民族文化交流研习营”，向菲律宾学员介绍中国文化，特别是和东南亚有密切关系的少数民族文化。菲律宾大学近年来也加强了和中国相关课程的设置，2017年菲律宾大学国际研究中心新开设“中国一窥”课程，内容包括中国地理、语言与食物、地缘政治、亲属家庭生活、文化信仰系统和京剧表演等，让学生通过亲身体验和观察，更好地理解和欣赏中国当代文化与生活。[②] 2017年7月1～16日，马尼拉亚典耀大学孔子学院举办中国夏令营，菲律宾学员在中山大学参加中国语言和文化课程，并到广州和北京等地参观游览，增进对中国的了解。[③] 马尼拉时间2017年11月16日，中华人民共和国政府和菲律宾共和国政府发表联合声明，其中第十一条为双方同意在教育、文化、卫

---

① http：//globalnation. inquirer. net/162583/31st－asean－summit－li－keqiang－rodrigo－duterte－maritime－dispute－south－china－sea，accessed 24 February 2018.

② http：//gjc. gxun. edu. cn/info/1068/1720. htm，accessed 25 February 2018.

③ Confucius Institute at the Ateneo de Manila University. China Summer Camp 2017. Facebook，July 5－6，2017. https：//www. facebook. com/ateneoconfucius，accessed 25 February 2018.

生、旅游、体育等人文领域加强合作，加强旅游基础设施开发合作；双方为两国二线城市间新开直航航班感到鼓舞，同意支持开通更多直飞航班促进双向旅游。[①]

早在2016年10月视察伊萨贝拉省期间，杜特尔特就宣布：教育、农业和健康将成为其执政期间的三大重点，并向以农业为主要收入来源的当地人民保证，他即将访问中国，预计获得数十亿美元贷款，会将其中的大部分资金用来扶持农业。[②] 2018年4月杜特尔特结束海南博鳌亚洲论坛年会以及对香港的工作访问回国时再次强调：他的中国之行获得中国约98亿美元的投资，将为菲律宾人民创造10000个左右的工作岗位。此次访问期间，菲律宾政府和中国政府签订了六个新的双边协议，其中包括关于在中国雇用菲律宾英语教师，允许从2018年开始聘用2000名菲律宾英语老师，有效期为两年。[③]

2017年11月24日至25日，“菲华关系历史渊源与持续发展：‘苏禄东王使华600周年’”国际学术研讨会在菲律宾亚典耀大学孔子学院举行。来自中菲两国的学者讨论了中菲关系的历史、现状和“一带一路”倡议下未来的发展方向。菲律宾国家历史研究会的丘吉尔（Churchill）提出，要重视菲律宾基础教育中殖民前时期的历史课程。她表示，菲律宾历史课本里面涉及在菲华人的材料不足，有关在菲穆斯林的材料更为缺乏，本次会议在上述领域的探索都迈出了重要的第一步。会议开幕式还进行了中菲联合出品的纪录片《寻找苏禄王》的首映，展现了1417年苏禄王使华这一中菲交往史中的重大事件。纪录片拍摄采访了中国和菲律宾两地的苏禄后裔和重要学者，充分体现两国人民的血脉和文化联系，同时揭示了中国和菲律宾穆斯林的处

---

① http://www.fmprc.gov.cn/web/gjhdq_676201/gj_676203/yz_676205/1206_676452/1207_676464/t1511205.shtml，中华人民共和国外交部网站，2018年2月20日访问。

② “President Duterte to Focus on Agriculture, Health and Education,” 菲律宾总统府通讯业务办公室，2016年10月24日。

③ “President Duterte's China Trip Yields 10000 New Jobs for Filipinos,” 菲律宾总统府通讯业务办公室，2018年4月14日。

境，提出了跨文化语境下的“身份认同”问题。[①] 2018 年 2 月，总统府办公室发布题为《杜特尔特总统欢迎菲中关系良好》的报告。[②]

五　菲律宾未来文化发展趋势

综上所述，2017 年菲律宾的文化政策和文化发展总体上表现和回应了菲律宾长期以来的社会问题和矛盾，如国家统一和族群冲突、殖民遗产和文化自主、文化多元性和凝聚力等。2017 年菲律宾文化发展体现出多元化、产业化、国际化三大特点。一方面，艺术家尝试捕捉社会不同层面的复杂矛盾，突破既有体制的桎梏，推动人们对生存状况的反思；另一方面，将文化产业视作社会治理和意识形态生产的手段，通过行业协会、艺术节和国际参展等方式引导和管理艺术发展，不断加强与联合国教科文组织的联系与合作。而在和中国的文化交流方面，得益于杜特尔特上任以来两国政治经济关系的改善，两国文化交流也日益密切，淡化身份和发展模式的差异，更多地强调东南亚地区共同的历史和文化传统，推动互相学习和理解。在此基础上，菲律宾的文化发展以及中菲交流是否会取得新的积极进展，我们拭目以待。

① http：//www. hanban. org/article/2017 –12/15/content_ 712174. htm，2018 年 3 月 5 日访问。

② “President Duterte Hails Good Relations between Philippines and China，” 菲律宾总统府通讯业务办公室，2018 年 2 月 20 日。

B.10
2017年老挝文化发展报告

武 智

摘 要： 老挝作为信仰佛教的社会主义国家，其历史文化独具自身特色。2017 年老挝文化发展主要为加强对本民族优秀文化的保护及发展；文学事业继续发展，重视青少年文化教育；选美文化风靡老挝，文体活动丰富多彩；积极应对新型网络媒体的冲击，抵制不良社会文化现象；影视行业蓬勃发展，注重保护传统物质及非物质文化；积极迎接 2018 老挝旅游年，促进文化旅游业发展；“一带一路”倡议助力中国与老挝在文化领域加深交流。

关键词： 老挝 文化教育 文化交流

一 老挝文化综述

老挝人民民主共和国为中南半岛地区唯一的内陆国家，是 90% 以上国民信仰小乘佛教的社会主义国家。1353 ~ 1707 年澜沧王国时期为老挝历史文化发展鼎盛时期，1893 ~ 1946 年先后沦为法国及日本的殖民地，1975 年宣告废除君主制，成立老挝人民民主共和国。老挝总人口约为 676 万人①，全国有 49 个民族，分为佬龙、佬厅、佬松三大族系，佬龙族人口最多。老挝官方语言为老挝语，克木族、苗族作为老挝第二大、第三大民族，其语言也为老挝国内使用较多的民族语言，老挝国家广播电台专门开办有克木语及苗

① 世界银行 2016 年数据，https：//data. worldbank. org/country/lao – pdr。

语节目。90%以上国民信仰佛教，佛教影响着老挝社会文化的方方面面。此外，还有少数国民信仰婆罗门教、原始宗教、伊斯兰教、基督教等。老挝的节庆文化独具特色，拥有围绕着一年十二个月的节庆，称为“十二风”，较闻名的老挝新年泼水节及出夏节便包含在其中，亦有百姓及王族同庆的“十四俗”及生活生产习俗，上述三方面构成独具老挝宗教特色的文化习俗。

二　2017年老挝文化发展情况

2017年老挝文化发展工作主要围绕老挝政府2016年出台的第八个社会经济发展五年规划对文化领域的规定开展，其中总路线、任务的第二大目标中关于文化发展的规定为加强对本民族优秀文化的保护及发展。具体内容如下。

方针：加强对本民族优秀文化的保护及发展；积极对外宣传老挝民族传统文化，以促进文化旅游业发展；发展物质文明及精神文明，有甄别地汲取人类进步文化，以契合时代发展，抵制消极社会文化现象；从质与量上开发完善文化产品，以助力国家社会经济可持续发展；增加文化村及文明户数量，创造更为安定文明的社会环境。

目标：发展文明户，使其数量占到全国家庭数量的80%，发展文化村，使其数量占到全国数量的65%，使文化村落占到全国数量的16%；加强对各类国家级物质和非物质文化遗产的保护和恢复；将地方级自然历史文化遗产升级为国家级文化遗产；建设地方级和国家级文化景观公园；建设旅游文化示范村。

主要项目：加大力度恢复、保护及传承本民族优秀特色文化遗产；向大城市及社区居民宣传民族文化价值，以建立符合先进文明的新型生活方式；制定保护川圹省石缸平原、甘蒙省南莫石林的总规划，为其申请成为世界文化遗产做准备；在全国范围内进行历史古迹发掘工作。

政策及法规：制定及完善文化管理法规，研究制定注册为国家级文化遗产的相关法规；研究建立地方各文化行业的奖励机制，与区域标准接轨；中央与地方加强协作，完善高校文化教育方面的教学大纲。

总体来看，2017年老挝国内文化发展的主要特点如下。

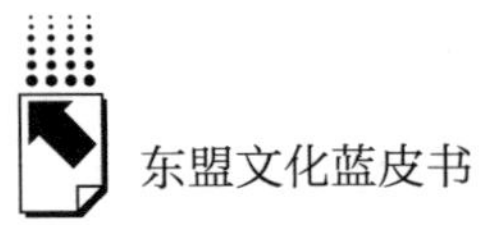

（一）文学事业继续发展，重视青少年文化教育

2017 年 7 月，老挝两位作家获湄公河文学奖，其中达丽婉·西帕赛女士的作品《寻亲》获一等奖。① 此外，《文艺》杂志与老挝作家协会每年也会联合举办“信赛文学奖”评选活动，参赛作品包括短文、诗歌、小说等文学形式，旨在鼓励老挝文学创新发展。11 月 24～27 日，老挝文学艺术保护促进协会与首都万象教育厅为首都及北部 5 省的教师、志愿者举办“研读史诗《信赛》”培训活动，旨在传承已有 467 年历史的老挝文学巨著《信赛》，并将其纳入中小学生教学大纲。② 2017 年 1 月 12～16 日，在中国南宁举行的第二届“澜沧江－湄公河之约”流域治理与发展青年创新设计大赛中，老挝学生获得两个奖项。③ 4 月 13 日，两名老挝学生获得 2017 年第 7 届世界青少年英才奥林匹克竞赛铜奖。④ 6 月 2～3 日，老挝国立大学举办 2017 第二届“精神食粮”系列书展活动，以促进青年一代阅读老挝语书籍，加强老挝语书写能力，运用老挝语进行写作。⑤

（二）选美文化风靡老挝，文体活动丰富多彩

近年来选美文化在老挝颇为风靡，老挝国内每年定期举办的选美比赛

① *ຜູ້ຂຽນເລື່ອງສັ້ນ "ໄປບ່າຫາພໍ່" "ໄດ້ຮັບລາງວັນວັນນະກຳແມ່ນ້ຳຂອງ*《短篇作品〈寻父〉获湄公河文学奖》，〔老〕*ສຳນັກຂ່າວສານປະເທດລາວ*巴特寮通讯社，2017 年 3 月 7 日，http：//kpl. gov. la/detail. aspx? id＝25831。

② *ກຽມເປີດຊຸດອົບຮົມການອ່ານກາບກອນ-ຂັບລຳກອນສັງສິນໄຊ*《将开办研读史诗〈信赛〉培训讲座》，〔老〕*ສຳນັກຂ່າວສານປະເທດລາວ*巴特寮通讯社，2017 年 11 月 16 日，http：//kpl. gov. la/detail. aspx? id＝29745。

③ *ນັກສຶກສາມະຫາວິທະຍາໄລແຫ່ງຊາດຄວ້າ 2 ຮາງວັນການແຂ່ງຂັນປະດິດຕະກຳຊາວໜຸ່ມ*《老挝国立大学学生荣获中国青年创新大赛两奖项》，中国国际广播电台老挝语部，2017 年 3 月 2 日，http：//laos. cri. cn/681/2017/03/02/105s211703. htm。

④ *ມວນຊົນຮ່ວມຕ້ອນຮັບນ້ອງນັກຮຽນລາວສອງຄົນທີ່ໄດ້ຮັບລາງວັນສິ່ງແວດລ້ອມໂລກ*《民众迎接两名获世界环境奖老挝学生》，〔老〕*ສຳນັກຂ່າວສານປະເທດລາວ*巴特寮通讯社，2017 年 6 月 24 日，http：//kpl. gov. la/detail. aspx? id＝25627。

⑤ *ມຊ ຈັດງານເທດສະການອາຫານສະໝອງຄັ້ງທີ 2 ປະຈຳປີ 2017*《国立大学举办 2017 第二届“精神食粮”书展》，〔老〕*ລາວສຕາຣ*老挝星卫视，http：//www. laostartv. la/index. php/news/news－ecosociety/3224－sbd－170604－9。

有老挝小姐、万象小姐、琅勃拉邦小姐（宋干小姐）、波乔省木棉小姐及苗族小姐等。如 2017 年 4 月 8 日举行 2017 万象小姐选美大赛决赛，以弘扬老挝传统文化，促进旅游业发展。当选的万象小姐为老挝广大女性的代表，协助推广、弘扬老挝优秀传统文化，参加宣传老挝新年活动。此外，老挝选美选手也开始在国际选美、健美比赛中崭露头角。6 月 5 ~ 13 日，老挝籍男子托沙鹏 · 西帕赛入围在泰国举办的“2017 宇宙先生”前十强，[①] 8 月 26 日，20 岁的苏帕潘 · 宋维吉夺得 2017 环球小姐老挝赛区冠军，她也是 2016 年万象小姐亚军、老挝知名模特，她将代表老挝参加 2017 年第 66 届环球小姐选美比赛，也是老挝首度派代表参赛。

2017 年老挝超级模特大赛评选男模、女模及儿童模特，选拔有才识、有创新意识及形象健康的青少年模特，保护及发扬老挝服饰文化，同时与国走秀文化接轨。[②] 9 月于万象举办的第四届老挝时装周活动的为老挝年度时尚盛宴，来自 5 国的共 40 位设计师展示了服装设计作品，同时宣传老挝时尚文化及理念，加强与国际时尚圈的融合。[③] 2017 年 8 月老挝健康先生比赛当天，同时举办全国歌手大奖赛，选拔具有歌唱天赋的个性新歌手。[④]

8 月于万象凯旋门广场隆重举行的纪念东盟成立 50 周年暨老挝加入东盟 20 周年系列活动，被视为老挝 2017 年度最重要的庆典之一。[⑤] 8 月中旬，

---

① *ທົດສະພອນສິດພະໄຊຄວ້າລາງວັນຂວັນໃຈມະຫາຊົນໃນເວທີລະດັບສາກົນ*《托沙鹏 · 西帕在国际舞台获最受欢迎奖》，〔老〕*ສຳນັກຂ່າວສານປະເທດລາວ* 巴特寮通讯社，2017 年 6 月 16 日，http：//kpl. gov. la/detail. aspx? id = 25390。

② *ໂຄງການປະກວດຊາຍແບບ-ນາງແບບແລະເດັກນ້ອຍຫນ້າຮັກລາວຊຸບເປີໂມເດວ 2017 ໄດ້ຮັບຜົນສຳເລັດຕາມຄາດ*《成功举办 2017 老挝超级模特大赛》，〔老〕*ລາວສຕາຣ* 老挝星卫视，http：//www. laostartv. la/index. php/news/news - ecosociety/4189 - sbd - 170822 - 05。

③ *ລາວແຟຊັ່ນວີກ 2017 ປິດລົງດ້ວຍສີສັນທີ່ໂດດເດັ່ນຂອງນັກອອກແບບ*《2017 年老挝时装周圆满闭幕》，〔老〕*ສຳນັກຂ່າວສານປະເທດລາວ*巴特寮通讯社，2017 年 9 月 19 日，http：//kpl. gov. la/detail. aspx? id = 28105。

④ *ປະກາດຜົນຜູ້ຊະນະເລີດໂຄງການແຂ່ງຂັນຮ້ອງເພງແລະ 30 ຫນຸ່ມຮ໋ອດປະຈຳປີ 2017*《全国歌手大赛暨健康男士评选结果出炉》，〔老〕*ສຳນັກຂ່າວສານປະເທດລາວ*巴特寮通讯社，2017 年 11 月 16 日，http：//kpl. gov. la/detail. aspx? id = 29730。

⑤ ***ສະຫລອງວັນສ້າງຕັ້ງອາຊຽນຄົບຮອບ 50 ປີແລະ 20 ປີສປປລາວເຂົ້າເປັນສະມາຊິກອາຊຽນ***《庆贺东盟成立 50 周年暨老挝加入东盟 20 周年》，〔老〕*ສຳນັກຂ່າວສານປະເທດລາວ*巴特寮通讯社，2017 年 8 月 14 日，http：//kpl. gov. la/detail. aspx? id = 27051。

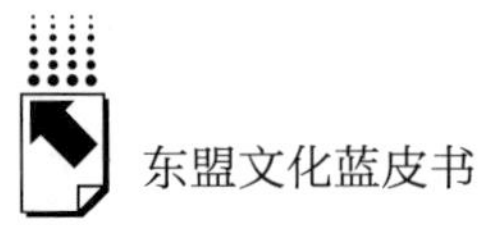

来自东盟十国的歌手及艺术家参加了在万象举办的庆祝东盟成立 50 周年暨老挝成为东盟成员国 20 周年音乐会，以促进东盟国家青年在音乐、艺术、文化领域的交流。① 老挝总理通伦·西苏利为 8 月 19 ~ 30 日于马来西亚举办的第 29 届东南亚运动会上摘得奖牌的运动员颁发总额约 70 亿基普的奖金，本届运动会上老挝运动员获 2 枚金牌、3 枚银牌及 21 枚铜牌，老挝位列参赛国奖牌榜第九。②

11 月 1 日，由老挝新闻文化部与韩国文化体育旅游部联合举办的第六届世界假面文化艺术大会在老挝琅勃拉邦举行，来自 21 个国家的艺术家进行了假面艺术表演，其中老挝展示了布约、雅约、罗摩等传统面具艺术。③ 由中国、柬埔寨、泰国、老挝、缅甸、越南 6 国轮流举办的第三届“澜沧江 - 湄公河之约”流域治理与发展青年创新设计大赛 1 月 30 日在老挝国立大学举办。④ 12 月 20 日，老挝新闻文化旅游部青年职工举办老挝传统艺术文化论坛活动。⑤

此外，老挝全国范围内还举行了形式多样、规模不一的社会文体活动，如文具展、摄影比赛、画展、舞蹈赛、地方国庆歌咏比赛、木制家具展、音乐节、咖啡节、手工艺品节、艺术展、婚博会、短片创作大赛、美食节、厨艺赛、自行车赛、慈善马拉松赛、健走、高尔夫球赛、足球赛等。

---

① *ຈັດງານຄອນເສີດສະເຫລີມສະຫລອງວັນສ້າງຕັ້ງອາຊຽນຄົບຮອບ 50 ປີ*《举办庆东盟成立 50 周年音乐会》，〔老〕*ສຳນັກຂ່າວສານປະເທດລາວ* 巴特寮通讯社，2017 年 8 月 28 日，http：//kpl. gov. la/detail. aspx？ id = 27456。

② *ນາຍົກລັດຖະມົນຕີຕ້ອນຮັບນັກກິລາຊຸດຊີເກມພ້ອມມອບເງິນອັດສີດ 700 ກວ່າລ້ານໃຫ້ເປັນກຳລັງໃຈ*《老挝总理迎接凯旋运动健儿并颁发 70 亿基普奖金》，〔老〕*ສຳນັກຂ່າວສານປະເທດລາວ*巴特寮通讯社，2017 年 9 月 5 日，http：//kpl. gov. la/detail. aspx？ id = 27686。

③ *ໜ້າກາກປູ່ເຍີ່ຍ່າເຍີ່ອວດສະແດງງານໜ້າກາກສາກົນອິນມາໂກທີ່ວຽງຈັນ*《布约、雅约假面艺术亮相世界假面文化艺术大会》，〔老〕*ສຳນັກຂ່າວສານປະເທດລາວ*巴特寮通讯社，2017 年 11 月 1 日，http：//kpl. gov. la/detail. aspx？ id = 29290。

④《第三届澜湄流域治理与发展青年创新设计大赛在老挝举行》，新华网，2017 年 1 月 8 日，http：//www. xinhuanet. com/2018 - 01/31/c_ 1122347934. htm。

⑤ *ຊາວໜຸ່ມກະຊວງຖວທ ຈັດກິດຈະກຳເວທີສົນທະນາມູນເຊື້ອສິລະປະວັດທະນະທຳລາວ*《老挝新闻文化旅游部青年职工举办老挝传统文化艺术论坛》，〔老〕*ສຳນັກຂ່າວສານປະເທດລາວ*巴特寮通讯社，2017 年 12 月 2 日，http：//kpl. gov. la/detail. aspx？ id = 30527。

（三）积极应对新型网络媒体的冲击

近年来，互联网社交媒体对老挝传统文化及老挝青年一代的认知带来冲击，2017 年老挝政府也更加注重通过网络和社交传媒开展文化宣传工作。2 月，老挝政府工作例会也提及需遏制及解决利用网络媒体制造社会恐慌、搞分裂、挑拨群众与政府关系及其他阻碍国家发展等问题。[①] 3 月 31 日，老挝外交部为青年职员举办社交网络媒体培训讲座，以更好地服务工作与生活，培训内容主要包括社交网络在外交工作及保障国内稳定方面的利弊，正确、审慎地运用社交媒体等。[②] 8 月 11 日，在设立老挝国家媒体日及出版日 67 周年庆祝会上，老挝新闻文化旅游部官员呼吁老挝国内媒体积极进行改革，谋求发展，以适应技术时代的要求；注重人才发展，增加媒体产品及出版物数量，发展相关基础设施及工具，以满足传媒工作需求；重视政治思想指导，特别是承担政治任务的记者，要避免向错误低效的方向发展，因为媒体是宣传党和国家政策的工具，是能够向社会公众清晰传达思想的平台，要有政治责任感，遵守《大众传媒法》。老挝目前有出版物及杂志 144 种，其中报纸 29 种（日报 11 种）、杂志 111 种；有 63 个广播频道，包括 11 个中央频道、52 个地方频道；有 37 个电视频道，包括中央频道、28 个地方频道；有 20 家出版社，其中国营出版社 2 家。全国共有 145 位作家，其中女作家 30 位。[③] 10 月 9 日，老挝传媒与挪威传媒举行交流会，讨论提高青少年报

① *ລັດຖະບານສຸມໃສ່ຕໍ່ຕ້ານປະກົດການຫຍໍ້ທໍ້ທີ່ອາດຈະເກີດຂຶ້ນໃນສັງຄົມ*《政府重视遏制社会消极现象》，〔老〕*ສຳນັກຂ່າວສານປະເທດລາວ* 巴特寮通讯社，2017 年 3 月 1 日，http：//kpl. gov. la/detail. aspx? id = 22475。

② *ກະຊວງການຕ່າງປະເທດເພີ່ມຄວາມຮູ້ຂອງການນຳໃຊ້ສື່ສັງຄົມອອນລາຍ*《外交部举办社交网络媒体培训班》，〔老〕*ສຳນັກຂ່າວສານປະເທດລາວ* 巴特寮通讯社，2017 年 3 月 31 日，http：//kpl. gov. la/detail. aspx? id = 23408。

③ *ສື່ມວນຊົນລາວນັບມື້ເຕີບໃຫຍ່ຂະຫຍາຍຕົວທ່າມກາງສິ່ງທ້າທ້າຍຫລາຍຢ່າງ*《老挝媒体日益发展，亦面临多项挑战》，〔老〕*ສຳນັກຂ່າວສານປະເທດລາວ* 巴特寮通讯社，2017 年 8 月 11 日，http：//kpl. gov. la/detail. aspx? id = 27039。

纸阅读率，避免网络传媒带来的不利影响。① 12 月 21～25 日，主题为“增新知、促阅读”的书展在万象举行，旨在促进民众阅读，为老挝作家与读者提供交流机会，特别是老挝现如今受到网络传媒的影响，出版业及民众纸质出版物阅读量减少。②

2017 年 5 月举行的第八届国会第三次例会商讨制定了《文艺演出法》草案各项条款，并于 2018 年 2 月 8 日颁布实施，以遏制社会不良文化演出活动，规范国内演出行业。③ 老挝新闻文化旅游部部长波万坎·翁达拉表示：“本部法律旨在振兴、保护及发展文艺演出市场，丰富群众娱乐文化，执行新时期依法治国的政治任务，依法加强政府对文艺工作的管理，执行‘三项建设工作’方针，服务于政治工作及群众利益，与国际发展接轨，适应新时期文艺演出行业的变化，本部法律共有 9 章 12 节 74 条。”④

老挝商讨出台管理大众文化的相关法规草案，以应对外来文化的消极影响。2017 年 1 月 11 日，老挝新闻文化旅游部主办文化相关立法草案研讨会，商议为基层新文化建设提供技术支持，鼓励各族人民保护自身优秀传统文化；顺应时代，在汲取世界文化精髓的同时保护本族优秀传统文化，抵制为经济目的办婚礼、奢侈浪费、效仿国外不良文化等现象。⑤

① ຫາລືສົ່ງເສີມໃຫ້ໄວໜຸ່ມລາວຫັນມາອ່ານສື່ສິ່ງພິມຫລາຍຂຶ້ນ《促进老挝青年阅读》，老挝新闻文化旅游部网站，www. micat. gov. la/index. php/news/972－2017－10－10－03－55－24。

② ເປີດງານເທສະການປຶ້ມປະຈຳປີ2017 ທີ່ວຽງຈັນ《2017 年万象书展》，〔老〕ສຳນັກຂ່າວສານປະເທດລາວ巴特寮通讯社，2017 年 12 月 21 日，http：//kpl. gov. la/detail. aspx? id＝30578。

③ ກະຊວງຖວທເຜີຍແຜ່ກົດໝາຍວ່າດ້ວຍສິລະປະການສະແດງ《新闻文化旅游部颁布〈文艺演出法〉》，〔老〕ສຳນັກຂ່າວສານປະເທດລາວ巴特寮通讯社，2018 年 2 月 9 日，http：//kpl. gov. la/detail. aspx? id＝31750。

④ ສະພາແຫ່ງຊາດພິຈາລະນາຮ່າງກົດໝາຍວ່າດ້ວຍສິລະປະການສະແດງ《国会商议制定〈文艺演出法〉草案条款》，〔老〕ສຳນັກຂ່າວສານປະເທດລາວ巴特寮通讯社，2017 年 5 月 4 日，http：//kpl. gov. la/detail. aspx? id＝24135。

⑤ ກະຊວງຖວທຮັບຮ້ອນຫາລືຮ່າງນິຕິກຳກ່ຽວກັບວັດທະນະທຳມະຫາຊົນ《新闻文化旅游部商议尽快出台大众文化相关法规草案》，〔老〕ສຳນັກຂ່າວສານປະເທດລາວ巴特寮通讯社，2017 年 1 月 11 日，http：//kpl. gov. la/detail. aspx? id＝21053。

（四）注重保护传统物质和非物质文化

老挝政府日益重视国内物质和非物质文化遗产的保护。老挝已成立将甘蒙省南莫石林向联合国教科文组织申遗委员会，① 2018 年初，老挝笙乐被联合国教科文组织列入《人类非物质文化遗产名录》，可谓老挝文化领域年度大事件之一。② 老挝传统“南旺舞”向联合国教科文组织申遗工作也在积极筹备中。③ 此外，老挝各地也纷纷开展对佛塔、佛寺等历史建筑的修缮工作，在老挝新年期间多地还出台文明过新年的注意事项。老挝作为传统佛教国家，佛教文化氛围一直很浓郁，常在各地举办大型斋僧布施活动。老挝政府也非常重视新闻传媒对传统文化的宣传报道工作。政府及民众很重视并积极参与保护传统文化，例如在老挝各地固定举办与本族宗教文化相关的传统节庆活动，“十二风”节庆为老挝国内每年固定举办的系列风俗活动。

（五）积极迎接 2018 老挝旅游年

为迎接 2018 老挝旅游年，老挝新闻文化旅游部与老挝商业旅游协会及各景区协作，完善各地旅游服务设施，④ 国内各地也新建文化园，增设特色旅游景点。2017 年 2 月 16 日，促进老挝旅游产品与周边三国（缅甸、柬埔寨和越南）旅游产品一体化研讨会在万象举行，以推动老挝旅游产品发展，

---

① *ຄວາມຄືບໜ້າການສະເໜີຊື່ປ່າສະຫງວນແຫ່ງຊາດພູຫີນໜາມໜໍ່ເຂົ້າເປັນມໍລະດົກໂລກ*《南莫石林申遗工作进展》〔老〕*ສຳນັກຂ່າວສານປະເທດລາວ* 巴特寮通讯社，2018 年 1 月 29 日，http：//kpl. gov. la/detail. aspx? id = 31429。

② *ຢູເນສໂກປະກາດໃຫ້ສຽງແຄນລາວເປັນມໍລະດົກທາງວັດທະນະທຳທີ່ຈັບຕ້ອງບໍ່ໄດ້*《联合国教科文组织将老挝笙乐列入〈人类非物质文化遗产名录〉》，〔老〕*ລາວໂພສດ໌*老挝 *laopost* 新闻网，2018 年 2 月 19 日，https：//laopost. com/2018/02/19/99487。

③ *ສປປລາວກຽມສະເໜີຂຶ້ນທະບຽນລຳວົງລາວເປັນມລະດົກໂລກ*《老挝预将“南旺舞”向联合国教科文组织申遗》，〔老〕*ສຳນັກຂ່າວສານປະເທດລາວ*巴特寮通讯社，2018 年 3 月 9 日，http：//kpl. gov. la/detail. aspx? id = 32362。

④ *ຫລາຍພາກສ່ວນກຽມປັບປຸງສະຖານທີ່ທ່ອງທ່ຽວເພື່ອຮອງຮັບປີທ່ອງທ່ຽວລາວ*《各部门完善景点设施以迎接老挝旅游年》，〔老〕老挝新闻文化部网站，2017 年 11 月 29 日，http：//www. micat. gov. la/index. php/news/998 - 2017 - 11 - 29 - 02 - 40 - 30。

更好地与邻国旅游市场互联互通，实现一体化发展。① 在2018老挝旅游年框架下，老挝全国各省将组织举办18项重要节日活动来展示特色文化习俗和老挝本地生活方式，吸引世界游客到访观光。其中包括万象市塔銮节、占巴塞省瓦普庙节、沙耶武里省大象节、波乔省木棉花节、色岗小姐选美及琅勃拉邦省老挝新年等节庆活动。② 琅勃拉邦省政府也将在2018老挝旅游年期间推出37项特色旅游活动，让游客领略古都风采。

（六）影视行业蓬勃发展

2017年3月30日，由老挝新生代演员主演的影片《相遇的那天》上映。5月上映的老挝青春片《天鹅与乌龟》，于8月在邻国泰国上映后获泰国影迷好评。③ 在2017年11月25日于日本举办的亚洲国际儿童电影节上，由老挝学生拍摄的短片《机会》荣获优秀影片奖，《新时代教师》荣获最佳影片奖。在2017年11月27～30日于菲律宾举行的第一届东盟儿童电影节竞赛单元部分，两部老挝影片《黑羊》《乡村教师》获奖，来自东盟十国的107部影片参加了此次评选。④ 老挝与日本合拍的影片《河川径流》于2017年11月在老挝上映，此片为老挝与日本建交60周年献礼之作，由日本创新合作社及老挝新浪潮电影公司合作拍摄。⑤

---

① ລາວຈະສາມາດເຊື່ອມໂຍງຜະລິດຕະພັນການທ່ອງທ່ຽວກັບອີກ3 ປະເທດ《促进老挝旅游产品与周边三国旅游产品一体化》，〔老〕ສຳນັກຂ່າວສານປະເທດລາວ巴特寮通讯社，2017年2月16日，http://kpl.gov.la/detail.aspx?id=22082。

② ພິທີເປີດປີທ່ອງທ່ຽວລາວ 2018 ຈັດຂຶ້ນຢ່າງຍິ່ງໃຫຍ່ສູ້ຊົນດຶງດູດນັກທ່ອງທ່ຽວບໍ່ໃຫ້ຫຼຸດ 5 ລ້ານເທື່ອຄົນ《2018老挝旅游年隆重启动》，〔老〕ສຳນັກຂ່າວສານປະເທດລາວ巴特寮通讯社，2017年10月30日，kpl.gov.la/detail.aspx?id=29183。

③ ຮູບເງົາ "ຫົງຫານເຕົ່າ" ໂດ່ງດັງຂ້າມປະເທດແລ້ວ《影片〈天鹅与乌龟〉邻国获赞》，〔老〕ຊົ່ວໂມງວຽງຈັນ万象小时新闻网，2017年8月21日，https://www.vientianehour.com/28968。

④ ຮູບເງົາສັ້ນຂອງນັກຮຽນລາວໄດ້ຮັບລາງວັນຢູ່ປະເທດຍີ່ປຸ່ນແລະຟີລິບປິນ《老挝学生拍摄的短片在日本及菲律宾获奖》，〔老〕ສຳນັກຂ່າວສານປະເທດລາວ巴特寮通讯社，2017年12月28日，http://kpl.gov.la/detail.aspx?id=30731。

⑤ ສາຍນ້ຳໄຫຼໃນຕິຈິດມິດຕະພາບລາວ-ຍີ່ປຸ່ນ《河川径流，老－日友谊》，〔老〕ຫນັງສືພິມເສດຖະກິດ-ສັງຄົມ老挝社会经济报网，www.sedthakid.la/index.php/socio/lao-culture-and-entertainment/item/5670-water-flow-goodwill-lao-japan.html。

三　国际文化交流活动

（一）“一带一路”倡议助力老挝与中国文化交流

2017 年 5 月 11 日，老挝人民革命党中央总书记、国家主席本扬在首都万象主席府接受中国传媒联合采访时表示：“中国的‘一带一路’倡议会为包括老挝在内的各国人民带来实实在在的利益，为发展中国家创造机会。老挝通过‘一带一路’建设改善了基础设施，得到了实惠。”[①] 2017 年，老挝著名摇滚歌手阿提萨以“一带一路”倡议为主题创作了名为《一带一路》的歌曲，并选择年轻人更易接受的摇滚曲风，让更多人感受这一倡议带动沿线经济发展、改变民众生活的力量。[②] 12 月 14 日，中国当代画马名家刘院明作品“一带一路”巡展老挝展在老挝中国文化中心举办。[③] 2018 年 2 月 2 日，在老挝万象举办首届“一带一路”老—中合作论坛，发布了《中国 - 老挝“一带一路”合作机遇报告 2018》，同时老挝首家华文侨报《中华日报》在论坛上举行创刊启动仪式。[④]

2017 年，老挝与中国在文化交流领域的合作主要在文化、科教、培训及传媒等方面。在文教及科研方面，2017 年 3 月 25 日留学中国职业教育与高等教育联合展览会在老挝首都万象寮都公学开幕，寮都公学与中国暨南大学等院校签署了合作备忘录。[⑤] 5 月 15 日，介绍中国文字发展历程的《汉

① 《“一带一路”为老挝带来实实在在的利益——访老挝人民革命党中央总书记、国家主席本扬》，人民网，2017 年 5 月 12 日，http：//world. people. com. cn/n1/2017/0512/c1002 - 29271104. html。

② 《老挝歌手阿提萨：“一带一路”唱起来》，新华网，2017 年 11 月 13 日，http：//www. xinhuanet. com/silkroad/2017 - 11/13/c_ 129738990. htm。

③ ວາງສະແດງຜົນງານຮູບພາບຂອງສິລະປິນຈີນທີ່ວຽງຈັນ《中国艺术家画展在万象举办》，〔老〕ສຳນັກຂ່າວສານປະເທດລາວ巴特寮通讯社，2017 年 12 月 15 日：kpl. gov. la/detail. aspx？ id =30407。

④ 《中经社发布〈中国—老挝“一带一路”合作机遇报告 2018〉》，新华社 - 新华丝路网，2018 年 2 月 2 日，http：//www. silkroad. news. cn/2018/0202/82901. shtml。

⑤ 《老挝举办留学中国职业教育与高等教育展览会》，《人民日报》2017 年 3 月 26 日，http：//www. world. people. com. cn/n1/2017/0326/c1002 - 29169369. html。

字》国际巡展和中国当代名家书画展在老挝国立大学开幕。[①] 5 月 31 日，“一带一路·民心相通——手拉手”主题活动在老挝万象巴巴萨技术学院举行，活动由中华慈善总会和老挝教育体育部主办。[②] 7 月 19 日，老挝苏州大学与老挝万象赛色塔综合开发区运营主体老中联合投资有限公司共建教学实习基地，[③] 2017 年，老挝苏州大学举办了三场汉语水平考试（HSK）。8 月 17 日，中国社会科学院与老挝科技部签署科技合作备忘录，共建绿色“一带一路”。基于中国科学院与老挝科技部在 2017 年 4 月 25 日签订的科技合作协议，新签署的科技合作备忘录将致力于促进双方在人才培养和能力建设、大型热带雨林生态样地建设、中国科学院东南亚生物多样性研究中心老挝办公室建设和生物多样性保护等领域的合作。[④] 11 月 12 日，海南大学老挝分校在老挝万象市巴巴萨技术学院挂牌成立，两校签署了《中国海南大学与老挝巴巴萨技术学院校际友好关系备忘录》；未来 5 年，两校将在师资培训、师生交流、联合开展科学研究等领域开展全面合作；[⑤] 海南大学老挝分校挂牌成立，是我国继苏州大学后第二所在老挝境内办学的公立大学。2017 年 12 月，中国政府为 50 名品学兼优的老挝学生提供“中国大使奖学金”。12 月 1 日，中国－老挝高等教育合作论坛在广西民族大学举办，老挝教育部高等教育司司长塞空·塞那信与来自中国、老挝两国 30 所大学、高职院校和科研机构的近百名专家学者、涉外合作代表，围绕老挝高等教育发展、中国与老挝高等教育合作、老挝语教学研究及中国与东盟人文交流等主

---

① 《老挝举办〈汉字〉国际巡展》，新华网，2017 年 5 月 16 日，http：//www. xinhuanet. com/asia/2017－05/16/c_ 1120976820. htm。

② 《一带一路·民心相通——手拉手主题活动在老挝启动》，新浪网，2017 年 6 月 6 日，gongyi. sina. com. cn/gyzx/2017－06－06/doc－ifyfuzny3527208. shtml。

③ 《我校与老中联合投资有限公司共建教学实习基地》，老挝苏州大学网站，2017 年 7 月 19 日，http：//laowo. suda. edu. cn/File. aspx? id＝444。

④ 《中科院与老挝科技部签订科技合作备忘录　共建绿色“一带一路”》，中国科学报社，2017 年 8 月 18 日，http：//news. sciencenet. cn/htmlnews/2017/8/385498. shtm。

⑤ 《海南大学老挝分校挂牌成立》，《海南日报》2017 年 11 月 15 日。

题进行探讨。[①] 2017 年，云南民族大学向老挝留学生提供 30 个全额奖学金名额，供其来校就读广播电视学本科课程；昆明理工大学与老挝苏发努冯大学准备共建孔子学院。[②]

8 月 20 ~24 日，应老挝人革党邀请，中央纪律检查委员会宣传部部长朱国贤率中共专家组赴老挝讲学，会见老挝党中央政治局委员、中央纪律检查委员会书记本通和中联部部长顺通，就习近平总书记治国理政新理念新思想新战略、中共全面从严治党的做法经验讲学。[③] 11 月 9 日，《习近平谈治国理政》老挝文版首发，这有助于老挝人民更好地了解中国的发展理念、发展道路和内外政策，也有助于推动中老两党、两国更好地开展治国理政经验交流。[④] 11 月 10 日，由中国国务院新闻办公室、中国驻老挝大使馆和老挝政府有关部门支持、指导的“光明书香”老挝公益活动等中老人文交流活动在老挝首都万象举行。[⑤] 11 月10 日，《共饮一江水——澜湄合作简明知识读本》新书发布会暨云南出版集团公司与老挝国家图书出版发行社合作签约仪式在老挝首都万象举行，这也是 2017 年，国家主席习近平即将对老挝进行国事访问前举办的中老系列人文交流活动之一。[⑥] 11 月 13 日，国家主席习近平开始对老挝人民民主共和国进行国事访问。访问之际，习近平在老挝媒体上发表题为《携手打造中老具有战略意义的命运共同体》的署名文章。老挝各界人士热议习近平主席署名文章，也热切期盼习近平主席

① 《首届中国—老挝高等教育合作论坛开幕》，中国新闻网，2017 年 12 月 1 日，http：//www. chinanews. com/gn/2017/12 -01/8390570. shtml。

② 《老挝苏发努冯大学代表团访问昆明理工大学》，昆明理工大学网站，2017 年 5 月 22 日，http：//www. kmust. edu. cn/html/xyxw/2017/05/22/78744261 - 7b69 - 4d18 - 8838 - 2410e5c168e5. html。

③ 《朱国贤率中共专家组赴老挝讲学》，新华网，2017 年 8 月 24 日，http：//www. xinhuanet. com/world/2017 -08/24/c_ 1121535991. htm。

④ 《〈习近平谈治国理政〉老挝文版首发》，新华网，2017 年 11 月 9 日，http：//www. xinhuanet. com/world/2017 -11/09/c_ 1121932477. htm。

⑤ 《“光明书香”等中老人文交流活动在万象举行》，光明网，2018 年 11 月 11 日，http：//news. gmw. cn/2017 -11/11/content_ 26756047. htm。

⑥ 《〈澜湄合作简明知识读本〉（老挝语版）新书发布会在万象举行》，中国新闻网，2017 年 11 月 10 日，http：//www. chinanews. com/cul/2017/11 -10/8373631. shtml。

此访能进一步推动两国关系全面、深入发展，两国携手开创更加美好的明天。①

老挝国立大学孔子学院为中老文化教育交流的先锋，2017 年孔子学院主办及参与举办了多项文化教育活动，如 5 月 5 日，在老挝国立大学孔子学院举办第三届“唱中国歌·学中国话”中文歌曲比赛决赛；② 11 月 16 日，在老挝国立大学主办“好一朵茉莉花”2017 孔子学院文化巡演活动；12 月 8 日，于老挝国立大学举办全民健身活动，传播中国体育文化；12 月 15 日，参与承办在老挝首都万象信赛全日制学校、纳海迪全日制小学顺利举行的“中华文化进校园”活动。

老挝中国文化中心在两国文化交流方面也起着重要作用，与老挝方共同举办了一系列宣传中国文化的讲座及文娱活动。如 3 月 5 ~7 日，老挝中国文化中心与老挝国立艺术学校、老挝国立美术学院共同举办的中国艺术表现力培训班和中国画培训班相继开班。3 月 6 日，老挝中国文化中心和老挝国立大学中国研究中心图书互赠仪式在老挝国立大学举行。3 月 24 日，由中国苏州大学和老挝中国文化中心联合主办“佛学与中医学对现代康复技术的影响”讲座活动。3 月 29 日，由云南音像出版社和老挝中国文化中心主办的“丝路书香”老挝语音像典籍宣传与捐赠活动在老挝万象举行。4 月 4 日，由世界知识出版社和老挝中国文化中心主办、山东省人民政府外事办公室和山东省文化厅协办的“文化中国走进东盟”之老挝站系列活动在老挝首都万象开幕。5 月 22 ~23 日，老挝中国文化中心与老挝国立艺术学校、老挝美术学院和老挝国立大学语言学院中文系合作举办的中国二胡和剪纸培训班相继开班。6 月 7 ~11 日，由老挝中国文化中心主办的以“传承与创新——中国非遗”为主题的 2017 年“中国文化周”活动在琅勃拉邦省及万象举行。7 月 5 日，老挝中国文化中心和中外文化交流中心主办“发现中国——中医传统美容与抗衰老”讲座。8 月，老挝中国文化中心举办了首届暑期汉语班，并

---

① 《综述：众人拾柴　开创中老更加美好的明天——习近平署名文章在老挝引发热议》，新华网，2017 年 11 月 10 日，http：//www. xinhuanet. com/politics/2017 –11/13/c_ 1121949852. htm。

② 《老挝孔院举办中文歌曲比赛》，新华网，2017 年 5 月 8 日，http：//news. xinhuanet. com/world/2017 –05/08/c_ 129594236_ 2. htm。

为学员颁发了结业证书。9 月 25 日，由老挝中国文化中心与湖北省文化厅主办、老挝新闻文化旅游部协办的“天涯共此时”——中秋文艺晚会在老挝国家文化宫举办。10 月 26 日，“泰语、老挝语和西双版纳傣语元音对应规律探究”讲座在老挝国立大学中国研究中心成功举办。11 月 21 日，老挝中国文化中心向新落成的老挝国家图书馆新馆赠送了一批中文图书。①

在体育文化交流方面，中国顶级格斗赛事品牌“昆仑决”携手权威搏击传媒“格斗世界”走进东南亚国家老挝。老挝新闻文化和旅游部副部长波银・萨普翁表示，希望借助“昆仑决”与“格斗世界”在中国乃至世界搏击界的巨人影响力，推动老挝文化体育产业发展。②

在影视演出领域的合作交流方面，中国和老挝合作拍摄的首部电影《占芭花开》于 2018 年 2 月 3 日在老挝首都万象举行首映式，大约 600 名中老两国观众出席仪式并观看电影。③ 2017 年，中国国际广播电台老挝万象分台联合老挝国家电影局在老挝举办为期近两个月的“中国优秀电影走进老挝”巡映活动，由万象节目制作室组织的放映队穿行老挝 8 个省市，共放映 13 场，5000 多名老挝民众在家门口免费观看了老挝语配音的《狼图腾》《滚蛋吧！肿瘤君》两部中国优秀影片。老挝国家电影局局长维吞・孙达拉表示，巡映丰富了老挝人民的文化生活，是很有意义的公益活动。④ 4 月 19 日，由中老艺术家们共同合作打造的老挝第一部大型舞台剧《甘帕・象牙公主》在国家文化宫举行首场演出。⑤

在新闻传媒领域方面，2017 年 1 月 13 日，中国驻老挝大使馆向老挝国家广播电台捐赠了广播录音设备，助力老挝国家广播事业发展。老挝新闻文

---

① 中国文化中心网站新闻汇编，http：//cn. cccweb. org。

② 《昆仑决携手格斗世界走进老挝，促进中老文化体育合作交流》，新华网，2017 年 9 月 19 日，http：//www. xinhuanet. com/sports/2017 - 09/19/c_ 1121689086. htm。

③ 《中老合拍电影〈占芭花开〉在万象首映》，新华网，2018 年 2 月 5 日，http：//www. xinhuanet. com/ent/2018 - 02/05/c_ 1122367371. htm。

④ 《“中国优秀电影走进老挝”巡映活动圆满落幕》，中国国际广播电台，2017 年 1 月 15 日，http：//www. cri. com. cn/2018 - 01 - 15/b01e23e0 - 8be2 - f2c3 - a3b2 - 41221a9aa324. html。

⑤ 《老挝风情歌舞剧〈甘帕・象牙公主〉在万象首演》，国际在线，2017 年 4 月 20 日，http：//news. cri. cn/20170420/403fe1fa - 18c6 - c154 - b640 - 36d1ce4e444c. html。

化旅游部副部长沙万坤·拉沙蒙及老挝国家电台台长颇西·乔哈尼冯出席了由人民日报社主办的2017澜沧江－湄公河合作传媒峰会。[①] 8月9日，中国政府援助老挝国家电视台三频道技术合作项目交接仪式在老挝国家电视台举行，该项目于2015年1月8日启动，2017年1月7日结束。中国技术专家组在为期2年的技术保障期间更新和维修了电视台供电、播出、演播室、发射机房及软硬件编辑等系统，并对操作人员进行了多次技术培训。[②] 9月19日，中视国际传媒有限公司在老挝首都万象举办中国电视节目老挝推介会，并与老挝新闻文化旅游部传媒司、老挝国家电视台和其他相关企业机构代表畅谈“一带一路”倡议下的中老电视合作。截至2017年下旬，中视国际传媒有限公司已对中央电视台中文国际频道实现100小时节目老挝语字幕译播，包括文化类节目《国家记忆》、生活类节目《外国人在中国》、电视剧《西游记》《历史转折中的邓小平》。2018年1月26日，中国援助老挝国家电视台三频道升级改造项目实施协议签约仪式在老挝国家电视台举行，本项目完成后将提高老挝国家电视台电视节目制作水平，为中老两国更好地开展广播影视文化交流提供技术保障，有利于长期树立中国在当地的示范形象。[③]

（二）老挝－越南文化交流

2017年为老挝－越南团结友谊年，两国在中央及地方举办了100多项庆祝活动。[④] 7月17～23日，在老挝举办了第四届老挝－越南友谊庆典系列

① 《老挝官员表示希望加大中国广电节目在老落地》，新华网，2017年8月16日，http：//www.xinhuanet.com/world/2017-08/16/c_1121494047.htm。

② 《中国援老挝国家电视台3频道技术合作项目顺利交接》，中华人民共和国驻老挝人民民主共和国大使馆经济商务参赞处网站，2017年8月11日，http：//la.mofcom.gov.cn/article/jmxw/201708/20170802625308.shtml。

③ 《中国援老挝国家电视台三频道升级改造项目实施协议签约》，中华人民共和国驻老挝人民民主共和国大使馆经济商务参赞处网站，2018年1月27日，http：//la.mofcom.gov.cn/article/todayheader/201801/20180102704939.shtml。

④ *2017 ເປັນປີແຫ່ງສາມັກຄີມິດຕະພາບລາວ-ຫວຽດນາມ*《2017年是老挝－越南团结友谊年》，〔老〕*ສຳນັກຂ່າວສານປະເທດລາວ*巴特寮通讯社，2017年6月1日，http：//kpl.gov.la/detail.aspx？id=24952。

活动，两国各界代表参加了此次活动，老挝国家主席本扬·沃拉吉接见了参加活动的代表。下一届庆典将于 2022 年在越南举办。[①] 为庆祝老越签订合作协定之日及两国建交 55 周年这两个历史纪念日，2017 年内还于老挝及越南举办系列文化活动，如在万象举办越南旅游文化周、胡志明市市情展、乒羽友谊赛、老挝越南美术品展；在河内举办老挝文化摄影展、合作举办老越出版物展览、合办“传媒与民众、机构沟通技能”培训班等活动。2017 年，越南为老挝沙耶武里省高中毕业生提供 46 个赴越留学奖学金名额，[②] 为波里坎赛省提供 70 个赴越留学奖学金名额。[③]

（三）老挝 - 泰国文化交流

2017 年 12 月 16 日，老挝驻泰大使出席在曼谷举办的第 34 届芬族节庆活动。[④] 10 月 23 日，老挝国家广播电台与泰国演讲口才培训学院共同为广播节目制作人举办“宣传 2018 老挝旅游年”培训，注重提高广播节目制作人的专业技能。[⑤] 2018 年 1 月 23 日，在泰国清迈府举办“老挝宣传日活动”，推介老挝传统文化。[⑥]

---

① ບຸນມະໂຫລານມິດຕະພາບລາວ-ຫວຽດນາມຄັ້ງທີ IV ປິດລົງດ້ວຍຜົນສຳເລັດອັນຈົບງາມ《第四届老挝 - 越南友谊庆典圆满闭幕》，〔老〕ສຳນັກຂ່າວສານປະເທດລາວ巴特寮通讯社，2017 年 7 月 23 日，http：//kpl. gov. la/detail. aspx? id = 26475。

② ແຂວງໄຊຍະບູລີເສັງຄັດເລືອກນັກຮຽນຈົບມ7 ໄປສຶກສາຕໍ່ທີ່ສ.ສຫວຽດນາມ《沙耶武里省为高中七年级生举行赴越南留学选拔考试》，〔老〕ສຳນັກຂ່າວສານປະເທດລາວ巴特寮通讯社，2017 年 7 月 25 日，http：//kpl. gov. la/detail. aspx? id = 26524。

③ ມີນັກຮຽນ 112 ຄົນ ເຂົ້າສອບເສັງໄປຮຽນຕໍ່ຢູ່ ສສ ຫວຽດນາມ《112 名学生参加赴越南留学考试》，〔老〕ສຳນັກຂ່າວສານປະເທດລາວ巴特寮通讯社，2017 年 9 月 27 日，http：//kpl. gov. la/detail. aspx? id = 28346。

④ ທູດລາວປະຈຳຣາຊະອານາຈັກໄທຮ່ວມງານຮ້ອຍໃຈໄທພວນຄັ້ງທີ34《老挝驻泰大使出席第 34 届芬族节庆活动》，〔老〕ສຳນັກຂ່າວສານປະເທດລາວ巴特寮通讯社，2017 年 12 月 19 日，http：//kpl. gov. la/detail. aspx? id = 30496。

⑤ ຍົກລະດັບດ້ານເຕັກນິກແລະທັກໃຫ້ແກ່ນັກຈັດວິທະຍຸກະຈາຍສຽງ《提升广播节目制作人的专业技能》，〔老〕ສຳນັກຂ່າວສານປະເທດລາວ巴特寮通讯社，2017 年 10 月 23 日，http：//kpl. gov. la/detail. aspx? id = 28991。

⑥ ລັດຖະມົນຕີຖວທຮ່ວມງານວັນລາວທີ່ປະເທດໄທ《新闻文化旅游部部长赴泰出席老挝宣传日活动》，〔老〕ສຳນັກຂ່າວສານປະເທດລາວ巴特寮通讯社，2018 年 1 月 24 日，http：//kpl. gov. la/detail. aspx? id = 31326。

（四）老挝－日本文化交流

2017 年 1 月 13～14 日，老挝国立大学老挝－日本人力资源发展学院举办人才招聘会。2017 年 1 月，首届日本影展活动在老挝万象举行。12 月 15～24 日举办的第二届日本电影展期间，上映 7 部最新日本影片，本次活动由日本国际交流基金会亚洲研究中心万象办事处负责举办。[①] 12 月 15 日，万象职业发展学院与日本国际志愿者组织举行“木工技师发展项目”签约仪式，此项目获日本国际协力机构（JICA）资金援助，将于 2017～2018 年开展教学培训工作。[②]

四　回顾与展望

纵观 2017 年老挝文化活动的形式、数量及举办频率，均较 2016 年见增，但较多集中在首都万象、琅勃拉邦及各省会城市等经济相对发达地区，而偏远农村的文化活动多为固定的传统节庆。2017 年是老挝影视娱乐业蓬勃发展的一年，老挝中央及地方亦非常重视 2018 老挝旅游年的布置工作，老挝新闻文化旅游部部长波万坎·翁达拉在老挝第八届国会第三次会议上透露，老挝新闻文化旅游部制定了到 2020 年吸引外国游客最少达 600 万人的目标，着重发展自然及历史文化旅游景点，积极推动民间文化艺术发展。[③] 2018 澜湄合作传媒峰会将移师澜湄合作共同主席国老挝举办，加上 2018 老挝旅游年系列活动，这都将助力老挝文化等各领域进一步发展。

---

① *ເທສະການຮູບເງົາຍີ່ປຸ່ນຄັ້ງທີ 2 ເພີ່ມມູມມອງທາງວັດທະນະທຳທີ່ແຕກຕ່າງຜ່ານແຜ່ນຟີມ*《第二届日本电影节，从电影中领略异国文化视角》，〔老〕*Vientiane Today* 今日万象新闻网，2017 年 12 月 27 日，www. vtetoday. la/ເທສະການຮູບເງົາຍີ່ປຸ່ນ-ຄ/。

② *ຍີ່ປຸ່ນຊ່ວຍເຫລືອດ້ານການພັດທະນາທັກສະສີມືຂອງຄູຝຶກຊ່າງໄມ້ລາວ*《日本协助老挝培训木工技师》，〔老〕*ສຳນັກຂ່າວສານປະເທດລາວ*巴特寮通讯社，2017 年 12 月 15 日，kpl. gov. la/detail. aspx? id =30443。

③ *ຖວທຕັ້ງເປົ້າຈະດຶງດູດນັກທ່ອງທ່ຽວໃຫ້ໄດ້ 6 ລ້ານຄົນໃນປີ2020 2020*《新闻文化旅游部制定于 2020 年吸引外国游客达 600 万人的发展目标》，〔老〕*ຫນັງສືພິມວຽງຈັນໃຫມ່*新万象报网站，2017 年 5 月 23 日，https：//www. vientianemai. net/khao/15393. html。

专题报告

Topics on Cultural Heritage

B.11 马来西亚非物质文化遗产专题报告

侯燕妮

摘　要： 马来西亚是一个多元民族国家，有着丰富的非物质文化遗产。随着国家社会经济的不断进步，传统文化不可避免地受到冲击，非物质文化遗产保护迫在眉睫。本文首先对马来西亚非物质文化遗产的分类、数量、相关法令和机构等进行了综述，然后介绍了马来西亚保护非遗的措施，最后分析了非遗保护中存在的问题。

关键词： 马来西亚　非物质文化遗产　多元文化

马来西亚是一个多元民族国家，国内大大小小的民族共计 30 多个，其中以马来人、华人、印度人为主，合占总人口的 80% 以上。多元民族造就了多元文化，各民族在宗教信仰、生活习惯、传统习俗等各方面均表现出自己的特色，形成特定的文化特征，使马来西亚成为一个文化多样性的宝库。随着全球化时代的到来，各国的传统文化均不可避免地受到冲击，保护传统文化多样性迫在眉睫。2000 年，联合国教科文组织建立“人类口头和非物质文化遗产代表作”目录。2001 年 5 月，联合国教科文组织正式公布第一批 19 项“人类口头和非物质文化遗产代表作”。此后，每两年在全世界范围内评选一次，以推动传统文化多样性的保护工作。2003 年 10 月，联合国教科文组织通过《保护非物质文化遗产公约》。为保护各民族传统文化，马来西亚积极响应联合国教科文组织的号召，将国际保护和国内保护相结合，这大大有助于传统文化的传承和发展。

一　马来西亚非物质文化遗产综述

联合国教科文组织 2003 年通过的《保护非物质文化遗产公约》规定：“非物质文化遗产可以被定义为源自特定社区并以传统为根基的集体创作，包括所有形式的传统和民间文化。这些创作主要是通过口头或身姿传承，在历史上经过了一个集体再创造的加工过程。它们包括口头传统、习俗、语言、音乐、舞蹈、仪式、节庆、传统医药、厨艺以及各种与物质文化（如工具）、地方特产相联系的特殊技艺。”① 马来西亚政府出台的《2005 年国家遗产法令》（第 645 号法令）将遗产分为两类，即自然遗产和文化遗产，同时又将文化遗产分为物质文化遗产和非物质文化遗产。《2005 年国家遗产法令》规定：“任何形式的词组、语言、口技、谚语及可听见的以音乐、音符和歌词创作出的歌曲、民歌、口头传统、诗歌、音乐以及通过舞台艺术和剧场表演形式展现的舞蹈、音乐创作、防身术等这些已存在的与马来西亚任何地区或全马来西亚社会相关的遗产均属于非物质文化遗产。”②

① 史阳：《保护东南亚的文化多样性：东南亚的人类口头非物质遗产》，《南洋问题研究》2008 年第 2 期，第 82 页。

② 《2005 年国家遗产法令》（*Akta Warisan Kebangsaan 2005*），第 17 页。

为便于登记和管理，马来西亚国家文物遗产局在《2005 年国家遗产法令》的基础上，将国家非物质文化遗产具体分为以下四大类。

（1）手工艺术，主要包括服饰、装饰艺术、纺织技术以及民间手艺等，如马来服（Baju Melayu）、马来套装（Baju Kurung）、娘惹服（Baju Kebaya）、马来织锦布（Songket）、宋谷帽（Songkok）、大肚翁（Labu Sayong）等。

（2）语言和文学，如俗语（Peribahasa）、班顿（Pantun）、沙伊尔或马来叙事诗（Syair）、马来语（Bahasa Melayu）、爪威文（Tulisan Jawi）等。

（3）表演艺术，如玛雍（Mak Yong）、皮影戏（Wayang Kulit）、加美兰舞（Tarian Gamelan）、扎宾舞（Tarian Zapin）、马来歌谣（Dikir Barat）、廿四节令鼓（Gendang Dua Puluh Empat Perayaan，Gendang Cina）等。

（4）习俗与文化，习俗与文化又分为习俗、传统饮食、传统游戏、传统医药以及自我防卫术。习俗类，如最高元首登基仪式（Adat Istiadat Pertabalan Seri Paduka Baginda Yang di-Pertuan Agong）、马来婚庆仪式（Adat Perkahwinan Melayu）等；传统饮食，如椰浆饭（Nasi Lemak）、黄姜饭（Nasi Kunyit）、马来竹筒饭（Lemang）、马来粽（Ketupat）、马来炒饭（Nasi Goreng）、沙爹（Sate）、印度飞饼（Roti Canai）、炸香蕉（Pisang Goreng）、拉茶（Teh Tarik）等；传统医药，如传统按摩术（Urut Tradisional）、拔罐（Bekam）、吉兰丹治疗音乐（Main Peteri）、丁加奴仪式舞蹈（Tarian Ulik Mayang）等；传统游戏，如钟格（Congkak）、马来陀螺（Gasing）、斗鸡（Laga Ayam）、七粒石游戏（Batu Seremban）、藤球（Sepak Raga）等。

为促进非物质文化遗产保护工作有序进行，马来西亚政府出台了一系列法律法规，其中最全面、影响最大的是《2005 年国家遗产法令》，该法令是现在一切国家遗产保护、修复、申请及认定的依据。此外，政府还专门设立遗产保护机构确保相关工作顺利、有效进行。目前马来西亚国内官方设立的遗产保护机构是马来西亚旅游文化部下属的国家文物遗产局，马来西亚国内一切国家遗产的认定工作均由该部门完成。

截至目前，马来西亚国家文物遗产局分别于2007年、2009年、2012年、2015年公布了四批国家遗产名单。2017年又新增了一批，但其数据目前尚未向公众公布。在已公布的四批名单中，2007年共50项，其中非物质文化遗产13项；2009年公布178项，其中非物质文化遗产117项；2012年公布153项，其中非物质文化遗产111项；2015年公布111项，其中非物质文化遗产68项。从分类来看，马来西亚309项国家非物质文化遗产中，传统饮食多达196项，占比最高，达63.43%；其次为表演艺术，有35项。这与马来西亚本身的民族构成及所处自然地理环境息息相关。马来西亚民族众多，除华人、印度人外，绝大部分民族为世代生长于热带地区的土著，表演艺术与生活结合得甚为紧密，已成为茶余饭后、祭祀以及庆祝、祈祷丰收活动中必不可少的元素，因此也造就了能歌善舞的马来西亚人民；此外，马来西亚地处热带，属海岛国家，物产丰富，这为其丰富的饮食文化提供了物质基础。

除国家级非物质文化遗产外，马来西亚传统戏剧玛雍（Mak Yong）也于2005年被联合国教科文组织正式认定为“人类口头非物质文化遗产代表作”。作为马来西亚唯一一项世界非物质文化遗产，玛雍有着悠久的历史，是马来西亚传统马来戏剧文化中艺术成就最高的表演形式之一，可谓马来传统艺术中的瑰宝。

国外学者对非物质文化遗产的理论研究和保护实践始于20世纪中叶。2003年联合国教科文组织《保护非物质文化遗产公约》公布后，关于非物质文化遗产的研究获得较大发展。而中国国内关于该领域的研究起步较晚，“非遗”概念在21世纪初才逐渐进入公众和学术视野。因此，国内关于马来西亚非物质文化遗产的研究较少，目前主要以马来西亚本地学者为主。中国国内尚无全面介绍马来西亚非物质文化遗产的研究专著或专题研究报告，仅存的少量研究成果主要以介绍性的部分分散在关于马来西亚文化的专著之中，或挑选某一特定项目进行研究，如许友年的《论马来民歌》《马来班顿同中国民歌之比较研究》，张玉安的《马来西亚的哇扬戏》。此外，有少数学者以整个东南亚为出发点，或进行概述性研究，或以非物质文化遗产为视角，探讨整个东南亚地区的文化多样性和区域特点。如史阳《保护东南亚文化多样性：东南亚的人类口头非物质文化遗产》一文根据东南亚历史文化特点，将东南亚非物质文化遗产分为四大类，即口头传统、民间戏剧表演艺术、物质文化和宫廷传统艺术，并对每一类的特征进行总结。马来西亚的传统戏剧玛雍就属于民间戏剧表演艺术。吴杰伟《从世界非物质文化遗产代表作看东南亚文化的区域性特点》对东南亚 9 项被列入《世界非物质文化遗产代表作名录》的文化形式进行分类介绍，总结出东南亚文化的区域性特点。

二　马来西亚保护非遗的措施

非物质文化遗产是国家、民族的象征，不论从历史、审美、科研角度还是经济社会发展角度来说，都有着重要价值。自 20 世纪末兴起的全球化和现代化浪潮一方面促进了全社会的发展，另一方面也对传统文化的保留和传承造成了巨大影响。许多传统文化在全球化和现代化的冲击下逐渐没落，甚至消失。面对该形势，各国政府采取各种措施，积极推进本国非物质文化遗产的保护、传承和发展。

联合国教科文组织《保护非物质文化遗产公约》鼓励各缔约国“采取适当的法律、技术、行政和财政措施，以便促进或加强非物质文化遗产文献机构以及通过为这种遗产提供活动和表现的场所和空间，促进这种遗产的传承”。[①] 为保护本国传统文化，马来西亚联合政府和民间以及国际组织，通过加强立法、发展旅游、举办各种宣传活动等措施促进非物质文化遗产的保护和传承，并取得一定成效。

第一，加强政策法规建设。政府是推动非物质文化遗产保护的重要力量，政府的政策制定往往直接决定着非物质文化遗产保护工作的导向，决

① 联合国教科文组织：《保护非物质文化遗产公约》，《全国人民代表大会常务委员会公报》2006 年第 2 期，第 141 页。

定了非物质文化遗产的经济开发程度、社会价值取向以及文化生态保护等。[①] 马来西亚刚独立便出台了《1957 年公共财产法令》（第 542 号法令）（*Akta Harta Karun 1957*），虽然该法令条款仅适用于公共财产，并非专门针对国家遗产出台。但国家遗产的所有权并非个人，也属于公共财产，因此可以说该法令依然是马来西亚政府出台的最早涉及国家遗产的政策法规。

1976 年，政府出台《1976 年遗产法令》（第 168 号法令）（*Akta Benda Purba 168*），该法令对国家遗产的保护和修复做出了明确规定，但并未涉及物质文化遗产和非物质文化遗产的概念和分类。2004 年，马来西亚文化、艺术和遗产部提议修订相关法律，该提议于 2005 年 1 月获得议会通过。同年，《2005 年国家遗产法令》正式颁布，该法令对国家遗产的分类、保护和修复、申请和认定以及管理等均做出了详细规定，标志着马来西亚国家遗产的保护和传承工作得到进一步规范，大大有助于非物质文化遗产的保存和推广。同时，马来西亚第九个五年发展计划（2006～2010 年）也提出要重视国家文化、艺术和遗产的发展。

第二，设立遗产管理专门机构。国家遗产的管理必须依靠执行力强的政府专门机构，没有相关政府专门机构的执行，任何法令也只不过是一纸空文。1963 年，政府建立国家博物馆，并将其作为政府单位置于文化、青年和体育部下，以管理和保护马来西亚文化遗产。[②] 该机构的建立对于马来西亚国家文化遗产的保护和传承来说意义重大，这表明政府对国家物质和非物质文化遗产保护工作给予高度重视。此后，随着全球化趋势的加强，各国纷纷开始宣布本国的国家遗产。受此趋势的影响，加之与邻国印度尼西亚的竞争，马来西亚政府越来越意识到，如不进一步加强国家遗产的保护和认定工作，将面临失去更多国家遗产的危险。[③] 鉴于此，马来西亚中央政府成立了

---

① 陈志鸿：《非物质文化遗产保护中的负面因素与应对措施》，《湖南科技学院学报》2011 年第 9 期，第 57 页。

② Yuszaidy Mohd Yusoff, Hanapi Dollah, AB Samad Kechot, "Akta Warisan Kebangsaan 2005: Tinjauan Sepintas Lalu," *Jurnal Melayu*, Vol. 8 2011, p. 176.

③ 由于历史原因，马来西亚与印尼两国在文化上存在许多相似和重叠，如班顿、巴迪布、皮影戏、克里斯剑等许多文化符号在两国均存在，因此极容易出现文化符号归属之争。

一个专门管理文化遗产的部门，即国家文化、艺术和遗产部。[①] 同时，还成立了国家文物遗产局[②]，专门负责国家遗产保护管理工作。在国家文物遗产局下属众部门中，专门设立了一个非物质文化遗产管理部门，即非物质文化遗产处。该部门严格按照《2005 年国家遗产法令》条款，管理、保护和推广国家非物质文化遗产，在马来西亚国家非物质文化遗产的传承和发展方面发挥了重要作用。此外，还设立了世界遗产处，专门负责与联合国教科文组织、东盟、伊斯兰国家教科文组织等国际组织对接，处理与遗产相关事宜。

第三，成立非政府组织，保护、推广非物质文化遗产。2014 年初，马来西亚政府社会文化事务顾问丹斯里·拉伊斯·亚蒂姆（Tan Sri Rais Yatim）主导建立非政府组织——国家遗产基金会（Yayasan Warisan Negara），以协助马来西亚政府开展遗产保护和恢复工作。[③] 该组织以提高马来西亚人民文化遗产的恢复、保护、发展和传播意识为使命，通过与政府机构、人民团体、媒体以及个人等合作，开展一切与艺术、文化、语言、音乐、考古遗迹、建筑、自然遗产、历史遗迹等相关遗产的保护和推广工作。[④]

第四，将非遗的保护、传承工作与教育相结合。年青一代是一个国家未来各方面发展的希望，非物质文化遗产的保护和传承工作同样离不开年轻人的努力。为促进国家艺术文化遗产的传播和传承，隶属于马来西亚文化艺术旅游部的国家艺术学院（Akademi Seni Kebangsaan，ASK）于 1994 年正式成立。2006 年 8 月 1 日，正式更名为国家艺术文化遗产大学（Akademi Seni Budaya dan Warisan Kebangsaan，ASWARA），该大学是马来西亚唯一一所由

---

① Norliza Rofli，Eddin Khoo，*Kebudayaan Malaysia*：*Satu Pengenalan*（Kuala Lumpur：Jabatan Kebudayaan dan Kesenian Negara，2009），p. 79.

② 如今该局隶属马来西亚国家旅游文化部管理。

③ 《意欲保护马来西亚遗产》（*Mahu pertahan warisan Malaysia*），〔马〕《世界报》（*Kosmo*）2014 年 6 月 3 日，http：//ww1. kosmo. com. my/kosmo/content. asp？ y = 2014&dt = 0306&pub = Kosmo&sec = Rencana_ Utama&pg = ru_ 02. htm。

④ 国家遗产基金会脸书官方主页简介，https：//www. facebook. com/pg/Yayasan – WarisaNegara – 756728691082745/about/？ ref = page_ internal。

政府全额拨款的艺术高等学府。其办学宗旨是通过在艺术文化遗产领域的教学、科研、学术出版、咨询服务等来培养专业人才和行业精英，从而促进国家艺术文化遗产持续发展。[①] 国家艺术文化遗产大学共设 8 个院系，分别是戏剧学院、音乐学院、舞蹈学院、创意写作学院、电影及电视学院、动画及多媒体学院、艺术文化管理学院、设计及视觉传媒学院。以舞蹈学院为例，其开设的舞蹈课程既包含马来西亚各族如马来人、华人、印度人以及沙巴、沙捞越原住民的传统舞蹈，也包含现代舞蹈，学生在学习舞蹈表演的同时，也注重理论以及舞蹈背后所包含的传统文化的学习，这对马来西亚非物质文化遗产的传承和推广意义重大。

此外，马来西亚其他高校也积极加强传统文化建设，促进非物质文化遗产的传播。例如，很多院校开设有与传统文化相关的课程，如班顿研究、舞蹈艺术、雕刻艺术等。马来西亚吉兰丹大学专门设立了创新科技及遗产研究院（Fakulti Teknologi Kreatif dan Warisan），在遗产研究方面，开设遗产保护、文化遗产、表演艺术等课程供学生选修。

第五，举办各类文化活动，加大宣传、推广力度。为推广国家非物质文化遗产，马来西亚国家文物遗产局积极举办各类文化活动，向公众推广国家非物质文化遗产，提高公众保护意识。例如，该局每年都以不同主题举办各类研讨会，以促进传统文化在年青一代中的传承。2016 年 12 月 8 日，“传统服饰及装饰研讨会”在国家文物遗产局遗产发展中心举行，共有 115 人参与该研讨会，包括来自各大学的学生、非政府机构人员、文化活动家以及国家文物遗产局工作人员等。[②] 此外，爪威文书法研讨会、马来传统诗歌创作及阅读会、传统游戏研讨会等各类研讨会频频召开，对马来西亚非物质文化遗产的推广和传承大有裨益。

---

① “国家艺术文化遗产大学简介——背景”（Akademi Seni Budaya dan Warisan Kebangsaan-Profil-Latar Belakan），马来西亚国家艺术文化遗产大学官网，http：//www. aswara. edu. my/webportal/ms/latarbelakang/。

② “传统服饰及装饰研讨会”（Bengkel Busana dan Seni Hias Diri），马来西亚国家文物遗产局（Rasmi Jabatan Warisan Negara）官网，2017 年 1 月 18 日，http：//www. heritage. gov. my/ms/utama/acara-jwn/item/395 – bengkel-busana-dan-seni-hias-diri。

除举办各类研讨会外，文化节也是保护、推广非物质文化遗产的重要手段。每年7月1～30日，马来西亚新闻、通信和文化部都会联合其他相关机构举办“吉隆坡文化节”。[①] 各类与文化、艺术和国家遗产相关的项目都是该文化节的重要组成部分，该文化节每年都吸引无数学生、艺术协会、政府机构及非政府部门人员参加。而且，马来西亚不仅在国内举办类似文化节，每年还在中国、越南、英国、墨西哥等世界多个国家和地区举办马来西亚文化周，内容包括演奏传统民族音乐、表演传统舞蹈、展示蜡染服饰、现场制作手工艺品以及印度飞饼和拉茶等。2013年9月19日，马来西亚文化周在泰晤士河南岸拉开帷幕，用丰富多彩的演出和展示活动生动地诠释了“多面马来西亚”这一活动主题。文化周期间，来自马来西亚国家文化宫的艺术家为游客演奏富有代表性的传统民族音乐、表演传统舞蹈、现场制作手工艺品、展示原始的马来手稿等文物。[②]

为加大传统文化宣传和推广力度，马来西亚邮政部门还制作、发行以非物质文化遗产为主题的邮票，如蜡染艺术、传统舞蹈、传统节日、马六甲峇峇娘惹服等。

第六，与旅游业相结合，共同发展。马来西亚是一个旅游大国，旅游业是该国支柱产业之一，旅游业的增长为马来西亚GDP的增长做出了重要贡献。因此，马来西亚政府也非常重视本国旅游业的发展。马来西亚旅游文化部是旅游业主管部门，该部门不仅积极发展旅游业，而且努力将旅游业的发展同非物质文化遗产的保护工作相结合，促进二者共同发展。马来西亚旅游文化部善于利用国内丰富的节日、纪念日开展庆祝活动，将传统文化融入庆祝活动中，这不仅有利于本土传统文化的发展，也有利于吸引游客，更是拉近各民族关系的重要方式。

---

① “吉隆坡文化节（传统游戏）”（KL Festival（Permainan Tradisional），马来西亚国家文物遗产局（Rasmi Jabatan Warisan Negara）官网，2016年5月31日，http：//www. heritage. gov. my/ms/warisan-tidak-ketara/program-kesedaran/program-kl-festival。

② 《印尼、马来西亚：多种举措保护东南亚传统文化》，中国文化产业协会官网，2013年10月10日，http：//www. chncia. org/2013/1010/417. html。

每年开斋节，马来西亚旅游文化部都要组织“门户开放”（Rumah Terbuka）活动，邀请社会各界人士参与。各色马来西亚传统美食，诸如马来传统椰子糕、沙爹、仁当肉（Rendang，一种椰浆干烧肉）、马来粽、马来竹筒饭，以及各类热带水果等都将在“门户开放”时呈上，[①] 这不仅能吸引外国游客，而且是对马来西亚饮食传统的最佳展示。除此之外，在马来西亚其他文化艺术节，如佛教文化艺术节、舞蹈艺术节等，旅游文化部都要举行各类文艺表演，如马来传统舞蹈、传统戏剧、皮影戏等，对传统服饰、传统音乐和乐器、美食、手工艺品等进行全方位展示。

第七，加强国际合作，积极申报世界非物质文化遗产。在保护非物质文化遗产方面，马来西亚政府不仅大力发挥国内各阶层力量，而且积极寻求国际层面的合作。马来西亚数百项国家级非物质文化遗产中，仅玛雍被联合国教科文组织列入《人类口头和非物质文化遗产代表作名录》。因此，马来西亚政府正积极向联合国教科文组织申报世界非物质文化遗产，从国际、国内两方面保护传统文化。

2018 年 2 月 19 日，马来西亚国家文物遗产局邀请马来“希拉”(Silat)[②] 艺术协会第二副会长共同商讨向联合国教科文组织申请，将“希拉”列入《人类非物质文化遗产代表作名录》。为此，国家文物遗产局联合马来西亚旅游委员会、马来西亚遗产旅游协会等部门共同举办了“10000 步，装饰希拉”活动，在 2018 年 3 月 31 日前通过开展资料收集工作、视频拍摄、相关协会工作人员和青年访谈以及整个活动期间照片收集等，为“希拉”申遗做好准备工作。[③]

2018 年 2 月 2 日，马来西亚国家文物遗产局和马来西亚手工艺促进局共同召开会议，商讨马来传统“织锦布”（Songket）申请为世界非物质文化

① “Majlis Hari Raya Aidilfitri MOTAC,” Buletin MOTAC, July-September, 2016, p. 5.

② 一种马来传统武术。

③ 《“10000 步，装饰希拉”活动》（“Program 10, 000 Langkah Berusaha Silat”），马来西亚国家文物遗产局（Rasmi JabatanWarisan Negara）官网，2018 年 2 月 19 日，http://www.heritage.gov.my/ms/utama/berita-jwn/item/731 – program – 10 – 000 – langkah-berbusana-silat-kampong-bharu-kuala-lumpur。

遗产事宜。①

同时，马来西亚也积极加强国际合作。2016 年 1 月 31 日，马来西亚代表访问厦门，筹备 2016 年在马六甲举办的世界闽南文化节的相关事宜，在与厦门副市长的交流会上，厦门副市长国桂荣和马六甲州政府对华商务特使拿督颜天禄共同商定推动中国与马来西亚“送王船”（Wangkang，“Kapal Wang”）联合申报世界非物质文化遗产。厦门市闽南文化研究会名誉会长、厦门大学教授林仁川介绍，马来西亚马六甲的“送王船”在 2012 年成为马来西亚非遗项目，而厦门的“闽台送王船”2011 年入选中国国家非遗名录，厦门和马六甲将共同推进中国、马来西亚的“送王船”联合申报世界非物质文化遗产，“送王船”将成为海峡两岸和中马文化交流合作的新渠道，成为“21 世纪海上丝绸之路”民心相通的文化平台。②

由于历史原因，马来西亚与印尼在文化方面存在许多相似之处，这也导致两国之间文化纷争不断。但近年来，两国逐渐由纷争转为合作，向联合申遗方向迈进。2017 年 3 月 30 日，两国在印尼教育与文化部正式签署合作备忘录，共同向联合国教科文组织申请将“班顿”列入《世界非物质文化遗产名录》。③“班顿”联合申遗只是开始，两国拥有众多共同的文化遗产，合作将会为双方带来更多灵感，对两国非物质文化遗产保护和推广工作意义重大。

---

① 《国家文物遗产局和马来西亚手工艺促进局开会商讨马来传统织锦布申遗》（“Mesyuarat bersama Perbadanan Kraftangan Malaysia：Pencalonan Songket untuk Tujuan Representiative List of the Intangible Cultural Heritage Humanity di bawanh Convention for the Safegurding of the Intangible Cultural Heritage 2003”），马来西亚国家文物遗产局（Rasmi Jabatan Warisan Negara）官网，2018 年 2 月 2 日，http：//www. heritage. gov. my/ms/utama/berita-jwn/item/724 – mesyuarat-bersama-perbadanan-kraftangan-malaysia-pencalonan-songket-untuk-tujuan-representative-list-of-the-intangible-cultural-heritage-of-humanity-di-bawah-convention-for-the-safeguarding-of-the-intangible-cultural-heritage – 2003。

② 《厦门同安吕厝十万人送王船 将申报世界非物质文化遗产》，福建省人民政府网站，2016 年 2 月 13 日，http：//www. fujian. gov. cn/xw/ztzl/lyfj/lyzx/201602/t20160214_ 1138516. htm。

③ 《印尼联合马来西亚申请将班顿列为世界遗产》（“Indonesia Gandeng Malaysia Usung Pantun Jadi Warisan Dunia”），CNN 印尼频道（CNN Indonesia），2017 年 3 月 30 日，https：//www. cnnindonesia. com/hiburan/20170330140717 – 241 – 203751/indonesia-gandeng-malaysia-usung-pantun-jadi-warisan-dunia。

三 非遗保护中存在的问题

马来西亚政府在保护本国非物质文化遗产过程中所采取的措施及做出的努力值得肯定，但由于本国国情制度等方面的原因，非物质文化遗产保护工作依然面临一些问题。

第一，起步相对较晚，增加了许多传统文化保护及恢复的难度。虽然马来西亚自独立始便出台了遗产保护相关法令，但由于法令内容本身存在一定问题，如分类不清晰、范围覆盖不全面、职责欠分明等，执行效果不理想，文化遗产保护工作无法得到有效开展。《2005 年国家遗产法令》可谓马来西亚第一部遗产保护专门法令，在此法令下，各文物遗产保护专门机构相继成立，并严格依照上述法令开展文化遗产认定、保护及推广工作。至此，马来西亚遗产保护工作才逐渐规范化、系统化。而在此之前，由于保护、推广不到位，许多传统文化面临消失的威胁。例如，时任柔佛州务大臣拿督哈吉·甘尼·奥斯曼在 1998 年“南洋扎宾舞文化节”发言时强调，20 世纪 70 年代至 80 年代，扎宾舞几乎快要从柔佛消失，因为大部分柔佛马来族小孩已不知道这种传统舞蹈的存在。①

第二，政策法令执行机构之间存在分歧，导致资源分散、执行不力。国家文物遗产局成立前，国家博物馆为国家遗产专门管理机构。根据《2005 年国家遗产法令》条款规定，2007 年国家文物遗产局成立，并取代国家博物馆成为负责国家遗产保护和恢复的最高权力机构。而在此之前，国家博物馆为负责上述工作的最高权力机构，其职权范围包括国家遗产登记、认定、牌照发放等一切与国家遗产相关的事宜。② 而国家文物遗产局成立后，国家博物馆的职权仅限于展览，因此其职员不断减少。而国家博物馆的职员大多

① Mohd Fadzil Razali, Badrul Redruan Abu Hassan, Roslina Abdul Latif, “Pemuliharaan Warisan Terpinggir: Menanggap Peranan Medium Sinema,” *Jurnal Komunikasi*, 2016, p. 3.

② Yuszaidy Mohd Yusoff, Hanapi Dollah, Mohamed Anwar Omar Din, “Pembangunan Warisan di Malaysia: Tinjauan Umum tentang Dasar,” *Jurnal Melayu*, Vol. 5, 2010, p. 280.

经过专门训练，在国家遗产保护和恢复方面相对比较专业。这种“结构上的分歧”以及资源方面的浪费对于双方以及国家遗产保护工作来说都是不利的。

第三，中央政府同地方政府存在意见分歧，影响遗产保护工作的开展。该问题的存在或许与马来西亚本身奉行的政治制度有关。马来西亚是一个多党制国家，执政党与反对党在大选中公平竞争，获得多数席位者则执掌政权。在此制度下，吉兰丹州多年来一直处于反对党伊斯兰党控制下。吉兰丹州是一个有着丰富传统文化的地方，世界非物质文化遗产玛雍，国家非物质文化遗产皮影戏、吉兰丹治疗音乐（Main Peteri）以及马来歌谣（Dikir Barat）等均发源于吉兰丹州。而吉兰丹州政府却认为该州很多文化传统与伊斯兰文化不符，颁布禁令，禁止玛雍、皮影戏、吉兰丹治疗音乐以及马来歌谣。这与马来西亚中央政府大力推广马来西亚传统文化、保护本国非物质文化遗产的精神背道而驰。正如联合国文化权利特别报告员卡里坞·贝农女士所说，吉兰丹州政府对传统文化表演的禁令将会对这些传统艺术形式的生存、发展产生负面影响，希望吉兰丹州政府能解除禁令。①

四　结语

马来西亚非物质文化遗产的保护，不论从法律制度、管理机构还是从宣传推广来说都已相对较为完善。通过政府、民间机构以及民众的共同努力，马来西亚非物质文化遗产保护工作已取得一定成绩，但依然存在一定问题。针对这些问题，政府应高度重视，加速资源整合，避免由部门之间的“结构性分歧”引起的人力资源浪费继续影响非物质文化遗产保护工作的开展。同时，非物质文化遗产的传承和发展不能完全依靠传统的宣传推广工作，在保持其传统特色的同时，也可以适当创新，注入新元素。例如，马来西亚国

① 《联合国教科文组织希望吉兰丹州解除玛雍表演禁令》（“Unesco wants Kelantan to lift ban on Mak Yon”），〔马〕《太阳日报》（*The Sun Daily*），2017 年 9 月 21 日，http：//www.thesundaily. my/news/2017/09/21/unesco-wants-kelantan-lift-ban-mak-yong。

家非物质文化遗产拉茶被改编成歌舞，演员们在表演歌舞的同时展示拉茶技艺，“在布满南洋情调的舞台上，随着婉转深情的南洋音乐悠扬响起，歌舞演员手持茶罐，舞步曼妙地把拉茶文化展示得淋漓尽致”。[①]

非物质文化遗产是祖先留给后人的宝贵财富，对传统文化的保护不能仅仅依靠政府，民众保护意识的提高也至关重要。在政策法令确定的大框架下，以政府为中心，进行宣传推广，使非物质文化遗产保护观念深入民众，真正做到以人为载体的传播和继承，让历史留给我们的遗产不断传承下去。

---

① 李金兰：《马来西亚：热带雨林的交响》，广西民族出版社，2006，第98页。

B.12
印度尼西亚非物质文化遗产专题报告

李婉珺　葛瑞

摘　要： 印度尼西亚的非物质文化遗产数量、非物质文化遗产保护在东南亚地区都处于领先地位，呈现起步早、项目多、国际化等特点。截至2017年，印度尼西亚世界非物质文化遗产共计9项，备案的国家级非物质文化遗产共7363项，其中2017年评选的有150项。2017年印尼国家级非物质文化遗产南苏拉威西造船术皮尼斯项目成功入选联合国教科文组织《世界非物质文化遗产名录》，是印度尼西亚非遗事业快速发展的结果。本文按照世界非物质文化遗产和国家级非物质文化遗产两部分，介绍了印度尼西亚非物质文化遗产项目中－英－印尼三语名称、申请和认定时间和机构、类型与分类、保护现状等内容，并对申请经验和存在的问题进行了分析。印度尼西亚非遗项目申请和管理的优秀经验和存在问题是值得我们了解、学习和引以为鉴的。

关键词： 印度尼西亚　非物质文化遗产　联合国教科文组织

印度尼西亚是目前已知的世界上最古老的人类居住地之一。优越的生存条件和天然的海洋阻隔使印尼逐步成为一个多民族国家，非物质文化遗产十分丰富。

印度尼西亚于1950年加入联合国教科文组织。2003年10月，联合国教科文组织第32届大会通过《保护非物质文化遗产公约》。2007年，印尼就该决议发布第78号总统令以响应联合国教科文组织号召，启动非物质文化遗产保护工作。

2008年至今，印度尼西亚已经先后有16项世界文化遗产被列入联合国教科文组织世界文化遗产名录，其中非物质文化遗产8项，世界文化遗产4项，世界自然遗产4项。在东南亚范围内，印度尼西亚是拥有最多世界遗产的国家，其非物质文化遗产保护事业呈现出起步早、项目多、国际化等特点，目前处于地区领先地位。

本文将对印度尼西亚世界级和国家级非物质文化遗产保护事业的历史与现状进行简要介绍及评析。

一　印度尼西亚世界级非物质文化遗产

（一）印度尼西亚世界级非物质文化遗产名录

从2008年起，印度尼西亚先后有8个项目获得联合国教科文组织非物质文化遗产委员会认定，进入《人类非物质文化遗产代表作名录》或《急需保护的非物质文化遗产名录》。相关项目进入相关名录的时间列示如下（见表1）。

表1　印度尼西亚世界非物质文化遗产项目

	项目名称	英语名称	类别	认定时间
1	皮影木偶戏	Wayang Puppet Theatre	人类非物质文化遗产代表作	2008年
2	印度尼西亚克里斯剑	Indonesian Keris	人类非物质文化遗产代表作	2008年
3	印度尼西亚蜡染布	Indonesian Batik	人类非物质文化遗产代表作	2009年
4	印度尼西亚昂格隆	Indonesian Angklung	人类非物质文化遗产代表作	2010年
5	萨满舞	Saman Dance	急需保护的非物质文化遗产	2011年

续表

	项目名称	英语名称	类别	认定时间
6	巴布亚编织袋诺肯	Noken traditional woven bag of Papua	急需保护的非物质文化遗产	2012 年
7	巴厘岛三种传统舞蹈	Three genres of traditional dance in Bali	人类非物质文化遗产代表作	2015 年
8	南苏拉威西造船术皮尼斯	Pinisi, art of boatbuilding in South Sulawesi	人类非物质文化遗产代表作	2017 年

资料来源：联合国教科文组织非物质文化遗产官网，https：//ich. unesco. org/en/lists？country［］=00104&multinational =3&display1 = inscriptionID#tabs。

由表 1 可见，近 10 年来印度尼西亚在向联合国教科文组织申请世界级非物质文化遗产认定工作上硕果累累，这在整个东南亚范围内是绝无仅有的，远远领先于其他东南亚国家。可见，印度尼西亚历史人文资源相当丰富，相关政府部门的世界非物质文化遗产申请策略也十分得当，这一点是值得东南亚其他国家和中国借鉴学习的。

以下将上述项目相关申请信息列示如下（见表 2）。

表 2　印度尼西亚世界非物质文化遗产申请信息

	项目名称	申请时间	认定时间	申请机构
1	皮影木偶戏	2003 年	2008 年	印度尼西亚国家皮影秘书会(待确认)
2	印度尼西亚克里斯剑	2005 年	2008 年	印度尼西亚教育及文化部
3	印度尼西亚蜡染布	2007 年	2009 年	卡迪恩基金会印度尼西亚分会和印度尼西亚蜡染布博物馆
4	印度尼西亚昂格隆	2009 年	2010 年	印度尼西亚文化研究与发展中心
5	萨满舞	2010 年	2011 年	印度尼西亚文化研究与发展中心
6	巴布亚编织袋诺肯	2011 年	2012 年	印度尼西亚文化研究与发展中心
7	巴厘岛三种传统舞蹈	2014 年	2015 年	印度尼西亚价值观国际化与文化外交指导委员会
8	南苏拉威西造船术皮尼斯	2015 年	2017 年	印度尼西亚价值观国际化与文化外交指导委员会
	获得认定平均时间	2. 125 年		

资料来源：联合国教科文组织非物质文化遗产官方网站，https：//ich. unesco. org/en/lists？text =&country［］=00104&multinational =3&display1 = inscriptionID#tabs。

由表2可知，2009年以前，印度尼西亚的非物质文化遗产申请项目主要由政府文化职能部门或相关领域行业协会或非政府组织提出申请；2009～2013年，由印度尼西亚文化研究与发展中心负责提出申请并推动相关项目；2014～2017年，由印度尼西亚价值观国际化与文化外交指导委员会负责相关工作。

为全面了解印度尼西亚世界非物质文化遗产事业发展的历程和现状，以下将首先介绍2017年进入名录的最新项目，然后再按时间顺序逐一介绍其他项目。

1. 南苏拉威西造船术皮尼斯（Pinisi,art of boatbuilding in South Sulawesi）

南苏拉威西造船术皮尼斯2015年由印度尼西亚价值观国际化与文化外交指导委员会（Directorate of Internationalization of Value and Culture Diplomacy）申报，2017年进入联合国教科文组织《人类非物质文化遗产代表作名录》。

在南苏拉威西，皮尼斯（Pinisi）是指一种用于建造被称为“苏拉威西纵帆船”的造船术。这种船舶的建造和使用传统，是南岛人长达千年的造船和航海历史的见证。对印度尼西亚和国际社会而言，皮尼斯造船术是马来群岛原住民航海技术的代表作。

今天，皮尼斯造船业中心主要集中在塔纳贝鲁（Tana Beru）、比拉（Bira）和巴都利金（Batu Licin），当地约70%的人口从事与造船业或航海有关的工作。造船与出海不仅仅是当地社会的主要经济来源，而且也是日常生活与身份认同中心。造船工人社区与其买家之间的互惠关系有利于增强双方的互信。与此相关的知识与技能以家族为单位一代又一代地传承下来，同时家族成员以外的人也可以通过分工的细化习得相关知识与技能。社会、群体和个人都在积极投身于保护这项技艺，包括开发营销方式和出版相关书籍等。①

① 联合国教科文组织非物质文化遗产官方网站，https：//ich. unesco. org/en/RL/pinisi – art – of – boatbuilding – in – south – sulawesi – 01197。

从联合国教科文组织提供的皮尼斯造船术的档案资料分析，其申请成功的原因可归纳为以下几点。

第一，符合人类非物质文化遗产代表作评选标准。评选标准细则有五：其一，项目特征及元素是否具备“实践度、代表性、表现力、知识、技术”，同时有与之相关的工具、物件、实物史料和文化空间；其二，该项目是某个社区、团体或个人文化传统的一部分；其三，在代与代之间传承，且不断被社区或团体因应其环境实施改造，体现出自然界与该群体历史的相互作用；其四，该项目对社区或团体有身份认同和繁衍意义；其五，具有可持续性，与现有人权认知及社区、团体或个人相互之间的尊重可以共存。因应上述五条，申请档案中已进行明确细致的表述，以示符合上述条件，包括皮尼斯所代表的苏拉威西船队奥斯特罗尼西亚（Austronesian）族群在公元10世纪以前在印度洋航海史上的重要意义等。

第二，现有保护机制已比较完整。从2013年起，经印度尼西亚教育与文化部申请，皮尼斯已经被列入国家非物质文化遗产名录（证书编号204762/MPK. F/DO/2013）。从2007年起，印度尼西亚国家标准局开始发放准航证给南苏拉威西地区的木船。望加锡哈桑努丁大学（Hasannuddin University）机械工程系、海洋工程学系也准备开设木船建造课程。政府直接或间接支持多个古船复制项目，并在1986~2006年先后6次完成跨洲航行。从地方到中央建立的行之有效的保护制度，令该项目有充足的可持续发展的潜力。

第三，多部门协力。以教育及文化部文化司司长为首，包括人力及文化发展部旅游、青年及体育司司长、南苏拉威西省政府代表、哈桑努丁大学相关学科教授等都作为遗产保护联系人进入档案，说明申请材料和后续保护都由上述部门分工合作完成。

第四，地方团体和个人积极参与。在提交申请团体部分，档案列出了四个不同团体在确定项目名称、内容、陈述等方面做出的努力，作为地方社会支持申请的证据。在相关联系人部分，除政府官员外，还有大量地方团体负责人、船长等个人，以示对申请的支持。

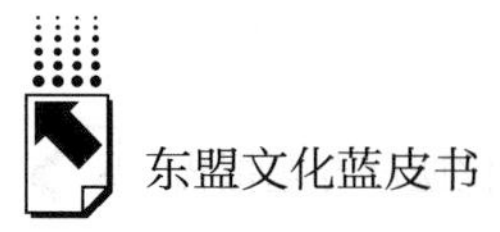

总之，从南苏拉威西造船术皮尼斯的成功申报中我们不难看出，申报从真正提交的数年前便已开始，需要政府和民间协作，由政府文化部门牵头、民间团体执行，建立行之有效的机制来确保项目的可持续发展，促进不同社群和团体的交流与互动，从而增加项目获得认证进入《世界非物质文化遗产名录》的可能性。

2. 皮影木偶戏（Wayang Puppet Theatre）

皮影木偶戏于2003年向联合国教科文组织世界非物质文化遗产委员会提交申请，2008年获得认定，入选联合国教科文组织《人类非物质文化遗产代表作名录》。联合国教科文组织网站未明确指出申请机构，可能是提供图像资料的印度尼西亚国家皮影秘书会（Indonesian National Wayang Secretariat）。

印度尼西亚皮影木偶戏起源于古代爪哇岛的说书传统，以精美的皮偶和繁复的音乐风格著称。在大约一千年的时间里，皮影戏在爪哇岛和巴厘岛的皇室和乡村蓬勃发展，同时也传播到龙目岛（Lombok Island）、马都拉岛（Madura Island）、苏门答腊岛和婆罗洲地区，并形成了多种富有当地特色的表演及音乐形式。

尽管上述地区这些精心制作的手工皮偶在规格、形状和风格上各有特色，但有两个类型——立体木偶（wayang klitik 或者 golek）以及平面皮偶（wayang kulit）已经成为主流。立体木偶戏是由木偶师在幕后操纵木偶进行表演，平面皮偶戏则是通过皮影师操纵皮偶在幕布后照明形成灯影进行表演。上述两类皮影木偶戏都以各自的戏服、表情和肢体动作为特征。皮影师或者木偶师（dalang）通过操纵木偶或皮偶上的细签来摆动肢体；同时，歌手及乐手用铜制乐器和加美兰鼓①来演奏复杂的旋律。

在过去，皮影戏演员被视为有教养的文人，通过皮影戏艺术来传播道德及美学思想。皮影戏角色的台词和行动为平民对敏感的社会和政治话题发出批判的声音提供了渠道。这种特殊的价值可能就是皮影木偶戏之所以流传千

① 加美兰，印尼语为 gamelan，是以木琴和大吊锣等乐器为主的印度尼西亚传统乐队形式。

年的原因。皮影木偶戏的角色从各种本土神话、印度史诗、波斯寓言故事中的英雄人物身上汲取养分。

常见剧目和表演技巧的传承主要依赖皮影师或木偶师、乐师和偶匠家庭成员一代又一代的口耳相传。师傅级的皮影师或木偶师需要记住大量常见剧目的剧本，并能够用诙谐和多变的风格背诵出古老的旁白说段和诗歌。

皮影木偶戏至今依然广受欢迎。然而，由于面临诸如视频和电视等现代娱乐方式的竞争，这类表演已经出现牺牲故事情节来突出滑稽场景的现象，以及用流行音乐替代传统配乐等趋势，这终将导致其部分代表性特征消失。①

3. 印度尼西亚克里斯剑（Indonesian Keris）

印度尼西亚克里斯剑由印度尼西亚教育及文化部于2005年向联合国教科文组织世界非物质文化遗产委员会提交申请，2008年获得认定，入选联合国教科文组织《人类非物质文化遗产代表作名录》。

克里斯剑（kris或keris），又称马来短剑，是印度尼西亚一种独特的不对称匕首。克里斯剑既是武器，也是精神象征，被视为具有魔力。迄今所知最早的克里斯剑出现在公元10世纪，且很有可能起源于爪哇岛然后传播到整个东南亚。克里斯剑剑刃通常较窄，而剑柄较宽且形状不对称，剑鞘通常为木制，也有使用象牙和黄金等材质的。

克里斯剑的美学价值主要体现在剑刃形制、剑刃饰纹和年代身份三方面。剑刃形制（dhapur）指剑刃的形状和设计，大约有40种；剑刃饰纹（pamor）指剑刃合金形成的纹路，大约有120种；年代身份（tangguh）指克里斯剑的制造年份、起源和流传过程等。

克里斯刀匠（empu keris）使用不同种类的铁矿石和陨石碎片来锻造克里斯剑刃的各个刃层。对高质量的克里斯刀刃而言，金属的锻造技艺需要做到在最严苛的准确度要求下折叠数十次甚至数百次。克里斯刀匠是人们崇敬的匠人，除铸造工艺外，还需要具备文学、历史和神秘学素养。

① 联合国教科文组织非物质文化遗产官方网站，https：//ich. unesco. org/en/RL/wayang - puppet - theatre - 00063。

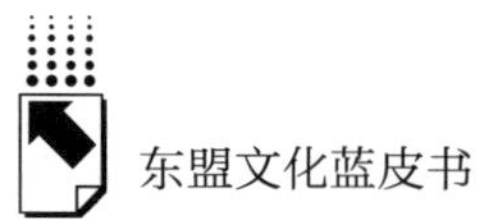

克里斯剑既可供日常佩戴，也可用于特定场合。作为祖传遗物的克里斯剑则被视为家族传家宝代代传承。男性和女性都可以佩带克里斯剑。围绕克里斯剑所产生的精神信仰与神话传说十分丰富。克里斯剑是社会地位和英雄主义的象征，具体用法包括作为带有法力的护身符、武器、传家宝、宫廷护卫的饰剑、仪服饰品等。尽管今天我们依然能够在很多岛上找到技艺高超且受人推崇的刀匠，但整体人数正在急剧减少，能够继承他们技艺的人更是难觅。①

4. 印度尼西亚蜡染布（Indonesian Batik）

印度尼西亚蜡染布是2007年由卡迪恩基金会印度尼西亚分会（KADIN Indonesia Foundation）和印度尼西亚蜡染布博物馆（Indonesian Batik Museum Institute）合作申请的，2009年正式进入联合国教科文组织《人类非物质文化遗产代表作名录》。

此外，印度尼西亚蜡染布博物馆与中爪哇岛北加浪岸（Pekalongan）当地教育部门合作，提供从小学到大学阶段的蜡染布相关教育和培训项目，获得“优秀非物质文化遗产保护机构”认证，成为目前全球三家获得该认证的非物质文化遗产保护机构之一，也是亚洲唯一获得该认证的此类机构。②

印度尼西亚蜡染布是一种手工描染的棉丝混纺布，自19世纪早期起便在爪哇地区乃至整个马来世界代代传承，具有丰富的非物质文化遗产价值。印度尼西亚蜡染布所涉及的技艺、象征意义和文化内涵贯穿印度尼西亚人从生到死的各个阶段，包括饰有象征带来好运图案的蜡染布婴儿摇床和用作裹尸布的葬礼用蜡染布等。普通款式的蜡染布在商业和学术场合是日常着装，特殊款式的蜡染布则成为庆祝嫁娶和妊娠习俗、皮影戏等其他艺术形式的一部分。在特定仪式上，蜡染布甚至会扮演主要角色，如将皇室蜡染布作为贡品投入火山的祭祀仪式等。

---

① 联合国教科文组织非物质文化遗产官方网站，https：//ich. unesco. org/en/RL/indonesian - kris -00112。

② 另外两家机构位于西班牙和保加利亚，具体信息请参考联合国教科文组织非物质文化遗产官方网站，https：//ich. unesco. org/en/lists。

蜡染布是由工艺师在布料上用加热过的蜡用点和线画出图案，然后选择以植物或其他原料制成的单一种颜色染料给整幅布料上色，随后用沸水将蜡线洗去，若需要多种颜色，则需要重复上一个步骤。蜡染布丰富多彩的图样款式反映出各种文明对这一地区的影响，包括阿拉伯字母书法、欧式花束、中国凤凰、日本樱花、印度或波斯孔雀等。

由于蜡染布技艺通常在家族内完成代际传承，因此蜡染布的颜色和图案及其所代表的创造力和精神已经与印度尼西亚人的文化身份认同交织在一起。[①]

印度尼西亚蜡染布博物馆相关教育及培训项目的缘起，是蜡染布相关从业者意识到年轻一代对蜡染布的兴趣日渐减退，因而感到需要努力传播传统蜡染布文化，以确保这种古老文化能够传承下去。上述项目的主要目的是提升印度尼西亚社会尤其是青年一代对蜡染布文化传统的认知度和欣赏能力，包括其历史、文化价值和传统技艺等。印度尼西亚 2003 年第 20 号法令使北加浪岸（Pekalongan）等地方教育部门有机会将蜡染文化作为“本地文化传统”的内容，加入课程设计之中。印度尼西亚蜡染布博物馆从 2005 年开始启动相关教育及培训项目，与当地教育部门紧密合作，并将蜡染布教育及培训内容推广到邻近地区，包括巴当（Batang）、八马兰（Pemalang）和特加尔（Tegal）等。上述项目的成效已经在评价体系中得到体现，具体举措主要包括：第一，保护文化传统，确保其可以传承给下一代；第二，确保小学、初中、高中、职业中学和工艺院校的正规课程正式承认印度尼西亚蜡染布传统文化的地位，并作为“本地文化传统”进行介绍；第三，在本地、国家层面，可能的话还需要在国际层面提升非物质文化遗产意识。[②]

---

① 联合国教科文组织非物质文化遗产官方网站，https：//ich. unesco. org/en/RL/indonesian - batik - 00170。

② 联合国教科文组织非物质文化遗产官方网站，https：//ich. unesco. org/en/BSP/education - and - training - in - indonesian - batik - intangible - cultural - heritage - for - elementary - junior - senior - vocational - school - and - polytechnic - students - in - collaboration - with - the - batik - museum - in - pekalongan - 00318。

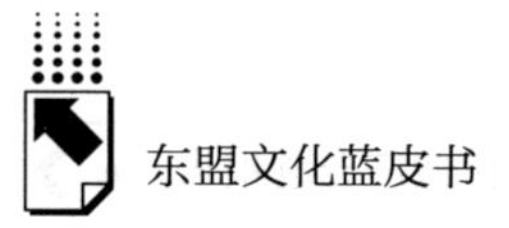

5. 印度尼西亚昂格隆（Indonesian Angklung）

印度尼西亚昂格隆2009年由印度尼西亚文化研究与发展中心（the Center for Research and Development of Culture, Indonesia）提出申请，2010年被列入联合国教科文组织《人类非物质文化遗产代表作名录》。

昂格隆是印度尼西亚一种用竹枝和藤绳串接起2～4根竹筒组成的乐器。这些竹筒被匠人精心削短和裁剪，确保摇动时竹筒和竹枝相撞可以发出一个特定的音。每一个昂格隆只能发出一个音，因此要数个乐手合作方能演奏乐曲。传统的昂格隆乐曲只使用五声音阶，1938年，音乐家登·索廷纳（Daeng Soetigna）为昂格隆引进了全音阶，被称为"昂格隆帕达"（Angklung Padaeng）。昂格隆与印度尼西亚的传统服饰、艺术和文化身份认同相关，在某些仪式上会被演奏，如种稻、割稻和割礼等。

制作昂格隆的竹子必须在一年中蝉鸣的两周内砍割，且下刀处至少离地三节以上，以确保竹子能够继续生长。昂格隆教育往往是以口头形式一代传一代，现在能够提供昂格隆教育的机构也越来越多。

6. 萨满舞（Saman Dance）

萨满舞蹈2010年由印度尼西亚文化研究与发展中心提出申请，2011年被列入联合国教科文组织《急需保护的非物质文化遗产名录》。

萨满舞是苏门答腊岛亚齐省迦幼族（Gayo）文化传统的一部分。男孩和男青年紧密跪坐成排，身穿绣有象征自然和信条的迦幼图腾黑色服饰。领舞坐在队伍中央，用迦幼语唱出特定曲目。领舞所唱歌曲往往与宗教、爱情或幽默有关。舞者一起鼓掌和打响指，并用手拍打胸脯、大腿和地面，跟随节拍摇摆和扭动肢体和头部，和对面排坐的舞者保持动作统一或相对。舞蹈动作代表的是迦幼族人的日常生活和自然环境。

萨满舞演出主要在国家和宗教节日时进行，村民相互邀请参加演出，由此加深了彼此间的联系。萨满舞演出频率和传播方式正在减少，雪上加霜的是，许多萨满舞队长已经年迈却没有继承人。其他娱乐方式和新的游戏正在日益取代非正式的传承，而且很多年轻人为了延续学业迁出原居地。资金短缺是另外一个限制，萨满服饰和演出所费不菲，目前正面临难以为继的困境。①

7. 巴布亚编织袋诺肯（Noken traditional woven bag of Papua）

巴布亚编织袋诺肯2011年由印度尼西亚文化研究与发展中心提出申请，2012年正式进入联合国教科文组织《急需保护的非物质文化遗产名录》。

诺肯是由印度尼西亚巴布亚省和西巴布亚省居民用木皮和树叶纤维制作的一种绳结网和编织袋。男女皆可用来携带农作物、渔获、木柴、婴儿或小动物，同时也可用来购物和储物。诺肯也可以在传统节庆中当作服饰穿戴，或作为示好的标志。诺肯的制作方法在不同地区各有不同，但整体而言，割下小型乔木和灌木的树枝和树干，然后以火烤干，再浸泡在水中，木纤维沥干后编织成坚韧的线绳，有时会以天然染料上色，按照各种样式和尺寸打出绳结，做成袋子。制作诺肯需要手工技巧、耐心和审美意识，掌握这项技能至少需要数月之久。

制作和使用诺肯的人数正在减少。然而，真正威胁其生存的是缺乏保护意识、传统传播方式式微、工艺师减少、工业制手袋的竞争、传统原材料获取的困难和诺肯文化价值的变迁等。②

8. 巴厘岛三种传统舞蹈（Three genres of traditional dance in Bali）

巴厘岛三种传统舞蹈2014年由印度尼西亚价值观国际化与文化外交指导委员会申报，2015年进入联合国教科文组织《人类非物质文化遗产代表作名录》。③

巴厘岛传统舞蹈分为三类：宗教类、半宗教类及大众娱乐类。传统巴厘岛舞蹈男女舞者的舞台服装颜色鲜艳，其上多饰以金色动植物图案，并搭配金叶及饰品。传统巴厘岛舞蹈的创作灵感来自大自然，并包含特定传统、风

① 联合国教科文组织非物质文化遗产官方网站，https：//ich. unesco. org/en/USL/saman-dance-00509。

② 联合国教科文组织非物质文化遗产官方网站，https：//ich. unesco. org/en/USL/noken-multifunctional-knotted-or-woven-bag-handcraft-of-the-people-of-papua-00619。

③ 联合国教科文组织非物质文化遗产官方网站，https：//ich. unesco. org/en/RL/three-genres-of-traditional-dance-in-bali-00617。

俗与宗教意涵。舞蹈动作十分多样，基本动作是膝盖外屈并收腹，富有节奏和方向的变化，通过面部表情与眼睛的转动表示喜、悲、怒、惧等情绪，需同时配合加美兰乐器进行表演。舞技精湛的表演者需要同时具备魅力、谦卑的心态、纪律性和一种特殊的精神力量方能完成有生命力的演出。在巴厘岛社会中，这些舞蹈主要通过对较低龄的儿童进行非正规的群体培训来传承。

培训从基本动作和身体姿态开始，然后逐渐转入到更复杂的舞蹈动作。舞蹈培训课将一直持续，直至学生已经记住连串的动作。传统巴厘岛舞蹈为参与者提供了巩固自身文化身份认同的土壤，令其认识到学习舞蹈是在保护自己祖先的文化遗产。①

从上述 8 项印度尼西亚的世界非物质文化遗产可以看出，印度尼西亚群岛文化多样性突出，在过去 10 年间，以印度尼西亚文化研究与发展中心、印度尼西亚价值观国际化与文化外交指导委员会、印度尼西亚蜡染布博物馆等为代表的非政府机构一直努力不懈地向联合国教科文组织世界遗产委员会提交申请，工作成果丰硕，也提升了印度尼西亚非物质文化遗产的知名度，在成功向世界介绍印度尼西亚历史悠久而又富有人文内涵的文化遗产的同时，最大限度地借助联合国教科文组织的力量对上述遗产进行记录和保护，创造出了一个多赢的局面。

世界非物质文化遗产申请工作的顺利推进，反过来也推动了印度尼西亚国内国家级非物质文化遗产保护工作的开展。

二　印度尼西亚国家级非物质文化遗产

在首个申报项目进入联合国教科文组织《人类非物质文化遗产代表作名录》的同一年，印度尼西亚的国家级非物质文化遗产保护工作也揭开了序幕。

---

① 联合国教科文组织非物质文化遗产官方网站，https：//ich. unesco. org/en/RL/three－genres－of－traditional－dance－in－bali－00617。

2008 年，印尼旅游文化部召开印尼文化代表大会，就推出保护非物质文化遗产的相关法律措施征求意见。最后，由印尼旅游文化部的相关部门带领专家小组完成了关于非物质文化遗产相关条例的起草工作。小组成员由来自文化和外交事务部、司法和人权部、国家秘书处、语言中心等部门的相关人员和各领域的专家组成。

2011 年以前，印尼的文化事务由旅游文化部负责。2011 年，苏西洛政府对政府部门进行二次改组，将文化事务从旅游文化部抽离，与教育事务结合，组成教育与文化部。非物质文化遗产保护工作统归其下属的文化司管理。这一举措的实质是政府转变了看待文化事务的角度，印尼特色民族文化不再仅仅是对外宣传吸引游客的一种符号，而是成为国家多元文化的组成部分。这种认知的转变为保护传承民族文化遗产提供了保障。

2013 年，印尼教育与文化部正式颁布《印度尼西亚国家级非物质文化遗产保护条例》，对国家级非物质文化遗产及其保护的相关概念、执行机构、执行原则等做出明确规定，并成立非物质文化遗产保护专家小组。专家小组对下级部门申报的非物质文化遗产进行筛选分类，推荐出符合国家级非物质文化遗产标准的申报项目。①

印尼非物质文化遗产的传承与保护工作以由印尼教育与文化部下属的文化司领导，各省级文化遗产保护部门协同配合的组织形式开展。为了更好地保护各地区的非物质文化遗产，官方建立了专门的申报网站，通过个人、社会团体、地方或中央政府三种途径申报，最大限度地对非物质文化遗产进行登记，已有 7363 项国家级非物质文化遗产备选项目登记在案。从 2013 年起，每年从备选项中评选出若干项国家级非物质文化遗产。2013 年评选出 77 项国家级非物质文化遗产，2014 年评选出 96 项国家级非物质文化遗产，2015 年评选出 121 项国家级非物质文化遗产，2016 年评选出 150 项国家级非物质文化遗产，2017 年评选出 150 项国家级非物质文化遗产。

---

① 《印度尼西亚教育与文化部 2013 年第 106/2013 号条例》（*Peraturan Menteri Pendidikan dan Kebudayaan Nomor：106/2013 Tahun 2013*）。

（一）印度尼西亚国家级非物质文化遗产分类

截至2017年，印度尼西亚非物质文化遗产目录中有国家级非物质文化遗产594项，分为以下五大类。第一类，传统口头表达与表现形式；第二类，表演艺术；第三类，风俗习惯、宗教仪式与信仰；第四类，对大自然及一切事物的认知和行为；第五类，传统技艺或手工艺。①

第一类“传统口头表达与表现形式”有69项，包含以下8种类型：语言表达、古代文献，传统游戏、班顿诗歌、民间传说、地方文化中的咒文、宗教文化中的祈祷语、民间曲艺。较有代表性的项目有：咖扎尔乐器，廖内群岛的一种马来族弦乐器；马都拉岛赛黄牛，中爪哇马都拉族的一种传统体育游戏；卡班谛，牟纳族的传统口头诗歌；咖哈迪，拉哈族的传统风筝游戏；疯狂竹子游戏，马鲁古地区的一种民间游戏，目前已演变为民俗表演。②

第二类“表演艺术”有197项，包含以下5种类型：舞蹈艺术、声音艺术、音乐艺术、剧院艺术、电影艺术。较有代表性的项目有：道尔舞，源自北苏门答腊的一种传统舞蹈；九韵大鼓，表演时由大到小依次排列，用于召唤祖先或求雨等传统仪式；铛布斯，邦加勿里洞地区已流传百年的一种音乐形式；欧戴尔，雅加达周边地区的一种民间表演形式；马恩格舞，米妮哈撒族群的一种传统舞蹈，流行于苏拉威西北部；科林珰，北苏拉威西地区的一种传统木质乐器；巴厘岛舞狮，由外来舞狮文化与巴厘岛本土文化融合而成，狮子形象的设计凸显出巴厘岛人对信仰的理解和追求。③

第三类“风俗习惯、宗教仪式与信仰”有137项，包含以下3种类型：传统仪式、社会组织体系、传统经济体系。较有代表性的项目有：拓博特仪式，西苏门答腊明古鲁地区为纪念穆罕默德先知之孙哈桑和侯赛因被害的遇难节上举行的仪式；望敬仪式，勿里洞地区萨望族的一种传统仪式，已有百

---

① 印度尼西亚非物质文化遗产官方网站，https：//warisanbudaya. kemdikbud. go. id/。

② 笔者译，印尼语名称依次为Gazal，Keraben Sape（Karapan Sapi），Kabanti，Kaghati。

③ 笔者译，印尼语名称依次为Tor-Tor，Gondang Sembilan，Dambus，Ondel-ondel，Tari Maengket，Kolintang。

年历史；巴沃巫师仪式，达雅克族波努阿部的一种医治患者的传统仪式；巴拉本，巴布亚达尼族的一种烹饪活动；磨当磨登，卡洛族一年一度的传统文化仪式。①

第四类“对大自然及一切事物的认知和行为”有31项，没有更具体的分类。较有代表性的项目有：米南加保母系氏族系统，主要生活于苏门答腊岛西部的米南加保族时至今日仍保持这一传统社会制度；门达威族文身，门达威岛门达威族的一种艺术形式，源自新石器时代；罗多分田制，芒加来族群在莫莱尔村依照村民社会等级分田的制度，至少已有150年历史；含得形式，加里曼丹中部达雅克族在农业活动和葬礼仪式中互帮互助的一种形式。②

第五类“传统技艺或手工艺”有160项，包含以下8种类型：传统技术、传统建筑、传统服饰、传统装饰品、传统手工艺、传统菜肴、传统交通工具、传统武器。较有代表性的项目有：忍从短剑，亚齐族的传统武器，是身份、地位及勇敢的象征；古得什锦饭，中爪哇地区的特色菜，用椰汁和菠萝蜜制成，整体呈棕色，与米饭、鸡肉、鸡蛋、豆腐、炸牛皮搭配食用；玛拉簇，亚齐地区的一种金丝绣手工艺品，图案由九个正反三角形叠加组成，是神力的象征，常挂在家中的某一面墙上；赞昂木，亚齐中部迦幼族的一种传统打击乐器，用黄铜敲打发声，与爪哇岛用黄铜棒敲打的打击乐器有异曲同工之妙；巨港利马斯屋，南苏门答腊省的传统民居，房屋正面的左右两边各有一个楼梯，楼梯阶数必为单数，梯子旁边备有供洗脚用的水缸。③

（二）印度尼西亚国家级非物质文化遗产保护现状

目前，印尼国内对本国非物质文化遗产的研究及保护尚处于起步阶段。国内学术界对非物质文化遗产的关注度还不高，相关研究文献较少。社会媒

① 笔者译，印尼语名称依次为 Tabot atau Tabuik，Muang Jong，Belian Bawo，Barappen，Merdang-Merdem。

② 笔者译，印尼语名称依次为 Sistem Garis Keturunan Ibu di Masyarakat Minangkabau，Tato Mentawai，Lodok，Handep。

③ 笔者译，印尼语名称依次为 Rencong，Gudeg，Maracu，Canang Kayu，Limas Palembang。

体的相关报道不多，但 2017 年有渐增的趋势。见诸报端的第一篇关于非物质文化遗产保护的文章是 2014 年《罗盘报》（*Kompas*）上名为《保护非物质文化遗产》的报道。① 2016 年，卡查玛达大学有一篇名为《立法保护非物质文化遗产——以拉加丽果项目为例》的本科毕业论文。② 从中国知网上可查到一篇发表于 2016 年的名为《将印尼传统戏剧作为文化遗产来保护》的会议文章。

2017 年以前，印尼国内媒体对非物质文化遗产的报道基本集中于印尼的世界非物质文化遗产项目。2017 年以后，印度尼西亚媒体开始大量转载印尼教育与文化部评选出 2017 年度国家级非物质文化遗产项目的报道，包括印尼 CNN、*Kompas*、Tempo、*Republika*、Antara 等主要知名媒体。

三　结论

整体而言，印度尼西亚的非物质文化遗产保护事业在东南亚范围内处于领先地位，呈现出起步早、项目多、国际化等特点。就目前发展现状而言，自 2008 年起，印度尼西亚政府以世界非物质文化遗产申请成功经验，倒逼国家级非物质文化遗产保护事业起步，重视程度较高，发展较快，效果初显。2017 年的南苏拉威西造船术皮尼斯项目便是由国家级非物质文化遗产成功申报为世界非物质文化遗产。

2013～2017 年，仅五年时间，从无到有，印度尼西亚政府已经评选出国家级非物质文化遗产 594 项。国家级非物质文化遗产的传承与和保护工作机制在不断完善。在目前已公开的教育与文化部文化司 2015 年度和 2016 年度工作

① 《保护非物质文化遗产》（“Memelihara Warisan Budaya Tak Benda”），https：//travel. kompas. com/read/2014/10/24/175400427/Memelihara. Warisan. Budaya. Tak. Benda。

② 《立法保护非物质文化遗产——以拉加丽果项目为例》（“Perlindung Hukum Warisan Budaya Tak Benda Studi Kasus I La Galigo”），http：//etd. repository. ugm. ac. id/index. php? act = view&buku_ id = 96712&mod = penelitian_ detail&sub = PenelitianDetail&typ = html。

报告中，印度尼西亚政府已连续两年完成非物质文化遗产保护数量的年度目标。①

印尼政府对非物质文化遗产保护及对物质文化遗产的保护与传承工作同等重视。2012～2016年教育与文化部文化司公布的年度工作报告，都明确将文化遗产分为物质文化遗产和非物质文化遗产两个部分，均提出了相应的保护制度。对于物质文化遗产，建立文化保护区，以保护当地文化；对于非物质文化遗产，鼓励各方将其掌握的非物质文化遗产作为国家非物质文化遗产备案，以书面形式做相应记录。

印尼非物质文化遗产保护及物质文化遗产保护与传承仍任重而道远。首先，非物质文化遗产保存难度大，且之前长期处于保护真空状态，如何将几近消失的非物质文化遗产完整地保留下来仍需很多努力和巧思；其次，印尼是一个地域广阔的多民族国家，提高印尼国民对各个民族传统文化的认可度和欣赏能力，共同维护印尼多民族文化和谐共生仍是政府相关部门需要努力的方向；再次，印尼国家级非物质文化遗产的传承与保护工作仍需完善，其传承与保护可参照世界非物质文化遗产传承与保护模式，建立国家级非物质文化遗产项目传承与保护的民间机构或学校，培养专家学者，推动对国家级非物质文化遗产的研究。通过制作节目或开展知识竞赛的方式，加大宣传和普及力度，让年轻人参与到非物质文化遗产的传承与保护中来。

作为政府资金较紧张的发展中国家，有限的财政预算会在一定程度上制约非物质文化遗产保护工作的有效开展。例如，印度尼西亚国家级非物质文化遗产官方网站不稳定，公开信息仍有待完善，部分错误信息有待更正。

总之，2017年印度尼西亚的非物质文化遗产事业现状可大致概括为：世界非物质文化遗产处于地区领先地位，国际化起步早、起点高；国家级项目处于起步阶段，本土保护与传承受重视但有待加强。

---

① 《印度尼西亚教育与文化部文化司2015年度工作报告》（*Laporan Kinerja Kementerian Pendidikan dan Kebudayaan 2015*），http：//e－ppid. kemdikbud. go. id/index. php? q＝lakip，《印度尼西亚教育与文化部文化司2016年度工作报告》（*Laporan Kinerja Kementerian Pendidikan dan Kebudayaan 2016*），http：//e－ppid. kemdikbud. go. id/index. php? q＝lakip。

B.13
柬埔寨非物质文化遗产专题报告

苏华才

摘　要：　柬埔寨是一个拥有两千多年历史的东南亚文明古国，高棉民族在柬埔寨这片土地上创造了辉煌灿烂的文明。丰富的非物质文化遗产是柬埔寨高棉民族智慧的结晶，也是体现高棉民族特色的文化符号。柬埔寨非物质文化遗产具有特殊的活态传承性，因此非物质文化遗产的保护工作显得尤为重要和迫切。

关键词：　柬埔寨　非物质文化遗产　活态传承性

一　柬埔寨非物质文化遗产的现状

非物质文化遗产（简称“非遗”）是一种特殊的活态文化遗产，以人为核心进行活态传承。柬埔寨的文化遗产按照国际通用的划分法分为物质文化遗产和非物质文化遗产。柬埔寨的非遗分为三大类，即表演艺术、口传文化遗产和工匠技艺，其中表演艺术包括古典舞、戏剧、音乐和杂技表演等；口传文化遗产包括高棉语、口头文学、民间传说等；工匠技艺包括纺织技艺、银器制作、面具制作、风筝制作、手工艺等。①

人类非物质文化遗产代表作有其特定的入选标准，具有独特的文化代表性、重要的价值和意义以及当前亟须抢救和保护等特点为入选的主要标准。

① 柬埔寨文化艺术部与联合国教科文组织驻金边办事处：《柬埔寨非物质文化遗产名录》，柬埔寨：JSRC 出版社，2004，第 13 ~ 14 页，http：//unesdoc. unesco. org/images/0013/001352/135258eb. pdf。

由于长期的政治冲突、演员数量的减少以及外来文化的影响，柬埔寨许多非遗元素面临消失的危险。[①] 因此柬埔寨非遗的保护刻不容缓。自2003年以来，柬埔寨相继成功申报柬埔寨皇家舞（Royal Ballet of Cambodia）、大皮影戏（Sbek Thom，Khmer Shadow Theatre）、拔河仪式及其比赛（Tugging Rituals And Games）、长臂琴（Chapei Dang Veng）等非遗项目。柬埔寨皇家舞是高棉古典舞之一，用于献祭天神，以求国泰民安，充满灵性，具有神圣性，为国家和民族的精神象征。该舞通过舞蹈表演的形式来展现高棉人的起源传说，一般在加冕礼、婚礼、葬礼等皇室庆典和纪念仪式上表演。[②] 2003年，柬埔寨皇家舞被联合国教科文组织宣布为人类非物质文化遗产代表作，2008年被列入《人类非物质文化遗产代表作名录》。柬埔寨大皮影戏是一门集皮偶制作、敬神拜师仪式、唱词吟诵、动作表演于一体，演绎本土化罗摩故事的戏剧艺术。[③] 15世纪后，大皮影戏由最初的祭神求雨仪式演变为一种大众的戏剧表演艺术。[④] 2005年，柬埔寨大皮影戏被联合国教科文组织宣布为人类非物质文化遗产代表作，2008年被列入《人类非物质文化遗产代表作名录》。拔河仪式及其比赛是东亚和东南亚稻作文化中的一种仪式和游戏，拔河仪式与农业息息相关，人们通过举行仪式以求当地神灵庇佑，确保丰收；拔河比赛给人以娱乐，同时也有助于社会的团结统一。[⑤] 2015年，柬埔寨、菲律宾、韩国和越南四国的拔河仪式及其比赛被联合国教科文组织列入《人类非物质文化遗产代表作名录》。长臂琴是柬埔寨的一种传统乐器，

---

① 柬埔寨非物质文化遗产，联合国教科文组织驻金边办事处官网，http：//www. unesco. org/new/en/phnompenh/culture/intangible－heritage/。

② 《2008年柬埔寨皇家舞被列入〈人类非物质文化遗产代表作名录〉（2003年首次宣布）》，联合国教科文组织非物质文化遗产官网，https：//ich. unesco. org/en/RL/royal－ballet－of－cambodia－00060。

③ 黎国权：《从柬埔寨大皮影戏看罗摩故事的本土化演绎》，硕士学位论文，北京大学，2016。

④ 《2008年柬埔寨大皮影戏被列入〈人类非物质文化遗产代表作名录〉（2005年首次宣布）》，联合国教科文组织非物质文化遗产官网，https：//ich. unesco. org/en/RL/sbek－thom－khmer－shadow－theatre－00108。

⑤ 《2015年柬埔寨、菲律宾、韩国和越南四国的拔河仪式及其比赛被列入〈人类非物质文化遗产代表作名录〉》，联合国教科文组织非物质文化遗产官网，https：//ich. unesco. org/en/RL/tugging－rituals－and－games－01080。

融入了柬埔寨传统诗歌、民间故事、佛教故事等元素，具有教育、批判等功能，反映了柬埔寨人的生活、习俗和信仰，一般在节日庆典演奏。① 2016年，柬埔寨长臂琴被联合国教科文组织列入《急需保护的非物质文化遗产名录》。2017年3月，柬埔寨文化艺术部向联合国教科文组织申报考尔剧（Lakhon Khol Khmer）、高棉武术斗狮拳（Kun Bokator Khmer）这两项非遗项目，并提交申报材料。② 目前，柬埔寨也正准备阿拉乐（Arak Transitional Music）和高棉丝绸纺织技艺（Khmer Silk Weaving Skills）这两项非遗的申报工作，并落实其相关的保护工作。

总体而言，柬埔寨非遗项目的申报进度较为缓慢，不连贯，具有间歇性。从2005年至2015年，前一项与后一项非遗项目申报成功的时间间隔为10年。相比越南、马来西亚、印度尼西亚等东南亚国家，柬埔寨非遗项目的总量较少，屈指可数，迄今为止，仅有4项被列入《人类非物质文化遗产代表作名录》。柬埔寨在非遗项目申报上还有很大的潜力和空间。

二　柬埔寨非物质文化遗产保护

自2014年出台《国家文化政策》以来，柬埔寨越来越重视非遗的保护。目前，柬埔寨在非遗保护方面取得了一些成绩，包括法律体系、机构设置、人才培养、文献、资金、交流与合作等。但由于非遗具有活态传承性和综合性等特点，保护难度较大，包括普查、研究、立档、宣传、保护、传承和振兴等方面，因此柬埔寨的非遗保护工作是一项长期繁重的工作，建立健全非遗保护的长效机制是全面开展柬埔寨非遗保护工作的保障。

（一）法律体系建设

不以规矩，不成方圆。健全的非遗法律体系是有效开展柬埔寨各项非遗

---

① 《2016年柬埔寨长臂琴被列入〈急需保护的非物质文化遗产名录〉》，联合国教科文组织非物质文化遗产官网，https：//ich. unesco. org/en/USL/chapei－dang－veng－01165。

② 《文化艺术部公告》，柬埔寨文化艺术部官网，2017年4月4日，http：//vayofm. com/news/detail/76775－151510380. html。

保护工作的基石。1993 年，柬埔寨颁布《柬埔寨王国宪法》，其中提及“文化遗产的保护与处罚”。例如，第六章“教育、文化和社会福利”中的第 69 条规定，“国家有责任保护和发展本国的民族文化，有责任保护和发展高棉语以适应国家的发展，有责任保护本国的古寺庙、古典艺术品以及修复历史古迹”；第 70 条规定，“严惩一切破坏文化遗产和艺术遗产的犯罪行为”。[①] 可见，柬埔寨对文化遗产保护非常重视，并将其上升到国家宪法层面。1996 年，柬埔寨颁布《文化遗产保护法》，这是柬埔寨首部关于文化遗产保护的专项法律。《文化遗产保护法》第一章“总则”第 1 条规定，“本法用于保护国家文化遗产和所有文化财产，禁止非法破坏、修改、变更、挖掘、转让以及进出口等行为”；第 2 条规定，“国家文化遗产是指在本国领土上被创造或被发掘的文化财产”；第 3 条规定，“本法适用于可移动的和不可移动的公有或私有的文化财产”；第 4 条规定，“根据本法，文化财产是指人类的杰作和自然的产物，具有科学、历史、艺术或宗教等特点，可以反映文明或自然的发展进程，一切文化财产的保护工作皆符合公共利益”。[②] 相比于联合国教科文组织 2003 年颁布的《保护非物质文化遗产公约》，柬埔寨《文化遗产保护法》颁布的时间更早，且对文化遗产做出了明确的定义，也对文化遗产中“可移动的和不可移动的文化财产”做出了相关的保护和惩处规定，这为柬埔寨的非遗保护奠定了法律基础。随后的 2006 年、2007 年，柬埔寨国王相继颁布王令批准联合国教科文组织的《保护非物质文化遗产公约》[③] 与《保护和促进文化多样性公约》[④]。可见，柬埔寨已将非遗工作上升为国家意志，并积极与国际非遗保护接轨。后来，柬埔寨政府也陆续颁布相关的非遗法规，并制定相应的保护政策。例如，2006

---

① 柬埔寨宪法委员会：《柬埔寨宪法》，2010，第 23 页。

② 《柬埔寨文化遗产保护法》，柬埔寨王令，1996 年 1 月 25 日，http：//www. mcfa. gov. kh/files/2014/01/19/6 – ຫນັງສືພິມວຽງຈັນໃຫມ່%20 និងវិចិត្រសិល្បៈ. pdf。

③ 《保护非物质文化遗产公约》，柬埔寨 0106/003 号王令，2006 年 1 月 18 日，http：//www. mcfa. gov. kh/files/2014/01/15/2 – ក្រសួងវប្បធម៌%20 និងវិចិត្រសិល្បៈ. pdf。

④ 《保护和促进文化多样性公约》，柬埔寨 0707/019 号王令，2007 年 7 月 20 日，http：//www. mcfa. gov. kh/files/2014/01/17/4 – ក្រសួងវប្បធម៌%20 និងវិចិត្រសិល្បៈ. pdf。

年，柬埔寨政府颁布法令，将每年的 3 月 3 日定为国家文化节，以弘扬柬埔寨传统文化，提高柬埔寨民众对各类文化元素的保护意识。① 2010 年，柬埔寨国王颁布关于“现存人类珍宝”的王令，建立国家文化遗产的保护机制与传承体系。② 2014 年，柬埔寨内阁出台《国家文化政策》，旨在维护柬埔寨文化的安全、和谐，促进柬埔寨文化可持续发展，推动社会经济发展。③该政策内容包括文化的发展目标、战略和规划，为柬埔寨文化的发展指明了方向。总而言之，柬埔寨的非遗法律体系已初步形成，但基础较为薄弱，仍不健全。至今，柬埔寨尚未出台一部关于非遗保护的国家级专项法律，因此柬埔寨非遗的立法工作仍需积极推进。

（二）机构设置

设置科学、规范和系统的非遗保护机构是推进柬埔寨非遗保护工作的重要保障。柬埔寨非遗保护机构分为中央政府职能部门、地方政府职能部门、非政府组织等组织机构。首先，在政府职能部门中，中央政府职能部门在非遗保护中起着主导性的作用，也是开展各项工作的核心。自柬埔寨王国政府成立以来，与非遗保护相关的中央政府职能部门也逐步建立起来。1995 年，柬埔寨成立国家文化最高委员会。1996 年，柬埔寨成立文化艺术部。现在，文化艺术部下设文化技术司、遗产司、金边市 - 省级文化艺术厅以及皇家艺术大学、中等专业艺术学校等机构，其中，文化技术司内设文化发展处、文化传播处、艺术处、艺术品与手工艺品办公处、图书出版处等机构；遗产司内设文物处、博物馆、古建筑保护处、考古处等机构。④ 文化艺术部的文化

① 《关于成立国家文化节的法令》，柬埔寨王国政府网站，2006 年 1 月 27 日，https：//lsknan. files. wordpress. com/2012/10/e19ea2e19e93e19ebbe19e80e19f92e19e9ae19eb9e19e8fe19f92e19e99e19e9fe19f92e19e8fe19eb8e19e96e19eb8e19e80e19eb6e19e9ae19e94e19e84e19f921. pdf。

② 《柬埔寨现存人类珍宝皇家法令》，柬埔寨 0210/163 号王令，2010 年 2 月 16 日，http：//libraryhub. org/images/pdf_ file_ item/b619f31c6feedc5da19ecebc3b72e823. pdf。

③ 《国家文化政策》，柬埔寨文化艺术部官方脸书，2014 年 7 月，https：//www. facebook. com/KhmerCultureMinistry/photos/pcb. 710557722360045/710556385693512/？ type = 3&theater。

④ 《文化艺术部的机构设置》，柬埔寨文化艺术部官网，2014 年 1 月 18 日，http：//www. mcfa. gov. kh/site/detail/42. com#. Wu1XJf4h02w。

技术与非物质文化遗产事务总局是柬埔寨非遗保护的主管机关，[①] 主要负责柬埔寨全国非遗的调查、认定、研究、文献管理、申报、宣传、保护和传承等工作。近年来，文化艺术部也相继成立了各类相关机构，以辅助中央政府职能部门特别是非遗主管机关开展非遗工作。例如，2017 年 3 月，文化艺术部建立服务热线网络平台，以满足人民群众的文化需求，同时解决文化艺术部发展中出现的问题。[②] 其次，地方政府职能部门在贯彻落实非遗的各项政策方面发挥着不可或缺的作用。1995 年，柬埔寨政府成立仙女国家机构，负责吴哥地区文化遗产的管理。[③] 柬埔寨文化艺术部在全国各省设立省文化艺术厅，在省文化艺术厅下设市、县和区文化艺术局。目前，文化艺术部下设 25 个省文化艺术厅、166 个市县区文化艺术局。[④] 例如，在 2017 年 3 月 3 日国家文化节之际，柬埔寨全国各地的文化艺术厅局级单位积极响应文化艺术部的号召，举办拔河、古典舞、戏剧表演等非遗活动。最后，柬埔寨非遗保护的境内外非政府组织通常是以共同的文化理念为纽带建立起来的。这些组织可以弥补柬埔寨政府在保护非遗方面的不足。2015 年 8 月，柬埔寨颁布《非政府组织法》。[⑤] 这是柬埔寨首部关于非政府组织的法律，旨在规范柬埔寨国内外非政府组织在柬埔寨境内的活动，保障其合法权益，促进交流与合作。目前，柬埔寨有黄金之地协会（Sovanna Phum Association）、艺术之光协会（Phare Ponleu Selpak）、永生高棉艺术协会（Silapak Khmer Amatak）、仙露表演艺术协会（Amrita Performing Arts）、高棉艺术协会（Khmer Arts）等国内外非遗非政府组织，这些组织通过展览、项目活动、

---

① 《2013 年柬埔寨提交第 00822 号定期报告》，联合国教科文组织非物质文化遗产官网，2013 年 12 月 2 日，https：//ich. unesco. org/doc/download. php？ versionID = 26298。

② 《文化艺术部公告》，柬埔寨文化艺术部官网，2017 年 3 月 24 日，https：//drive. google. com/file/d/0Bz9nfmrvIwlhWklqTGNISmQtYXc/view。

③ 《仙女国家机构的简介》，柬埔寨អាជ្ញាធរជាតិអប្សរា仙女国家机构官网，http：//apsaraauthority. gov. kh/？page = detail&menu1 = 422&menu2 = 752&ctype = article&id = 752&lg = kh。

④ 《文化艺术部 2016 年上半年工作总结报告》，柬埔文化艺术部官网，2016 年 7 月 18 日：www. mcfa. gov. kh/files/2016/07/562/៦.របាយការណ៍ប្រចាំឆមាសទី១% 20 ឆ្នាំ២០១៦ . pdf。

⑤ 《非政府组织法》，柬埔寨 0815/010 号王令，2015 年 8 月 12 日，http：//www. national - assembly. org. kh/ViewLawFile. aspx？ LawDID = 489。

年度报告和出版物等形式来保护和发展柬埔寨的传统表演艺术。其中永生高棉艺术协会和高棉艺术协会是具有代表性的两个非政府组织。永生高棉艺术协会专注于柬埔寨濒危的表演艺术形式和仪式，做了一系列研究，如柬埔寨传统的口头传承如何在数字化时代生存、柬埔寨文化企业的可持续发展战略等。① 高棉艺术协会则致力于传播和发展柬埔寨古典艺术，特别是古典舞蹈。至今，该组织已经开发高棉艺术学院、高棉艺术存档和高棉艺术影视资料录制等项目，侧重高棉古典舞研究，各类艺术档案的收集、整理与保存，以及宾柏乐、梅卡拉舞剧等高棉艺术的影视资料录制。② 此外，联合国教科文组织驻金边办事处是一个负责柬埔寨非遗保护的国际机构。③ 自 1951 年柬埔寨加入联合国教科文组织以来，该国际机构与柬埔寨文化艺术部、皇家艺术大学等部门、机构在非遗保护上保持着密切的合作关系。例如，2017 年 11 月 23 日，联合国教科文组织驻金边办事处与柬埔寨文化艺术部联合举办主题为“文化活力的伙伴关系：挑战和机遇”的艺术论坛，让政府部门、非政府组织和私立机构等机构的工作人员正确认识所从事的工作，以帮助柬埔寨挖掘其丰富的文化遗产。④ 总体而言，柬埔寨非遗的政府职能机构设置较为合理，各部门机构各司其职，同时又相互配合，以确保非遗保护工作的顺利进行，但也存在非遗人才缺乏等问题。例如，2017 年 4 月，柬埔寨文化艺术部部长彭・萨格娜指出，“艺术专业人才缺乏是当前文化艺术部发展所面临的障碍”，尤其是省级单位缺少文化艺术专业对口人才，现有干部队伍组织工作的专业化能力有待提高。⑤ 因此，柬埔寨非遗相关

---

① 《永生高棉艺术》，柬埔寨សិល្បៈខ្មែររស់永生高棉艺术协会官网，https：//www. cambodianlivingarts. org/？ lang = kh。

② 《高棉艺术》，高棉艺术（Khmer Arts）协会官网，http：//khmerarts. org/。

③ 《联合国教科文组织驻金边办事处简介》，联合国教科文组织驻金边办事处官网，http：//www. unesco. org/new/en/phnompenh/about – this – office/。

④ 《柬埔寨第二届艺术论坛“文化活力伙伴关系：挑战与机遇”》，联合国教科文组织驻金边办事处官网，2017 年 11 月 27 日，http：//www. unesco. org/new/en/phnompenh/about – this – office/single – view/news/press_ release_ 2nd_ arts_ forum_ of_ cambodia_ partnerships_ fo/。

⑤ 《文化艺术部指出柬埔寨缺乏艺术专业人才》，柬埔寨វិទ្យុឈូក莲花电台，2017 年 4 月 4 日，http：//lotus – radio. com/2017 – culture – cambodia – still – short – of – art – trainers – for – some – skills/。

政府职能部门应继续落实“四角战略第三阶段（2014～2018年）”[①]的文件精神，优化部门的机构设置和人才资源的配置。虽然非政府组织在柬埔寨非遗的保护、宣传和发展上发挥着独特的作用，但由于基数较小、规模较小、资金难以保障，发展不稳定，因此文化艺术部应从政策上重视并鼓励非遗领域非政府组织的发展。

（三）人才培养

柬埔寨非遗人才培养离不开教育和培训，非遗教育是柬埔寨非遗保护和传承的根本之策，而培训是人才培养的重要手段。首先，非遗教育是一种抢救性的独特教育。柬埔寨的非遗教育工作主要依靠公立教育机构，但此类教育机构寥寥可数，以文化艺术部的两个直属单位皇家艺术大学和中等专业艺术学校为主。皇家艺术大学（Royal University of Fine Arts）的前身是艺术学校，于1917年成立，1980年重新开放，经过合并重组后更名为皇家艺术大学。该校的教育理念是通过研究和弘扬本国的文化艺术以及人才的培养来保护和发展柬埔寨的文化艺术。[②]现在，皇家艺术大学下设舞蹈艺术与音乐学院、造型艺术学院和科学文化研究中心等机构。该校在舞蹈、音乐、表演等领域的非遗教育方面做了大量工作，发挥了重要作用。例如，2017年9月，皇家艺术大学选拔2017级公费新生80名，其中雕刻专业20名、艺术表演专业30名、乐器专业30名；[③]同时，也招收2017级自费新生510名，其中遗产导游专业30名、美术10名、雕刻10名。[④]中等专业艺术学校（The Secondary School of Fine Arts）原为皇家艺术大学的一部分，2007年从皇家

① 《柬埔寨第五届王国政府的四角战略第三阶段》，柬埔寨内阁官网，http：//pressocm. gov. kh/wp－content/uploads/2017/04/20130927_ Rectangular_ Strategy_ III_ Khmer. pdf。

② 《皇家艺术大学简介》，柬埔寨皇家艺术大学官网，http：//rufa. edu. kh/。

③ 《皇家艺术大学将于2017年10月17日选拔2017级公费新生》，柬埔寨皇家艺术大学脸书，2017年9月12日，https：//www. facebook. com/rufa. edu. kh/photos/pcb. 815464575301054/815461241968054/？type＝3&theater。

④ 《皇家艺术大学招收2017级的自费新生》，柬埔寨皇家艺术大学脸书，2017年9月13日，https：//www. facebook. com/rufa. edu. kh/photos/pcb. 815948255252686/815944848586360/？type＝3&theater。

艺术大学独立出去，隶属文化艺术部。该校的宗旨是保护传统艺术、传播传统和新兴艺术知识，培养新一代文化艺术人才。[①] 该校一直秉着这一宗旨，为柬埔寨非遗培养人才。例如，2017 年 10 月 11 日，中等专业艺术学校免费招收 2017 级乐器、舞蹈、戏剧等方向的艺术学生。[②] 目前，柬埔寨非遗教育机构的基数较小，特别是私立教育机构；非遗教育从教人员少，柬埔寨教育部 2016～2017 年度的数据报告显示，截至 2017 年，全国范围内从事文化艺术类教育的公办教师仅有 581 名。[③] 其次，非遗培训可以满足非遗传承的现实需要，增强非遗传承的后劲。柬埔寨非遗的国内培训主要依托皇家艺术大学和中等专业艺术学校，其中皇家艺术大学为负责柬埔寨非遗培训的主要机构。[④] 例如，2017 年 8 月，永生高棉艺术协会与皇家艺术大学以及亨索皮乐器学校联合举办为期 4 周的乐器培训班，旨在提升新一代艺人的水平。[⑤] 而国际培训则主要依托“亚太地区非物质文化遗产国际培训中心”以及其他国际非政府组织等国际组织和机构。自 2012 年成立以来，“亚太地区非物质文化遗产国际培训中心”相继在柬埔寨暹粒省举办了一系列非遗领域的培训班，如“以社区为基础的非遗记录及清单制定培训班”“非遗保护计划制订培训班”等，以提高柬埔寨相关部门和机构的非遗保护水平。[⑥] 至今，柬埔寨非遗培训仍存在一些问题。例如，非遗的受众群体较少，培训的时间较长，生存和发展的空间较小，未来收入无保障，对年轻一辈的吸引力

① 金边的中等专业艺术学校，acedak 官网，http：//acedak. org/the－secondary－school－of－fine－arts－in－phnom－penh？ lang＝en。

② 《中等专业艺术学校免费招收 2017 级艺术学生》，柬埔寨សាលាមធ្យមវិចិត្រសិល្បៈ中等专业艺术学校，2017 年 8 月 25 日，https：//drive. google. com/file/d/0B131ziPU6UJpV0 Y4M29zM2RaeWc/ view。

③ 《2016～2017 年柬埔寨教育部数据分析报告》，柬埔寨教育青年体育部官网，2017 年 3 月 20 日，http：//www. moeys. gov. kh/kh/emis/2461. html#. WsbzzExuI2w。

④ 《2013 年柬埔寨提交第 00822 号定期报告》，联合国教科文组织非物质文化遗产官网，2013 年 12 月 2 日，https：//ich. unesco. org/doc/download. php？ versionID＝26298。

⑤ 乐器培训班，柬埔寨皇家艺术大学脸书，2017 年 8 月 10 日，https：//www. facebook. com/rufa. edu. kh/photos/a. 489043231276525. 1073741828. 489034184610763/800579726789539/？ type＝3&theater。

⑥ 中心大事记，亚太地区非物质文化遗产国际培训中心，http：//www. crihap. cn/history. html。

较弱。[①] 随着技艺精湛的老一辈艺术家逐渐退出艺术表演的舞台，传承后继乏人。种种原因导致非遗传承的生命力不强。

（四）文献资源建设

非遗文献是记录人类非物质文化遗产知识的物质载体，在非遗保护和传承中发挥着不可替代的作用。柬埔寨的非遗文献资源建设工作主要由柬埔寨文化艺术部文化技术和非物质文化遗产事务总局负责，如负责清单编制、非遗的地理测绘、文献管理与储存等工作。然而仙女国家机构、育缫托（Yosothor）机构、波帕纳中心以及高棉研究中心等国内外的机构和组织在这方面的作用也不容忽视。仙女国家机构在新西兰的资助下开展“吴哥地区的非物质文化研究”项目，并于2013年出版《保护仙女国家机构所辖吴哥世界遗产区的非物质文化遗产指导手册》。[②] 育缫托机构依托《乌迭高棉研究期刊》（*Udaya*, *Journal of Khmer Studies*）和《高棉文化集》（*Khmer Renaissance*），主要开展高棉文化艺术研究。[③] 至今，《乌迭高棉研究期刊》已刊出13期，《高棉文化集》已出版12册关于高棉文化的书籍，并同时在网上发布，文章总数约为400篇。[④] 最新的一册（第12册）已于2017年12月出版，其中一篇文章介绍了“拔河藤绳”[⑤] 技艺。育缫托机构为柬埔寨非遗研究提供了平台，并发挥着重要的作用。波帕纳中心于2006年在金边成立，是一个柬埔寨与外国合建的机构。该中心是一个特殊的三语（法语、英语和柬埔寨语）文献数据库，致力于收集与整理柬埔寨相关录音、纪录片等声音档案、

---

① 《柬埔寨的政策和行动》，亚太非物质文化遗产数据库官网，http：//www. accu. or. jp/ich/en/policies/C_ CAM. html。

② 《保护仙女国家机构所辖吴哥世界遗产区的非物质文化遗产指导手册》，柬埔寨仙女国家机构官网，http：//apsaraauthority. gov. kh/imgs/documents/121/Intangible_ Culture_ Heritage. pdf。

③ 《育缫托机构简介》，柬埔寨យសោធរ育缫托机构官网，http：//www. yosothor. org/about - us - khmer. html。

④ 《育缫托机构简介》，柬埔寨យសោធរ育缫托机构官网，http：//www. yosothor. org/about - us - khmer. html。

⑤ 〔柬〕西元·索丕勒等：《拔河的藤绳》，《高棉文化集》第12册，2017，第91~94页。

文件以及图像资料，同时也为公众提供恢复数据的技术帮助。[①] 至今，波帕纳中心向公众开放 1936 个视频、847 个音频档案和 157 组照片，[②] 其中包括古鲁大爷口述《罗摩赞》故事的视频。[③] 柬埔寨非遗文献建设的研究成果以不同的形式呈现，如书、刊、影视资料等，然而文献资源大多为纸质文献，数据库建设非常滞后，没有大范围实现数字化。

（五）资金的来源与使用

资金是开展柬埔寨非遗保护工作的血液和生命力。柬埔寨非遗资金主要用于支付非遗项目运作产生的费用，如咨询、调查、宣传、培训、代表性项目传承人等支出。柬埔寨非遗资金来源主要分为信托基金、国际援助、专项资金等。在日本信托基金的支持下，启动了“保护皇家舞蹈的行动计划”[④] 和“提升亚洲 - 太平洋国家保护非物质文化遗产的能力”[⑤] 等项目，并开展了一系列关于提升柬埔寨保护非遗能力的活动，如提升柬埔寨工作人员在非遗研究、项目管理和文献管理等方面的知识和技能，以及重调编制现存遗产清单的方法等。2016 年，经过联合国教科文组织“保护非物质文化遗产政府间委员会”批准，柬埔寨获得了约 23 万美元的国际援助，该项目资金的有效期是 2017 年 11 月至 2020 年 11 月，主要用来开展长臂琴普查工作，包括长臂琴研究以及现存演奏艺人的分布和水平等信息。[⑥] 此外，美国的文化保护大使基金（AFCP）一直致力于帮助柬埔寨等欠发达国家保护本国濒危的物质和非

---

① “波帕纳中心简介”，波帕纳中心，http：//bophana. org/about/。

② “波帕纳文献资源”，波帕纳中心，http：//bophana. org/archives/。

③ 《古鲁大爷口述〈罗摩赞〉故事的视频》，波帕纳中心，http：//bophana. org/boutique/the - reamker - by - ta - krut/。

④ 《保护皇家舞的行动计划》，联合国教科文组织非物质文化遗产官网，https：//ich. unesco. org/en/projects/action - plan - for - the - safeguarding - of - the - royal - ballet - 00057。

⑤ 《提升亚洲 - 太平洋国家保护非物质文化遗产的能力》，联合国教科文组织非物质文化遗产官网，https：//ich. unesco. org/en/projects/safeguarding - intangible - cultural - heritage - through - the - strengthening - of - national - capacities - in - asia - and - the - pacific - 00269。

⑥ “长臂琴（国际援助）”，联合国教科文组织非物质文化遗产官网，https：//ich. unesco. org/en/assistances/chapei - dang - veng - international - assistance - 01306。

物质文化遗产，近十几年以来，该基金在柬埔寨的各种文化遗产项目上投入400多万美元，其中包括古典舞蹈的记录和归档等。[①] 该基金在保护柬埔寨濒危非遗上发挥着重要的作用。柬埔寨国内非遗专项资金数量较少，至今设有“现存人类珍宝”等非遗专项资金。“现存人类珍宝”非遗资金主要用于选拔17名卓越的非物质文化艺术家，以及开展知识传承等相关工作。[②] 当前，柬埔寨非遗资金的来源与使用存在较为突出的问题：严重依赖国际基金或援助，本国非遗资金投入严重不足，资金的活力不足，很少实现价值再创造，无法保证项目的可持续性。

（六）交流与合作

交流既要“引进来”，又要“走出去”，双方或多方通过交流共享经验、各取其精华。合作是双方或多方在自愿互利的基础上的共同联合，既能汇聚力量，又能促进发展。柬埔寨非遗的保护和发展也需要交流与合作，不论是国内的交流与合作还是国际的交流与合作。近年来，文化艺术部与教育青年体育部、旅游部、博物馆、文化协会等国内的部门和机构进行频繁的交流与密切的合作，开展、举办了一系列关于非遗的研究、展览等活动，如举办国家文化节和保护濒危艺术形式的研讨会以及出版濒危艺术形式的书籍等，以传播和弘扬柬埔寨的非遗文化。例如，2017年2月，柬埔寨政府发布关于“筹备2017年3月3日第十九届国家文化节”的公告，文化艺术部与教育青年体育部、旅游部、仙女国家机构以及各文化艺术局等部门、机构共同负责筹备此次国家文化节。此次文化节的主题为“青年为了国家文化”，旨在培养青年热爱国家文化的精神，重视国家文化的保护和发展，并提出青年有义

---

① 《美国驻柬埔寨大使馆呼吁设立2018年大使文化保护基金》，美国驻柬埔寨大使馆官网，2017年11月28日，https：//kh. usembassy. gov/u - s - embassy - announces - call - proposals - 2018 - ambassadors - fund - cultural - preservation/。

② 《柬埔寨现存人类珍宝皇家法令》，柬埔寨0210/163号王令，2010年2月16日，http：//libraryhub. org/images/pdf_ file_ item/b619f31c6feedc5da19ecebc3b72e823. pdf。

务保护国家文化财产的完整。[①] 一年一度的国家文化节活动有助于提高柬埔寨各阶层的国家文化遗产保护意识。此外，文化艺术部还与国有电台、私立电台等媒体签署合作协议，以增加播放艺术作品的节目。[②] 例如，2017 年 10 月 4 日，中等专业艺术学校与柬埔寨国家电视台联合排练巴萨剧《安古利弥故事》。[③] 近年来，柬埔寨与世界各国特别是亚太地区国家也开展了非遗相关的国际合作与交流。例如，在日本信托基金的支持下，2014 年柬埔寨文化艺术部与联合国教科文组织驻金边办事处共同出版《柬埔寨大皮影戏》一书，该书涵盖柬埔寨大皮影戏的历史、表演艺术、皮影制作、艺人培训以及现存剧团等内容。[④] 2017 年 10 月 25 日，中国四川省重点文化交流项目——“吴哥王朝”项目在柬埔寨暹粒省落成。该项目中的“吴哥王朝”文化演艺项目汇聚了中柬两国的文艺、舞蹈、音乐等元素，成为中柬文化交流合作的一个新平台。[⑤] 目前，柬埔寨非遗交流与合作的深度和广度仍有待加深与拓宽，国内各部门和机构之间、国内与国外的组织机构之间应积极开展多方位和深层次的非遗交流与合作。

三　柬埔寨非遗保护的总结与展望

非物质文化遗产是一个民族的根与魂。柬埔寨非遗代表着本国民族的形象和身份，具有浓厚的象征意义。非遗的保护与发展对于弘扬柬埔寨民族的

---

① 《柬埔寨王国政府发布关于“筹备 2017 年 3 月 3 日国家文化节”的公告》，〔柬〕នគរធំ《大吴哥报》2017 年 2 月 24 日，http：//www. nokorthomdaily. com/2017/02/rgc – traffic – guidance – on – the – preparation – of – the – national – culture – day – march – 3 – 2017/。

② 《2013 年柬埔寨提交第 00822 号定期报告》，联合国教科文组织非物质文化遗产官网，2013 年 12 月 2 日，https：//ich. unesco. org/doc/download. php? versionID = 26298。

③ 《中等专业艺术学校与柬埔寨国家电视台联合排练巴萨剧〈安古利弥故事〉》，柬埔寨សាលាមធ្យមវិចិត្រសិល្បៈ中等专业艺术学校脸书，2017 年 10 月 4 日，https：//www. facebook. com/school. fine. arts. kh/posts/703971553126057。

④ 联合国教科文组织、柬埔寨文化艺术部：《柬埔寨大皮影戏》，联合国教科文组织驻金边办事处，2014，http：//unesdoc. unesco. org/images/0022/002273/227352e. pdf。

⑤ 《“一带一路”大型文化项目“吴哥王朝”震撼首秀》，搜狐网，2017 年 10 月 26 日，https：//www. sohu. com/a/200447567_ 252084。

优秀传统文化具有重要而深远的意义。

到目前为止，柬埔寨文化艺术部及其各部门在非遗的保护和发展上取得了一些成绩：法律法规体系初步形成，机构设置和管理逐步完善，人才培养等力度逐渐加大，国内外的交流与合作的广度和深度不断拓宽和加深。

未来柬埔寨非遗保护和发展的方向如下：基于柬埔寨“四角战略第三阶段（2014～2018年）”中的“提高国家文化和身份认同”①，在符合柬埔寨《国家文化政策》的前提下，在保护文化生态整体性的原则下，以人为核心，发掘本国非遗的潜力，将本国的非遗与经济发展有机结合，发展柬埔寨的非遗产业，使非遗永葆生命力；同时，也应把本国的非遗与传统节日相融合，提高广大民众的非遗元素保护意识，鼓励民众积极参与非遗的保护与传承，以促进非遗的可持续发展。

此外，柬埔寨在发展本国非遗的同时，还应积极与世界进行广泛和深入的交流，学习并借鉴国外非遗保护和发展的先进经验，将本国优秀的非遗推向世界，以实现“柬埔寨：文化王国”② 的目标。在“一带一路”的背景下，柬中两国应借此契机加强两国在非遗方面的交流。中国许多省份积极响应“一带一路”倡议，实施优秀非遗“走出去”战略，把中国优秀的民族文化介绍到柬埔寨。例如，2017年7月31日，“传承与创新——中国非遗展”在柬埔寨国防部举行。该展览展出了中国的汉绣、剪纸、面塑等艺术品，展现了中国非遗的工艺与匠心之美。③ 中国优秀非遗“走出去”的做法收到了一定的成效，值得借鉴。然而中柬之间的非遗交流是双向的，中国在鼓励本国优秀非遗“走出去”的同时，也应把柬埔寨的优秀非遗“引进来”。同样，柬埔寨在把中国优秀非遗“引进来”的同时，也应鼓励本国优秀非遗“走出去”。例如，2018年4月28日，柬埔寨皇家舞团在北京天桥

① 《柬埔寨第五届王国政府四角战略的第三阶段》，柬埔寨内阁官网，http：//pressocm. gov. kh/wp－content/uploads/2017/04/20130927_ Rectangular_ Strategy_ III_ Khmer. pdf。

② 《文化艺术部2016年上半年的工作总结报告》，柬埔文化艺术部官网，2016年7月18日，www. mcfa. gov. kh/files/2016/07/562/៦.របាយការណ៍ប្រចាំឆមាសទី១%20ឆ្នាំ២០១៦. pdf。

③ 《中国非遗文化走进柬埔寨国防部》，人民网，2017年8月1日，http：//paper. people. com. cn/rmrb/html/2017－08/01/nw. D110000renmrb_ 20170801_ 7－03. htm。

艺术中心表演了仙女舞、皇家舞、面具舞等舞蹈，以庆祝中柬建交60周年。①

由此可见，柬中两国在非遗交流上不仅要鼓励各自的优秀非遗“走出去”，同时还应把对方的优秀非遗“引进来”，以此促进柬中两国人民之间在非遗方面的交流，实现柬中之间的文化流动，促进柬中文化交流互鉴。

① 《柬埔寨王家舞团将登上“相约北京”舞台》，新华网，2018年4月21日，http：//www.xinhuanet. com/2018－04/21/c_ 1122719157. htm。

B.14
缅甸文化遗产保护研究报告

张卫国

摘　要：　缅甸是一个历史悠久、民族众多、文化遗产十分丰富的国家。缅甸政府十分重视保护和传承本国多元民族文化，不断加强对本国文化遗产的保护。宗教事务与文化部及其下设部门是缅甸文化遗产保护的主要职能部门。目前，缅甸保护文化遗产的措施主要有加强法律制定、完善文化遗产保护法律体系、大力发展文化产业、密切国际交流与合作等。缅甸的文化遗产保护工作具有以国家为主导、注重整体性保护的特点，但也存在重物质文化遗产保护、轻非物质文化遗产保护，对文化遗产的原真性保护不足甚至造成二次破坏以及人才、资金、技术缺乏等问题。

关键词：　缅甸　文化遗产　多元民族文化　遗产保护

“文化遗产是一个国家、个人或民族身份得以识别的标准，是一个国家的‘品格（personality）’。历史、文化和宗教信仰是文化遗产的根源所在”。[①] 广义来讲，文化遗产可分为物质文化遗产和非物质文化遗产。但无论是物质文化遗产还是非物质文化遗产，“其重要性首先在于它携带着历史

① Khin Maung Myunt, *The Law to Protect and Preserve Cultural Heritage Regions*: *A Pot-Pourri of Myanmar Lture*（Yangon: Yoke Publishing, 2016）, p. 21。

情感、国家和民族的象征及信仰，巩固了个人、民族和国家的文化认同”。[①] 因此，保护文化遗产是一个国家、民族保护和传承本民族历史、文化及精神信仰的关键。缅甸是一个有着2000多年文明历史的多民族国家，历史上，各民族共同创造了灿烂的历史文化，留下了丰富的文化遗产。自1948年1月4日脱离英联邦独立以来，缅甸一直十分重视对本国文化遗产的保护，在实践中不断探索符合本国国情的文化遗产保护之路。

作为缅甸友好邻邦，对缅甸当前的文化遗产保护工作进行研究，既能为我国的文化遗产保护提供借鉴，也有利于两国文化交流与合作的进一步深入，助力两国人民“民心相通”。但目前国内对缅甸文化遗产保护的有关研究还不够充分，有待进一步深入。本文将梳理概述缅甸拥有的文化遗产，并对承担文化遗产保护工作的职能部门进行介绍，在此基础上，对缅甸的文化遗产保护措施、保护特点及存在的问题等进行粗浅的分析探讨，以期能在一定程度上为该领域的研究铺砖垫瓦。

一 缅甸文化遗产综述

联合国教科文组织于1972年11月16日在巴黎通过的《保护世界文化和自然遗产公约》[②] 将“文化遗产”分为文物、建筑群和遗址[③]三类。1998年9月10日，缅甸颁布施行《文化遗产区保护与保存法》（*The Protection and Preservation of Cultural Heritage Regions Law*，1998），首次对“文化遗

① 庄孔韶：《文化遗产保护的观念与实践的思考》，《浙江大学学报》（人文社会科学版）2009年第39卷第5期，第28页。

② 联合国教科文组织：《保护世界文化和自然遗产公约》，联合国教科文组织官方网站，http：//whc. unesco. org/archive/convention - ch. pdf。

③ 根据《保护世界文化和自然遗产公约》的规定，文物指从历史、艺术或科学角度看，具有突出、普遍价值的建筑物、雕刻和绘画，具有考古意义的成分或结构、铭文、洞窟、住区及各类文物的综合体；建筑群指从历史、艺术或科学角度看，因其建筑的形式、分布构成的同一性及其在景观中的地位，具有突出、普遍价值的单独或相互联系的建筑群；遗址指从历史、审美、人种学或人类学角度看，具有突出、普遍价值的人造工程或人与自然的联合工程及考古遗址地带。

产”做了明确界定。文化遗产是指“由于其历史，文化艺术或人类学价值而需要保护和保存的古遗迹（Ancient monument）或古遗址（Ancient site)”。[①] 根据上述定义，缅甸“可以光明正大地宣称自己是一个有2000多年文明的古国，拥有丰富的文化遗产”。[②] 姜永仁认为，缅甸的文化结构特点有五：“包容并蓄性、民族性、鲜明的佛教特征、浓厚的农耕文化特点及热带地域文化特色”。[③] 而作为缅甸文化的重要载体，缅甸丰富的文化遗产，不论是物质文化遗产还是非物质文化遗产，都充分体现了缅甸文化结构的上述特点。

缅甸的物质文化遗产主要包括经缅甸政府申报预备列入和正式入选《世界遗产名录》预备名录的文化遗产，以及在全国范围内划设的文化遗产保护区内的文化遗产等。1996年10月4日，经缅甸政府提交申请，缅甸有8处文化遗产被列入《世界遗产名录》预备名录，[④] 其中包括：（1）上缅甸地区的五座古城，分别是茵瓦、阿马拉布拉、实皆、敏贡、曼德勒；（2）勃达林洞穴及其他关联洞穴；（3）蒲甘考古区域及遗迹；（4）茵莱湖；（5）孟族古城，分别是勃固、汉达瓦底；（6）妙乌考古区域及遗迹；（7）骠国古城，分别是毗湿奴城、汉林、德业可达雅（室利差呾罗）；（8）贡榜王朝时期的木质修道院，分别是欧东、萨拉、帕敢

① 《文化遗产区保护与保存法》，缅甸宗教事务与文化部官方网站，http：//www. culture. gov. mm/Minister_ Office_ mm/Minister_ Office_ mm/1998% 20Law. pdf。根据《文化遗产区保护与保存法》，古遗迹包括1886年以前存在的或被确定为文化遗产的以下古迹：建筑结构实体、神殿、佛塔、寺庙、修道院、宫殿、住宅建筑和雕刻图像及其上的绘画；人类居住的天然或人造洞穴；石刻和记录；道路、桥梁、坟墓、墓穴遗址和遗留挖掘结构；池塘、城墙、城墙、门户、护城河、堡垒及其遗迹。古遗址是指1886年前已经存在的或已被确定为文化遗产的古城镇或古人定居点所在地或高地，不论其处在挖掘当中还是尚未被挖掘。

② Khin Maung Myunt, *The Law to Protect and Preserve Cultural Heritage Regions*: *A Pot-Pourri of Myanmar Lture*（Yangon：Yoke Publishing，2016），p. 21。

③ 姜永仁：《缅甸文化结构及其特点》，《东南亚纵横》2002年第Z1期，第81页。

④ 联合国教科文组织：《世界遗产名录：缅甸》，联合国教科文组织官方网站，http：//whc. unesco. org/en/statesparties/mm。

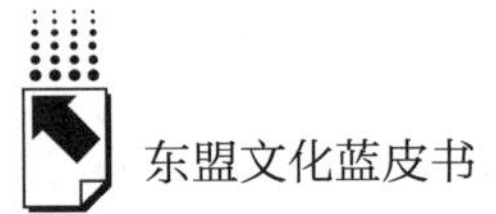

基、帕敢额、勒皆，萨谷、（曼德勒）金庙等。[①] 2014 年 6 月 22 日，在卡塔尔多哈召开的第 38 届世界遗产大会上，骠国古城被正式列入《世界遗产名录》，成为缅甸第一个也是目前唯一入选的文化遗产。1998 年《文化遗产区保护与保存法》颁布施行以来，缅甸政府积极推动在全国范围内展开文化遗产区的划设与保护工作，文化遗产区内受保护的“古迹”和“古遗址”也主要属于物质文化遗产。从缅甸文化部公布的资料来看，截至目前，缅甸政府已在全国除克耶邦、钦邦外的 12 个省邦划设了 86 个文化遗产保护区。从文化遗产区的数量之多、分布之广，我们也可以看出缅甸物质文化遗产之丰富。

除了物质文化遗产，现今生活在缅甸境内的 135 个民族，在本民族的历史发展进程中，也各自创造、发展、传承了多种多样的非物质文化遗产，这些非物质文化遗产相互交流融合，共同构成现今具有缅甸民族文化特色的非物质文化遗产。联合国教科文组织《保护非物质文化遗产公约》将非物质文化遗产分为五大类：“口头传统和表现形式，包括作为非物质文化遗产媒介的语言；表演艺术；社会实践、仪式、节庆活动；有关自然界和宇宙的知识和实践；传统手工艺”。[②] 缅甸拥有全部五类非物质文化遗产，而且极其丰富。口头传统和表现形式类非物质文化遗产有五百五十佛本生经故事、各民族的传统俗语成语和民间故事、有关缅甸本土 37 神的神话传说及儿歌等；表演艺术类非物质文化遗产有阿迎舞、暹罗舞、木偶戏、平地围圈戏、瑞波大鼓舞、掸族孔雀舞、克伦族群舞、弯琴、篌琴和围鼓等传统乐器表演、泼水节舞蹈等；社会实践、仪式、节庆活动类非物质文化遗产有短期出家修行习俗、纹身习俗、吃槟榔习俗、吃鱼露酱习俗、拜师会、传统庙会、女子穿

---

① 各文化遗产名称为笔者译，英文为“Ancient cities of upper Myanmar：Innwa，Amarapura，Sagaing，Mingun，Mandalay、Badah - lin and associated caves、Bagan archaeological area and monuments、Inle lake、Mon cities：bagon，hanthawaddy、Myauk - U archaeological area and monuments、pyu cities：beikthano-myo，Halin，Tharay-Khit-taya（Sri Ksetra）、Wooden monasteries of Konbaung period：Ohn Don，sala，Pakhanggyi，pakhannge，Legaing，Sagu、Shwe-Kyaung（Mandalay）”。

② 联合国教科文组织：《保护非物质文化遗产公约》，联合国教科文组织官方网站，http：//unesdoc. unesco. org/images/0013/001325/132540c. pdf。

耳仪式及以泼水节为代表的缅历十二个月的传统节日习俗等；有关自然界和宇宙的知识和实践类非物质文化遗产有缅甸传统历法、缅甸传统医药学等；传统手工艺类非物质文化遗产有勃生伞制作工艺、藕丝纺织技艺、以及被称为“缅甸传统手工技艺十朵花”的金银首饰制作技艺、打铁技艺、铸铜技艺、雕刻技艺、旋工技艺、绘画技艺、漆器制作工艺、雕塑技艺、石雕技艺和泥瓦工技艺等。

二　缅甸文化遗产保护的职能部门

宗教事务与文化部是缅甸文化政策法规制定与执行的主要职能部门，负责统筹协调和指导管理缅甸文化遗产保护工作，承担的主要职责包括：保护缅甸文化遗产和民族特性，防止其消失；开展工作使每一个公民都能弘扬真正的爱国精神；防范阻止他国歪曲丑化缅甸的文化入侵；在青少年群体中培养良好的文化抵抗能力；开展工作，确保国家经济发展强盛的过程中国家社会和人民的文化标准能够维持，缅甸特色不断凸显；等等。[①] 为了具体落实各项职责，宗教事务与文化部下设“三司二校”，即考古与国家博物馆司、艺术司、历史研究与国家图书馆司，以及仰光国家文化与艺术大学和曼德勒国家文化与艺术大学等。各部门相对独立，但也分工合作、相互配合，共同承担着传承缅甸文化、保护缅甸文化遗产的重任。

（一）物质文化遗产保护的主要职能部门

考古与国家博物馆司是缅甸最主要的文化遗产保护职能部门，设立的主要目的包括：探索搜寻缅甸文化遗产；完善缅甸文化遗产物品保护纲领；探寻并发掘古城及历史遗迹；保护和保存与缅甸文化遗产相关联的历史建筑和文化物品；建造考古博物馆、文化博物馆和图书馆等；推广传承缅甸文化并

① 缅甸宗教事务与文化部：《宗教事务与文化部之职责》，缅甸宗教事务与文化部官方网站，http：//www. culture. gov. mm/About_ Culture_ mm/History_ mm/default. asp？ id =200。

向民众普及缅甸文化相关的知识信息等。[①] 现在，考古与国家博物馆司在内比都设有司长办公室，下设行政管理与财政处，维修保存、检查登记与化学处，挖掘、古物、碑铭处，国际联络、翻译与合作处四个部门负责相关工作，是一个相对独立的文化遗产保护系统，是缅甸最主要的文化遗产保护机构，但总体而言，其保护对象以物质文化遗产为主。此外，为统筹协调各省邦的考古、文化遗产保护等工作，考古与国家博物馆司在全国 14 个省邦均设立了下属处级单位，针对具体的重点考古项目又专门设立有下属单位，如勃固省卑谬联合处、马圭省毗湿奴联合处、曼德勒省大公处、若开邦妙乌联合处等，蒲甘古城则单独设有蒲甘处。缅甸现有的两家国家博物馆——仰光国家博物馆和内比都国家博物馆也为考古与国家博物馆司下属部门。

在物质文化遗产保护方面，考古与国家博物馆司主要承担九大职责，如通过调查、探索和挖掘，发掘古城和历史遗迹；保护古佛塔、古佛窟、古庙宇等建筑物；保护和发展缅甸文化；建造考古博物馆；保护古碑铭、古壁画及已印刷出版的书籍；在各省邦建造国家博物馆和文化博物馆，探寻、搜集缅甸文化遗产物品，并进行展出和保管；在各省邦建造图书馆，搜集稀有手稿、古经书和其他古籍；对搜集到的文化遗产物品的历史知识进行考究，并向全世界进行推荐；通过开设的文化博物馆和图书馆，经由国际游客，把缅甸文化推向全世界；等等。[②]

此外，根据《文化遗产区保护与保存法》的规定，考古与国家博物馆司还负责在国内开展文化遗产区的划设和保护工作，“为将符合世界文化遗产标准的古迹和古遗址列入《世界文化遗产名录》在政府的批准、支持下开展有关工作”。[③]

---

① 缅甸宗教事务与文化部：《考古与国家博物馆司设立之目的》，缅甸宗教事务与文化部官方网站，http：//www. culture. gov. mm/DANML_ mm/History_ mm/default. asp? id = 108。

② 缅甸宗教事务与文化部：《考古与国家博物馆司之职责》，缅甸宗教事务与文化部官方网站，http：//www. culture. gov. mm/DANML_ mm/History_ mm/default. asp? id = 108。

③ 缅甸《文化遗产区保护与保存法》，缅甸宗教事务与文化部官方网站，http：//www. culture. gov. mm/Minister_ Office_ mm/Minister_ Office_ mm/1998%20Law. pdf。

（二）非物质文化遗产保护的主要职能部门

艺术司是缅甸非物质文化遗产保护的主要职能部门，在非物质文化遗产保护方面主要担负着六大职责：研究、发掘与缅甸少数民族传统文化相关的歌唱、舞蹈、文字作品、弹唱、哭演、说唱、民间歌剧、戏剧、群舞、阿迎舞、文学戏剧、少数民族传统音乐舞蹈形式等，并加以保护；发掘并保护“缅甸传统手工技艺十朵花”；开展国与国之间的文化合作与交流项目；制定、审查并发布符合缅甸历法的日历；审查缅甸艺术学科是否符合缅甸传统；通过开办艺术高中，为国家文化和艺术大学中高级艺术传承人的培养提供基础阶段的训练和培养①。缅甸两大国家剧院即仰光国家大剧院和曼德勒国家大剧院亦隶属于艺术司。

艺术司还负责每年举办国家级比“缅甸各民族传统文化歌唱、舞蹈、创作和演奏大赛”，大赛分为业余兴趣级、专业级、高级等级别，还专门设儿童组（5～10岁）、少年组（10～15岁）及青年组（15～20岁），对提升缅甸民众保护传统民族艺术文化的意识起到了促进作用，对缅甸非物质文化遗产的保护、传承、传播和发展也有十分重要的意义。

（三）文化遗产保护人才培养的职能部门

宗教事务与文化部下辖两所国家文化与艺术大学——仰光国家文化与艺术大学和曼德勒国家文化与艺术大学，是缅甸文化遗产保护人才培养的主要职能部门。两所大学分别于1991年1月18日和2001年11月5日成立，起初名为文化大学。2007年统一改称国家文化与艺术大学。1993年4月20日，缅甸颁布实施《文化大学法》，其中指出了成立文化大学的目的：保护、提升和传播缅甸文化遗产；开展研究与培训，发展和传播缅甸文化艺术，培养优秀的艺术家；推动联邦少数民族的文化与民俗传统在大学、学

① 缅甸宗教事务与文化部：《艺术司之职责》，缅甸宗教事务与文化部官方网站，http://www.culture.gov.mm/DFA_mm/History_mm/default.asp? id=119。

院、高中、初中等院校实现开课教学；助力联邦精神、爱国精神的弘扬；培养德艺双馨的艺术家。[①]

大学以“弘扬爱国主义精神、促进民族团结、发掘并保护缅甸传统文化”[②] 为目标，承担着缅甸民族文化遗产传承人培养工作。大学拥有相关文化艺术专业毕业证、文学学士和硕士学位的授予权，开设的专业包括音乐、戏剧歌舞、美术、雕刻、金银首饰制造工艺等，在缅甸文化遗产尤其是非物质文化遗产保护工作中承担着教育机构的职能，发挥着培养文化遗产传承人和艺术家的作用。

缅甸文化遗产保护人才培养的职能部门还包括考古与国家博物馆司在勃固省卑谬市开设的考古技术培训学校和艺术司下属的两所艺术高中，即仰光艺术高中和曼德勒艺术高中。前者肩负着考古领域专门人才的培养、培训工作，后者则肩负着缅甸传统艺术文化传承人基础阶段的培养工作。如仰光艺术高中设有音乐舞蹈系和美术雕刻系。音乐舞蹈系除了开设现代钢琴、弦乐器（小提琴、吉他）及男女声乐和舞蹈课外，还专门开设了缅甸传统乐器弯琴、围鼓、竹排琴及唢呐等课程。而曼德勒艺术高中的美术雕刻系专门开设有缅甸传统美术、传统雕刻等课程。两所高中的学生毕业后大部分会进入国家文化和艺术大学进一步学习深造，最终成为缅甸传统民族艺术文化的传承人。专门人才或传承人的培养对缅甸文化遗产的传承与保护至关重要。

（四）文化遗产研究的职能部门

缅甸文化遗产研究的职能部门主要是历史研究与国家图书馆司，该司的主要任务是在“21 世纪地球村形成所带来的各民族的传统习俗和文化遭到大规模的冲击并导致冲突出现时，保护好各民族的历史和传统文

① 缅甸《文化大学法》，缅甸宗教事务与文化部官方网站，http：//www. culture. gov. mm/Minister_ Office_ mm/Minister_ Office_ mm/Culture%20Uni%20Law. pdf。

② 缅甸宗教事务与文化部：《国家文化与艺术大学之目标》，缅甸宗教事务与文化部官方网站，http：//www. culture. gov. mm/Universities_ mm/NUAC_ MDY_ mm/default. asp? id =142。

化习俗”。[①] 因此，其主要的职责如下：从国内外有关（历史）依据中搜寻与缅甸历史相关的资料、证据；对与缅甸历史相关的研究进行指导；搜集与缅甸历史相关的资料、证据；印刷出版与缅甸历史相关的论文、杂志和书籍；提升历史学家的水平；从与缅甸历史研究有关联的组织团体、个人或机构处获取帮助；等等。[②]

总之，缅甸政府为了科学有序地保护本国文化遗产，设立了专门的职能部门，分别承担物质文化遗产保护、非物质文化遗产保护、文化遗产保护人才培养、文化遗产科学研究及宣传推广等职责，各职能部门既相互独立，又彼此交叉，共同构成缅甸的文化遗产保护系统。

当前，随着缅甸社会对本国文化遗产保护意识的逐渐提高，越来越多的个人和非政府组织、民间团体机构、公司等也积极投入到缅甸文化遗产的保护当中。“仰光遗产信托基金”（YHT—YANGON HERITAGE TRUST）由联合国第三任秘书长吴丹（U Thant）之孙、缅甸著名历史学家澹敏乌博士（Dr. Thant Myint U）于2012年发起成立。该组织以“倡导遗产保护，做出清晰和可持续的政策选择，与政府、企业和民间社会合作，向最广泛的受众传播其想法，承担特定的保护项目，并促进研究和培训”[③] 等为主要任务，目前已经在仰光的城市建筑遗产保护方面充当政府咨询机构的角色，并推动实施了很多保护项目，在仰光的城市遗产保护方面发挥了重要作用。

三 缅甸文化遗产保护的主要措施

缅甸保护文化遗产的方式和措施多种多样，既有法律手段、经济手段，

① 缅甸宗教事务与文化部：《历史研究与国家图书馆司之目标、责任》，缅甸宗教事务与文化部官方网站，http：//www. culture. gov. mm/DHR _ mm/Research _ Activities _ mm/default. asp。

② 缅甸宗教事务与文化部：《历史研究与国家图书馆司之目标、责任》，缅甸宗教事务与文化部官方网站，http：//www. culture. gov. mm/DHR_ mm/Research_ Activities_ mm/default. asp。

③ Yangon Heritage Trust，*Yangon Heritage Trust*：*Vision*，*Mission*，http：//www. yangonheritagetrust. org/mission.

又有政治外交手段，具体包括持续完善文化遗产保护法律体系、大力发展文化产业、密切国际交流与合作等。

（一）持续完善中的文化遗产保护法律体系

文化遗产保护法律的制定能够为文化遗产保护工作的开展提供法理依据和法律保障，是文化遗产保护最有效的方法之一。缅甸的文化遗产保护法律体系建设经历了借鉴他国法律、制定本国综合性文化遗产保护法律、将本国文化遗产保护法律逐步专门化、系统化的过程。缅甸最早的文化遗产保护法律可以追溯到 1904 年英印政府时期颁布施行的《古代遗迹保护法案》（*Ancient Monument Preservation Act*）。缅甸在 1885 年第三次英缅战争结束之后彻底沦为英国殖民地，于 1886 年被划为英属印度的一个省，并一直持续到 1937 年。因此，该法案同样适用于缅甸。1948 年 1 月 4 日缅甸独立以来，缅甸政府于 1957 年颁布施行《古迹法案》（*The Antiquities Act*），[①] 之后又于 1998 年颁布施行《文化遗产区保护与保存法》。两部法律中有关“古迹”[②] 和“文化遗产”的定义，基本上涵盖了所有需要保护的文化遗产，属于综合性文化遗产保护法。2008 年 5 月 10 日，缅甸通过新宪法，其中第三百九十条规定，“每个公民有下列帮助国家的义务：（一）保护民族文化遗产；

① 《古迹法案》，世界知识产权组织全球数据库官方网站，http：//www. wipo. int/wipolex/zh/details. jsp？ id = 11075。

② 根据《古迹法案》，古迹是指一切具有考古学意义的物体，包括所有存在或被认为存在这类物体的土地。具有考古学意义的物体具体包括 8 项内容：（1）一切人类或动物的化石遗骸；（2）所有遗址，遗迹，古洞穴等古人居住地或劳动场所的废墟遗迹，贝冢或圣地；（3）一切洞穴或其他天然庇护所；（4）一切古老的建筑，构造，堤道，桥梁，石堆纪念物，神殿，墓穴，古墓，安葬场所，人力挖掘洞穴坑道，水井，水池，人造水池，巨石，石头群，土方工程，通道壕沟、护城河或防御工事及一切此类物体的残余；（5）一切被认为是早期人类或动物使用过的物体或器具；（6）一切具有民族学或历史学意义的雕刻，绘画，涂画或题字；（7）一切可以体现说明古时生活的雕塑，雕刻，钱币，辟邪物，题词，手稿或其他一切形式的文字篇章，以及金属制品，石器，黏土制品，木制品，纺织品，皮革制品，蓝纹陶器或其他材料的物品；（8）其他一切由总统以宪报通知的方式宣布为本法所称古物的一切物品、物体或物件。

（二）保护自然环境；……”[①] 同时，新宪法第四章“立法”第九十六条规定，“联邦议会有权在列入附录一中的联邦立法事项范围制定在联邦全境或联邦部分地区生效的法律”。[②] 附录中的内容就包括“由联邦规划管理的文化古迹、建筑、纪念物、记录、碑文、文字、贝叶经、手稿、手工艺品、实物、考古工作；展览馆、图书馆”[③] 等。据此，缅甸联邦议会分别于2015年7月22日、2015年8月26日通过了《古物保护法》和《古建筑保护法》。有关缅甸文化遗产保护的另一部法律《缅甸国家博物馆法》也开始制定。这些文化遗产保护法律的颁布实施，清晰界定了法律的保护对象，明确了保护主体职能部门的权利和义务，详细规定了对破坏文化遗产行为的惩罚措施，是缅甸文化遗产保护强有力的法律武器。随着缅甸文化遗产保护法律体系逐渐专门化、系统化，缅甸的文化遗产保护体系也将逐步健全和完善。

（二）积极推动文化产业发展

“文化遗产具有突出而普遍的科学、历史、艺术等方面的价值，同时亦具有巨大的直接或间接的经济价值，人们已日益认识到这种价值在经济发展中的巨大作用，通过对文化遗产进行开发（主要是旅游开发）来促进地方经济的发展。”[④] 文化遗产保护需要投入大量的资金。如果能够在保证文化遗产得到完好保护的前提下对文化遗产进行适度开发，既可以提高民众对本国文化遗产的认知水平，培养文化遗产保护意识，又能将本国悠久灿烂的文化介绍给全世界并带来一定的经济效益，为文化遗产的保护提供资金来源，促进文化遗产保护工作可持续发展。这对于缅甸这样一个经济欠发达国家而言，尤为重要。因此，缅甸政府也非常重视发展文化产

---

① 李晨阳、古龙驹译《缅甸联邦共和国宪法六（2008年）》，《南洋资料译丛》2009年第4期，第58页。

② 李晨阳、古龙驹译《缅甸联邦共和国宪法二（2008年）》，《南洋资料译丛》2009年第2期，第43页。

③ 李晨阳、古龙驹译《缅甸联邦共和国宪法六（2008年）》，《南洋资料译丛》2010年第1期，第49页。

④ 杨丽霞、俞学才：《中国文化遗产保护利用研究综述》，《旅游学刊》2004年第4期，第87页。

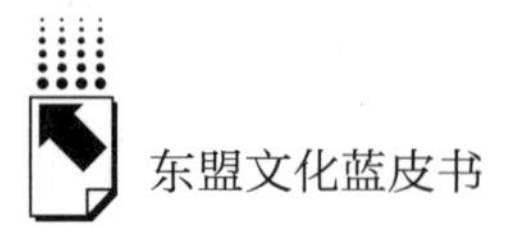

业，通过大力发展特色文化旅游、打造旅游品牌、开发民族传统工艺美术品、打造民族村或民俗文化村、综合开发利用国家博物馆等方式对本国的文化遗产进行开发利用。

“2011 年缅甸新政府成立后，高度重视旅游业，把工作重心放到发展经济和发展旅游业上”，“目前缅甸政府已将旅游业作为拉动本国经济的支柱产业之一”。[①] 缅甸国内依据《文化遗产区保护与保存法》划设的文化遗产区，经过修复和保护，部分已开发为旅游景点。而随着旅游业的发展，缅甸很多传统手工艺品制造业也因此受益。“作为勃固省一项缅甸手工技艺精品，木质雕像深受外国游客喜爱被抢购。”[②] 已被列入《世界遗产名录》预备名录的文化遗产，如仰光大金塔、蒲甘古城、茵莱湖等，早已成为缅甸享誉世界的旅游品牌。2014 年，骠国古城申遗成功后，更促进了当地旅游业飞速发展。考古与国家博物馆司副司长吴佐妙觉（U Zaw Myo Kyaw）表示，“自从被列入《世界遗产名录》后，室利差旦罗古城游客接待量激增，重振了当地的旅游业”。[③]

（三）不断密切和深化国际交流与合作

加强与国际社会在文化遗产保护领域的交流与合作，既可以借鉴学习他国的经验，又可以获得一定的资金支持和技术援助，是文化遗产保护的必由之路。缅甸一方面积极加入联合国教科文组织及其下属组织、《文化遗产保护公约》，推动本国文化遗产列入《世界遗产名录》等国际文化遗产保护工程；另一方面也积极参与东盟有关文化遗产保护的合作章程、倡议的制定，加强与东盟各国的合作，同时也不断密切与中国、意大利等国家的交流与合作。

---

① 黄爱莲、俞渊、杨慧月：《2014～2016 年缅甸旅游业发展分析与展望》，《东南亚纵横》2015 年第 8 期，第 31、32 页。

② 《缅甸工艺美术精品木雕深受外国游客喜爱被抢购》，〔缅〕《我们的村庄杂志》（*Our Village Journal*）2017 年 3 月 15 日。

③ El El Thu, “Visitor Numbers up at UNESCO Site” *Myanmav Times*, August 14, 2015, https://www.mmtimes.com/national-news/15993-visitor-numbers-up-at-unesco-site.html.

缅甸早在1949年6月就加入了联合国教科文组织，为促进本国文化遗产保护事业，缅甸目前已加入了6个与文化遗产保护相关的国际公约，分别是《关于发生武装冲突时保护文化财产的公约》《关于发生武装冲突时保护文化财产的公约》《关于保护世界文化和自然遗产的公约》《关于特别是作为水禽栖息地的国际重要湿地公约》《关于禁止和防止非法进出口和转让文化财产所有权的公约》《保护非物质文化遗产公约》。在此基础上，缅甸政府积极推动将本国的文化遗产列入《世界遗产名录》。1996年“万塔之城”蒲甘申遗失败后，缅甸政府一直按照联合国教科文组织的建议为二次申遗做准备。“2018年1月，缅甸向联合国教科文组织提交了总计5册的‘蒲甘古城列入《世界遗产名录》的申报材料’”，[①] 从六类文化价值、整体性价值、原真性价值等方面对蒲甘古城突出的普遍价值做了详细论证，目标是在2019年使蒲甘古城正式被列为世界遗产。而2014年骠国古城的成功申遗，也为其他文化遗产项目的申遗工作提供了经验借鉴。目前，妙乌古城、仰光大金塔等也已经列入缅甸政府的申遗计划。缅甸宗教事务与文化部部长都拉吴昂哥表示，“会在2017年、2018年与2019年分别提交申请，力争使蒲甘地区、若开邦妙乌镇区的达德匿古迹、仰光大金塔被列为世界文化遗产”。[②]

此外，缅甸目前被列入联合国教科文组织另一个遗产保护项目——《世界记忆名录》的文化遗产已达四处，分别是2013年入选的由729块刻有三藏经文的石碑组成的世界最大的碑林摩诃洛格玛雅盛（又称故铎朵，意为圣功德）（Maha lawkmarazein or kuthodaw inscription Shrines）、2015年入选的四面分别刻有骠文、缅文、孟文和巴利文四种文字的妙齐提四语言碑铭（Myazedi Quadrilingual Stone Inscription）、2015年入选的“缅甸阿郎帕耶王致英国乔治二世国王的黄金书信”（The Golden Letter of the Burmese King

① 温吉暖：《蒲甘古城（从国家级遗产到世界遗产）》，〔缅〕《缅甸新光报》2018年4月1日。

② 《缅甸这三个古迹将申请世界遗产》，缅华网，2017年3月16日，http：//www.mhwmm.com/ch/NewsView.asp? ID =21901。

Alaungphaya to King George Ⅱ of Great Britain）和 2017 年入选的莽应龙（勃印囊）大钟钟铭（King Bayinnaung Bell Inscription）。[①] 其中，“缅甸阿郎帕耶王致英国乔治二世国王的黄金书信”是缅甸宗教事务与文化部、德国戈特弗里德·威廉·莱布尼茨图书馆及英国大英图书馆联合申报的，是缅甸文化遗产保护国际合作的典范。

作为东盟成员国，缅甸也积极参与东盟的文化遗产保护工作。2000 年 7 月 24 ~25 日，第 33 届东盟外长会议在曼谷举行，东盟十国外长共同签署了《东盟文化遗产宣言》。宣言从 15 个方面制定了合作框架，主要包括：“东盟和成员国共同对东盟的文化遗产进行保护；保护国宝和文化财产；维护有价值的生活传统；保护古往今来的学术、艺术和知识遗产；保护古往今来通俗的文化遗产和传统；加强文化交流，加深对不同文化的理解。”[②]

意大利和中国是世界上拥有世界遗产最多的两个国家，在文化遗产保护方面有着丰富的经验和先进的技术，缅甸重视与两国的合作；中国和意大利等国也积极为其提供资金和技术支持，帮助其修复受损的文化遗产，开展新的申遗项目等。2012 年，“为加强缅甸与联合国教科文组织在保护缅甸文化遗产方面的合作，意大利曾于 1 月资助缅甸 40 万欧元”。[③] 2016 年 8 月 24 日，缅甸发生地震，蒲甘地区的佛塔大面积受损，“中国政府第一时间派专家组赴缅开展调研和考察，……并向缅方提供了 100 万美元的现汇援助”。[④] 2017 年 2 月 15 日至 16 日，中国驻缅甸大使馆、缅甸宗教事务与文化部、联合国教科文组织在缅甸蒲甘联合举办蒲甘佛塔震后修复保护国际会议。会

① 联合国教科文组织：《世界记忆名录：缅甸》，联合国教科文组织官方网站，http：//www. unesco. org/new/en/communication - and - information/memory - of - the - world/register/access - by - region - and - country/mm/。

② 汪新生：《从多元议题看东盟地区合作领域的扩展》，《东南亚纵横》2007 年第 3 期，第 30 页。

③《缅甸蒲甘古城拟为申遗做准备》，中华人民共和国驻缅甸大使馆经济商务参赞处网站，2012 年 2 月 29 日，编译自缅甸《七日新闻》2012 年 2 月 23 日，http：//mm. mofcom. gov. cn/article/jmxw/201202/20120207989621. shtml。

④《中缅签署蒲甘地区他冰瑜佛塔修复项目会谈纪要》，中华人民共和国驻缅甸大使馆经济商务参赞处网站，2017 年 5 月 29 日，http：//mm. mofcom. gov. cn/article/todayheader/201705/20170502583346. shtml。

上，缅甸宗教事务与文化部部长吴昂哥表示，“衷心感谢中国政府为蒲甘佛塔震后修复提供的资金和技术支持”。[①] 2017 年 4 月 10 日，中缅签署《中华人民共和国政府和缅甸联邦共和国政府关于防止盗窃、盗掘和非法进出境文化财产的协定》。[②] 2017 年 5 月 16 日，中缅签署《中华人民共和国国家文物局和缅甸联邦共和国宗教事务与文化部关于开展缅甸蒲甘古迹震后修复保护合作的谅解备忘录》。[③] 2018 年 3 月 28 日，意大利驻缅甸大使阿利贝蒂（Pier Giorgio Aliberti）先生和联合国教科文组织缅甸办事处主任金玟廷（Min Jeong Kim）女士签署了一份旨在“支持妙乌（Mrauk－U）古城的保护、管理和改善”的协议，根据协议，意大利政府将资助 30 万欧元建立一个多边机制，在缅甸宗教事务和文化部及考古司的协调下，与中国密切合作，成为古城保护的重要参与者。[④]

目前，缅甸蒲甘佛塔震后修复保护工作，妙乌古城、蒲甘及仰光大金塔等文化遗产的申遗工作等，均在中国和意大利等国的帮助下有序推进，这将成为缅甸与包括中国在内的国际社会开展文化遗产保护交流与合作的新典范。

四 缅甸文化遗产保护的特点及面临的问题

（一）保护的特点

通过对缅甸文化遗产保护工作的梳理分析，可以看出缅甸文化遗产保护

---

① 《洪亮大使出席蒲甘震后文物修复国际会议》，中华人民共和国驻缅甸联邦共和国大使馆官网，2017 年 2 月 17 日，http：//mm. china－embassy. org/chn/sgxw/t1439416. htm。

② 《习近平主席见证中缅签署政府间防止盗窃、盗掘和非法进出境文化财产的协定》，国家文物局官方网站，2017 年 4 月 11 日，http：//www. sach. gov. cn/art/2017/4/11/art_722_139686. html。

③ 《李克强总理见证中缅签署开展缅甸蒲甘古迹震后修复保护合作谅解备忘录》，国家文物局官方网站，2017 年 5 月 17 日，http：//www. sach. gov. cn/art/2017/5/17/art_722_140736. html。

④ “Mizzima：Italy Signs Agreement to Support Mrauk－U World Heritage Site，” Thursday，29 March 2018，http：//www. mizzima. com/development－news/italy－signs－agreement－support－mrauk－u－world－heritage－site.

的两大突出特点：一是以国家为主导的“国家保护”；二是注重对文化遗产及其所处的环境区域的整体性保护。

目前，缅甸的文化遗产保护工作由国家政府全面主导和负责。政府十分重视文化遗产保护，设立了专门的文化遗产保护职能机构，负责物质文化遗产和非物质文化遗产的探测发掘、数据记录、科学研究及认定和保护等工作。同时，政府不断出台文化遗产保护法律，为文化遗产保护提供法律保障。其他诸如文化遗产保护人才和文化遗产（尤其是非物质文化遗产）传承人的培养、相关文艺比赛活动的筹划和举办、推动本国的文化遗产走向世界等，亦全部属于政府职能部门的工作任务，这充分说明缅甸的文化遗产保护是国家全面主导开展的“国家保护”行为。

缅甸现行的最主要的文化遗产保护措施，是依据1998年颁布的《文化遗产区保护与保存法》，在全国范围内进行文化遗产区的划设和保护。文化遗产区分为古迹区（Ancient Monument Zone）、古遗址区（Ancient Site Zone）和受保护与保存区（Protected and Preserved Zone）三个类别。截至目前，缅甸政府已划设86个不同类别的文化遗产保护区，分布于克钦邦（1个）、克伦邦（2个）、实皆省（16个）、德林达依省（1个）、勃固省（2个）、马圭省（27个）、曼德勒省（14个）、孟邦（2个）、若开邦（3个）、仰光省（16个）、掸邦（1个）、伊洛瓦底省（1个）。[①] 这种以文化遗产区为保护对象的保护措施，不仅是对古迹、古遗址等文化遗产的保护，还包括对文化遗产所处的环境区域的整体性保护，这种方式能够最大限度地对文化遗产的价值和特性加以保护，充分体现了缅甸文化遗产保护工作的整体性保护特点。

（二）面临的问题

尽管缅甸在文化遗产保护方面做了大量的实践和探索，取得了一定的成果，但依然存在诸多困难和问题，亟待解决。

---

① 缅甸宗教事务与文化部：《缅甸各省邦地区的文化遗产区》，缅甸宗教事务与文化部官方网站，http：//www. culture. gov. mm/Minister_ Office_ mm/Organization_ mm/default. asp。

1. 文化遗产保护总体上存在重物质文化遗产保护、轻非物质文化遗产保护的问题

非物质文化遗产是“文化多样性的熔炉，又是可持续发展的保证”，是“密切人与人之间关系，以及人与人之间交流和了解的因素”，[①] 具有十分重要的价值，理应得到传承和保护。两千余年历史进程中，缅甸各民族传承保留至今的丰富的非物质文化遗产，是缅甸文化遗产的重要组成部分。但目前缅甸对非物质文化遗产的保护还不够重视。立法方面，缅甸虽已颁布施行多部物质文化遗产保护法律，但至今尚未出台一部针对非物质文化遗产保护的专门性法律；非物质文化遗产传承人的培养方面，由于缅甸艺术高中及两所国家文化和艺术大学开设的专业较少、教授课程单一、培养规模小等原因，培养的艺术人才远不能满足缅甸非物质文化遗产保护和传承的需要。而普通民众的文化遗产尤其是非物质文化遗产保护意识也相对淡薄。漆器制作工艺是缅甸“传统手工技艺十朵花”之一，但“漆器之乡”蒲甘的传统漆器业，近年来却面临后继无人的挑战。由于“大多数年轻毕业生对漆器行业不屑一顾，更青睐把现代职场中的‘白领’身份作为奋斗目标”。[②] 缅甸至今没有任何一项非物质文化遗产申报列入联合国教科文组织《人类非物质文化遗产代表作名录》，也说明缅甸政府对本国的非物质文化遗产申遗工作不够重视。随着外来文化的冲击和“现代化、工业化、全球化的影响和威胁”，[③] 缅甸非物质文化遗产的传承与保护变得越来越迫切。

2. 文化遗产保护措施和方法缺乏专业性、科学性，文化遗产保护性修复不能坚持“修旧如旧”原则，对文化遗产的原真性造成破坏

“文化遗产的原真性衡量的是文化遗产的表现形式和文化意义的内在统

① 陈红：《东南亚非物质文化遗产研究》，广西师范大学出版社，2016，第 165、166 页。

② 汤先营：《缅甸漆器业谁来传承?》，《光明日报》2014 年 2 月 19 日，http://epaper.gmw.cn/gmrb/html/2014-02/19/nw.D110000gmrb_20140219_8-08.htm?div=-1。

③ 史阳：《保护东南亚的文化多样性：东南亚的人类口头非物质遗产》，《南洋问题研究》2008 年第 2 期，第 86 页。

一程度”，“是国际公认的文化遗产评估、保护和监控的基本因素”。[①] 缅甸政府十分重视本国受损文化遗产的保护和修复。但由于缺乏科学系统的管理、专业的技术及充足的资金，对遗产的历史价值不够重视，在修复过程中反而对文化遗产造成了人为的毁坏。“万塔之城”蒲甘是与印尼的婆罗浮屠、柬埔寨的吴哥窟相齐名的东南亚三大宗教建筑奇迹之一，缅甸政府在 1996 年将其申报列入《世界遗产名录》预备名录之后，就一直努力推动蒲甘古城正式列入《世界遗产名录》，但由于在对佛塔的修复过程中“没有遵循‘修旧如旧’的原则，不必要地增添了当代元素，破坏了蒲甘古城作为古都文化遗产的整体形象”。[②] 这种“遗产保护方法与国际公认的原真性原则相违背，造成了建设性破坏，受到广泛的批评，因而一直未能列入世界文化遗产名录”。[③] 而婆罗浮屠和吴哥窟已分别于 1991 年、1992 年被列入《世界遗产名录》。类似的情况，还发生在缅甸其他文化遗产的保护当中。这种不专业的文化遗产保护行为，看似是修复，实则是对文化遗产原真性和历史价值的“二次破坏”。

3. 文化遗产保护人才匮乏，缺乏资金和技术支撑等，制约了文化遗产保护工作的进一步发展

文化遗产保护不仅需政策支持、法律保障，开展具体的保护工作时，如文化遗产的发掘、修缮和维护等，更需要大量的资金投入，并由专门人才采用先进的保护理念和专业的技术来实施。缅甸早在 1987 年 12 月就被联合国列为世界上最不发达国家之一，长期以来，缅甸政府能够用于文化遗产保护工作的财政资金十分有限，这严重制约了文化遗产保护工作的开展。蒲甘古城等大批极具历史价值的文化遗产，在受损后的修复和保护过程中，反而遭到人为的二次破坏，直接原因就在于人才、资金与技术匮乏。

① 阮仪三、林林：《文化遗产保护的原真性原则》，《同济大学学报》（社会科学版）2003 年第 2 期，第 2 页。

② 黎骁宇：《缅甸“万塔之城”坎坷申遗路》，《中国文化报》2013 年 5 月 30 日。

③ 雷翔、陈玉：《东南亚国家历史文化遗产保护的历程与转变》，《建筑学报》2009 年第 6 期，第 36 页。

此外，缅甸的文化遗产保护还存在执法力度弱、不同民族和地区间的文化遗产保护不平衡、外来文化对本土传统文化的冲击越来越严重等问题，并面临国家经济发展、对外开放的需要与本土文化遗产保护的需要之间的矛盾。这些困难和问题将长期存在于缅甸文化遗产保护工作中，短时间内难以得到解决。

现阶段，缅甸要保护好本国丰富的文化遗产，政府须继续扮演主导角色。通过政策支持，立法保护，加大财政资金投入，完善文化遗产保护人才培养体系，加强宣传教育，调动社会各方力量参与文化遗产保护事业，尤其要将非物质文化遗产保护提升到与物质文化遗产保护同等重要的地位上来。同时，要充分挖掘本国丰富的文化遗产旅游资源，加大文化遗产产业开发力度，形成文化遗产保护为文化产业发展提供文化支撑，文化产业发展为文化遗产保护提供资金保障的良性循环；要进一步密切国际合作，引进先进保护理念和技术，多渠道筹集资金，获取技术援助，借鉴吸收他国先进经验，为本国的文化遗产保护所用，推动本国的文化遗产保护工作不断向前发展，最终探索出一条符合缅甸国情的文化遗产保护之路。

B.15
2017年柬埔寨王家研究院孔子学院发展报告

周惠雯

摘　要：　在中柬两国的共同努力下，柬埔寨王家研究院孔子学院已发展为柬埔寨汉语教育界知名品牌。2017 年，随着“汉语热”在柬埔寨持续升温，柬埔寨王家研究院孔子学院进一步丰富汉语推广层次，加强孔子学院本土化，促进孔子学院的可持续发展。

关键词：　柬埔寨　孔子学院　王家研究院

根据国家汉语国际推广办公室的批复，九江学院作为中方承办院校，和柬埔寨王家研究院、柬埔寨加华银行、瑞泰柬埔寨石材有限公司合作，在柬埔寨王家研究院成立孔子学院。[①] 多年来，柬埔寨王家研究院孔子学院在中柬双方的大力扶持下，积极推广汉语国际教育，大力传播中华传统文化，努力增进柬埔寨人民对中国的认知，不断加强中柬两国之间的人文交流。

一　柬埔寨王家研究院孔子学院简介

2008 年 10 月 22 日，柬埔寨政府副首相索安就建设王家研究院孔子学

① 《江西高校创柬埔寨首家孔子学院　在海外播撒汉学》，中国新闻网，2009 年 9 月 10 日，http：//www. chinanews. com/hwjy/news/2009/09 – 10/1859849. shtml。

院做出批示，同意柬埔寨王家研究院开办孔子学院的申请。2009 年 1 月 9 日，柬埔寨王家研究院院长正式签署了申办孔子学院的申请函，以正式文本的方式明示柬埔寨王家研究院积极参与建设孔子学院。2009 年 3 月 23 日，柬埔寨王家研究院等柬方机构完成了《关于在柬埔寨建设王家研究院孔子学院的申办计划书》《建设柬埔寨王家研究院孔子学院合作意向书》的签字手续，并把相关文件报送了国家汉办。2009 年 8 月 12 日，经请示国家汉办同意，应九江学院的邀请并受宋安副首相的委托，柬埔寨王家研究院院长克洛堤达博士、柬埔寨加华银行董事长林素芬女士、瑞泰柬埔寨石材有限公司总经理黄瑞华女士等一行组成孔子学院合作柬方代表团，访问北京孔子学院总部。8 月 12 日下午，在中国国家汉办暨孔子学院总部，孔子学院总部总干事许琳女士、柬埔寨王家研究院院长克洛堤达博士分别代表孔子学院总部和柬埔寨王家研究院签署了《中国孔子学院总部与柬埔寨王家学院关于合作设立王家学院孔子学院的协议》，这标志着柬埔寨第一家孔子学院正式成立。2009 年 12 月 22 日，中国国家副主席习近平和柬埔寨副首相索安共同为柬埔寨王家研究院孔子学院揭牌。①

二　2017年柬埔寨王家研究院孔子学院发展历程

2017 年，中柬双边贸易额 57.9 亿美元，同比增长 21.7%。② 随着中柬经贸往来愈来愈密切，储备语言人才显得至关重要，这无疑给柬埔寨王家研究院孔子学院的发展带来了新的机遇与挑战。

（一）汉语推广与教学

1. 增设汉语教学点

随着中柬关系日益密切，柬埔寨对汉语人才的需求量越来越大。2017 年，

① 《柬埔寨王家研究院孔子学院 2008 ~ 2009 年大事记》，柬埔寨王家研究院孔子学院网站，2010 年 1 月 1 日，http：//cirac. kh. chinesecio. com/zh - hans/node/678。

② “经贸关系”，中华人民共和国驻柬埔寨王国大使馆网站，2018 年 4 月 27 日，http：//kh. china - embassy. org/chn/zgjx/jmgx/。

为满足柬埔寨国家和社会对汉语人才的需求，柬埔寨王家研究院孔子学院从中央政府到地方机构、从军队到警员、从高校到企业都陆续增设了汉语教学点，大力发展汉语教育事业，培养柬埔寨本地汉语人才，保障中柬双方良好互动。

（1）政府机构

2017 年，柬埔寨王家研究院孔子学院加强与柬埔寨政府的合作，在柬埔寨政府多个部门和机构增设汉语中心并开展汉语教学，让汉语走进柬埔寨高层，促进中柬两国进一步对话。

柬埔寨旅游部报告显示，2017 年柬埔寨接待外国游客 560 万人次，同比增长 11.6%，其中中国游客达 120 万人次，同比增长 46%，中国成为柬埔寨第一大旅游客源国。[①] 这在客观上要求柬埔寨旅游业相关部门储备汉语人才，以保障中柬旅游业的沟通和合作。为满足柬埔寨旅游市场对汉语人才的需求，2017 年 1 月 3 日，在中国大使馆的协调下，柬埔寨王家研究院孔子学院与吴哥窟世界文化遗产管理局（仙女国家机构）合作，成立吴哥窟世界文化遗产管理局汉语中心。2 月 20 日，柬埔寨王家研究院孔子学院吴哥窟世界文化遗产管理局汉语中心举行开班典礼。

随后，应柬埔寨国会参议院联络与监察部的请求，柬埔寨王家研究院孔子学院在柬埔寨国会参议院联络与监察部设立汉语教学点。2017 年 4 月 24 日，柬埔寨王家研究院孔子学院国会参议院联络与监察部中文班正式开课，首期中文班共两个班级，有 50 名学生。[②]

2017 年 5 月 23 日，柬埔寨王家研究院孔子学院柬埔寨司法部汉语中心正式成立，首批共有 159 名官员报名学习，分为 3 个班，每周上课 4 小时。这是柬埔寨王家研究院孔子学院继在柬埔寨首相府、文化艺术部、劳工与职

---

① 《2017 年赴柬游客同比增长 11.6%》，中华人民共和国驻柬埔寨王国大使馆经济商务参赞处网站，2018 年 1 月 15 日，http：//cb. mofcom. gov. cn/article/ddgk/zwfengsu/201801/20180102698768. shtml。

② 《柬埔寨王家研究院孔子学院国会参议院联络与监察部中文班正式开课》，柬埔寨王家研究院孔子学院网站，2017 年 4 月 27 日，http：//cirac. kh. chinesecio. com/zh – hans/node/2629。

业培训部及议会联络与监察部之后，在柬埔寨政府部门开设的第5家汉语中心。①

（2）军警系统

近年来，中柬两军高层互动频繁，合作取得显著成效。中国在柬埔寨国家和军队建设方面给予了极大的支持和帮助，同时柬埔寨也在国际和地区事务上坚定不移地支持中国。

为加强培养柬埔寨军队中的汉语人才，柬埔寨王家研究院孔子学院应柬埔寨国防部请求，于2017年7月12日成立了柬埔寨王家研究院孔子学院柬埔寨国防部汉语中心。首期招收机关学员60名，上课时间为周一至周五，学员中不少是少将和中将。②

2017年，柬埔寨警察部门有不少涉及中国人的案件。柬埔寨移民总局的报告显示，2017年柬埔寨共抓获并遣返外籍人员1885人，其中包括629名中国人。③ 此外，2017年中柬警方协力合作捣毁多个位于柬埔寨境内的电信网络诈骗犯罪据点。为更好地协助中方办案，处理柬埔寨境内涉及中国人的案件，柬埔寨警察部门迫切需要汉语人才加入。2017年11月24日，柬埔寨王家研究院孔子学院柬埔寨国家警察总署汉语中心揭牌，成为柬埔寨王家研究院孔子学院继在国防部、陆军学院、金边警备旅和911旅伞兵特种部队开设汉语中心后在柬埔寨军警系统开设的又一个教学点。首批学员共有56名，来自警察总署外国人投诉热线部门，上课时间为周一至周五，为期两年。④ 柬埔寨国家警察总署汉语中心的成立，将培养一批懂汉语的柬埔寨本地工作人员，提高办案效率，为在柬华人提供更多的保障和服务。

---

① 《柬埔寨王家研究院孔子学院举行柬埔寨司法部汉语中心揭牌仪式》，柬埔寨王家研究院孔子学院网站，2017年5月24日，http：//cirac. kh. chinesecio. com/zh－hans/node/2654。

② 《柬埔寨王家研究院孔子学院举行柬埔寨国防部汉语中心揭牌仪式》，柬埔寨王家研究院孔子学院网站，2017年7月13日，http：//cirac. kh. chinesecio. com/zh－hans/node/2699。

③ 《629名中国人被柬埔寨驱逐出境》，柬单网，2018年2月27日，https：//www. 58cam. com/article－5495－1. html。

④ 《柬埔寨王家研究院孔子学院国家警察总署汉语中心 揭牌仪式顺利举行》，柬埔寨王家研究院孔子学院网站，2017年11月27日，http：//cirac. kh. chinesecio. com/zh－hans/node/2729。

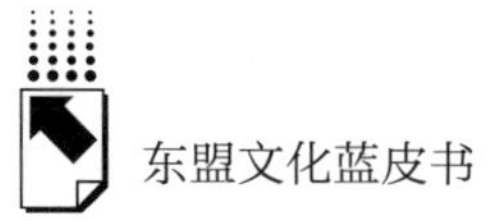

（3）民众

除了在政府机构、军警系统、高等院校开设中文班授课之外，柬埔寨王家研究院孔子学院还面向普通民众免费授课，大力宣传和推广汉语教育，真正做到让“汉语热”深入基层群众。暹粒省作为中国人赴柬旅游的热门目的地，当地居民学习汉语的热情高涨。依据暹粒省旅游局 1 月 24 日发布的通告，2017 年暹粒省共接待游客 5543434 人次，同比增长 11.42%。外国游客中，中国游客达 910107 人次，位居第一，同比增长 36.38%。然而暹粒省 4834 名导游中只有 685 名中文导游，① 占比不到 15%。可见，懂汉语的服务业人员数量与庞大的中国游客基数不匹配。2017 年 3 月 15 日，柬埔寨王家研究院孔子学院选择在暹粒省向当地居民免费开设中文班，为期三个月，主要教授旅游交际用语，② 旨在教会柬埔寨人用简易的汉语与中国游客沟通，为中国游客提供优质的语言服务，获得更多的家庭收入。

（4）企业

随着中柬经贸合作的深入，赴柬投资的中国企业日益增多。企业需加大力度培养员工的汉语能力，方便中柬员工之间的沟通，提高工作与生产效率。作为柬埔寨著名的汉语教育品牌，柬埔寨王家研究院孔子学院在为中柬企业培养柬埔寨本地汉语人才方面发挥了重要作用。从 2016 年 11 月起，柬埔寨王家研究院孔子学院与柬埔寨加华银行合作成立中文俱乐部。首期培训班共有 50 多位学生，分为初级班和高级班。2017 年 6 月 9 日，首期汉语班结课，共有 25 位学员获得结业证书。③ 此外，应鄂尔多斯鸿骏电力有限公司的请求，2017 年 11 月 20 日，柬埔寨王家研究院孔子学院在西港鄂尔多

① 《2017 年暹粒接待外国客 245 万人次　其中中国客 91 万人次》，高棉日报网，2018 年 1 月 24 日，http：//cn.thekhmerdaily.com/article/20435。

② 《柬埔寨王家研究院民间掀起“中文热”》，中国新闻网，2018 年 1 月 18 日，http：//www.chinanews.com/hr/2018/01－18/8427744.shtml。

③ 《柬埔寨王家研究院孔子学院加华银行中文俱乐部举行颁奖仪式》，柬埔寨王家研究院孔子学院网站，2017 年 6 月 12 日，http：//cirac.kh.chinesecio.com/zh－hans/node/2676。

斯鸿骏电力有限公司开设汉语培训班，侧重培训学员学习专业词汇。[①] 由此可见，柬埔寨王家研究院孔子学院在中柬企业的发展过程中给予了极大的支持与帮助。

2. 举办汉语水平考试

众所周知，汉语水平考试（HSK）和汉语水平口语考试（HSKK）是国际标准化考试，重点考查汉语非第一语言的考生在生活、学习和工作中运用汉语进行交流的能力。近年来，由于“汉语热”在柬埔寨不断升温，柬埔寨汉语学习者越来越重视 HSK 和 HSKK 考试，希望通过 HSK 和 HSKK 考试申请奖学金去中国进一步学习。

柬埔寨王家研究院孔子学院每年会举办两次 HSK 考试和两次 HSKK 考试，考生数量逐年增加。2017 年，参加 HSK、HSKK 考试的考生总计 516 名。除了在校的学生之外，参加考试的还有来自金边、茶胶、大岛、棉芷、暹粒等教学点的社会成员。柬埔寨王家研究院孔子学院在考前做好考试设备调试、组织监考教师进行考前培训等准备工作，考试时严格遵守中国国家汉办相关考试规定监考，确保考试顺利进行。

表 1　2017 年柬埔寨王家研究院孔子学院举办的汉语水平考试

时间	考试科目	考点	考试人数
2017 年 1 月 14 日	HSK 一级、二级、三级、四级、五级、六级	柬埔寨王家研究院孔子学院本部暹粒省吴哥高中	189 人
2017 年 3 月 19 日	HSKK 初级、中级、高级	柬埔寨王家研究院孔子学院	76 人
2017 年 6 月 11 日	HSK 一级、二级、三级、四级、五级、六级	柬埔寨王家研究院孔子学院	125 人
2017 年 12 月 3 日	HSKK 初级、中级、高级	柬埔寨王家研究院孔子学院	126 人

此外，柬埔寨王家研究院孔子学院加强在各政府中文班、大学中文系或汉语中心开展宣讲会或考前培训会，旨在为学生介绍 HSK 和 HSKK 考试的相关内容，增进学生对考试用途、报考流程等事项的了解，鼓励更多汉语学

① 《柬埔寨王家研究院孔子学院西港鄂尔多斯　鸿骏电力有限公司汉语培训班开班》，柬埔寨王家研究院孔子学院网站，2017 年 11 月 23 日，http://cirac.kh.chinesecio.com/zh-hans/node/2727。

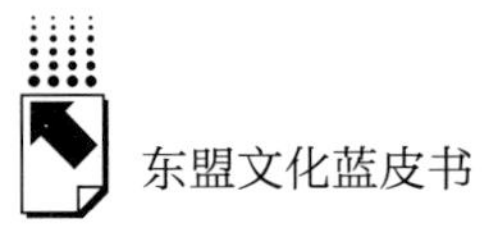

习者参与考试。例如，柬埔寨王家研究院孔子学院参议院中文班于 2 月 23 日举办了 HSK 和 HSKK 宣讲活动，汉语教师针对“谁可以参加 HSK 和 HSKK”“什么是 HSK”“什么是 HSKK”“考试费用”“考试时间”“如何报名”“为什么要参加 HSK 和 HSKK”等问题进行了详细解答。①

3. 开展汉语竞赛

随着柬埔寨“汉语热”的持续升温，各类汉语演讲竞赛为柬埔寨汉语学习者提供了展示学习成果的平台，推动了中柬文化教育领域的交流与合作。

2017 年 5 月 25 日至 26 日，第十六届“汉语桥”世界大学生中文比赛和第十届“汉语桥”世界中学生中文比赛柬埔寨分赛区决赛在金边亚欧大学金色大楼会议厅举行。第十六届“汉语桥”世界大学生中文比赛和第十届“汉语桥”世界中学生中文比赛的主题分别是“梦想点亮未来”和“学好中国话，朋友遍天下”。比赛共有 24 名选手参加，比赛形式多样，有唱歌、跳舞、京剧、快板、书法、绘画、古筝、笛子演奏和武术等。② 多年来，“汉语桥”活动已为柬埔寨培养了众多优秀汉语人才。

2017 年 12 月 2 日，“江苏杯”汉语演讲比赛首次走入柬埔寨，与柬埔寨王家研究院孔子学院合作举办第七届“江苏杯”汉语演讲比赛暨柬埔寨王家研究院孔子学院汉语风采大赛预赛。来自柬埔寨全国各地 18 ~25 岁的大学生和社会人士积极报名参与，共计 78 名选手参加了此次比赛。据悉，“江苏杯”汉语演讲比赛创立于 2011 年，是由江苏省委外宣办指导支持、江苏国际文化交流中心创意与南京大学合作举办的中国语言文化传播项目。③“江苏杯”汉语演讲比赛给众多柬埔寨汉语学习者和爱好者提供了一个学习交流的平台，使其携手共同提高汉语水平，同时也为柬埔寨人民打开了解中国江苏的窗口。

---

① 《柬埔寨王家研究院孔子学院参议院中文班举办 HSK 和 HSKK 宣讲活动》，柬埔寨王家研究院孔子学院网站，2017 年 2 月 27 日，http：//cirac. kh. chinesecio. com/zh – hans/node/2525。

② 《2017“汉语桥”世界中文比赛柬埔寨赛区决赛落幕》，柬埔寨王家研究院孔子学院网站，2017 年 5 月 27 日，http：//cirac. kh. chinesecio. com/zh – hans/node/2656。

③ 《第七届“江苏杯”汉语演讲比赛暨柬埔寨王家研究院孔子学院汉语风采大赛预赛在柬埔寨王家研究院孔子学院成功举办》，柬埔寨王家研究院孔子学院网站，2017 年 12 月 4 日，http：//cirac. kh. chinesecio. com/zh – hans/node/2740。

4. 加强教学创新与实践

除传统的课堂讲授方式之外，柬埔寨王家研究院孔子学院在 2017 年大胆创新教学途径，与中柬友谊国际电台汉语合作开播汉语教学节目——《你好中国》。该节目于每日下午 4 点到 6 点播出，由柬埔寨王家研究院孔子学院教师在电台进行在线教学。[①] 开办电台教学节目能激发更多的听众产生对汉语的兴趣，方便汉语学习者通过媒体进行互动学习。

2017 年，教学实践是柬埔寨王家研究院孔子学院教学中的一项重要内容。2017 年 2 月 17 日，为了使柬埔寨陆军学院即将赴中国进修的炮兵专业学员更多地掌握与专业相关的汉语知识，柬埔寨王家研究院孔子学院陆军学院汉语中心举办了“武器装备汉语见习”活动，陆军学院汉语中心志愿者教师带领学员实地学习。[②] 通过实地观摩学习的方式，学员们加深了对理论认识的了解，培养了技术应用能力，此举亦有利于柬埔寨王家研究院孔子学院完善实践教学体系。

除此之外，为了让汉语学习者增进对中华传统文化的认知，每逢中国佳节，柬埔寨王家研究院孔子学院都会在全国各地举办节日庆祝系列文化活动，寓教于乐。例如，在中国传统新年之际，柬埔寨王家研究院孔子学院暹粒省吴哥高中孔子课堂、柬埔寨王家研究院孔子学院西哈努克省高级中学汉语中心、柬埔寨王家研究院孔子学院亚欧大学中文系、柬埔寨王家研究院孔子学院大岛洪森中学汉语中心等纷纷围绕着新年主题开展了丰富多彩的新春活动，活动内容不仅包括歌曲、舞蹈、乐器、诗朗诵、武术、相声、快板等，还融入了书法、太极、剪纸、围棋等中华传统文化元素。新春活动不仅营造了浓厚的新年氛围，还增进了柬埔寨学生对中国春节文化的了解，使其亲身体验了中华传统文化的魅力。

---

① 《柬埔寨王家研究院孔子学院开播汉语电台教学节目》，柬埔寨王家研究院孔子学院网站，2017 年 2 月 16 日，http：//cirac. kh. chinesecio. com/zh－hans/node/2507。

② 《柬埔寨王家研究院孔子学院陆军学院汉语中心举办“武器装备汉语见习”活动》，柬埔寨王家研究院孔子学院网站，2017 年 2 月 21 日，http：//cirac. kh. chinesecio. com/zh－hans/node/2520。

（二）中柬人文交流

1. 学术论坛

2017 年 12 月 22 日，为纪念柬埔寨王家研究院孔子学院揭牌八周年，柬埔寨王家研究院孔子学院在王家研究院大礼堂隆重举行了“2017‘一带一路’：中柬友好关系论坛”，来自中国人民大学、云南大学、九江学院及柬埔寨王家研究院和相关部门的专家学者、大学生等 260 余人参加了论坛。论坛的主题是“一带一路”框架下的中柬政治关系和经济关系，邀请了 10 位中柬专家围绕相关专题进行报告和交流。报告的内容包括中柬政治关系、中国对柬埔寨的农业投资、中柬经济与文化关系、中柬旅游、中柬经济走廊建设、中柬贸易、中柬友好交往的历史等。①

2. 文化宣讲

为进一步让柬埔寨学生全面真实地了解当代中国，柬埔寨王家研究院孔子学院多次举办文化讲座。2017 年 2 月 17 日，柬埔寨王家研究院孔子学院棉芷大学中文系举办了以“中国现代交通”为主题的文化讲座。2017 年 4 月 28 日，应柬埔寨王家研究院孔子学院的邀请，中国诗歌学会会员、中国国际茶文化研究会会员古力子先生为柬埔寨王家研究院孔子学院亚欧大学中文系的师生带来了一场以“诗歌常识与鉴赏”为主题的讲座。2017 年 5 月 12 日，柬埔寨王家研究院孔子学院 911 旅特种伞兵部队汉语中心举办了“学汉语，识军衔”中国军衔知识讲座。2017 年 10 月至 11 月，柬埔寨王家研究院孔子学院亚欧大学中文系开展了为期一个月的“现代中国”系列宣讲活动。系列文化讲座不仅丰富了汉语教学课堂，还让柬埔寨汉语学习者受益匪浅，全面真实地了解了中国，激发了学习汉语的动力，体会到了中华文化的精深。

① 《柬埔寨王家研究院孔子学院举行“2017‘一带一路’：中柬友好关系论坛”》，柬埔寨王家研究院孔子学院网站，2017 年 12 月 23 日，http：//cirac. kh. chinesecio. com/zh－hans/node/2757。

3. 考察互访

2017 年 5 月 2 日，柬埔寨王家研究院孔子学院汉语官员班赴华行前会议召开。为了让柬埔寨汉语官员班学员进一步了解中国文化，真正感受中国现代化发展成就，柬埔寨王家研究院孔子学院中方合作单位九江学院于 5 月 11 ~ 18 日主办汉语官员班学员中国考察活动。此次考察活动将由克洛媞达院长带队，前往中国江西九江和上海两个城市，体验中国传统文化和现代都市发展。① 此次柬埔寨王家研究院孔子学院汉语官员班学员赴中国学习考察活动，进一步加强中柬两国之间的交流，促进中柬友谊。

4. 文艺汇演

2017 年 11 月 13 日至 14 日，由中国国家汉办主办、扬州大学和柬埔寨王家研究院孔子学院承办的“好一朵茉莉花”巡演团走进柬埔寨军营，分别在柬埔寨金边警备旅和陆军学院成功举办了两场文艺演出。此次巡演团由扬州大学 20 名师生组成，整台节目精心编排，表演内容包括京剧、民歌、民乐、功夫等，充分体现了中华艺术的魅力和地方文化特色。②

5. 中柬文化产品推介

推介中柬文化产品（如图书及音像制品、传统艺术品、纪念品等）是孔子学院的一项重要工作。2017 年，作为中柬交流的友好桥梁，柬埔寨王家研究院孔子学院大力推进此项工作，为“一带一路”倡议添加丰富的精神内涵，进一步深化中柬两国之间的人文交流。

在中国驻柬埔寨大使馆、中国外文局和外文出版社的大力支持下，柬埔寨王家研究院孔子学院负责编译《习近平谈治国理政》柬文版，在柬埔寨出版发行。2017 年 2 月 28 日，北京外文出版社代表团访问柬埔寨王家研究院孔子学院，双方就《习近平谈治国理政》柬文版一书的索引、注释、语言习惯等翻译方面的问题进行了深入探讨，同时进一步讨论该书首发式相关事宜。2017 年 4 月 11

① 《柬埔寨王家研究院孔子学院举行汉语官员班赴华行前会议》，柬埔寨王家研究院孔子学院网站，2017 年 5 月 3 日，http：//cirac. kh. chinesecio. com/zh – hans/node/2635。

② 《中国国家汉办巡演团走进柬埔寨》，柬埔寨王家研究院孔子学院网站，2017 年 11 月 20 日，http：//cirac. kh. chinesecio. com/zh – hans/node/2721。

日，《习近平谈治国理政》柬文版首发式在柬埔寨总理府和平大厦隆重举行，共有700余人参加。柬埔寨王国首相洪森出席首发式，并发表该书读后感。同日，由中国外文局主办，中国外文出版社、新知金边华文书局、柬埔寨王家研究院孔子学院承办的《习近平谈治国理政》柬文版展销月启动仪式在暹粒举行，共有100余人参加了此次活动。中国外文局局长张福海在致辞中表示，举办展销月活动的目的在于借助暹粒在中柬两国文化交流中的独特地位，将以《习近平谈治国理政》柬文版为主的中国主题图书推介到柬埔寨各地。①

《习近平谈治国理政》一书凝聚了中国国家主席习近平的政治智慧和治国理念。该书柬文版的发行，有利于增加柬埔寨民众对中国的认知，促使柬埔寨人民了解当代中国的治国理念和相关政策，加强两国之间治国理政经验的交流，巩固和深化中柬友谊。

另外，柬埔寨王家研究院孔子学院还负责编译《湄公河红玫瑰——柬埔寨巾帼英雄志》一书，该书介绍了柬埔寨王国首相洪森夫人文拉妮的成长经历。2017年3月14日，《湄公河红玫瑰——柬埔寨巾帼英雄志》一书编撰组组长东林威烈度先生、柬文作者霍申帕先生与中文译者陈世阳先生一行访问柬埔寨王家研究院孔子学院，双方就该书中文版的出版发行进行了深入探讨。目前，该书中文版已完成翻译工作，正在抓紧编辑和校对，计划由江西人民出版社出版。②

（三）与世界高校的合作与交流

2017年，柬埔寨王家研究院孔子学院注重与世界各高校之间的交流与合作，加强高校间数字资源互享、教学机制互鉴、师生互派等方面的合作，携手共同发展。同时，越来越多的中国高校与机构积极响应“一带一路”倡议，走出国门与柬埔寨王家研究院孔子学院分享教学、科研经验，推广汉语国际教育，促进中柬高等教育交流与合作，实现互利共赢。

---

① 《〈习近平谈治国理政〉柬文版展销月启动仪式在暹粒举行》，柬埔寨王家研究院孔子学院网站，2017年4月13日，http：//cirac. kh. chinesecio. com/zh－hans/node/2616。

② 《〈湄公河红玫瑰——柬埔寨巾帼英雄志〉一书编撰组访问柬埔寨孔子学院》，柬埔寨王家研究院孔子学院网站，2017年3月15日，http：//cirac. kh. chinesecio. com/zh－hans/node/2552。

表 2　2017 年度来访柬埔寨王家研究院孔子学院的部分高校

时间	来访高校、机构	合作意向
2017 年 1 月 2 日	中国江西省教育厅、江西科技学院、景德镇陶瓷大学、江西陶瓷工艺美术职业技术学院、江西科技学院	学术交流与科研合作；组织江西省学生参加暹粒省吴哥景区举行“夏令营”项目
2017 年 3 月 2 日	中国华东交通大学	推荐柬埔寨留学生到华东交通大学留学；开展文化交流活动和互访
2017 年 3 月 15 日	越南甘特大学	开放甘特大学的电子图书馆，与柬埔寨王家研究院孔子学院资源共享；两校学生和教师交流和互访；在图书出版等领域密切联系和合作
2017 年 4 月 4 日	中国福建省海洋研究所	合作培养柬埔寨海洋生物养殖人才
2017 年 4 月 21 日	中国广西师范学院	合作与交流
2017 年 4 月 25 日	中国山东省烟台大学	柬埔寨学生申请“丝绸之路”奖学金去烟台大学交流学习；教师去烟台大学接受培训
2017 年 5 月 19 日	印度 APTECH 职业教育培训机构	合作实现资源的优化配置；印度 APTECH 公司为学生们提供 IT 技术指导
2017 年 5 月 28 日	中国云南农业大学	派遣留学生、技术人员培训、对外汉语专业学生实习和科学研究等
2017 年 6 月 13 日	中国贵州交通职业技术学院	推荐柬埔寨留学生、汉语培训和相关项目的合作等
2017 年 6 月 21 日	中国九江学院	为孔子学院提供师资、教材编写、教学设施、职业技术培训等方面的支持
2017 年 7 月 10 日	中国扬州工业职业技术学院、南京科技职业技术学院、江苏海事职业技术学院、江苏农牧科技职业学院、常州工程职业技术学院、南京工业职业技术学院	合作培养职业技术人才等
2017 年 7 月 13 日	中国广西社会科学院社会学研究所	利用现代技术手段推动中柬文化交流和民间合作，学术研究合作等
2017 年 7 月 23 日	中共广西区委党校、广西行政学院	加强与柬埔寨相关大学和机构的联系
2017 年 7 月 24 日	中国上海景格职业教育研究院	中方帮助柬埔寨进行职业技术人才培训
2017 年 11 月 15 日	中国暨南大学	选送留学生、开发教材等
2017 年 11 月 30 日	中国海南省社会科学院、海南师范大学、海南外国语职业学院、海南省省委党校	中方帮助培训柬埔寨本土师资，提供奖学金等

续表

时间	来访高校、机构	合作意向
2017 年 12 月 4 日	中国华侨大学	合作与交流
2017 年 12 月 18 日	中国郑州大学	鼓励更多的柬埔寨学生去郑州大学深造学习

从表 2 可知，中国高校和机构已成为柬埔寨王家研究院孔子学院的主要合作方。鉴于目前柬埔寨王家研究院孔子学院师资力量欠缺、教材匮乏、硬件设施有限，中柬双方的合作领域主要集中在派送学生，支持孔院师资、教材编写、教学设施、职业技术培训等方面。

2017 年 6 月 22 日，由中国 - 东盟教育交流周组委会主办、贵州省教育厅和柬埔寨王家研究院孔子学院承办的“第十届中国东盟教育交流周——2017 黔柬‘牵手未来’大学校长高峰会”在柬埔寨王家研究院孔子学院隆重召开。中国 - 东盟教育交流周活动旨在加强中国和东盟各国之间的教育交流与合作，实现教育资源的优势互补，互学互鉴、互利共赢。此次高峰会上，黔柬双方高校进行了深层次的沟通与交流，进一步达成共识，签订了一批合作协议，为中柬教育交流和人才培养打下了基础。①

（四）师资队伍建设

柬埔寨汉语师资力量一直处于紧缺状态，柬埔寨众多农村地区的华校由于教师问题不得不关闭。由此可见，汉语师资对华文教育至关重要。2017 年，柬埔寨王家研究院孔子学院重视加强师资队伍建设，积极开展师资培训工作，为柬埔寨的汉语教育培养一批精英，从而推动汉语教育事业发展。

1. 培训柬籍汉语教师

目前，很多柬籍汉语教师并未接受过正规师范教育，教学水平参差不

① 《第十届中国东盟教育交流周——2017 黔柬“牵手未来”大学校长高峰会在柬埔寨王家研究院孔子学院隆重召开》，柬埔寨王家研究院孔子学院网站，2017 年 6 月 22 日，h http：// cirac. kh. chinesecio. com/zh - hans/node/2684。

齐。随着汉语教育在柬埔寨的大力推广，这无疑从客观上要求柬籍汉语教师提高自身综合素质和教学水平。因此，本土教师的培训迫在眉睫。

广肇学校为进一步提高柬籍汉语教师的中文水平和教学能力，与柬埔寨王家研究院孔子学院合作开设广肇学校本土汉语教师培训班。2017 年 6 月 10 日，柬埔寨王家研究院孔子学院广肇学校本土汉语教师培训班开班仪式在柬埔寨金边亚欧大学金色大楼举行。此次培训对象为广肇学校的在职华文教师，历时 3 个月，每周 3 小时，分两个阶段完成。培训的主要内容包括汉语语音、汉字、语法、词汇和教学技巧等。①

2017 年 7 月 8 日至 9 日，由柬埔寨王家研究院孔子学院举办的 2017 年柬埔寨本土汉语教师培训班在柬埔寨金边亚欧大学成功举办，共有来自柬埔寨 8 所华文学校和亚欧大学中文系的 150 余名华文教师参加。培训的主讲教师为中国国家汉办派遣的国际汉语教师培训专家——华东师范大学国际汉语教师研修基地马国彦副教授和高慧宜副教授。两位专家的培训课程内容涉及汉语语音、汉字教学及教学中容易出现的误区、汉语词汇、语法概况、《中文》系列教材使用及备课技巧、HSK/HSKK 考试介绍及培训技巧、课堂管理技巧等内容。②

为进一步促进柬埔寨华文教育的发展，解决师资力量薄弱的问题，柬华理事总会与柬埔寨福建总商会于 2017 年 11 月 26 日举行了“中柬华文师资培训中心筹备暨全柬华校校长见面会”。据悉，“中柬华文师资培训中心”由福建总商会筹备成立，旨在为柬埔寨本土汉语教师提供华文教育、华文师资培训以及到中国免费进修的机会，促进柬埔寨华文教育事业的发展。③

---

① 《柬埔寨王家研究院孔子学院广肇学校本土汉语教师培训班开班》，柬埔寨王家研究院孔子学院网站，2017 年 6 月 12 日，http：//cirac. kh. chinesecio. com/zh－hans/node/2678。

② 《柬埔寨王家研究院孔子学院举办 2017 年柬埔寨本土汉语教师培训班》，柬埔寨王家研究院孔子学院网站，2017 年 7 月 12 日，http：//cirac. kh. chinesecio. com/zh－hans/node/2693。

③ 《众志成城　助力柬埔寨华文教育——柬埔寨王家研究院孔子学院受邀参加“中柬华文师资培训中心筹备暨全柬华校校长见面会”》，柬埔寨王家研究院孔子学院网站，2017 年 11 月 30 日，http：//cirac. kh. chinesecio. com/zh－hans/node/2736。

2. 关怀及培养中国汉语教师

2017 年 1 月 21 日，柬埔寨王家研究院孔子学院暹粒吴哥高中孔子课堂举办主题为“游洞里萨湖，体验吴哥文明”的人文活动，组织全体公派教师及志愿者教师前往洞里萨湖，增进汉语教师对柬埔寨人文地理和习俗的了解，体验当地的风土民情。同月 25 日，为了进一步加深中国教师对吴哥文明的理解，柬埔寨王家研究院孔子学院暹粒吴哥高中孔子课堂举办“行走吴哥，对话高棉”文化交流活动，先后参观了塔布隆寺、茶胶寺、周萨神庙、斗象台、空中花园等景点。①

为提高中国汉语教师的柬埔寨语水平，柬埔寨王家研究院孔子学院与柬埔寨国家语言委员会合作开设柬埔寨语言文化培训班。2017 年 7 月 21 日，柬埔寨王家研究院孔子学院第四届柬埔寨语言文化培训班结业典礼在柬埔寨王家研究院礼堂举行。柬埔寨王家研究院孔子学院中方院长夏修龙在致辞中感谢柬埔寨国家语言委员会为孔子学院汉语教师开设柬埔寨语言文化培训班。② 汉语教师作为文化的使者，一方面教授汉语，另一方面学习柬埔寨语言和文化，加深彼此的交流和沟通。

三　总结与展望

2017 年，柬埔寨王家研究院孔子学院大力推广汉语国际教育，在政府机构、军警系统、企业和高校增设了一批汉语教学点；做好汉语水平考试的考前宣传和培训工作，不断完善考试组织管理制度；积极开展各类汉语竞赛，为柬埔寨汉语学习者提供学习和展示的平台；拓展教学渠道，提升教学水平，丰富教学内涵；举办多元化活动，深化中柬两国人文交流；加强与世

① 《柬埔寨王家研究院孔子学院吴哥高中孔子课堂“游洞里萨湖，体验吴哥文明”活动》，柬埔寨王家研究院孔子学院网站，2017 年 1 月 23 日，http://cirac.kh.chinesecio.com/zh-hans/node/2482。

② 《柬埔寨王家研究院孔子学院举办第四届柬埔寨语言文化培训班结业典礼》，柬埔寨王家研究院孔子学院网站，2017 年 7 月 27 日，http://cirac.kh.chinesecio.com/zh-hans/node/2712。

界高校在派送学生、师资培训、教材编写、教学资源共享等方面的合作；用心建设和培养师资队伍等，在汉语教学与文化交流领域做出了巨大贡献。

在“一带一路”背景之下，中柬两国进一步深化全面战略合作伙伴关系。柬埔寨王家研究院孔子学院作为中柬关系的纽带，将继续坚持以汉语教学和人文交流为己任，推动中柬两国教育合作与交流，加强中柬两国之间的人文互动，促进两国人民民心相通。

重 要 文 献

Important Documents

B.16 《越南至2020年文化发展战略》*

郑虹　蒙霖 译

引　言

过去，我党颁布实施多项有关文化建设和发展的文件，其中最重要的文件是在越共八届五中全会上提出的有关“建设和发展越南先进的、带有浓郁民族特色的文化”的决议（以下简称“越共八届五中全会决议”）。越共九届十中全会和越共“十大”继续强调并贯彻越共八届五中全会决议精神。近日，政治部颁布实施有关我党、全民开展“学习和践行胡志明道德榜样的运动”的指示，以及有关“继续建设和发展新时期文学艺术”“建设国家工业化、现代化时期的知识分子队伍”等文件。党的主张和指导性文件具有重要的特殊意义，既解决当下迫切需要解决的问题，又对我国文化建设和

* 本文译自越南政府网（http：//www.chinhphu.vn），译者为郑虹、蒙霖，各自承担一半内容。

发展事业具有长远的战略意义。

为深化党的文化体制改革和确定主要目标、任务和措施等方面的方针与政策，党和政府制定了“越南至 2020 年文化发展战略”。在国家工业化、现代化和融入国际社会时期，该战略是逐步建成先进的、带有浓郁民族特色越南文化的发展规划性政策。

文化是一个很宽泛的范畴。本着从马列主义、胡志明思想关于文化的概念出发，根据我国当前文化建设和发展的要求和任务，越共八届五中全会决议涵盖了思想、道德、生活方式，文化遗产，教育与培训，科学技术，文学艺术，大众通信，世界文化交流，文化体制八大文化领域。

根据相关部级、领域的职能分工，越南政府分别在教育、科学技术、通信、体育、旅游和越南家庭建设等方面制定了对应的战略。为了与文化紧密联系、互创发展条件，为了发挥文化作为精神基石和作为经济社会持续发展动力的重要作用，发挥其综合实力，在文化发展战略中，就上述领域分别进行了重要阐述。因此，文化发展战略涵盖了思想、道德、生活方式，文化生活，文化遗产，文学艺术，世界文化交流，文化体制等一些主要领域。

一　当前我国的文化现状

1. 成就

思想、道德、生活方式和文化生活是有着重大转变的重要领域，很多民族传统文化的价值得到重视和发挥。

在 20 年革新开放中，我党提出了发展马列主义、胡志明思想的新时期国家建设纲领，使全党、全社会保持高度统一，取得了重大成就，具有国家层面的历史意义。在国家工业化、现代化时期，积极思想是主导趋势，是我国民族的精神实力之体现。人们的主动性、创造性和社会积极性开始得到发挥，社会生活各个领域中的民主性得以体现，人们积极、自觉地参与各种文化活动是变革的开始，文化价值和道德准则中出现的新现象正逐步形成。青年人接受新事物，并且形成了奋发进取、建功立业、建设国家和保卫祖国的

意识。

饮水思源、知恩图报、自谦、对贫困和困难人民给予人道主义救助、鼓励学习、鼓励成才、“志愿者青年”行动、“青年创业”等活动，已经成为群众性活动。

“全民团结建设文化生活”是人民群众参与构建清朗健康的文化环境的活动，该活动正不断普及和向纵深发展，并已取得阶段性成效；乡村文化建设工作的质量得到提高；家庭文化建设活动在经济发展、提高道德价值、传承越南家庭优秀传统等方面贡献突出。

基层文化生活得到发展，相对城市和平原地区来说，山区、海岛和偏远地区的文化生活水平还很低，但已得到明显改善。

对文化遗产、传统文化价值等的认识正逐步加深，提升了传承与弘扬文化遗产、民族文化特色的意识，同时又增添了社会动力。

物质和非物质文化遗产是培育民族文化特色和价值体系的基础，是发展的动力。在传承与弘扬民族文化遗产价值工作上，各级领导和民众的意识已经发生了积极的转变。濒临消失的上千处遗产得到了有效管理、修缮和修补，保存和对外推介大量珍贵的历史文化遗产，着手改革本国的博物馆系统，使访客、旅客接待量逐步上升，为民族传统教育和经济社会的稳步发展做出了贡献。民族文化精华特别是少数民族文化精华的传承与弘扬工作正在有序推进，着手开展对大型文化项目的资料收集和数据采集工作。

文学艺术领域有了新的发展，发生了深刻的变化，取得了许多成就，对社会民主化和文化生活的丰富性、多样性等方面做出了积极贡献。

文学艺术创作继承了革命战争时期文学艺术的优秀传统，是社会生活的真实反映，大胆揭露了人格、道德和生活方式中的丑陋、变质和退化现象，警醒、阻止社会生活中消极发展趋势的蔓延。对艺术内容进行挖掘，对新的表达方式、形式进行体验，这些都丰富了艺术的种类和产品。在市场机制的管理运行中，许多传统的艺术类别得到保存，继承和发扬了传统文化价值，收集、数字采集和对外展示了越南民间文化、博学文化宝库中的许多宝贵资料。在努力继承和发扬各种传统艺术的同时，现代艺术也有了新的发展，一些美术、摄影、音乐和影视等作品荣获国内外最佳奖项。与过去相比，城市、农村居民的受教育程度正在发生改变，许多艺术作品的质量和审美度都得到了较大程度的提高。逐步提高著作权和相关法律规定的权益的保护意识，建立著作权和创作人权益保护组织。

少数民族地区的文学艺术事业发展较为突出，为几乎所有的文学艺术领域做出了重要贡献。

群众文艺活动日益蓬勃发展，意义丰富，质量越来越高，组建了许多文学艺术俱乐部，对鼓舞和动员群众创作、挖掘和宣传传统艺术价值、提高文学艺术欣赏能力、提高人民精神生活等发挥了重要作用。

理论、批评活动取得了积极成效，在观念、理论研究方法以及文学艺术批评等方面进行了改革。艺术家的主体性得到重视，可以自由发挥，许多国外的文学艺术理论作品和研究学派得到推广和介绍。

近年来，最突出的特点是通过电视、展览以及不同形式的艺术表演、文化产品的出版和发行等渠道，大众文学艺术产品得以流通和传播，并得到蓬勃发展，与时俱进，形成国内文化和文学艺术作品市场，而且把高质量的文学艺术作品推向海外，推进了将我国打造成为新时期国际文化交流中心的进程。从中央到地方的各级文学艺术协会始终坚持正确的政治方向，努力培养人才队伍，开展各种文学艺术创作活动。如今，正值国家工业化、现代化和融入国际社会时期，许多高龄的老艺术家们还在为文艺事业的发展付诸心血，青年艺术家们则为挖掘有活力、自主性的新的文学艺术迈出了新步伐，为文学艺术生活带来了新的发展契机。

在我们国家实施的多边化、多元化国际关系外交路线的指引下，我们与国外的文化交流活动日益频繁。

近些年来，我们与外来文化的接触更加频繁，选择和吸收人类文化精华的机会更多，同时也向世界各国人民传播越南优秀的、独特的文化价值观。越南举办了多场大型国际文化合作与交流活动，获得了国外的一致好评，而且越南的传统文化艺术也给国际友人留下了美好印象。我们着手在国外开展各种文化艺术活动，以此宣传越南旅游业和推动经贸、投资合作等。

海外越南人社群举办的各种文化艺术活动展示了许多围绕祖国题材的优秀文学艺术作品和研究成果。许多海外越侨艺术家回国表演、制作影片，他们活跃在不同的文化领域，为国家的社会文化艺术建设做出了贡献。

文化体制建设顺应新时期的要求，虽然还未完善，但从根本上做到了坚持党的领导、服从国家管理，在人民参与建设和发展文化事业中发挥了知识分子和艺术家的创作潜能。

革新开放以来，为从传统的计划经济体制向社会主义定向的市场经济体制转型，国家颁布了多项法律、法规，对文化活动进行调整和加以法制化，颁布实施促进文化发展的特殊机制和相关政策，以顺应新形势的发展。

体制转型最初时期，从中央到地方的各级部门制定了各种文化政策，但都处于摸索状态。如今，组织方法、活动方式得到改革，物质基础得到增强，建成了一批大型文化项目和景观优美的建筑。

从事文化艺术活动的人才队伍培训工作也得到重视。国家开始重视人才队伍的规模、类型、数量和程度等方面的发展，涉及文化、创作、表演、理论和文艺批评等几乎所有方面，形成从中央到地方的各级文化艺术学校体系。近些年来，研究生培养工作得以开展并初见成效，满足了社会对高学历人力资源的需求。

2. 存在的不足及主要原因

（1）存在的不足

文化领域取得的成就和进步未能完全满足思想、道德、生活等社会生活领域的需求，文化生活建设质量有待提高。

工业化、现代化建设时期，建设越南人的工作并没有取得明显成效。

面对复杂多变的全球政治形势，人们的思想意识出现了一些复杂的、矛盾的表现，与实践发展相比，这些表现是落后的、保守的。

社会上出现道德败坏和生活方式腐败的不正之风，对健康的精神生活和良好的文化环境产生了不好影响。放荡不羁、轻视法律等现象引发社会安全问题，家庭暴力、户外暴力、公共场合交际行为有失文明水准、使用不恰当的交际语言导致越南语纯洁性受影响，以及对人的痛楚漠不关心、行贿和受赌、阅读有害无益的书籍、一部分党员干部缺少团结共事意识等现象正引起社会舆论的广泛关注。

当前正值各种宗教信仰活动复杂、躁动不安时期，利用信仰、心灵、超级感官等来欺骗群众和索取钱财，以及在婚礼、丧礼、庙会等仪式上沿袭伤风败俗的旧恶习，还有蔓延的趋势。

印刷厂、广告商、酒吧、歌厅、舞场等遍地开花，一味追求利润，变相、变形的活动体现出文化的消极面。传播发行质量差的文化、文学艺术产品；不少产品不符合民族道德、文化传统，甚至外来的有毒害的反动思想侵蚀我们，腐蚀道德和生活风气，对民族文化传统、淳风美俗等造成不良影响。

复兴、弘扬传统文化时期，特别是一些庙会组织存在自发性活动的特点，内容不经筛选和过滤，没有充分发挥传统文化的独特性、特色和优秀价值，同时也不注重发挥群众的主动性，不重视社群的文化主体作用，这不利于民族文化特色的传承和弘扬。

在文化生活建设和阶段性的报告中，形式主义、偏向成绩评价的现象还相当普遍。在各地文化家庭、文化乡村和街道的建设活动中，认识不够深刻、不均衡，没有充分发挥参与活动的社会力量的综合实力，不重视活动质量，注册登记和评估奖励组织缺乏常态化，处理不及时等。

许多农村地区特别是偏远山区、少数民族平原地区、过去的革命和抗战根据地、边界地区、海岛等地方，文化活动仍很贫乏，与城市文化资源相比，仍有很大的差距。

文化遗产正面临种种挑战，保存与发展的关系未能得到合理解决。

保存文化遗产的工作缺少长期规划、计划，因此常常处于被动局面。同一区域的遗址保护规划工作与各领域的经济社会发展规划工作开展不同步，文化遗址的物质基础、文化环境、配套生态圈、保护质量等均欠改善与提高，保存和发展之间的关系没有得到妥善处理，遗址被侵占、在遗址处举办商业活动和庙会活动、倒买倒卖珍贵文物等现象日益普遍，缺少有效的解决方案，全国遗址保护工作队伍数量不多，专业性不强，在处理一些复杂的实际问题时不知所措，影响了遗址保护的质量和修缮工作，甚至破坏了遗址原有的样貌。

总体来说，我国博物馆的陈列工作、材料和文物保管技术和设备、现代博物馆的管理与运行方法等还相当落后，博物馆未能成为吸引广大群众的公共场所。

文学艺术活动仍存在许多不足。

在创作、表演、传播文学艺术作品的过程中，有不少作品和活动未能体现民族文化的特色和先进性。尽管文学艺术作品越来越多，但高水平的作品却很少，这与民族伟大革命事业以及革新事业所取得的成就极不相符。有些作品所体现的社会理想和审美情愫并不清晰；有些作品的思想内容偏向宣传消极思想，甚至否认过去民族的辉煌历史，篡改历史；不少作品还体现了一部分人的庸俗嗜好，一些艺术家在接触和认知现代生活中出现的变革和新问题时判断不够清晰，偏离创作和表演轨道；有一部分作品和产品则运用新的体现形式和手法，缺少民族文化特色；忽视对年轻人的教育和审美素质的培养，没有充分发挥社会舆论的引导作用。专业的文学艺术活动体现出非专业水准，这种现象日益严重。在很长一段时期内，越南的现代建筑未能体现出传统特色，导致现代都市建筑杂乱无章。

近年来，文学艺术理论出现突然停止发展的趋势，不能真实反映生活问题，远离创作实践。文艺、马克思主义美学等理论的作用和价值未能得到深入研究和发扬，与其地位和理论价值不相符。相比需求而言，文学艺术批评滞后，未能很好地发挥引导和协调功能，与文学艺术创作并不同步。批评的科学质量和专业性没有得到重视，出现感性批评方式，缺乏一套可靠的作者、作品评价指标体系。既缺乏理论研究和文艺批评人才队伍，又没有接班人，而且在艺术的各领域中分布不均匀。在对传统文化价值的选择、继承和发扬方面，以及对人类文化精华有所选择的兼收并蓄方面，缺少定位和具体指标。

文学艺术管理干部、人才队伍未能满足群众对日益新潮的、复杂的文学艺术活动的需求，领导、管理效率还很低，宏观层面、基层单位层面的文学艺术管理干部、人才队伍出现青黄不接、后继无人的局面。

一些文学艺术协会在改革的内容和方式等方面进展缓慢，人才队伍的潜能未能得到充分发挥。值得注意的是，在实施党政关于发展文学艺术的方针政策时，党政文学艺术指挥、管理部门与文学艺术协会之间缺少密切的配合。

文化交流缺少主动性，积极拓宽对外合作、交流的渠道不多。

由于管理工作配套不紧密、不同步、不常态化，一些外来文化产品对我国文化产业的毒害和破坏性很大，未能向世界主动推介越南文化精华。越南文化的对外宣传、推介以及国家经济社会领域改革所取得的成就等并不能满足社会发展的需求。与此同时，由于国内掀起进口影视剧潮，加上对这些外来影视剧筛选不严，外来音乐节目对年轻人的思想、道德和生活方式等产生了消极影响。

在对外来文化的管理和推介工作方面，各部门之间、中央和地方之间缺少统一协调，管理方缺少规范性法律文件，管理艺术家出国表演、回国表演和创作等不够严谨，责任划分不清晰，管理上出现疏漏，引发了舆论关注和热议。

文化体制改革滞后，落实不到位。

文化层面法律、法规的制定尚不同步。执行党的决议、观点，使之制度化、具体化，并落实为法律，整个过程进度缓慢。执行部门能力较弱，导致文化层面的许多法律、法规不切实际，不能贴近生活。文化艺术管理层面的法律、法规不完善，作家、音乐家、艺术家管理条例已不合时宜，条例修订进度缓慢。

文化管理干部队伍特别是各地的干部队伍变动较大，管理松散，对走私影碟、网吧、歌厅、表演和展览组织等文化经营活动的管理工作缺少配套机制，文化管理干部队伍的培养工作未能满足实际需求，重要位置的文化管理干部人才缺失。

培训体系发展快，但质量不均衡，曾在国外从事培训工作的专业水平高的教师队伍呈高龄化趋势，多数人已退休，专业水平高的在校教师所占比例低，在文艺才能和天赋培养方面，缺少一个基本的长效政策和特殊机制。

总的来说，文化活动处于体制不健全、物质基础薄弱的松散状态，缺少同步性，使用率很低，大型文娱场所并不多，国家在文化方面的财政预算很低，鼓励性政策不具体、不切实际，拓展其他投资渠道的能力也很有限。

（2）主要原因

第一，客观原因。

经济社会生活取得的巨大成就和飞速变化，是创作的灵感来源，同时也会滋生一些新问题，给人们的生活带来全方位的巨大变化与影响，导致文化艺术活动开展起来束手无措、杂乱无章。

境外敌对势力肆意对我们的思想文化进行渗透，不断对我进行颠覆破坏活动，他们利用通信技术和经济全球化输入文化价值观，实施文化渗透的“和平演变”阴谋。同时，市场机制和全球化对一部分民众特别是年轻人的思想、道德、生活风气和文艺生活产生了消极影响。

随着信息大爆炸和新媒体蓬勃发展时期的到来，国内掀起了一股外来新文化、新事物的流行风潮，其在发挥积极作用的同时，也不乏消极影响。对新问题的管理办法仍很有限，导致专业技术人员在实际运行中束手无策，常常陷入被动局面。

第二，主观原因。

集中精力发展经济时期，一部分领导干部对各级、各领域文化所处的位置以及它所发挥的作用认识不清晰，不能清晰地界定经济、文化和政治三者之间的关系，经济发展、各领域的发展应与文化建设、文化发展同步并行，但一些领导干部对此关心不够，意识不到文化发展是全社会的责任的道理。

在市场经济中，面对文化、文艺生活的快节奏、多样化、复杂的变化特点，从中央到地方的各级、各部的指导工作存在许多不足，领导方式改革进度慢，无法准确预测市场经济对文化、文艺生活造成的复杂的负面影响，管理法律、法规迟迟未能颁布或修订。在建设新的价值体系，确立传统价值以及处理传统与现代、民族与国际、保存与发展、文化与经济等关系时，解决方案被动，应付了事，有放松、右倾的表现，既主观，又缺乏远见。理论研究缺少预测和定位能力，搞不清社会主义定向的市场经济中的很多文化问题。文化市场正在形成，但因条件有限，知识分子和文艺家的创新能力没有得到充分发挥。

对社会、文化等领域的投入力度，与新的要求不相符，缺少发挥人民群众主体性的具体机制和政策。

二　我国文化发展的背景、机遇和挑战

1. 国际背景

文化发展趋势。

重视文化，文化与发展紧密相连，视文化为经济社会持续发展的保障性因素。

在经济全球化的大背景下，民族特色的传承与世界范围内的文化多样性存在冲突，同时，经济发展与文化发展也是息息相关的。如果搞不清各项经济活动中的文化问题，经济就不可能持续发展。

各国日益充分肯定本民族的文化特殊性和特色，重视文化遗产价值的传承与弘扬，反对文化同化，同时有选择地吸收人类文化精华。

民族文化特色是关系到国家兴亡的重大问题，在经济全球化的大背景下，文化是一个容易受到威胁的领域，尤其在文化特色和传统文化等方面。正确处理传承民族文化特色与有选择地吸收人类文化精华之间的关系，丰富本国文化和推动本国文化发展。

在发展与人类建设的关系中发展文化。

文化资源由三大要素即文化财产、人类资源和提升资源的机制与政策构成。其中，文化发展的关键资源是人。文化是一种创造，人既是文化创造的主体，又是文化产品。文化成为经济社会发展的动力和调节体系，文化发展与人类建设之间的关联性正是时代发展的趋势。

快速发展文化产业。

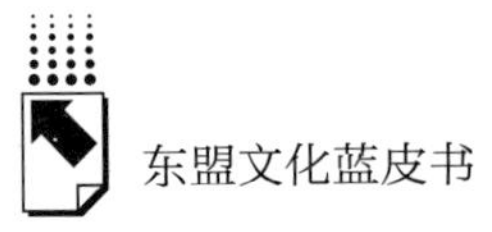

如今，人们更多的是在谈论影视业、广播电视产业、娱乐业等，发展文化产业正是世界各国文化政策的重要趋势。

信息爆炸（大众传媒、远程通信、网络信息）关系到每个家庭及全社会的共同命运。

传媒、远程通信和信息学的结合是一种趋势，对文化领域产生了重要影响，信息业的发展为人们与社会之间建立联系创造了条件；网络有助于人们更好地接触人类、接触每个国家的大量信息；网络时代产生的新的社会联系方式，如“文学网”、博客交流等，对文化、信息管理工作提出了新的挑战。

有效使用个人、社群的空闲时间。

现今，有效使用空闲时间是一项社会要求。在文化发展项目的规划、计划和建设工作中，在开展满足社会日益增长的文化需要的文化活动中，对如何有效使用空闲时间提出了新的要求。

个人、社群与社会民主的关系发生变化，爱好和吸收、借鉴方式多样化。

经济、科学、技术、远程通信和知识的发展，为每个个体带来了新的活力，个人和社群依据两种趋势做出改变，即要么社群的发展产生深远影响，要么独立于社群之外。这点要求我们从文化基础中提炼吸收、借鉴文化的新方式，联系个人和社群，包容社群中每一个个体在吸收、借鉴文化过程中所体现出的多样性。

全球化和融入国际社会的趋势。

全球化和融入国际社会是必然的客观趋势，它既是合作发展的过程，又是努力捍卫国家利益的过程。一方面，传媒、远程通信、互联网等手段为对人类文化精华的交流与吸收、借鉴创造了便利条件，随之也产生了捍卫民族文化特色的激烈斗争。另一方面，敌对势力继续推进“和平演变”，旨在对我们国家内部的思想、文化、道德和生活方式等领域进行复杂的“和平演变”。

2. 国内背景

我们在革新开放、工业化、现代化发展中取得的成就，是推进文化发展的重要基础，由此也产生了许多挑战。

革新开放20多年来，我国取得了重大成就，革新开放为文化发展创造了先决条件，对文化发展十分重要。

工业化、现代化的发展使我国社会发生了深刻而全面的变革，派生出落后与进步、好与坏、停滞不前及保守思维与革新思维等之间艰难、复杂的冲撞，这正是文化、文艺灵感和创作的良好土壤。城镇化发展使居民结构发生了较大改变，这些改变带来了生活风气、生活方式和习俗等方面的变化。因此，要颁行传承和弘扬优秀乡村传统和文化遗产的具体办法，同时也要发展与工业化、现代化相适应的文化生活。

发展社会主义定向的市场经济的文化。

市场机制激发了社会积极性，文化活动和服务变得更为活跃、多样化和丰富，但也潜在风险和复杂性。市场机制的负面影响是影响每个家庭、各种社会关系以及革新文化活动组织和管理工作的社群关系，影响制定法律依据，影响保证文化发展按市场机制定向来进行。

宗教处在调整、适应和受到外部影响扩大的趋势当中，各种宗教问题的演变还很复杂。

宗教信仰是文化的一种要素，是一部分人的精神需求。

各种宗教都在不停地吸纳、发展更多信徒，一些宗教又侵入我国。大部分宗教和宗教信徒遵守党和国家的主张、政策。然而，有少数宗教信徒举办的活动与民族文化传统背道而驰，如摒弃民族庙会、传统文化生活等。他们非法传教，利用宗教制造热点问题，争夺土地和祭祀用地。要求对党和政府的宗教政策、路线的宣传工作给予同步的配合，保护民族文化传统，反对各种利用宗教信仰制造分裂民族团结、破坏宗教、破坏公共秩序的违法事端。

3. 机遇和挑战

我党和政府一向重视文化建设和发展，确立了文化的重要地位和作用，它既是目标，又是促进经济社会发展的动力。

在推进工业化、现代化发展时期，主动、积极融入国际社会，为使我国早日摆脱欠发达状态而不懈努力，到2020年基本建成现代化工业国，国家文化发展迎来了许多机遇和良机，同时也面临许多全新的严峻挑战。

越南在悠久的历史长河中，谱写了保家卫国、争取民族独立的光辉篇章，赢得了世界人民的钦佩。革新开放取得的成功、经济社会发展取得的成就以及国家的稳定，正在为越南赢得国际社会的地位。越南有着丰富的、多样性的人文文化基础，每一种文化财产在文化及经济潜力中都极富价值，传承了越南文化的独特性，有着巨大的吸引力。在工业化、现代化和融入国际社会时期，在建设和发展先进的、带有浓郁民族特色文化的过程中，上述要素拥有巨大潜能和优势。

几十年来，在党和国家的关心下，我国形成了一支由广大知识分子、文化艺术家、管理干部组成的人才队伍，他们与党和人民的革命事业紧密相连，富有创作力，是一笔可贵的财富。如果有一个正确的人力资源发展战略，将重要的人力资源运用到“知识经济”“知识服务于发展”中，就能真正满足新时期文化发展的需求。

在经济全球化的背景下，在多边化、多元化国际关系外交路线的指引下，我国文化迎来了有利的发展条件，即吸收先进的知识、资源和管理经验，吸收人类文化精华，创造出新的文化价值。

一方面，市场机制刺激各种经济成分投入生产，发展各种文化产品，刺激文化产业中的一些经营性行业出现，扩大就业，提高收入，为我国文化产业的发展创造前提条件；另一方面，随着文化活动商业化趋势的出现，外来走私产品依然存在，流入国内的有害文化产品不仅呈上升趋势，甚至转移至国内生产、加工。一味向钱看的生活取向影响了人们特别是年轻人的人格发展，对民族传统文化的传承产生了不利影响。

基于一些大国在通信技术方面占据优势，他们向国内渗透其他民族的文化价值，因此在文化价值体系同化方面所产生的危机正威胁和限制我国文化创新能力和多样性的发展，如暴力、宣传无政府主义思想、欲望和个人主义抬头等。可见，我们面临着许多不容忽视的挑战。

三　至2020年文化发展战略的观点、目标和任务

1. 文化建设和发展的观点

自执政以来，我党一向肯定文化在民族解放革命事业时期、社会主义革命时期特别是“六大”以来革新时期所占据的地位和发挥的重要作用，特别是自八届五中全会决议以来，我党确立了指导我国文化建设和发展的五个基本观点，具体如下：

第一，文化是社会的精神基础，既是目标，又是促进经济社会发展的动力；

第二，我们建设的文化是先进的、带有浓郁民族特色的文化；

第三，越南文化是越南各民族社群的统一和多样性的文化；

第四，文化建设和发展是党领导下的全民事业，其中知识分子队伍发挥了重要作用；

第五，文化是一个阵线，文化建设和发展是一项长期的革命事业，它要求我们有革命意志，要坚定、稳健。

八届五中全会决议不仅指出了当前我国的迫切任务，在建设国家工业化、现代化时期，该决议在我国文化建设和发展事业中还具有重要的战略意义。上述五个基本观点，围绕经济发展任务是中心、建设和整顿党是关键的观点，以及党的九届十中全会决议、“十大”决议中提出的不断提升作为社会精神基础的文化的观点，都是指导性观点，并已贯彻到“至 2020 年文化发展战略”中。在组织实施该战略的过程中，需要继续深入研究，并在新时期文化建设和发展实践中运用和细化这些重要的观点。

2. 至2020年文化发展的目标

从现在起到 2020 年，要实现以下几个文化发展战略的重点目标。

第一，将所有的文化活动融入建设全面发展的越南人的工作中，包括政治、思想、知识、道德、体制、创新能力等方面；在国家工业化、现代化和融入国际社会时期，做到遵守法律、有社群意识、有仁爱宽容之心、重情

义，构建文化生活、家庭和社群以及社会中的和谐关系等，使文化成为促进人们人格自我完善的要素，使之完全融入整个社会生活和活动中，融入所有的生活领域和人们的关系中；构建文化环境建设与个人人格形成的和谐关系。

第二，继续传承与弘扬优秀民族文化价值，既发扬各民族独特的文化特色和多样性，又坚持巩固与提高越南文化多样性的统一性，集中力量建设新的文化价值体系，加强国际交流与合作，有选择地吸收世界文化精华，丰富民族文化，与时俱进。

第三，发挥所有人的创新能力和潜能，大力提高知识分子、文学艺术家的创新能力，为打造适应民族和时代发展的高质量的文化艺术产品而不断完善机制、政策和物质基础。在发展社会主义定向的市场经济和在工业化、现代化以及融入国际社会时期，全面和有系统地研究先进的、有民族特色的越南文化建设和发展的理论与实践。

第四，为提高人们在文化吸收、参加文化活动和文化创新等方面的程度创造条件，为逐步缩小城市与农村，平原与山区、少数民族地区、偏远地区、边界地区、海岛在文化艺术享受方面的差距而不懈努力。

第五，加大国家在文化产业方面的投资，促进文化活动的社会化，调动文化发展的所有资源，视文化投资为人的投资、持续发展的投资，使经济发展与文化发展紧密相连，使文化建设和发展事业服务于国家实现“民富国强、社会公平、民主和文明”的目标。上述各点同样重要，并且应与文化建设和发展并行。

3. 中心任务

（1）建设人类和文化生活

培养具有各种品质（思想、道德、生活方式、人格）的全面发展的人，以适应国家工业化、现代化和融入国际社会的需求。这是重要的、常态化的、迫切的首要任务，也是我国文化发展事业长期的基本任务。

培养具有以下品质的新革命时期的越南人。

具有爱国、自强、发挥个人能力的品质，具有领导国家脱贫致富、摆脱落后局面的积极向上的意识。

生活作风端正，保持文明、勤俭、忠实、仁义的生活风气，遵守法律，遵守社会法规，关心社会建设事业。

不断扩充知识，不断学习，有独立思考的能力，能承担责任，同时有合作精神，做事讲组织和效率，专业性强，有接受新事物的开放性思维，面对挑战不畏惧，创新驱动，将世界科学技术中最先进的知识运用于国家发展中，锻炼身体，提高体质和个人素养，充实知识和专业技能，提高为人之道和社交能力。

建设团结的、和谐的、平等的、幸福的、有良好家规和家风的、经济稳定和发展的家庭；继承和发扬越南家庭的优秀传统价值，有选择地吸收社会发展中的家庭的先进价值，使每一个越南家庭真正成为每个人温暖的、温馨的家，成为组成社会整体的健康细胞。发扬相亲相爱和自愿的精神，发挥自主性和民主性，发挥当家做主的能力，营造健康的、保护生态的社会环境。

建设文化生活和文化环境。

建设健康的文化生活和社会环境是一项重要任务，与培养全面发展的个人、建设文化家庭等紧密相连。发挥个人和社会的积极性，打造"社会资源决定社会进步"的理念。为了建设健康的社会文化环境和文化生活，首先要确立基层的民主体制，鼓励并为全民创造组织和参加社会文化活动的条件，形成全社会共同学习的传统，营造亲善的社群关系，保护自然环境和生态环境，严格执行法律，反腐反贪，阻止和打击犯罪、违法行为，治理社会弊病，遵守纪律，保证人们生活安宁。

建设文化生活的活动，与每个地区（都市、农村、工业区）、每个区域经济社会发展以及每个民族、每种宗教息息相关。重视少数民族地区、不同宗教地区文化生活建设的特殊性。文化活动须以社会安全、社会秩序为保障，巩固发展民族团结，提高民众特别是偏远地区、少数民族地区民众的文化吸收程度，提高民智，为民众提供关于文化生活建设、脱贫致富、通过合法手段竞相致富、经济结构转型的好经验和好做法，为实现"民富国强、社会公平、民主和文明”的目标而努力。

提高家庭、乡村（村、屯、乡）、集体、文化街区文化建设活动的质量，推进单位、机关、学校、医院、企业等地方的建设活动，建立符合文化、文明风气的标准。

重视和提高领导、管理层的文化水平。

集中力量开展好“全民团结建设文化生活”运动，是“至2020年文化发展战略”的重要任务，进一步深化、落实运动，使之成为全社会的运动。

（2）传承、弘扬民族文化遗产

传承、弘扬民族文化遗产是文化发展战略的关键任务。集中力量全面收集、调查、研究文化和非物质文化历史遗迹、特色传统艺术种类、每个地区的文化遗迹以及每个民族区域的民间文化、传统手工艺品、有代表性的庙会、汉喃博物馆等，传承、弘扬文化遗产价值，使之与经济、旅游的持续发展齐头并进。

调查、收集和建设有代表性的物质文化和非物质文化“数据宝库”。

对长期保管、保存国家和地方各级博物馆和历史档案馆资料、物品的现代设备进行更新。

重视有代表性的艺术家、艺人的可持续性发展以及政策、机制的有效运作，做好艺人传帮带、培育下一代的工作。

（3）传承、弘扬少数民族文化

少数民族文化是宝贵的财富，它为建设丰富的、多样性和统一性的越南文化做出了贡献。传承民族文化特色和多样性是全球化时代的一个具有重大政治社会意义的问题，具体来说，民族问题的实质是文化问题。

重视和组织实施对优秀传统价值的传承和弘扬工作，以及对文化、文学艺术特别是少数民族语言文字发展新价值的建设和发展工作，挖掘、培育和组织力量对少数民族的文化、文学艺术进行创新、收集和研究，优先扶持有才华的少数民族作家，鼓励他们多创作以少数民族和山区为题材的作品。

推进少数民族文化特色的传承与弘扬工作，通过对文化旅游活动的有效组织和管理，提高各民族地区、山区同胞的精神生活质量，为他们创造就业机会，走上脱贫致富的道路。

（4）文学艺术事业的发展

文学艺术是文化中重要的、特别精巧细致的领域。未来，文学艺术的重点任务是努力创造出更多有思想、有更高艺术价值的富含人文和民主精神、对人类建设有深远影响的文学艺术作品，既重视民族传统和革命抗战题材，又依托当前的生活实践，创造出符合工业化、现代化和融入国际社会时期的价值含量高的作品。运用好的作品来鼓舞、教育人和社会，引领健康娱乐发展，不留情面地控诉、批判正阻碍越南国家和人民发展的消极因素，阻止一切不含人生哲理、落后的、毫无民族文化特色的文学艺术作品的发展。

为文学艺术的题材、内容、种类、创作方法和方式的强劲发展和多样化创造便利条件，并且不断挖掘、不断体验。提供物资补给、订购文学艺术作品等保障性政策，有效保护作家及与其相关的权益。

传承和保护传统艺术和民间文化的精华，使之在现代社会生活中得到有效弘扬。

继续研究、改革、发展现代文学和马克思主义美学理论，提升科学性和增强说服力，指导文艺创作和文艺批评，组织研究和有选择地吸收祖辈和世界文学艺术理论的成果，运用创作手法，丰富现代越南文学艺术理论，通晓建筑所体现的民族特色问题。在拥护党的领导和国家管理的前提下，建立文学艺术、建筑作品的咨询、社会辩论和价值审定等机制，重视群众对作品的评论意见和建议，提高和增强评论者在公众面前和在文学艺术历史面前的道德素养、争论素养和责任意识。为开展文艺批评活动创造良好条件；在评估、指定性创作、引导社会舆论和群众文化、艺术爱好等方面，发挥文学、艺术、建筑理论、批评工作的重要作用。建立管理机制，对阻碍创作活动、宣传狭隘的艺术思想、宣传对社会造成不良影响的文学艺术产品等行为予以打击，优先选择、推广在思想和艺术等领域有价值的国内外作品，提高越南文艺作品对外推广的质量，建立外来作品审查和筛选机制。

提高与挖掘文艺人士的创作能力和潜能，创作更多的思想、艺术领域有

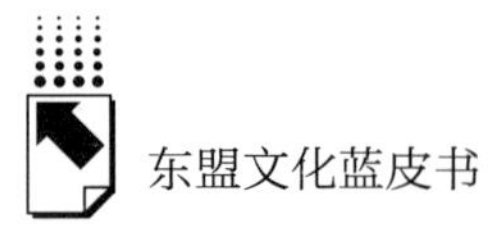

更高价值的作品，实现民主，尊重和发挥文化、文学艺术等领域研究、创作的思想自由，同时要增强知识分子、文艺人士的公民责任意识。在正确评估品质、能力和贡献成果的基础上，重用知识分子和文艺人士，对国家人才实行特殊政策，鼓励民众挖掘、肯定和保护丰富和多样性的文化、文艺生活新价值。

审查、补充和新建与文学艺术活动相关的制度和政策，如工资、稿费、人才待遇、培育专业劳动力等制度，以及杰出知识分子、文艺人士的退休制度等。

扶持群众文艺建设和发展工作，引导、鼓励群众参与，传承和弘扬民族传统文化、文艺的优秀价值。

发展、创新中央到地方各级文学艺术协会的活动，提高团队能力，激发协会文艺队伍的创作和发展潜能。

（5）发扬宗教信仰中的优秀文化和道德价值

我国公民有宗教信仰或不信教的自由，在法律面前，各宗教平等，宗教人士是民族团结的重要力量。

发挥宗教道德、文化中的积极因素，鼓励传承健康的、向善的、人道的和有进步意义的价值，为开展符合民族文化和利益的宗教信仰活动创造条件，建设文化环境，履行好公民对国家的义务，打击利用宗教信仰进行带有政治意图的破坏行为。

对历史遗迹进行排序，重点对有突出价值的宗教建筑予以保护。

（6）加强大众通信工作

大众通信系统在国家文化生活中发挥越来越重要的作用。大众通信是向公众传播文化价值的工具，同时通信本身也是一种特殊的文化形式，对广大群众产生深远的影响。

既要对大众传媒工具（电视、广播、报纸、出版物、互联网等）的爆炸式发展进行严格管理，又要在形式上给予宽松政策，以满足人民群众日益增长的通信需求。

发展、更新大众通信网络，提高通信产品质量。各民族同胞居住区的大众通信工具使用各民族方言和保留文字的民族文字。大力改革口头通信工作，视之为重要的、有效的通信渠道之一。

增强、提高对外通信活动的质量，继续增加广播、电视、电子报的对外宣传时间，向海外广大侨胞和国际友人传播含有健康内容的文化通信产品。

（7）主动加强国际文化合作与交流

在当前国际关系背景下，文化外交在各国的对外政策中占据重要地位，拓宽、加强我国与世界文化合作与交流是必要的。如今，文化交流与合作不仅纯粹是以文化发展为目的，而且通过它拓宽到其他领域的合作，需要我们主动抓住发展机遇，应对种种挑战，传承民族文化特色，为世界文化的丰富和多样性添砖加瓦，同时吸收人类文化精华，丰富越南文化，与时俱进。警惕阻碍和反对全球化的负面因素对我国文化造成的消极影响。

主动、稳步深化已建成的文化层面的国际关系，加强我国与各国、各地区和国际文化组织之间的关系。

建立配套机制，开展文化外交活动。

进一步向世人推介和展示带有越南浓郁文化特色、反映越南人思想的文学艺术作品，密切文化、艺术活动与旅游宣传、促进经贸和投资合作之间的关系。

与各国合作培养文化艺术人才；培育高水平专业人才。

尽可能让身处国外的越南知识分子、文艺工作者积极发挥才干，参与到祖国文化、文学、艺术工作中来。时刻关注，创造条件，力求使越南侨胞能及时获取来自国内的优质文化资讯及产品，从而为建设祖国贡献自己的力量。即使远离祖国，仍能在家庭、社区生活中保持和发扬越南传统文化。

在一些世界重点地区建立文化中心、文化基地，加强文化艺术领域的交流合作。

完善文化体制及文化设施。

全面完善文化艺术相关政策、机制及法律文本，使之与文化生活各层面同步，从而与越南党、国家和法律道路相匹配；调整、补充现行法律，使之

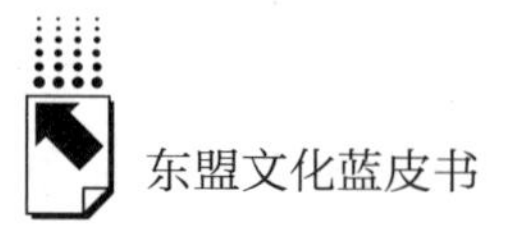

与国家发展实际相契合，符合国际惯例；摒弃落后于实际、阻碍发展的相关政策机制。

同步实行行政改革，推动行政改革大踏步向前迈进；整顿办事作风，改革工作方式；推进机关办公场所的现代化，将信息技术运用到文化体育旅游部的实际工作中去；将地方文化工作责任具体分工落实到个人。颁布行业规范和业务标准，切实规范文化体育旅游部各级干部和各省、直辖市人民委员会相关职能部门领导干部的业务行为。

同步建立社区文化设施，提高社区文化设施的质量及工作效率。争取到2015年，全国所有省、直辖市均具备完善的文化设施；2015～2020年，90%以上的郡、县、地级市都能拥有文化宫、图书馆；80%～90%的乡镇都建有文化宫；60%～70%的村社、村组均拥有文化宫。在河内、胡志明市等几个国内一线大城市修建相应规模的文化设施。

加大投资力度以推进工艺、设备的现代化，提高文化产品的质量以满足国内文化需求，同时为文化输出海外创造条件。实行业务规范化，广泛采用国内外相关行业标准，提高工艺水平、工作质量和文化产品质量。

（8）确立文化艺术行业的发展方向。

表演艺术。

确定表演艺术的发展方向，优先投资于各类传统表演艺术的保护和发扬；搜集、修复并发展一些濒临失传的传统艺术类型。重点投资建设、发展一些符合越南国情的世界经典艺术类型；选择、投资排演一批思想艺术价值高的世界经典作品，通过艺术家的演绎向公众传播。把握好文艺工作者创作和表演过程中的方向；培养青少年良好的艺术品位；把培养对民族传统艺术的欣赏、爱好当作一项长期任务来抓。

提高艺术作品质量，着力打造多部顶级艺术作品；着重投资思想艺术价值高的剧本、剧作。全力打造多个艺术表演节目，深入老少边穷及海岛地区，真正为当地民众服务。

着力建设在组织架构、艺术质量、艺术方向、演员队伍等方面均符合标准的官方艺术机构，与此同时，创造条件、充分鼓励组建私立艺术团体。大力发展基层群众艺术团体，扩充其数量并提高其质量。

注重对国内外艺术人才的合理投资和培养。在《表演艺术发展规划》的基础上，加大力度打造一批代表性艺术作品，提高各艺术团体练习场地及设备的现代化水平。

电影。

巩固发展具有浓郁民族特色及现代化气息的越南电影行业。实现电影工业的现代化。努力提高越南各类电影产品——故事片（每年生产36～40部胶片电影）、纪录片、科技片、动画片（每种月均生产2～3部）、电视剧的数量和质量。将越来越多的越南电影作品介绍给全世界。就以下三个环节——电影制作、发行及宣传对电影进行同步管理。加强对电视及网络媒体、电影的管理。对放映装置、设备进行投资，对流动电影放映形成激励机制，以便电影行业能更有效地服务于老少边穷及海岛地区。为完善电影专业技术、技巧和设备注入资金，确保电影在画面及音效方面能够充分运用现代工艺，达到国际水准。

国有电影公司实行股份制；鼓励并创造条件组建私营电影公司、电影制作协会、发行协会等，以便在电影制作、发行及宣传方面能实现有效互动。

对涉及国家财政预算的电影制作实行招投标模式。

美术、摄影及展览。

推动越南美术、摄影行业与地区同步发展，并逐步达到发达国家水平。

研究当代美术流派、潮流及表现形式，并在此基础上肯定、发扬越南美术作品中的民族特色，选择性地吸收当代世界美术成果，使国家美术行业日益发展和繁荣。

国家投资赞助、鼓励美术作品的创作，以催生一批高质量大作品；以党的美术创作方向为指引，通过设立国家级奖项等形式，大力推广宣传一批优秀的摄影、美术作品。定期举办绘画、图片、雕刻、应用美术、摄影等方面的国家级展览。鼓励非政府组织举办社会性美术活动。

推动基层美术发展。

与教育培训部密切合作，在全国中小学开展音乐、绘画比赛。

重视应用美术在工业、手工业、消费品、家具及时装等方面的运用。

出版、印刷、发行。

国家出台政策、创造条件，推动出版业成为全面发展的技术经济行业；定购政治、理论方面的出版物及面向少儿、少数民族同胞、残障人士的出版物；同时，大力推广服务于重大政治、社会任务及涉外资讯的出版物。切实执行原稿购买、版权购买资助，出版物运输援助等优惠政策。

投资建设国家图书项目，旨在于选择出版一批我国乃至人类知识宝库中的代表性作品，从而为祖国实现工业化、现代化打下扎实的知识基础。组织编写出版各专业领域的百科全书。

实现书籍印刷出版的现代化，从出版题材选择到宣传、流通等各环节，环环相扣，稳步推进；推动出版工作中的信息技术应用。从内容、形式、印刷技术等方面全方位提高出版物质量；逐步推进电子书籍的出版；出台相关政策，对网络出版物的普及进行有效引导和管理；确定并把握好文化网络的发展方向。

目录

在边远穷困地区、城镇、各大城市乃至海外同步建立丰富、多样、完整的图书市场。实现图书发行的市场化，推动图书发行公司稳步向前发展；在各大城市、工业区逐步开设图书超市。

图书馆。

我国现有的图书馆采用传统图书馆与电子、数字化图书馆相结合的模式，其中运用电脑进行存储、开发数据，打造数字化图书馆已成为图书馆自动化发展的一个主要趋势。争取在 2015～2020 年，实现公共图书馆人均 0.8～1.0 本的书籍保有量；各省级图书馆 50%～70% 的珍贵文献实现数据化。

保证对图书馆的投资力度并向河内、太原、顺化、岘港、庆和、胡志明市、芹苴、林同等地区倾斜。在河内、顺化、胡志明市三地成立地区保管中心；接下来将在全国范围内建设覆盖范围广、形式灵活多变、符合当地实际的图书馆网络；修建并维护好郡县、地市一级图书馆；推动高原、海岛及老少边穷地区乡村图书馆、阅览室、文化站、邮局、文化社等文化设施建设。在各科研中心、学校、武装力量、社会政治组织、行业组织、经济组织、事业单位内部稳步推进图书馆的现代化。

促进图书馆工作的社会化，鼓励私人图书馆在法律框架下按规定为公众提供服务。

改革图书馆服务模式，大力使用信息技术以提高服务读者的效率，从而真正实现图书馆各运作环节的自动化与现代化；实现各大图书馆在互联网上的跨馆联通，从而最大限度地开发各图书馆内部丰富多样的材料、资源，实现真正的资源共享，以服务于祖国的工业化、现代化为宗旨来挑选馆藏书籍、建设资料库，以便及时满足读者的需求。在全社会形成读书热，竭尽全力为祖国培养爱好读书的下一代。

博物馆、遗迹及非物质文化遗产。

博物馆。

博物馆所有工作均建立在馆内所有原版藏品且须兼具历史、文化和科学价值这一基础上；新资料、展品的补充要常态化、形式多样化，包括购买珍贵展品、资料等。在展品、资料陈列方面合理有效地利用相关科技、工艺成果；将信息技术运用于博物馆文献管理；实现中央和地方博物馆的网络互联。

在建设博物馆文献、藏品“数据库”过程中，要注重科学性和系统性。争取到 2015 ~ 2020 年，各省级博物馆 50% ~ 70% 的珍贵资料、藏品，国家级博物馆 70% ~ 100% 的珍贵资料、藏品均能实现数字化。

在河内、胡志明市两地成立博物馆藏品、资料保管中心。

投资修建国家历史博物馆，修建专业性博物馆及自然历史类博物馆。

鼓励开办博物馆、私人收藏馆等。

举办藏品展览会，将越南文化遗产推广到国外；与国际上有代表性的展馆进行合作，在越南本土博物馆展出国际藏品。

根据国际公约，禁止非法运输文化财产。我们将通过外交途径、双边谈判、交流、研究等手段，推动越南流失海外的历史文物、珍贵资料等回归祖国。

遗迹。

对标志性历史遗迹的保存、修缮进行同步投资，追求科学保存及文化环境层面的高质量，为传统文化教育和旅游经济的发展服务。

对历史遗迹的保存进行详细规划，平衡保护、发扬文化遗产与经济社会发展需要之间的关系，合理、和谐、有效地解决二者之间存在的矛盾。

政府集中出资保护一批国家级遗迹（到 2015 年，所有遗迹都将得到修补、修缮），一批代表性文化遗迹、村社也将得到修缮（到 2015 年完成 70%，到 2020 年完成 80%）。推动遗迹保护活动的社会化；机制化、多渠道地筹措资金，为历史遗迹的保护、修缮、价值传承提供资金保障。

禁止占用历史遗迹景观用地、擅自改变历史文物古迹的景观特性；为历史遗迹营造良好的文化环境。

继续挑选越南具有全球影响力的代表性历史文化名胜古迹，上报联合国教科文组织，争取列入《世界遗产名录》。

非物质文化遗产。

继续全面开展对民族代表性非物质文化遗产的调查、搜集工作。选择一批文化价值较高的非物质文化遗产上报联合国教科文组织，争取列入代表全人类共同遗产的《世界非物质文化遗产名录》。努力使国内现有 50% ~70% 的非物质文化遗产能得到科学有效的排查。加大力度促进非物质文化遗产的教育和推广。

基本完成汉喃文资料的考查、调研、搜集、存储、保护、编译及推介工作，运用信息技术对喃字进行存储，将喃字纳入符合国际标准的编码系统。

出台相关政策，鼓励对越南各民族非物质文化遗产进行研究、搜集、保护、传承及推广。对在非物质文化遗产传承推广方面做出贡献的艺人、艺术家进行嘉奖，并给予特殊待遇。

基层文化

全面推动“全民团结共建文化生活”风潮，视其为长期重大任务，与建设清正廉洁的党组织和政权紧密相关。其中，建设家庭、村社、街坊、社区的文化是重中之重。大力推进2005～2010年及2011～2020年越南家庭建设战略；嘉奖具有代表性的文化家庭、村社、村组等。争取实现70%～80%的家庭户均达到文化家庭标准；65%～70%的村组、社区均达到文化村组、社区标准。

提高人民文化共享的程度，有意识地向高原地区、边远穷困地区、西原地区、西南部地区、北方各省山区及中部地区倾斜。注重引导文学艺术作品、艺术表演节目深入基层。确保人民群众可以参与到文化艺术创作中来，并鼓励民众多举办集体文化活动。

在机关单位、居民社区倡导健康向上的生活方式和习惯；提倡文明举办婚礼、葬礼、庙会；坚决抵制封建迷信、陈风陋习及其他一些社会不良风气。

从中央到地方，充分建设、完善、巩固文化设施系统。注重改革文化宫内部的活动内容，以便更好地满足人民群众的文化需求。设立管理机构，按专业化原则进行管理，力争实现文化设施内部所有机构工作的专业化。

对文化艺术进行科学研究。

提高研究工作的实用性，将其作为解决理论联系实际有关问题的科学基础，并指明文化发展的趋势；研究项目要服务于文化政策的制定、理论的总结、实践、文化模式的构建等，力求使研究成果实用性强，从而实现研究与培养的完美结合。构建一套理论性强的研究体系，明确以马列主义、胡志明思想和我党关于越南人民行为准则、发展文化等方面的一系列表述作为理论基础。继续开展对越共八届五中全会决议的具体研究。同时，一些在实践过程中遇到的文化理论问题也亟须解决。

重视对科学工作者、行业专家的教育和培养，避免出现人才断层、人才堕落腐化等现象。充分利用杰出退休科学家、文化工作者或其他行业人才的智慧和经验，鼓励他们继续展开研究、创造，并参与培训指导年轻科研人员。

逐步将科研人员的主要收入与科研项目完成结果进行挂钩。鼓励年轻人投入到科研工作中。

著作权及相关权利

提高公众对著作权及其他相关权利的认识、知识和依照法律执行的意识，尤其是对于权利义务相关责任人和团体组织。通过出版社、报纸、互联网等渠道建立信息、数据库，以保护著作权。

从中央到地方，都要提高管理部门和实权部门的办事能力及办事效率。严格检查、严肃处理违规行为。完善著作权及其他相关权利的法律体系，确保对著作权的保护充分有效，符合国际标准。逐步形成著作权集体管理体系。在著作权及其他相关权利的有关法律框架下，争取在违规行为严重的领域确立新秩序。

4. 主要解决办法

为实现 2020 年文化发展目标，建设工业化、现代化时期先进而具有浓郁民族特色的越南文化，需要集中采取如下几个主要解决办法。

（1）提高思想意识，塑造国民

深入学习领会胡志明思想中关于文化方面的表述；学生要效仿道德模范胡志明。

胡志明思想中关于文化方面的表述主要体现以下几个方面。

文化属于上层建筑，与政治经济密不可分。文化“不能立之于外，而应与政治经济融为一体”。

文化既有全人类的共性，又有本民族的特性。“越南文化是东西方文化交汇融合的产物。”发展越南文化，既要弘扬民族文化的精髓，又要吸收人类共同的文化精华。

“文化要照亮人民前进的道路。”文化是群众的事业，要融入社会生活当中，体现民族的风骨；保护并弘扬民族文化遗产、传统文化与现代文化；摒弃残存陋习，补充新价值观。

人既是文化创造的主体，又是文化产品本身，因此文化发展必须与塑造人相结合，要与“树人”事业紧密相连。

建设发展先进且具有浓郁民族特色的越南文化，要认清马列主义、胡志明思想是文化建设的基石，发挥着至关重要的作用，要贯彻始终。通过开展“学习效仿道德榜样胡志明”运动，将文化建设与党建工作相结合，真正在行动中做出改变。各组织、机关、单位、居民区都要制定相关规章制度，拿出详细具体、切实有效、可行性高的指标，以实际行动学习效仿道德榜样胡志明。

研究并撰写材料，学习并宣传胡志明思想中关于文化建设的论断；对家庭、职场、学校、医院、企业、公共场所、正式场合等方面的社交文化知识、技能进行培训指导；调动一切公众通信方式、流动通信队、传统形式等，力求达到教育培训的生动化和多样化，满足不同培训对象的需求，从而使这场运动收到最佳效果。

国民塑造。

党的第九次全国代表大会通过决议，确定人是经济社会发展的原动力。发展文化正是要最大限度地发挥人的能力，也就是经济社会发展过程中具有决定性意义的最大动力。

提高国民素质，高效完成国民塑造任务，满足工业化、现代化阶段的人才需求。通过这一塑造工程，培养和开发国民的爱国心、能力、智力、心智、人格、参与社会建设的责任意识等。将个人积极性与社会积极性完美结合，充分发挥每个人的主观能动性和创造性。以党的文化建设发展论断为基础，提高和提升每个人的政治水平、文化人格；将塑造人的目标与实践相结合，尤其是在群众中开展具有广泛影响的爱国竞赛活动。

根据越共八届五中全会决议及工业化、现代化、国际化时期战略所提出的一系列越南国民塑造的相关要求，成为合格的越南公民，必须具备五大美德。各组织、机关单位、居民区要拿出具体的标准细则，与每个对象、每个活动领域相契合。

提高党和政府在文化领域的组织领导能力。

明确文化工作是各级党委、政府工作中的重要任务和长期任务。在制订国家、各级、各行业、各领域、各地方的经济社会发展计划时，应主动制定相应的文化发展规划；将党和国家关于文化方面的政策、主张机制化。

各级党组织、国家各级机关要出台相关计划、措施，推动党组织、国家机关在文化建设方面发挥重大作用，为社会、为人民树立榜样。

（2）改革并提高政府的领导和管理能力

这是文化发展过程中具有特别重大意义的措施。

提高政府的管理能力和效率。

对党在促进工业化、现代化、国际化过程中就文化、文学、艺术提出的相关观点、道路和方向基本完成体制化。由于该领域的特殊性和敏感性，在管理工作中必须坚持由党领导、政府管理及管理工作民主化这一原则；坚持分行业管理与分地区管理相结合，遵循社会主义法治原则。管理理念主要体现为两大职能，即“立”与“破”，其中“立”为根本。文化管理的重要目标是创造条件以保存、弘扬和发展文化原动力。管理国家文化必须通过制定与制订相关规划和计划，出台一系列法律和政策机制等。

同步实施上述举措，主动抵御有毒文化的入侵，坚决反对一些世界强国的文化渗透，时刻保持警惕，在文化领域坚决抵制一些国家对我国进行“和平演变”。行业之间要密切配合，加强对文化产品市场的管理；对在越南境内使用互联网及一些互联网相关的电子信息业务，如网页、博客、门户网站等行为进行有效监管。坚决与有损本国文化的行为做斗争，为保护越南文化的民族特色及其统一性和多样性做出贡献。

加强政府对文化工作的清查力度。

改革管理部门的组织架构和工作内容。

大众信息化风暴来袭（包括电视、网络、邮政、电信等），涌现了一大批新型文化艺术表现形式，发展态势迅猛（如在线游戏、博客、网络文学等）；文化活动日益社会化；文化艺术领域的国际合作与交流不断深入，范围不断拓展……所有这些新形势，都迫切要求文化管理部门改变原有的组织架构、工作内容与机制。

首先要提高管理人员的文化业务水平、领导能力及专业程度，以便更好地开展专业文化活动。各级要分工明确、权责明晰、责任落实到位；推动文化领域行政改革取得明显成效。形成有效机制，允许社会舆论对文化活动进行评价。

改革管理模式，提升公共服务水准，力求增强和提高国家有关部门的工作责任感及管理效率；动员全社会的力量，提高文化公共服务的质量和效果，从而保证社会公平、文化公共服务能满足人民群众日益增长的文化需要。对相关团体、事业单位进行核查、调整，突出其公共服务的性质特点，确保每个地区、每个对象都能享受到文化公共服务；确立运行机制，确保文化公共服务不以营利为目的；行政事业单位在业务经营、组织架构、编制、财政等方面均拥有自主权，能自负盈亏。在全国范围内排查专业艺术团体、文化行政事业单位等，保证每个省都有一个公立艺术团体，以排演传统艺术为主；在此基础上成立多个非公立艺术团体。河内、胡志明市两大城市可以成立更多的支柱性公立艺术团体。从中央到地方两大城市——河内和胡志明市，集中建设一批具有代表性的传统和现代艺术团体。

各大研究院中，首先须对越南文化艺术院进行投资，使之与文化发展战略研究中心的地位相匹配。拓宽文化艺术领域研究生教育的规模，着重提升教育质量。加强与各大研究院、文化艺术院校的合作，共同开展科学研究与人才培养；按指标和社会需求进行人才培养。

制定并完善文化发展政策。

总结越共八届五中全会决议各项政策举措的实施情况和结果。

文化政策须朝以下方向研究推进：

事业单位、文化艺术企业参与经营活动的，需参照以下政策执行。

在法律框架下，文化系统事业单位须改变运行机制，在业务经营、组织架构、编制、财政等方面均拥有自主权，自负盈亏。在完成国家分配的任务后，文化事业单位可以自行开展业务活动；与各民间团体、个人密切配合，依照法律规定，举办一系列文化艺术活动，在满足社会需求的同时，也能完善自身技能。

鼓励行政事业单位改革运行机制，转制为非行政事业单位，自筹资金、自负盈亏。转制后产出的文化产品、提供的文化服务，国家和社会都将给予与公立文艺团体同等的待遇。

抓紧改革、重组文化、体育、旅游行业相关企业，提高企业生产经营效率，推动部分企业转制为单一有限责任公司，其他企业则逐步进行股份制改革。

集中出台政策机制，营造良好的经营环境，推动“文化产业”发展。

对文学艺术作品、电影剧本、电影制作的创作环节实行提前订货机制；对销往国外的报刊书籍的出版、运输予以适当的经费优惠与支持。

实行经济社会与文化同步发展的政策。

在五年计划中，各级、各行业、各地方在明确自身经济社会发展目标与举措的同时，也要将文化发展目标和举措列入其中。

企业在从事商业经营活动时要讲文明、有文化。

规划居民区、工业区、新城区时，要预留适宜便利的专项用地，用于文化设施（如文化宫、体育场、游乐园、电影院、图书馆、阅览室、美术雕刻工程等）建设。

出台相关政策，鼓励各种经济成分、各社会团体参与到文化艺术领域的创造、生产、推广和经营活动中来。实行税收减免的优待政策以鼓励企业对文化产业投资，保护民族文化遗产，参与各项文化工程建设，对思想、内容均具有较高文学艺术价值的作品进行充分保护；推动高原地区、边远穷困地区文化事业的发展。

推行文化活动社会化政策。

文化活动社会化政策是文化建设过程中的一项重要举措，目的在于动员全社会的力量、调动不同经济成分参与到文化产品的创造、供应和推广中来，增强全社会的责任感，共同发展文化事业，为文化事业的蓬勃发展创造条件，逐步提高人民群众的文化欣赏水平。

因其在政治思想层面的特殊性和敏感性，在文化活动社会化过程中，不同地区、不同类型的文化要适度稳步推进。

文化服务类型的职能范围要明晰。其中，公共服务、为党和国家政治任务服务及其他各类型服务等要明确投资方向，鼓励适度改革。在此基础上，明确哪些领域需要维持公立模式、哪些领域需要转制为非公立模式；明确文化活动领域政府需要资助的范畴及程度。

政府出台一系列政策机制，鼓励成立非公立艺术团体、文化艺术院校等；在政府管理引导下，鼓励多种经济成分参与到文化设施建设及经营活动中来，如修建电影院、歌剧院、博物馆、图书馆等设施；举办文艺表演，录影带、电影发行仪式，书报、美术展览及舞蹈、音乐、绘画培训等；与国内外投资商合作开展印刷业务。

形成鼓励机制，引导企业、团体和个人出资举办各类文化、通信活动，保护民族文化遗产。国家将给予适当的嘉奖鼓励。

推行鼓励创作的政策。

为知识分子和艺术家营造良好的创作环境和氛围，尽可能为他们提供便利。明确在文化、文艺活动中实行民主制；补充完善相关政策机制，为知识分子、艺术家的创作提供政策支持，使他们能够放心大胆地创作，为社会发展贡献力量，并得到全社会的尊重。

继续推行鼓励创作的政策。政府每年预留一笔固定经费，为创作活动的开展、文学艺术作品、建筑、报纸、收藏品的普及以及民间文化宝库的推广提供经费支持。推行国家资助、全额收订机制。鼓励民间企业对艺术作品创作进行投资。

举办文学、艺术创作竞赛，力求催生一大批思想艺术价值较高的作品，以便更好地服务社会。

设立文化基金，推动资金来源多样化（包括政府出资、援助、捐赠等），对创作活动提供有效的资金支持。

将作品收益与著作权及相关权利的保护、稿费制度及版权制度挂钩。继续采取多种奖励形式，为有代表性的文化艺术作品、工程设立奖项；实行创作激励机制。

（3）夯实物质技术基础，为文化发展注入动力

培养文化艺术人才。

明确文化领域干部选拔及任用标准，力求选出一批工作能力强、水平高、值得信赖的领导干部，在文化领域从事领导、管理、策划等工作。

在文化艺术领域培养一支政治素质过硬、专业精通、行家云集的干部队伍；高标准、高质量地培养知识分子及艺术骨干，逐步实现文艺工作者业务水平与地区水平乃至世界水平接轨。重用人才，对作品多、贡献大、社会反响积极的文艺工作者予以优待。

制订全国性文化艺术培训计划，将文艺培训与学习者乃至全社会的需求紧密结合。提高文艺院校培训质量，巩固并升级西北、越北、西原等地区文艺高等专科学校及各省文艺中专；创造条件使各类文艺院校切实具备培养文艺人才的能力。在河内、胡志明市、承天－顺化省三地设立国家级文艺人才培养中心。分别在西原地区和芹苴市创办两所文化与艺术大学。成立越南国家音乐学院、越南美术大学及其他一些文艺院校，力争与地区发达国家持平。

完善各级文艺培训机构以及各学科的教学大纲、教材、参考资料（创作、研究、理论、批评、表演、指挥、导演等），在迅速实现与国际水平接轨的同时，始终保持本民族文化艺术特色及当地特有的文化特征，进而在全国范围内统一使用这些教学材料。在教学大纲中补充一些传统艺术课程。在大学里开设一些新专业（如家庭学、艺术指导、文艺市场营销、艺术音效及灯光、时装设计、庙会导演、特技演员及主持等）。加大力度培训部分艺术领域的熟练工人。

加强对教师队伍的培养提升，争取建成一支专业能力强、外语水平高、品德高尚、能胜任教学任务的教师队伍。通过国内外研究生教育、联合培养、聘请外国专家到国内文艺院校任教等方式切实提高教师的专业水平，强调培训与科研并重。改革教师的教学模式及学生的学习方法。

品德优良、文艺才能突出的学生，可选派到发达国家留学。

注重音乐、绘画类师范生的培养，确保中央到地方的文艺院校、普通中学相关师资力量的充足，从而普遍提高中学生的审美水平。

优先培养少数民族知识分子队伍，提供相关优待政策，鼓励他们回少数民族地区工作。对民族传统艺术相关专业学生实行减免学费政策。

出台政策机制，照顾到相关艺术专业教师及学生的行业特殊性，提倡进行艺术创作；鼓励特殊行业艺术家、艺人到学校任教；确立相关政策机制，调动相关行业艺术家、文艺工作者的积极性，鼓励他们直接参与教师队伍后备力量的培养工作。

注重培养基层干部的相关知识及管理技能，提高他们组织文艺活动的能力；各省必须克服文艺干部短缺等困难，加大对基层文艺干部的培养力度；实行长期的政策机制，确保文艺工作干部队伍的培养质量和专业素养。

提倡并创造有利条件，实现培养活动的社会化；培养质量的提高应与文艺培养类型的多样化齐头并进，确保民智提升，从而不断为党和国家培养输送人才。

夯实物质技术基础。

加大对文化、文学、艺术的投资力度；确保一些大的文化项目、文学艺术协会的创作活动都能得到充足的经费支持。在国家政治经济文化中心、各大城市升级改造或新建一批高质量、高水准、现代化的歌剧院、电影院、文艺展览中心、博物馆和图书馆等及为纪念升龙——河内建城 1000 周年而启动的几大文化工程。

国家出台了一系列优待政策，优先投资于与政治、思想、道德、审美及社会价值观导向密切相关、在社会生活中发挥重大作用的支柱性文化艺术领域；同步投资建设公共文化设施；鼓励多种经济成分投资建设物质技术基础；在政府引导和监管下，开展一些文化技术领域的经营活动。

在机关单位、办公场所、学校、工业区、商业等区域，都要规划修建一批文化设施，如图书馆、文化宫、体育俱乐部等，为机关干部、工人和职员的精神生活服务。

将先进的科技成就运用于电影制作、影片保存、博物馆文献、展品的保管、文化历史遗迹的保存、保护和弘扬非物质文化遗产、出版和图书馆等方面。

增强文化、体育、旅游行业的综合实力，更好地为经济社会文化发展服务。

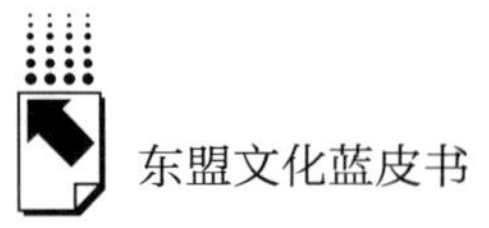

文化、体育、旅游三者之间存在千丝万缕的联系，彼此相互依存、共同发展。文化是基础，是发展体育与旅游的重要条件；反之，体育、旅游的发展则有助于弘扬文化，使之继续充当经济社会发展的动力。提高和提升体育和旅游活动中的文化专业性、文化质量和文化人格；发展文化旅游；搜集并开发民间传统游戏，将民间体育项目纳入年度运动会比赛并设立奖项。文化生活的丰富，为推广、褒扬越南文化提供了良机。规划开辟文化休闲空间，将为每个人带来轻松自在的感受；发展体育休闲活动等。所有这些都将为发展文化旅游带来新的机遇与无限可能。这三者的密切配合和协调一致发展，将凝聚成一股强劲的力量，推动发展更为迅速、全面和高效；在此基础上，将健康向上的越南国家形象、国民形象、文化特色完美地展示给全世界。

（4）在发展文化事业过程中，要充分发挥党和国家相关部门的综合实力和创造性，在全社会范围内调动祖国阵线、社会团体、文学艺术创作协会、信息、报纸等力量，共同促进文化事业发展

继续推动“全民团结建设文化生活”运动，提高运动质量，力求取得实效。

出台相关机制，指导文化体育旅游部与中央传教领导小组、越南祖国阵线联盟中央委员会、中央文艺理论批评委员会、越南文联全国委员会密切配合，共同指导实施文化发展战略。

加强文化体育旅游部与其他各部委的联系，共同推动文化发展战略的实施。

与教育培训行业合作，将历史教育、文化艺术教育、家庭教育纳入学校教育的内容，并以生动、适当而富有吸引力的方式传授给学生。组织学生参加课外活动，如参观博物馆、历史遗迹、革命遗址，观看传统艺术表演，参加庙会等；在学校范围内组织联欢会、歌唱比赛和历史、文化知识竞赛等活动。

与外交部合作，开展文化外交活动。

与信息通信部合作，出台相关政策机制，推动文化、文艺产品和网络文化的发展，并进行有效监管；对电视频道中播放的外国电影、歌曲节目进行

严格适度的管理。

与民族委员会配合，开展少数民族文化活动。

与胡志明共产主义青年团中央合作，大力推动青年一代及少年儿童参加文化、体育和旅游活动。

与边防部队司令部配合，在边界线、海岸线举办各种文化活动。

与各大电视台、广播电台进行合作，向公众广泛普及文化活动、艺术节目、文艺生活形式等。

推动政治组织，政治、社会、行业团体，社会行业团体，尤其是文学艺术协会发挥更大作用，组织群众、知识分子开展文化活动、进行文艺创作，引导并教育青少年吸收优良文化；对文化发展相关政策、计划进行社会咨询、评价和监督。

在办公楼、学校和医院等场所组织开展文化、审美、生活方式及交际礼仪等方面的教育；推动文化产业及经营活动；推动交通文化的发展；推动文化艺术、体育、旅游活动的开展；在社区生活中推动文化教育……文化教育宣传活动必须与依法管理社会相结合；发挥社会舆论的监督作用，必须与群众运动风潮相结合。在文化创造活动中，必须尊重人民群众的自愿精神、自主决定权和自我管理能力。创造一切有利条件，为行业团体、文化艺术俱乐部的成立和发展提供支持。

5. 组织实施战略

文化发展战略的实施主要分为以下两个阶段。

（1）至 2015 年阶段

这一阶段的工作重心如下。

所有文化活动的目的，都是塑造全面发展的越南国民以满足工业化、现代化、国际化时期祖国建设的需要，创造良好的文化环境。

补充完善文化发展相关政策体系：保护和弘扬文化遗产的价值；最大限度地提高和激发知识分子及文艺工作者的创作能力和潜能；对艺术院校师生和文艺工作者实行特殊的优待政策；完善文艺事业单位相关政策；实行经济社会发展与文化发展密切相关、文化活动社会化的政策。

推行相关政策机制及举措，提高老少边穷及海岛地区人民参与文化活动的积极性。

培养文艺人才。夯实文化发展的物质技术基础，巩固相关人力资源体系。

提高政府部门的管理能力，改革文化活动组织和管理模式。确立相关机制，在文化建设发展过程中，要与各级、各部门、各政治组织及各行业团体密切配合、携手合作。

法律条目修订：

广告法；

图书馆法；

电影法修改、增补条例；

文化遗产法修改、增补条例；

知识产权法修改、增补条例；

表演艺术法规；

美术摄影法规。

行业规划方面：

电影行业发展规划；

美术行业发展规划；

展览行业发展规划；

纪念碑建设规划；

儿童游乐园规划；

文艺院校系统规划。

继续推动实现国家在文化方面的三大目标：

保护和弘扬标志性民族文化遗产；

丰富和发展基层文化生活；

资助发展电影行业。

这一部分计划的中心任务是坚决有效地阻止文化倒退，推动标志性历史文化遗产及村社的保护、修缮；搜集、保护和弘扬少数民族地区非物质文化遗产及保护特色传统庙会；提高基层文化设施的工作效率；创造条件、提倡所有家庭都能成为文化家庭；提高人民群众的电影欣赏水平。

相关大提案、大项目；

组织实施深入学习胡志明思想的计划，推进文化建设；

完善鼓励文学艺术创作的政策机制；

制定实施有关方案，让文艺表演活动深入老少边穷地区和海岛地区，真正为当地民众服务；

制定实施有关方案，嘉奖国内有代表性的艺术家；

完善特殊的政策机制，向文艺院校师生和艺术工作者倾斜；

出台相关机制，指导文化体育旅游部与中央传教领导小组、越南祖国阵线联盟中央委员会、中央文艺理论批评委员会、越南文联全国委员会密切配合，共同实施文化发展战略；

制订并实施有关方案，为文化、体育、旅游行业发展注入强劲动力，以便更好地服务于社会经济文化的发展。

制定并实施有关方案，推动越南“文化产业”发展；

设于法兰西共和国的越南文化中心开始投入运营，根据上级批准的规划，在一些国家逐步设立越南文化中心。

国家展览中心建成并投入运营。

国家历史博物馆建成并投入运营。

完成以下项目：越南歌舞剧院、越南民族文化旅游村、国家电影放映中心等。

（2）至2020年阶段

这一阶段的工作重心如下

在已基本建设成为现代化工业国的背景下，大力推进国民塑造事业，提高国民素质；建设先进且民族特色鲜明的越南文化。

继续同步调整、补充和完善先进的文化发展政策体系。

提高文艺培养的质量和水平，使之与地区发展同步。

基本完成中央到地方的文化设施建设工作。

法律条目修订：

表演艺术法；

美术摄影法；

相关大项目：

越南自然博物馆；

科学工艺博物馆；

古螺城电影拍摄学校；

国家动漫园区；

河内、胡志明市及其他部分地区修建的大型多功能歌剧院。

总理（签名）：

副总理（签名）：

B.17

《缅甸广播电视法》*

赵彩军 译

（2015 年联邦议会第 53 号法令）

缅历 1377 年 5 月 13 日（公历 2015 年 8 月 28 日）联邦议会颁布本法

第一章　名词解释

第一条　本法名为《缅甸广播电视法》。

第二条　本法中专用名词，定义如下：

（一）“广播电视”指通过地面发射台、地上或地下电缆、卫星向公众播出的广播电视节目，但通过互联网播出的广播电视节目不包括在内；

（二）“广告”指广告主为了租赁、购买或推销商品和服务，或为了启迪公众心智，或达到广告主想造成的其他影响，通过向广告发布者付费或给予其类似的资助，获得广播电视播出时段而向公众播出的节目；

（三）“公益类节目”指为了通知或引导公众而播出的新闻、公益广告、公告等非营利性广播电视节目；

（四）“广播电视机构”指公共广播电视机构、商业性广播电视机构、非营利性广播电视机构、政府广播电视机构，以及广播电视节目传送机构；

（五）“公共广播电视机构”指遵循普适性、多样性、独立性等公共广

* 缅甸总统府网站，http：//www. president – office. gov. mm/？ q = hluttaw/law/2015/09/01/id – 10426。

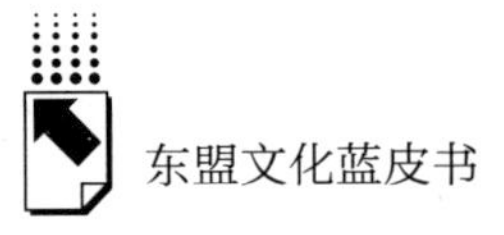

播电视基本原则的广播电视机构；

（六）“商业性广播电视机构”指由缅甸公民或外国公民、外国机构依法投资的，以营利为目的广播电视机构，以及从事与该类机构相关的其他业务的机构；

（七）“非营利性广播电视机构”指为了向相关组织或社会群体播出所需信息，由社会团体、非政府组织、公共组织、教育机构或其他领域的组织机构成立并管理的，不以营利为目的的广播电视机构；

（八）“政府广播电视机构”指为了播出真实准确的公共信息，由联邦一级机构、省级或邦级政府、自治县或自治州政府所成立并运营的广播电视机构；

（九）“广播电视节目传送机构”指获得传送许可后，将本机构或其他广播电视机构通过地面发射台、地上地下电缆或卫星播出的广播电视节目和多媒体节目向公众传送的机构；

（十）“总局”指根据本法成立的国家广播电视发展总局；

（十一）“广播电视频谱管理”指总局对通信与信息技术部委托管理的广播电视频段进行管理；

（十二）“许可证”指广播电视机构许可证；

（十三）“广播电视节目播出区”指一个广播电视节目所能播出的指定的地理区域；

（十四）“委员会”指根据本法成立的广播电视委员会，该委员会不受政府当局、司法人员和广播电视行业从业人员的影响，拥有自主权，负责对广播电视节目内容进行监督；

（十五）“行业行为准则”指与从事广播电视行业的组织讨论协商后，由委员会颁布的行业行为准则，包括道德规范、内容标准和委员会认为必要的相关领域的其他规定；

（十六）“独立制片人”指独立于其他广播电视机构、制作广播节目或电视节目的个人或公司；

（十七）“原创广播电视节目播出者”指播出原创节目的公共广播电

视机构、商业性广播电视机构、非营利性广播电视机构和政府广播电视机构；

（十八）“宣传部”指缅甸联邦共和国宣传部。

第二章　立法目的和基本原则

第三条　本法的立法目的为：

（一）将通信与信息技术部的委托管理的广播电视频段指配给广播电视机构，提高频谱资源利用率；

（二）促进公众对广播电视服务和广播电视节目的获取；

（三）提高广播电视行业的发展水平，在向公众提供优质广播电视节目，满足公众对资讯、教育和娱乐方面需求的过程中，建立一套公众参与制度。

第四条　缅甸广播电视行业的发展须基于以下原则：

（一）广播电视机构的表达自由原则、专业性和独立性原则；

（二）公共广播电视机构、商业性广播电视机构、非营利性广播电视机构、政府广播电视机构均衡发展；

（三）合理有效地利用通信与信息技术部委托管理的广播电视频段；

（四）保障广播电视行业的公平竞争，促进公众观点的多元化表达；

（五）在为广播电视机构指配频率和办理许可证的过程中，坚持公平、客观、非歧视性、高效、公开透明的原则，努力在全国范围内实现广播电视服务全覆盖。

第三章　总局的组建与总局的职责

第五条　国家广播电视发展总局须由以下人员组成：

（一）宣传部部长——局长；

（二）通信与信息技术部部长——副局长；

（三）宣传部副部长——成员；

（四）内政部副部长——成员；

（五）科技部部长——成员；

（六）广播电视委员会主席——成员；

（七）公共广播电视机构的一名代表——成员；

（八）国防部公共关系与心理战处处长——成员；

（九）广播电视协会的一名代表——成员；

（十）计算机专家协会的一名代表——成员；

（十一）信息与公共关系司司长——秘书。

第六条 总局的职责有：

（一）与委员会协商后，制订和制定广播电视行业长期发展计划和相关政策；

（二）与通信与信息技术部协商后，发布广播电视频谱管理计划；

（三）向公众发布年度广播电视频谱管理计划；

（四）制定广播电视行业发展政策，营造自由竞争的市场环境；

（五）制定广播电视播出技术的研发，设备的生产、进口和销售等方面的技术标准；

（六）监督卫星锅、卫星电视接收机及相关器材的生产和进出口；

（七）总局的工作应以公开透明、公众参与的方式开展；

（八）在电信监管框架内，促进广播行业与电视行业同步发展。

第四章 委员会的组建、委员会的职权与职责

第七条 符合以下条件者可被选为委员会委员：

（一）年龄在35岁至70岁之间；

（二）父母双方均为缅甸公民；

（三）须为下列某个领域的专家。

1. 广播电视领域；

2. 通信与信息技术领域；

3. 法学领域；

4. 经济学领域；

5. 消费者保护与公民权利领域；

6. 教育、文化和社会发展领域。

第八条 下列人员不得被选为委员：

（一）政党的工作人员或担任某个经过选举产生的职务的；

（二）参与了政府组建的其他委员会或其他机构的；

（三）在大众传媒企业中任职或从大众传媒企业中获得直接或间接经济利益的；

（四）因道德败坏而被法院判刑的；

（五）根据相关法律规定，被认定为智障的；

（六）国家公务员。

第九条 委员的提名与选拔工作须公开透明，应鼓励专家学者和社会团体参与到此项工作中。

第十条 总统、人民院议长、民族院议长分别提名 6 名委员候选人，共 18 名，作为初步人选。

第十一条 总局须提前 30 天公布以上 18 名候选人名单，并请公众对候选人的能力、品德和专业技能进行评价和反馈。

第十二条 国家总统须根据公众的反馈，从上述人员中选出支持率最高的 9 名候选人作为委员。

第十三条 委员通过无记名投票选出委员会主席、副主席和秘书。

第十四条 委员会的职权如下：

（一）征求公众意见，制定广播电视行业发展所需的政策和规章制度；

（二）对许可证申请者进行审查，向符合规定的申请者颁发许可证；

（三）根据本法，制定和颁布广播电视行业行为准则；

（四）对违反本法规定和委员会所发布规定的广播电视机构进行行政处罚；

（五）对违反许可证规定的广播电视机构提出上诉期间，暂停或吊销其许可证；

（六）制定收费标准，向广播电视机构收取适当的监管费；

（七）对以优质服务赢得公众喜爱的节目和广播电视机构予以表彰；

（八）与总局、政府部门、社会团体、教育机构进行协商，为广播电视行业营造自由公平的竞争环境；

（九）为广播电视行业人力资源的发展提供帮助；

（十）根据委员会的规定，保护广播电视机构的发展和从业人员的权利；

（十一）建立公平合理的税费制度，使广播电视机构的投资能获得公平的回报；

（十二）确定委员各自的职责；

（十三）确定国内将批准成立的广播电视机构的类型、播出区域和数量；

（十四）颁发许可证，对许可证进行延期，吊销许可证。

第十五条 委员会的职责如下：

（一）就广播电视行业将使用的频率方面的事宜与总局进行协商；

（二）为自有广播电视节目制作经营机构和仅传送他人广播电视节目的机构制定专门的许可证申请方案和程序；

（三）与广播电视机构和社会团体讨论协商，制定行业行为准则；

（四）对持有许可证的广播电视机构进行监督，审查其是否遵守行业行为准则、广播电视法、许可证申请书中的内容和许可证中的规定；

（五）如有公众举报某家广播电视机构不遵守许可证中的规定、本法规定、行业行为准则或节目方面的规定，须对举报情况进行调查，情况属实的，须对其进行处罚；没有人举报但委员会在审查中发现有违反上述规定的，须对其进行处罚；

（六）对举报情况进行调查，传唤被举报人员，要求其提供所需证明材料；

（七）定期在媒体上发布委员会的工作情况；

（八）与政府部门、社会团体合作，促进广播电视行业的发展。

第十六条 委员

（一）在履行职责和行使职权时，须保持独立和公正；

（二）须站在公共利益的立场上行使职权，不得滥用职权为自己、政党或其他团体谋取利益。

第五章 委员会的任期以及委员的辞职、免职与增补

第十七条

（一）委员会的任期为 5 年；

（二）委员的任期与委员会任期一致；

（三）委员的任期不得超过两届，但委员在任期届满时须继续履行个人职责至任命新的委员。

第十八条 委员会主席和委员如出现以下任意一种情况，总统可将其免职：

（一）不符合本法第七条和第八条中某项规定的；

（二）滥用职权为自己、政党或其他团体谋取利益的；

（三）有心理方面的疾病，不足以胜任委员会工作的；

（四）由于某方面的原因，连续三个月以上无法履行委员职责的。

第十九条 委员在任期结束前，根据个人意愿如需辞职的，可以书面形式向国家总统递交辞呈后辞职。

第二十条 根据本法第十八条，被免职的委员在收到免职决定后，有提出申诉的权利。

第二十一条 委员辞职、被免职、死亡或其他原因造成委员职位空缺时，可根据本法增补新的委员。增补者的任期仅为前任委员的剩余任期。只有在前任委员剩余任期不少于 6 个月的情况下，才能增补新的委员。

第六章　委员会会议的召开、办公室的成立、经费和年度报告

第二十二条　委员会

（一）每月至少召开一次会议，会议由委员会主席负责召集；

（二）委员会主席职位空缺时，会议须由副主席或3名及以上委员负责召集；

（三）会议主席须由委员会主席担任，委员会主席职位空缺时，由副主席担任，两者皆空缺时，从出席会议的委员中推举一人担任；

（四）包括会议主席在内，如有5名及以上委员出席会议，则会议有效。

第二十三条　委员会的决议须征得半数以上到会委员的同意，当表决票数相同时，会议主席有最终决定权。

第二十四条　委员会可根据本法规定成立办公室。

第二十五条　委员会须为办公室制定员工守则和薪酬福利标准。

第二十六条　办公室须按照委员会的指示，在办公室主任的领导下履行职责。

第二十七条　委员会的经费来源为：

（1）财政拨款；

（2）捐赠；

（3）监管费。

第二十八条　委员会的年度预算案须包含在宣传部的年度预算案中。

第二十九条　委员会年度预算案须由宣传部向联邦政府提交，委员会的经费须根据联邦议会颁布的《预算法》使用。

第三十条

（一）委员会的年度报告须同联邦审计署审计后的账目一起向公众发布。年度报告中须载明以下内容：

1. 过去一年目标完成情况与来年目标；

2. 过去一年的成绩与不足；

3. 年收入情况、联邦审计署的审计摘要、财务和行政方面的情况；

4. 来年的预算案；

5. 收到公众举报和建议的情况，以及对这些情况的处理。

（二）委员会须向总统递交年度报告。

第七章　许可证

第三十一条

（一）需成立广播电视机构者：

1. 在开展相关业务前，可按照许可证申领规定，向委员会提出申请；

2. 申请者如为机构，则可由该机构的代表向委员会提出申请。

（二）申请者须提供下列材料：

1. 机构名称和机构注册证；

2. 详细的业务计划；

3. 详细的技术方案；

4. 节目播出计划；

5. 委员会规定的其他所需材料。

第三十二条　获得许可证后，从发证日起，须在一年内开始开展广播电视业务。

第三十三条　如需将许可证转让给他人或其他机构，须提前获得委员会的批准，方可转让。

第三十四条　委员会须以广播电视方面的政策、相关业务的利润情况和市场规模为基础，以人民群众的利益为导向来颁发许可证，并须按照以下政策来实施：

（一）在人口密度较高的地区，向商业性广播电视机构颁发许可证时，实行竞争性招标；

（二）对于面向人口密度较低的地区或社区的非营利性广播电视机构，审查通过后向其颁发许可证；

（三）委员会制定的许可证方面的其他政策。

第三十五条

（一）委员会对许可证申请进行审查时，须考虑以下几点：

1. 财务可行性和经济前景；

2. 技术可行性；

3. 申请者在广播电视行业和相关领域的经验；

4. 对缅甸广播电视行业的发展所能作出的贡献；

5. 对提高节目质量和促进节目内容多样性所能作出的贡献；

6. 下属媒体业务数量、所有权结构；

7. 下属媒体业务在促进公众观点的多元化表达和节目内容多样性方面的努力；

8. 委员会公布的其他规定。

（二）许可证申请书中有关技术和节目方面的申请不得更改。

第三十六条　委员会收到申请者根据本法第三十一条递交的许可证申请后，可根据本法第三十五条进行审查，作出颁发许可证或拒绝颁发的决定。

第三十七条　委员会向广播电视机构收取的许可证费，须通过宣传部账户转入联邦财政基金。

第三十八条　许可证有效期。

（一）公共广播电视机构：广播业务许可证有效期为 7 年，电视业务为 10 年；

（二）商业性广播电视机构：广播业务许可证有效期为 7 年，电视业务为 10 年；

（三）非营利性广播电视机构：广播业务许可证有效期为 7 年，电视业务为 10 年；

（四）政府广播电视机构：广播业务许可证有效期为 7 年，电视业务为 10 年；

（五）广播电视节目传送机构：许可证有效期为 15 年。

第三十九条 许可证持有者须在许可证有效期届满之日起 45 日内，向委员会提交许可证延期申请。

第四十条 委员会收到许可证延期申请后，如发现许可证持有者在许可证有效期内存在下列某种情况的，可拒绝延期：

（一）严重违反本法及根据本法颁布的实施细则的规定、委员会的政策及规定、许可证中的规定的；

（二）有其他违法行为的；

（三）批准延期将违背公众利益，不应予以延期的。

第四十一条 委员会

（一）如发现不存在本法第四十条规定的情况，须对许可证予以延期。

（二）办理许可证延期的过程中，可将下列情况考虑在内。许可证有效期内：

1. 播出节目的质量、种类与多样性情况；

2. 对国家与公民的责任感；

3. 下属媒体业务对促进公众观点的多元化表达和节目内容多样性的影响。

第四十二条 如出现下列某种情况，委员会可吊销许可证：

（一）从获得许可证之日起，一年内未能正常播出节目的；

（二）未获得委员会批准，暂停或停播广播电视节目在 3 个月以上的；

（三）未提前获得委员会批准，擅自将许可证转让给他人或其他组织的；

（四）严重违反本法及根据本法颁布的实施细则、规章制度、命令、指示，包括指配的频率和播出区域方面的规定、广播电视播出技术和播出设备方面的基本要求、节目方面的标准和第九章规定的其他事项。

第四十三条 许可证有效期满后，如未在规定时间内申请延期，委员会可终止相关广播电视机构的业务经营权。

第四十四条 如广播电视机构连续 12 个月暂停或停播节目，许可证自动失效。

第四十五条 委员会

（一）对公共广播电视机构、非营利性广播电视机构、政府广播电视机构的许可证费收费标准须作专门规定；

（二）须在征得总局同意后，对商业性广播电视机构、广播电视节目传送机构的许可证费收费标准作专门规定。

第八章 广播电视机构

公共广播电视机构

第四十六条 公共广播电视机构是为公众成立并由公众领导的机构。它不受政治的干预和商业力量的左右，通过广播电视节目向公众提供资讯、教育和娱乐服务。

商业性广播电视机构

第四十七条 在获得委员会批准后，商业性广播电视机构可聘请外国专家从事管理和技术方面的工作。

第四十八条 商业性广播电视机构须由合法登记的缅甸公民出资和控股，外国公民或外国机构也可投资入股，但出资额不得超过注册资本总额的30%。

第四十九条 申请许可证时，申请人须通过大众传媒向委员会和公众公布其所有权结构。获得许可证后，每当所有权有5%的变动，皆须向委员会报告。

第五十条 个人或一个经济组织如经营商业性广播电视业务，则在一个规定的广播电视播出区内，其拥有的广播机构和电视机构的数量分别不得超过一个。但本条规定不适用于同时经营广播电视节目传送机构与其他机构的情况。

第五十一条 在一个广播电视播出区内，交叉持有私营报社与私营广播电视机构的股份时，如对一家机构持股比例达100%，则对另一家机构的持股比例不得超过30%。

第五十二条 为了落实本法第五十条和第五十一条中限制传媒市场垄断和交叉持股的规定，委员会须制定和颁布所需的规章制度与行业行为准则。

第五十三条 商业性广播电视机构可从以下几个方面获得收入和资助：

（一）商业性广播电视业务；

（二）赞助；

（三）与广播电视相关的其他业务。

第五十四条 每一财年结束时，商业性广播电视机构均须按委员会规定的格式向委员会提交年度报告和年度财务报告。委员会须将收到的年度财务报告归类为机密。报告中须载明以下内容：

（一）经营和财务方面的信息，包括市场情况、股东名单、股息率、经营成果等；

（二）董事会董事与高级管理人员的组成情况；

（三）公司组织结构；

（四）证明材料、节目表；

（五）委员会需要的其他信息。

非营利性广播电视机构

第五十五条 非营利性广播电视机构须按以下要求经营：

（一）不得为政治和经济利益服务，也不能是为某种政治和经济利益服务的组织的一部分；

（二）以满足相关社会群体在资讯、教育和娱乐方面的需求为主要目标；

（三）须向委员会提供充足可信的证明材料，证明其与相关社会群体的关系。

第五十六条 委员会在为广播电视机构指配的频率中，最少要为非营利性广播电视机构预留20%的频率。

第五十七条 为了支持非营利性广播电视机构的成立和发展，在许可证申领方面，委员会须为其制定和颁布简单便捷的政策和程序。

第五十八条 非营利性广播电视机构可获得以下收入：

（一）当地群众的自愿捐款；

（二）国内外合作伙伴没有政治和经济附加条件的自愿捐款；

（三）地区广告收入；

（四）产品销售中获得的利润；

（五）与其业务相关的依法获得的其他收入。

第五十九条 非营利性广播电视机构在每一财年结束时，须向委员会提交年度财务报告。

第六十条 非营利性广播电视机构每年至少召开一次大会，参会人员包括相关社会群体成员和其他代表。会议议程包括：就机构的政策和播出的节目如何更好地服务相关社会群体进行讨论；就遇到的困难、问题及解决办法进行讨论；向大会提交包括财务情况在内的工作报告。

政府广播电视机构

第六十一条 政府广播电视机构可获得以下收入：

（一）联邦财政拨款、省/邦财政拨款；

（二）广告费；

（三）产品销售所得。

第六十二条 所有政府广播电视机构均须向委员会提交年度报告和年度财务报告。委员会须将收到的年度财务报告归类为机密。报告中应载明本法第五十四条规定的内容。

广播电视节目传送机构

第六十三条

（一）原创电视节目播出者制作后，由广播电视节目传送机构传送的节目，原创电视节目播出者须负责确保其符合委员会规定的节目方面的标准。未在缅甸获得许可的广播电视节目，广播电视节目传送机构须负责确保其符合节目方面的标准。

（二）广播电视行业使用的卫星锅、卫星电视接收机及相关器材，须符合总局制定的标准。

第六十四条 广播电视节目传送机构在传送节目的过程中，须遵守以下规定：

（一）所传送的节目中，国产节目至少占 20%；

（二）免费节目至少占付费节目总量的 20%。

第六十五条 广播电视节目传送机构可获得以下收入：

（ ）节目订阅费；

（二）节目出租费；

（三）广告费；

（四）纪念品销售所得利润；

（五）与广播电视相关的其他合法收入。

第六十六条 广播电视节目传送机构须向委员会提交年度报告和年度财务报告。报告中应载明本法第五十四条规定的内容。

第九章 节目方面的规定

第六十七条 为了促进广播电视行业的发展，广播电视机构须遵守以下规定：

（一）使用缅甸语和其他少数民族语言在全国范围内播出的广播节目中，至少有 70% 的节目须为在国内制作的节目；

（二）商业性广播电视机构每天在全国范围内播出的节目中，至少有 30% 的节目须为国产节目；

（三）商业性广播电视机构在全国范围内播出的节目中，至少有 20% 的节目须为国内独立制片人制作的节目。其中，至少有 10% 的节目须在黄金时段播出。

第六十八条 委员会有权对本法第六十七条的规定进行调整。在与广播电视行业的利益相关方进行协商后，可根据需要，为整个广播电视行业或相关广播电视机构而对其进行调整。

第六十九条

（一）为少年儿童、妇女、老人和残疾人播出的广播电视节目，须能保护和提升他们的权利，面向少年儿童的节目须在规定的时间播出，上述节目在播出时须说明观众类型；

（二）在部分节目中可为听力障碍人士加配手语和字幕。

第七十条 广播电视机构播出的图片、音频、照片和档案，在播出后，最少须保存 28 天。

第七十一条 具有较高历史价值的广播电视节目，须复制一份送往国家档案馆和国家博物馆。该节目的著作权仅由著作权人拥有。

第七十二条

（一）在商业性广播电视机构每天播出的节目中，商业广告播出时间每小时不得超过 12 分钟；

（二）作为企业的社会责任，商业性广播电视机构须将 5% 的节目播出时间用于免费播放公益类节目。委员会可向商业性广播电视机构推荐须播放的公益类节目。

第七十三条 除广告外，广播电视机构不得出售广播电视节目播出时段。

第七十四条 须鼓励广播电视机构利用国内资源制作广告。

广播电视行业行为准则

第七十五条

（一）委员会须基于以下内容来制定行业行为准则：

1. 道德和伦理价值；

2. 媒体行业广泛接受的标准。

（二）行业行为准则的制定程序须公开透明，并让公众参与其中。

第七十六条 委员会颁布行业行为准则后，须让广播电视机构和公众广泛知晓。

第七十七条 行业行为准则中须包括以下节目内容和节目制作方面的标准：

（一）新闻和时事类节目中须努力做到客观公正和真实准确；

（二）保护儿童；

（三）根据观众的年龄段来划分电影和广播电视节目的种类；

（四）访谈节目中使用的词汇、肢体语言和节目剪辑方面的规范；

（五）不得窃取秘密信息和使用欺诈性手段获取广播电视档案；

（六）对性方面的场景、暴力和违背伦理道德的内容、粗俗的语言、观众提供的信息，须按照公众接受的呈现方式和社会伦理道德文明地播出；

（七）对犯罪行为和违背伦理道德情况的报道进行规范；

（八）对真实材料和观点进行区分说明；

（九）保护宗教信徒、少数民族、未成年人和弱势群体的权益；

（十）人权方面的事宜；

（十一）对隐私的尊重；

（十二）快速闪现的图像、声音等潜意识信息的使用规范；

（十三）广告的真实性。

第七十八条

（一）委员会负责监督检查广播电视机构是否完全遵守本法第七十七条中行业行为准则方面的规定；

（二）在收到广播电视机构或该机构的工作人员违反行业行为准则中某项规定的举报后，委员会负责对举报情况进行处理。在处理的过程中，委员会须做到客观公正。

第七十九条 为了实施本法第七十八条第二款的规定，委员会须制定对举报情况进行调查和处理的程序。上述程序须确保被举报的广播电视机构获得辩护权和知情权。

第八十条 在进行适当调查和评估后，委员会须对举报情况作出裁决，并将裁决结果发送给举报者和被举报者。

第八十一条 根据本法第七十八条第二款对举报进行调查后，如发现情况属实，委员会可根据情况作出下列处理：

（一）给予警告；

（二）责令其纠正错误；

（三）责令其对被举报情况进行回复；

（四）责令其向公众公布委员会的裁决结果。

第八十二条 委员会对违反行业行为准则作出的裁决，所有广播电视机构都须遵守。

第八十三条 除了向委员会进行举报，举报者还可以通过法律程序直接向法院起诉。

对节目中存在错误的纠正

第八十四条

（一）广播电视机构如发现节目中存在错误，或错误被指出，并发现造成了某种损失，须对错误进行纠正；

（二）发现节目中的错误后，须在 24 小时之内或尽可能在最短的时间内对纠正的结果进行播出，并且须在与原节目播出时段最近的时段内播出；

（三）对错误的纠正，并不意味着上述广播电视机构已被免于起诉。受害者仍可就所造成的损失向法院提起诉讼。

对被举报情况的回复

第八十五条

（一）由于广播电视机构节目中的信息错误，对个人或组织的合法权益造成损害的，广播电视机构须向公众公布对被举报情况的回复；

（二）对被举报情况的回复只适用于信息方面的错误，不适用于观点方面的错误，此外，对被举报情况的回复只适用于被反对的内容；

（三）对被举报情况的回复须在 24 小时之内或尽可能在最短的时间内播出，并且须在与原节目播出时段最近的时段内播出。

第八十六条 广播电视机构如拒绝播出对被举报情况的回复，受害者可向委员会举报。

第十章　行政处罚

第八十七条　广播电视机构如违反了委员会颁布的规定、许可证方面的规定和本法中的规定，委员会可对其作出行政处罚。

第八十八条　根据违法的程度和次数，委员会可作出以下行政处罚：

（一）警告；

（二）暂停违反相关规定和法律节目的播出；

（三）限制播出时间；

（四）处以行政罚款；

（五）暂停广播电视机构的运营权；

（六）拒绝许可证延期申请；

（七）吊销许可证。

第八十九条

（一）如发现许可证持有者以欺骗性手段获得许可证，或有违反本法规定的，委员会可吊销许可证或暂扣许可证；

（二）如有以下情况，委员会可吊销许可证：

1. 在本法第三十二条规定的试运营期满后，不能开始正常播出节目的；

2. 未提前获得委员会批准，停止播出广播电视节目达 3 个月的；

3. 未提前获得委员会批准，擅自将许可证转让给他人的；

4. 严重违反本法和委员会的规定、指配的频率和播出区域方面的规定、广播电视播出技术和播出设备方面的基本要求的。

第九十条　委员会所获得的行政罚款，须通过宣传部账户转入联邦财政基金。

第十一章　申诉

第九十一条　如对委员会根据本法第三十六、第四十条、第四十二条、

第八十八条、第八十九条作出的决定不服的，可在收到决定之日起 30 日内，按照相关规定向总统提出申诉。

第十二章　禁令

第九十二条　未获许可，任何人不得成立广播电视机构。

第九十三条　许可证有效期届满后，如未进行延期，任何人不得继续经营广播电视机构。

第九十四条　任何人都不得违反第五十条和第五十一条的规定。

第九十五条　许可证被吊销或在许可证被暂扣期间，任何人不得经营广播电视机构。

第十三章　罚则

第九十六条　任何人如违反本法第九十二条中的禁令，并经法院审理属实，将被处以 3000 万至 5000 万缅元罚款，并没收与犯罪相关财产。

第九十七条　任何人如违反本法第九十三条中的禁令，并经法院审理属实，将被处以 500 万至 1000 万缅元罚款。

第九十八条　任何人如违反本法第九十二条中的禁令，并经法院审理属实，将被处以 1000 万至 3000 万缅元罚款，并没收与犯罪相关财产。

第九十九条　任何人如违反本法第九十二条中的禁令，并经法院审理属实，将被处以 3000 万至 5000 万缅元罚款，并没收与犯罪相关财产。

第十四章　过渡期条款

第一百条　本法施行前已成立的广播电视机构，自本法施行之日起一年内，须根据本法重新申请许可证。

第一百零一条　须在本法第一百条规定的期限内，对不符合本法规定的所有协议进行审查和修改，使其符合公众利益和本法规定。

第一百零二条　本法施行前发布的与广播电视机构相关的通知、命令和指示，如不违背本法规定，则可继续执行。

第一百零三条　须在本法施行之日起6个月内组建委员会。

第十五章　附则

第一百零四条　委员在根据本法规定履行职责期间，须被视为《刑法》第二十一条规定的公职人员。

第一百零五条　委员会具有起诉权和应诉权。

第一百零六条　为了实施本法中的规定：

（一）宣传部可在征得联邦政府批准后，制定和颁布实施细则和相关规定；

（二）总局和委员会可发布通知、命令、指示和程序。

本人根据《缅甸联邦共和国宪法》签署本法。

缅甸联邦共和国总统

登盛（印）

Abstract

The culture development of ASEAN countries in 2017 fits into the multicultural demographic makeups of these countries respectively. The mainstream of culture development is to focus on domestic cultural tradition, and promote protecting domestic cultural heritage. ASEAN countries that mainly practice Buddhism, such as Thailand, Myanmar, Laos and Cambodia showed strong Buddhist features in 2017. ASEAN countries that mainly practice Islam, such as Malaysia, Indonesia, shared similar pattern in preserving Islamic characteristics. Meanwhile, with a long history of Western influence and a big portion of Catholic population, the Philippines emphasize more on domestic culture. Although Singapore has been famous for its unique multiethnic culture, with Chinese as the majority, Singaporean culture inevitably carries a Chinese taste. As to socialist country Vietnam, the year of 2017 carries socialist characteristics and also inherits and carries on traditional culture. In the past year, ASEAN countries have been proactive in protecting their intangible cultural heritage, this is a commonality in culture development of ASEAN countries in the year of 2017.

Keywords: ASEAN; Intangible Cultural Heritage; Diverse Culture

Contents

Ⅰ General Report

Abstract: The culture development of ASEAN countries in 2017 fits into the multicultural demographic makeups of these countries respectively. The mainstream of culture development is to focus on domestic cultural tradition, and promote protecting domestic cultural heritage. The Belt and Road Initiative has been more or less enhances culture exchanges between China and ASEAN countries.

Keywords: ASEAN ; Diverse Culture; The Belt and Road

Ⅱ Country Reports

Abstract: In the year of 2017 down to early 2018, Vietnamese Communist Party has taken internal social economic development and external exchanges and cooperation into consideration in designing its culture development. According to the established top-level design in the *12th National Political Report of the Communist Party of Vietnam*, the party has taken initiative in promoting Vietnamese culture development, so as to promote unity of multiple ethnicities, to establish positive interaction between economic and social developments, and to jointly function with external diplomatic strategy. The 2017 Vietnamese culture has obtained several achievements.

Keywords: Vietnam; External Exchange; Diplomatic Strategy

B.3 Annual Report on Culture Development of Malaysia (2017)

Tan Xiao / 030

Abstract: Malaysia is a multiethnic and multicultural country. Coexistence of multiple cultures has been a pre-existing cultural dynamic. In the year of 2017, Malaysian government continue to implement the "National Cultural Policy" that is based on Malay language, the Islamic religion and Malay customs. Meanwhile, the multiplicity of cultures is also stressed. Malaysia government has taken actions in preserving the protection of cultural heritage, promoting the inheritance and development of intangible cultural heritage, emphasizing the nation's soft power by encouraging the fields of education, tourism and cultural innovation industry and so on. It has also tighten the cooperation with international organization such as UNESCO and respond actively to China's The Belt and Road Initiative in order to strengthen its ties with China.

Keywords: Malaysia; Intangible Cultural Heritage; Coexistence of Multiplicity

B.4 Annual Report on Culture Development of Singapore (2017)

Li Wanjun / 047

Abstract: In the year of 2017, Singapore has enjoyed a steady progress in the field of culture development. The Ministry of Culture, Community and Youth of Singapore are currently targeting at " building social capital; inspiring the Singapore spirit, and together making Singapore home" . By enhancing the integration of various communities and multi-ethnical cultures, a national culture of Singapore is in the cradle of booming. With "Belt and Road Initiative" as the new backdrop, the cultural exchange between China and Singapore is given a historical opportunity. Ministries of both sides are expected to make enough efforts so as to bring the existing achievements to the next level by creating positive conditions for further exchanges in the fields of education and culture, with sufficient understanding the current situation and policy aims of each other.

Keywords: Singaporean Culture; National Identity; China - Singapore Cultural Exchanges

Abstract: Indonesia is a multi-ethnic country with a long history and splendid culture. This report is divided into three parts. First introduces the overall situation of Indonesian culture. Second, analyzes the Indonesian culture development in 2017, especially the achievements by Indonesian government. The third part is a summary of the current progress and a prospect of Indonesia's culture development.

Keywords: Indonesia; Multi-Ethnic Culture; Culture Development

Abstract: Thailand is a country with a long history and splendid Buddhist culture. This report consist of an overview of Thai culture, major events of Thai

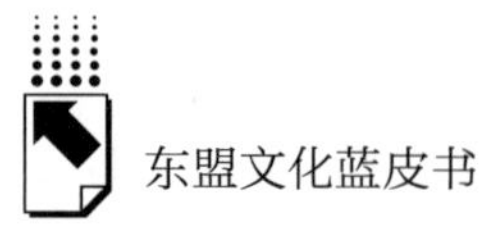

culture development in 2017 and the summary and prospect of Thai culture development. In general, Thailand is a multi-ethnic country and the trinity of "state, king and religion" is the most distinctive cultural feature of Thailand. Meanwhile, further strengthening cultural cooperation with other Asian countries, and making Thai culture docking "Thailand 4.0" Strategy and "Eastern Economic Corridor" Policy are also the new trends of culture development in Thailand.

Keywords: Thai Culture; The Trinity of "State, King and Religion"; Diversification; Culture Development

Abstract: 2017 marks the second year of the new Myanmar National League for Democracy government. It has carried out a series of reforms in the country, creating a more open environment for culture development. Importance has been attached to the inheritance and development of traditional culture. The government has taken initiatives in protecting cultural heritage, the application of intangible culture heritage registration, support for Buddhist development, promotion of minority cultures and arts, and various new cultural activities have been carried out. In addition, promoting cultural exchanges and cooperation, developing multiculturalism has helped the government to achieve remarkable results. Paying attention to the development of Myanmar's culture, understanding Myanmar from a cultural perspective and getting close to its people will help deepen our understanding of the neighboring country and promote cultural exchanges between China and Myanmar.

Keywords: Myanmar; Traditional Culture; Diverse Culture

B. 8 Annual Report on Culture Development of Cambodia (2017)

Li Guoquan / 117

Abstract: Based on Khmer culture, Cambodia is a country with a long history and rich cultural resources. In 2017, the Cambodian government has taken many actions to protect and promote national culture. Firstly, it continued to organize regular cultural activities, artistic contests and festival celebrations. Secondly, it actively cooperated with international society and organizations to strengthen the protection and development of cultural heritage. Thirdly, it strengthened guidance and standardization, established and improved legal mechanisms, and promoted the development of cultural industries. Finally, the Cambodian government combined "going out" and "bringing in" to enhance the cultural awareness of the country and promoted exchanges and cooperation with foreign countries, especially to strengthen cultural cooperation with China.

Keywords: Cambodia; National Culture; Cultural Industry

B. 9 Annual Report on Culture Development of the Philippines (2017)

Xie Suli / 134

Abstract: As a multiethnic, post-colonial society, Philippines culture articulated an understanding of national identities, social structures, and historical legacies. Tracing Philippines's cultural traditions, this report reviews the major cultural policies and practices in the Philippines in 2017, featuring three themes: the shaping of national consciousness, critique of colonialism, and growth of linguistic and cultural diversity. Besides, the report discusses the recent progress and achievements of China-Philippines cultural exchanges. In conclusion, the report tried to foresee which path the Philippines culture may take in the near future.

Keywords: Philippines: National Consciousness; Post Colonialism; Cultural Diversity; China-Philippines Relations

Abstract: Laos is a socialist state that practices Buddhism. The history and culture of Loas is filled with uniqueness. The theme of 2017 Lao's culture development is to protect and develop the excellent Laos traditional culture. Within the year of 2017, Loas literature continued to grow. Lao government placed more emphasis on culture education for youngsters. The culture of beauty pageants swept over the country. New sport and cultural activities mounted up. The awareness of coping with the shock of new online social media rose. Measures to resist negative social and cultural phenomena followed. Laos film and television industry kept on booming. The protection of tangible and non-tangible cultural heritage increasingly gained attention. Laos has also began the preparation for the "Year of Tourism 2018", so as to promote the cultural tourism industry development. The Belt and Road Initiative will certainly enhance cultural exchanges between China and Laos.

Keywords: Laos; Culture Education; Cultural Exchange

Ⅲ Topics on Cultural Heritage

Abstract: Malaysia is a multi-ethnic country with rich intangible cultural heritages. As the country's social economy continues to grow, traditional culture is inevitably impacted, and the protection of intangible cultural heritage is imminent.

This report first reviews the classification, quantity, related laws and institutions of Malaysia's intangible cultural heritage, and then introduces measures to protect Malaysia's intangible cultural heritages. Finally, it mentions the existing problems in intangible cultural heritage's protection.

Keywords: Malaysia; Intangible Cultural Heritage; Diverse Culture

Abstract: The intangible cultural heritage of Indonesia trumps in terms of quantity, quality and protection in the present Southeast Asia. Generally speaking, the status quo of Indonesian intangible cultural heritage industry shows the characteristics of early initiation, amplified programs and high level of internationalization. Up to the year of 2017, Indonesia registered a total of 9 intangible heritages under the Lists of Intangible Cultural Heritage and Register of good safeguarding practices by UNESCO. Meanwhile, on the national level, the Indonesian government has initiated up to 7363 intangible heritage programs, including 150 in the year of 2017 alone. The "Pinisi, art of boatbuilding in South Sulawesi" listed by UNESCO in 2017 turns out to be a successful example of national-turn-international Indonesian experience. By dividing our report into the international and national parts, we investigated the Chinese-English-Indonesian names, years, institutions, classifications, protection measurements, existing problems and other related themes of Indonesian intangible cultural heritage. We also tried to find out Indonesian's successful experience in applying for the listing by UNESCO Intangible Cultural Heritage listing. All the above is worth knowing and learning for our own endeavors in China.

Keywords: Indonesia; Intangible Cultural Heritage; UNESCO

B. 13 Report on Intangible Cultural Heritage of Cambodia

Su Huacai / 196

Abstract: Cambodia is an ancient Southeast Asian country with a history of more than two thousand years. The rich intangible cultural heritage is the crystallization of the Khmer wisdom and it is also a cultural symbol reflecting the characteristics of the Khmer people. Cambodia's intangible cultural heritage has a special characteristic of dynamic inheritance. Therefore, the protection of intangible cultural heritage is particularly important and urgent.

Keywords: Cambodia; Intangible Cultural Heritage; Dynamic Inheritance

B. 14 Report on Tangible Cultural Heritage of Myanmar

Zhang Weiguo / 211

Abstract: Myanmar is a country with a long history, multiple ethnic groups and rich cultural heritage. The Myanmar government attaches great importance to the protection and inheritance of its ethnic cultures and continuously strengthens the protection of its cultural heritage. The Ministry of Religious Affairs and Culture and its subordinate departments are the major functional bodies of Myanmar's cultural heritage protection. Myanmar's current measures to protect cultural heritage mainly include law making, cultural heritage protection regulations; cultural industries promotion, international exchanges and cooperation, etc. Generally, Myanmar's cultural heritage protection field is led by its government and focuses on overall protection. However, some problems remain unsolved, such as the preference for tangible cultural heritage than intangible cultural heritage, lack of enough protection for the originality of cultural heritage sites or even cause second-time destruction, shortage of talents, funds and technology and so on.

Keywords: Myanmar; Cultural Heritage; Diverse Ethnic Culture; Heritage Protection

Abstract: With the joint efforts of Chinese and Cambodian governments, the Confucius Institute at Royal Academy of Cambodia has become a well-known brand of Chinese language education in Cambodia. In the year of 2017, as the "Mandarin fever" continued to sweep over Cambodia, the Confucius Institute at Royal Academy of Cambodia further enriched the range of institutional contexts Chinese language training, strengthened the localization of Confucius Institute, and contributed to the sustainable development of the affiliating domestic institution.

Keywords: Cambodia; Confucius Institute; Academy of Cambodia

Ⅳ Important Documents

S 基本子库 SUB DATABASE

中国社会发展数据库（下设 12 个子库）

全面整合国内外中国社会发展研究成果，汇聚独家统计数据、深度分析报告，涉及社会、人口、政治、教育、法律等 12 个领域，为了解中国社会发展动态、跟踪社会核心热点、分析社会发展趋势提供一站式资源搜索和数据分析与挖掘服务。

中国经济发展数据库（下设 12 个子库）

基于"皮书系列"中涉及中国经济发展的研究资料构建，内容涵盖宏观经济、农业经济、工业经济、产业经济等 12 个重点经济领域，为实时掌控经济运行态势、把握经济发展规律、洞察经济形势、进行经济决策提供参考和依据。

中国行业发展数据库（下设 17 个子库）

以中国国民经济行业分类为依据，覆盖金融业、旅游、医疗卫生、交通运输、能源矿产等 100 多个行业，跟踪分析国民经济相关行业市场运行状况和政策导向，汇集行业发展前沿资讯，为投资、从业及各种经济决策提供理论基础和实践指导。

中国区域发展数据库（下设 6 个子库）

对中国特定区域内的经济、社会、文化等领域现状与发展情况进行深度分析和预测，研究层级至县及县以下行政区，涉及地区、区域经济体、城市、农村等不同维度。为地方经济社会宏观态势研究、发展经验研究、案例分析提供数据服务。

中国文化传媒数据库（下设 18 个子库）

汇聚文化传媒领域专家观点、热点资讯，梳理国内外中国文化发展相关学术研究成果、一手统计数据，涵盖文化产业、新闻传播、电影娱乐、文学艺术、群众文化等 18 个重点研究领域。为文化传媒研究提供相关数据、研究报告和综合分析服务。

世界经济与国际关系数据库（下设 6 个子库）

立足"皮书系列"世界经济、国际关系相关学术资源，整合世界经济、国际政治、世界文化与科技、全球性问题、国际组织与国际法、区域研究 6 大领域研究成果，为世界经济与国际关系研究提供全方位数据分析，为决策和形势研判提供参考。

法律声明